音调不定的文武北洋

蒋凡 著

文物出版社

责任印制　张道奇
责任编辑　许海意
封面设计　程星涛

图书在版编目（CIP）数据

音调不定的文武北洋／蒋凡著．—北京：文物出版社，2013.6

ISBN 978-7-5010-3738-4

Ⅰ.①音…　Ⅱ.①蒋…　Ⅲ.①历史人物-生平事迹-中国-民国　Ⅳ.①K820.6

中国版本图书馆 CIP 数据核字(2013)第 138337 号

音调不定的文武北洋

蒋　凡　著

*

文 物 出 版 社 出 版 发 行

（北京市东直门内北小街 2 号楼）

http://www.wenwu.com

E-mail:web@wenwu.com

北京兴湘印务有限公司印刷

新　华　书　店　经　销

700×1000　1/16　印张：21.75

2013 年 8 月第 1 版　2013 年 8 月第 1 次印刷

ISBN 978-7-5010-3738-4　定价：39.80 元

目　　录

前言 …………………………………………………………（1）
赛瓦公案辨正 ……………………………………………………（1）
也谈王国维自杀之谜
——昔日清华同仁如是说 ………………………………………（19）
白话诗趣谈三则 …………………………………………………（28）
漫话林纾的政治黑幕小说 ………………………………………（59）
五四运动中鲜明反差的二陆 ……………………………………（66）
冤冤相报的陆、徐暴死 …………………………………………（71）
“卖国”小徐也爱国
——漫话徐树铮的日本情结 ……………………………………（77）
徐树铮与孙中山交游小考 ………………………………………（85）
将军“顾曲”胜文人
——漫话徐树铮之词曲诗文 ……………………………………（90）
克保晚节正气凛然吴佩孚 ………………………………………（99）
吴佩孚与孙中山、汪精卫、蒋介石的恩恩怨怨 ………………（113）
“三不”“四戒”吴将军 …………………………………………（131）
洛阳继光楼与福州戚继光祠 ……………………………………（136）

漫议吴佩孚《蓬莱诗草》 …………………………………………（140）

吴佩孚咏竹咏梅诗画艺术 …………………………………………（154）

平生风谊兼师友

——吴佩孚与杨云史 …………………………………………（160）

江东独步杨云史

——读《江山万里楼诗词钞》 ……………………………………（167）

《冯玉祥日记》中的吴佩孚…………………………………………（180）

“丘八”诗体小议

——冯玉祥的白话新诗创作 ……………………………………（194）

读章札记四则 ……………………………………………………（220）

章太炎反“赤化”考辨 ……………………………………………（239）

章太炎与刘师培学术道路比较 ……………………………………（260）

文武兼备蒋百里

——现代军学泰斗的悲剧人生及其贡献 …………………………（283）

前　言

最近，有关民国年间的人和事，出版了不少著作，可称是形形色色，浩如烟海。而我是一位从事古代文史工作的教师，为什么也要来凑热闹而奉上一本小书呢？中国学界，过去受苏联模式影响，专业分工很细，古代与现代的研究，人称风马牛不相及，我们又为什么要来“入侵”这块现代的风水宝地呢？其实，这一说法是种误解。历史的发展，是一条割不断的链条，古与今虽有时期、阶段的差异，但却是一股自然奔腾而滚滚向前的潮流，前踵后继，形成了有机统一的生命大潮。俗话说，长江后浪推前浪，可又有谁能准确指出哪朵浪花是前浪，哪朵浪花是后浪呢？又有谁能明确提出划分古与今的界限与标准呢？在历史长河中，古与今是相对的概念。今日的我们，明日转眼就成历史，不尊重历史，就是不尊重现在的自己，数典忘祖，抛弃历史来发展现代文明，当然是大错特错，会阻碍现代社会的健康发展；反之，复古保守，一味迷信古人而颂古非今，而不去古为今用，以古为鉴，同样也是根本错误的。要求倒退到尧舜时代甚至是原始部落社会，又怎能真正了解历史发展的本质与规律呢？据此，研究古代，同时也必须关注现当代，以之作为研究的参照系数，这是古与今历史发展辩证法所决定的。以此，我平时工作之余，喜欢读点轻松愉快一些的近现代文史资料，以资调节工作节奏，如几大套民国笔记丛书，选本如《近代稗海》，台湾高拜石先生的《古春风楼琐记》洋洋十几大册，还有外国记者的《民国采访战》

（美国阿班著）等现代采访录，当然也包括了海峡两岸众多作者的人物传记，另外，还有许多民国政府文武要员的诗文集、日记、回忆录等。相对于官方文档或正式编撰的史书，以上大多只能称为稗官笔记，属于野史之列。稗官笔记虽非正史，但若善加钩沉索隐，妥贴安排运用，同样可照见历史的身影，以之证史，既可补正史之偏颇与不足，又可作为现代反思的参考，何乐而不为呢？这一类近现代的稗官笔记，一天读一些，天长日久，居然也读了许多。积累一富，心中自有见解，自然产生了一吐为快的想法，这本小书，就这样出现了。从这一角度言之，呈现在广大读者面前的小书，当然也就不算"越界"或多余，而是有了作者独特会心与认识。至于价值么，则不敢自以为是，而必须经历时间考验而任人评说。我希望芹献一得，有助于读者对民国初期北洋社会人生的认识与思考。

北洋时期，北洋军阀统治，是民国初期掌控北京的中央政府，即使是孙中山领导的同盟会与国民党的广东政府，也是属于地方政权。这是客观存在的历史现实，无法否认。因此，了解、认识与研究中华民国，就难于置北洋政府于不顾。在北洋军阀统治中国的十五六年，其间发生了许多事件，而事件和故事的核心是人，因此，通过上挂下联，或前推，或后延，有关的人和事，都在我们的写作范围之内。许多北洋军阀，生于晚清，死于上世纪国民党统治的 30 年代，如皖系段祺瑞、直系吴佩孚等，但他们的主要活动与事业，却是在北洋时期。又如五四新文化运动的干将胡适和刘半农，他们生于晚清，刘死于上世纪的 30 年代，其时北洋政权早已覆没，胡死于 60 年代国民党统治的台湾，但他们提倡白话文学，创作白话诗，则主要是在北洋时期。因此，我们写北洋文武，但也不忌讳超越北洋时期作相关的补叙和议论。如有关冯玉祥的描述，他与直系军阀吴佩孚的恩怨，几次战争，都发生在北洋时期；但在此期间，冯玉祥很少创作白话诗，冯氏大量的白话诗（人称"丘八诗"），却是写于国民党统治的三四十年代。但如追根溯源，其"丘八诗"的创作理念，却是早已在北洋时期的军旅生活中萌发。写西北军的领袖人物冯玉祥，能不涉及他那个性鲜明而直面人生的“丘八诗”吗？因此，拙著写冯玉祥，时间跨度顺延到他逝世的上世纪40年代。这仍然是围绕北洋中心的写法，并不超限或违规。

有关北洋的人和事，太多太多，难以尽述，我们只能撷取某些有代表的典型，加以画龙点睛的描绘和讨论。本书之名，有“文武北洋”字样。我们的意思是，北洋时期不仅有军阀混战，同时还有涉及上层建筑意识形态的文化运动。如五四运动，发生在北洋时期，影响深远，能不涉及吗？因此，拙著的写作对象，不仅有军阀武夫，还有文人学者，甚至还有沦落社会最底层的妓女，如晚清八国联军轰动一时的赛金花，这不是哗众取宠迎合低俗的香艳炒作，而是因为赛金花的故事与传说已成了一种社会现象。其传说故事并非件件皆真，但在民间传说中，却把当时中国第一人的慈禧太后和下层妓女赛金花，摆在同一历史环境中来作比较与考量，两个女人，一上一下，形成了鲜明的对比，可见出赛金花现象寓藏了反映当时社会诉求的某些热点问题。有关赛金花现象的影响，直到抗日战争的年代，仍然在发酵。当时北方熊佛西，南方夏衍，他们都是著名剧作家，在彼此并无沟通的情况下，各自编写了同名话剧《赛金花》，夏衍《赛金花》，还一度曾在上海公演。当时的国民党中央宣传部却下令禁演，遭到了熊佛西等进步作家和人士的抵制与批判，公开辩论很是激烈，这在拙著中有所反映。这又是为什么？关键不就在于国家兴亡、匹夫有责的古训么！上世纪三四十年代，抗日救国，是整个国家和民族需要思考和付诸行动的头等大事。

还有，在“文武北洋”中，一者，所写的人和事，不仅有当国武夫的军阀，还有在野的文人学者。如王国维，他虽无权无势，无拳无勇，穷厄乏钱，但却是最能代表北洋时期中国学术成就的大师。二者，即在某些主人公身上，情况复杂，有的军阀是上马治军，下马写文吟诗填词，顾曲长啸，如徐树铮，可称文武兼备，确是一个不可多得的人才。他不仅是皖系段祺瑞的军师智囊，而且精通乐擅胜填词，作品一出，即传唱京师而报刊争相转载。又如直系军阀吴佩孚，既是军事统帅，同时诗书画兼通，虽非一流，但属二三流后诗人，则当之无愧。三来我们不仅关心直皖系、直奉等重大战事，同时关心当时的文化思想潮流，如五四新文化运动及白话文白话诗运动。从文武不同角度来考察北洋的社会与人生，可能更全面更真实。

本书为什么又称之为“音调不定”呢？不定者，未定也，也即一时尚无定论之意。首先，因为人是复杂的，在历史中，可能既有功，又有过，是非混杂而功过相掩，一时难以固定的音调来作确切不移的历史评价。如冯玉祥，时人称之为“倒戈将军”，明显具讽刺的贬意。在几次内战中，冯曾一再阵前倒戈，背叛上司，对抗主官，颇为时人不齿，不仅是被他倒戈击溃的吴佩孚为之咬牙切齿，就是文人学者章太炎，同样也是一脸不屑，这是从下不凌上的“忠义”传统道德角度来批判的，表面上也有一定的道德依据。但实际上呢？时代发展到民国，还要一味忠于国君或主人吗？古时忠君即为爱国表现，而在民国时代呢？忠君非爱国也，要看你所忠于的对象是谁。袁世凯曾当过洪宪皇帝，可在他将称帝时，徐树铮就劝说段祺瑞加以反对，这也是一种特殊形式的临阵倒戈，不过它是政治行为，而非军事手段，但论其倒戈性质，与冯玉祥是一样的。但是，为什么人们称颂段祺瑞的反袁称帝是“再造共和”，而对冯玉祥反吴佩孚的倒戈却耿耿于怀而不肯原谅呢？其实，冯玉祥每次倒戈，无论是反袁（世凯）、反吴（佩孚）或反蒋（介石），都有一定的形势需要，多少推动了形势的发展和时代的进步。如1924年倒吴之战，回师北京，不仅干脆利落地击垮了直系军阀的北京政权，而且顺带驱逐了盘据紫禁城的满清小皇朝，为民国消除了一个复辟隐患，可称是功在民国。后来坚守南口的大战，形成了对吴佩孚南北夹击的战略态势，又直接加速了南方北伐军的胜利，为消灭北洋阀作出了巨大的历史贡献。又如冯玉祥联阎（锡山）反蒋（介石）的中原大战，时人多有讥讽，但从反对国民党蒋介石政权的专制独裁的角度看，对世人却是一种启示和进步。所以在中原大战中，冯玉祥虽败犹荣。对于一个人的“倒戈”，不同阶层的每一个人，或从公从私，或从个人和社会的不同视角，可能会产生不同的认识，发出各异的音调，这也是客观现象，千秋功罪，留待后人评说，此所谓“音调不定”也。

其次，人生道路，各有短长，但在时间的流逝中，同一个人，在不同的时段中，可能因客观形势的刺激，会有很不相同的表现，因此，在历史上既有功又有过而集于一身的现象，在北洋军阀这一特定阶层中，同样客观存在。如奉系军阀张作霖，是北洋军阀中有名的亲日派，其奉军大多是日械装备，他和日本签订了一系列的条约，人们斥之为出卖东北主权。但张作霖晚年，曾对美国博士孟禄说：“日本人费莫大力气，要求二十一条约，你问他在东三省得着了什么？他连一条也未实行得了啊。”他又坚决反对日本提出的“满蒙独立”的要求与特权，明白宣称：“满洲自有中国人是他的主人。”（见吴相湘《民国人物列传》）就因张作霖拒当日本的汉奸傀儡，日人所以在皇姑屯把他炸死了。你看，张作霖倒底是亲日卖国，抑或排日救国，结论仍是音调不定啊。又如皖系军阀徐树铮，被时人视为亲日派，在段祺瑞当政期间，段、徐二人主持对日关系，与日本签订了一系列的借款及军事条约，被责出卖国家主权。但在徐的内心深处，如他的儿子徐道邻所说，“却是一个十分不喜欢日本的人”。1925 年，即在徐死前不久，他刚从国外考察归国，在上海与孙传芳、丁文江介绍考察的心得体会时，语重心长地告诫国人说：“近代知识，日新月异，……可是近百年来，日、俄、英、法、轮流对中国过不去，尤其是今后日、俄两国的态度，非要切实注意不可！我就怕这几十年内，日子不容易过啊！”（见高拜石《古春风楼琐记·纵横客》）十分警省日本的侵略野心，并大声疾呼，提醒国人注意。你看，徐树铮倒底是亲日派抑或排日派、反日派，一时也说不清楚，而必须实事求是地具体分析。徐曾用日元货款，购买日本军火，亲率以日械武装的劲旅，于 1918 年进军库伦（今乌兰巴托），一举收复外蒙失土，粉碎了日本的“满蒙独立”的阴谋。这应当是爱国而非亲日了吧！因此徐树铮倒底是“卖国”，还是“爱国”，也是一言难尽，音调不定啊。又如徐树铮与孙中山的关系，北洋政府视孙中山同盟会、国民党的南方政府为“割据”一方的地方政权，一心想以武力削平，从这一角度看，徐把孙中山视为心腹大敌。如依反孙中山就是反革命的二分法，徐该属反革命阵营人物。但从私人关系看，徐、孙二人却曾惺惺相惜，孙中山于1925年初逝世，当时徐在外洋考察，他在巴黎的代表团驻所设灵堂悼念，并新撰长篇挽联寄以哀思，上联曰：“百年之政，孰若民生?何居乎：一言而得，一言而丧。”下联称：“十年以还，使无公在，更不知：几人称帝，几人称王?”给予极高的历史评价，这早已超越了具体党派的立场，而从整个中华民族共同爱国立场来抒发感想了。你看，徐与孙中山的关系，错综复杂，进步与反动，“革命”与“反革命”，交织在一起，如何认识与评价，还是音调不定，留待后人评说吧。

第三，是理念变化与评判标准的不同，直接造成了音调不定。过去我们学界受前苏联阶段斗争模式影响，用简单的非此即彼一分为二的标准来画线。对民国史北洋史，人分进步与反动、革命与反革命，一目了然。北洋时代，经常以孙中山领导的同盟会、国民党为坐标画线；北洋军阀打击、镇压孙中山的南方广东政府，就是革命的天敌，是当然的反革命。但在1927年北伐胜利后，北洋政府垮台，国民党蒋介石掌控政权，国民党清共，大肆屠杀共产党人，国共合作彻底破裂，于是国民党从革命的辉煌顶峰，陡然坠落到反革命的深渊中了。此后，人们以国共两党关系来区分革命与反革命。这就是阶级斗争的两分法，简单到像剖西瓜一样，一刀下去，一分为二，谁是革命，谁是反革命，清清楚楚。这种理念模式，易学易行，立竿见影，但却难以完全合乎历史实际，因而现代史中，又增添了许多误解与难题。如直系的吴佩孚，在五四运动前后，作为北洋军第三师师长，曾连发通电，支持北京的学生运动，虽然有人称之为“作秀”，但从实际社会效果来看，其影响不可小觑，给当时的北洋政府制造了不少的麻烦。按照阶级斗争的二分法，“反革命”的北洋军，却干了靠拢孙中山南方政府的“革命”行动，这该如何划分呢？但曾几何时，吴佩孚在第一次直奉战争后开府洛阳，达到了事业顶峰，连康有为也加以吹捧，在吴五十大寿时赠以寿联云：

牧野鹰扬，百岁勋名才半纪；
洛阳虎视，八方风雨会中州。

此前，中共领导了京汉铁路工人大罢工，影响到京汉线的收入，直接威胁到吴佩孚的军饷财源，为维持经济生命线，吴佩孚立刻变脸，从支持工农运动变成残酷镇压，制造了“二七”惨案，可谓罪行深重。从阶级斗争观点看，吴氏突然从革命的同情者迅速蜕变成了反革命刽子手，中间连个过渡都没有。但在吴佩孚退出政坛、亡命川陇的30年代，日本侵略者对中国步步进逼，抗日烽火已燃遍中华大地，这时，吴佩孚回到故都北平，积极从事抗战事业，几次坚拒日伪的威胁利诱，立誓不当汉奸，并曾在中外记者招待会上，公开揭穿日人的诱降阴谋，强调维护国家主权和领土完整，表现了凛然民族节气，终于因此惨遭日人暗害，死得慷慨悲壮，从而恪保晚节，为自己多变的人生画上了一个完美的句号。吴死之后，昔日战场对手蒋介石发来唁电，有“坚贞之气”、“流芳万古”之颂；昔日死敌冯玉祥也发唁电，对吴也有“凛然正气，足垂矜式”之誉；甚至是共产党人董必武，也曾给予了正面的肯定评价。吴佩孚的一生，弯弯曲曲，在不同的历史阶段，或好或坏，或屠杀工人，或节慨凛然，但这都是同一个活生生的吴佩孚的所作所为，用简单非好即坏的二分法，是很难说清问题的。其实，不仅是吴佩孚，就是皖系段祺瑞、直系曹锟，在北洋当政时干过不少坏事，但在他们的晚年，都一样拒绝收买，拒当汉奸傀儡。以此，段祺瑞从日人控制的天津租界逃到上海；曹锟则在临终病榻上痛斥日伪，并为中国军队在台儿庄的大捷欢呼，声称中国有救了，最后闭上了眼睛。这批北洋军头的晚年，坚持了传统道德底线，维护了民族气节，如出一辙。这就不是用军阀混战、镇压革命一句话可以概括的了。

再举一例，如现代著名军事学的开山鼻祖蒋方震（百里），北洋时期，曾任保定陆军军官学校校长，为北洋培养军事人才。后任吴佩孚和孙传芳的总参谋长，又曾助湖南军阀唐生智对抗蒋介石。按照以国民党北伐来画线，蒋方震有站在反革命立场之嫌。但蒋方震虽然出身北洋，却是着眼于全国国防建设的现代军事家，他一生为中国军队的现代化建设作出了巨大的努力与贡献。在北洋时期，他就洞穿了日本亡我中华的侵略野心，认为中日最终难免生死决战，为此，他早为中国作了宏伟的战略政略设计，认为不能跟日本妥协，一时打不赢，也要坚持打，以空间换时间，不怕牺牲，不怕失地，与日本打消耗性的持久战，仗打久了，日本消耗殆尽，就是中国必胜的根据。后来，国共两党在抗日战争中的持久战战略，以及寓兵于民全民抗战及游击战的指导思想，无不受到蒋方震的启发与影响，终于为中国夺取了抗日战争的最后胜利。以此看来，对于蒋方震，不能因其出身北洋军旅，就简单给他扣一顶“反革命”的帽子，他对中国国防建设及军事现代化建设，有过巨大的贡献，千万不可给予粗暴的对待。这又是“音调不定”的又一解语。

总之，运用简单一分为二的模式，实践已证明其不能真正解决问题。就北洋时期的人和事来说，应该用“错综复杂”四个字来概括，一切从事实出发，具体问题具体分析，功是功，过是过，是非分明，而不生硬戴帽。历史人物，有时即使已盖了棺，但却有久久无法给予定论，这类人和事，直到今天，还可举出很多例子，因越出本书所限，还是不去说它吧。至于有关北洋的人和事，因为我们不是专家，读书不多，为才识所限，只能不揣谫陋，提出自己的疑惑和思考，供广大读者及学者方家参考。这是所称“音调不定”的又一解了。

本书能够出版，得到了上海财经大学李笑野教授等人的热情鼓励，在此谨表衷心之谢忱。希望我们这本小书的出版，不会辜负他们的美意。

蒋凡
于海上半万斋
2012 年 8 月 30 日

赛瓦公案辨正

清末民初时期，在革命阵营之外，就数两个女人的名气最大：一是慈禧太后，因其独裁统治及卖国政治而闻名，连光绪皇帝也被她囚禁至死；一是京沪名妓赛金花，据传在庚子之变（1900年义和团运动）中，八国联军攻占北京，赛金花借自荐枕席之便，劝说联军统帅德国伯爵瓦德西将军，下令整顿军纪，禁止洋兵奸淫烧杀，因而保护了北京城，拯救了老百姓，做了当时须眉丈夫所无法做到的事情，功劳很大，应该青史流芳。关于慈禧太后，历史自会作出判断，这里不去说她。至于赛金花，原名傅彩云，原籍苏州，出于"清倌人"（妓女中的一类），后嫁苏州状元洪钧，字文卿，并曾随洪出使欧洲德、俄、荷、比四国，回国后

赛金花

瓦德西

洪死，赛金花重坠娼门，成了京沪名妓。关于她与瓦德西的暧昧关系桃色新闻，虽然广为传播，合乎时人口胃，炒得沸沸扬扬，人或信以为真。加以赛金花常接受采访，自己描述赛瓦公案的来龙去脉，连当事人都认了，还有假吗？其实事情没有那么简单。有几个问题必须重新提起：

第一，如果赛瓦公案是真，赛氏忧国忧民，卖身救国，功劳很大，为什么慈禧一旦回銮北京，不仅不感谢她，反而借故把她逮捕，投进监狱，押解原籍处分呢？这不是恩将仇报吗？慈禧为什么要这么干呢？据说当时许多王公巨卿及京师名宦，曾靠“赛二爷”（赛金花）庇荫获全，他们为什么不仅不为她说话，反而有人以维护名教的名义落井下石呢？这不是过河拆桥又是什么？中国的贵族精神为什么这样坠落？

第二，如果赛瓦公案是假，为什么赛要自我认账、造谣生事呢？其内在的心理及目的又是什么？

第三，一说赛瓦公案，上面触及唯我独尊的慈禧太后，下面则涉及人所不齿的妓女，把最高贵与最卑下的两个女人并置一处来加演说，当时社会舆论的用心何在？

第四，赛瓦公案的故事是怎样产生的，是真有其事，还是子虚乌有，抑或真假参半？许多新闻报道、名记采访及作家作品，甚或剧作《赛金花》，竞相诞生，难道如此之多的士人精英，都在以讹传讹，故意制造新闻，其目的与用心何在？

这样说来，虽说赛瓦公案已时过境迁，但作为一个历史文化现象，却是迷雾甚多，内容丰富，值得推敲和反思。

要问赛瓦公案的真假有无，就必须先从新闻采访说起。

首先，是刘半农、商鸿逵采访晚年赛金花所写的《赛金花本事》[1]。据《本事》载，庚子拳变后，列强八国联军破京津，占直隶，兵锋及于山西，烧杀抢掠、奸淫妇女，无恶不作。当时赛金花从天津逃难来京，被德军骚扰，赛以德语交谈，问及德国某官某先生。第二天德帅瓦德西派兵“套一辆车来接我”，于是，赛、瓦相识于北京。赛氏承认，“我同瓦以前可并不认识”（第33页），

[1] 刘半农、商鸿逵《赛金花本事》，人民大学出版社，2006年。（以下凡称引此书及其附录者，不再一一注明）

说的是，她十年前随洪钧出使德国时，并不认识瓦德西，赛瓦交友是在联军进京之后的事情。赛应瓦德西请求，帮德军解决粮草军需困难，又找女人供德军消遣，帮助洋兵解决了在中国时“食色，性也”的本能需求，因此受瓦赏识。赛因此进一步劝瓦下令禁止烧杀，保护文物，并为慈禧太后向联军求情告饶。因德国公使克林德在京遇害，德军尤恨慈禧这个老女人，“非得把她的肉剁成一块一块，晒成干带回国去，方能消恨”。赛则劝解说：“害死你们公使的，不是太后，是义和团。她整天价住在宫里，又不常出来，怎么能晓得外边的事?”后又劝克林德夫人，建议为其丈夫立碑谢罪了事，为中外和谈扫除障碍。可以说是赛救了北京城，保护了一城百姓。至于说到赛、瓦之间的风流艳事，说什么她与瓦德西同眠共榻在中南海仪鸾殿中慈禧的龙床之上四个多月，一日仪鸾殿夜半失火，二人“赤着身子，由殿里跑出”。针对这一流言蜚语，赛说：“这简直是侮辱我，骂我。我同瓦德西的交情固然很好，但彼此间的关系，却是清清白白；就是平时在一起谈话，也非常守规矩，从无一语涉及过邪淫。”（第 39 页）赛金花为自己辩白，说与瓦德西并无旧情，是他来北京才认识的，二人之间，友谊纯洁，不涉狎邪。赛借助与瓦之友谊，为北京甚或整个中国做了好事。所以后人认为“赛之有功于国家社稷，有德于燕市百姓者也”（第 151 页）。后来在 20 世纪 30 年代，夏衍等即据此写了剧本《赛金花》，由上海的 40 年代剧社来搬演，影响迅速扩大。

刘半农《赛金花本事》

为了证明自己与瓦氏关系密切以自高身价，赛氏又补充说，自己骑马摔伤后，瓦德西亲自送药慰问，他将回国时，又“相对款叙良久，才悒悒的各道珍重而别”（第 44 页），接着又说：“瓦回了德国，还连着给过我几封信，我都托一个留德的学生替答复；因我只能说德国语，不能执笔写文。后来那个学生离开了北京，无人代我写信了，渐渐的言问遂疏。”（第 39～40 页）当然，这只是赛的自述，但瓦德西并无丝毫的回应，其真实性就值得考虑了。

其次，是曾繁《赛金花外传》。关于赛、瓦相识时间，赛氏改变口吻，说是早在她随洪钧出使柏林时认识的，说：“那年结识了瓦德西将军，他和洪先生是常常往来的，故而我们也很熟悉。外界传说我在八国联军入京时才认识瓦德西，那是不对的，传说我在德国怎样浪漫放荡，天天交际，夜夜跳舞，也是丝毫没有根据的。……洪先生是个道地的老学究，素来绝对保守中国礼教的，岂能容我这样放肆！”（第 72 页）由于赛帮联军工作，如赛自称：“他们军粮之外，还要很多货物，还要女人，女人要漂亮，又要没有毒的。我又替他们找了二十几个良家妇女，每人一宵的代价是银子三十，……为着生计问题，自愿和洋兵荐枕席。这样联军的食色问题，我都替他们解决了。”（第 82 页）以此获得了联军统帅瓦德西的信任与友谊。据说为了身家性命，京城中求“赛二爷”保护的人络绎不绝，于是赛金花声名鹊起，社会影响陡然上升，压倒了王公巨卿，就是天下一人的慈禧，也难与比肩。试问，当时的慈禧，有胆量回銮京师见洋鬼子吗？

其三，是梦蕙草堂主人《梅愣章京笔记》。梦蕙草堂主人是晚清民初丁士源之号，丁氏在清季曾赴英留学，回国后历任军政要职。其《梅愣章京笔记》是写 1911 年后，记其所见所闻，不仅可供士人谈资，而且多有人所未知的史料，颇有参考价值。关于赛瓦公案，据《笔记》载：联军进京后，德驻华北京知府（按：实为德占领军军法处）翻译葛麟，常到赛金花妓所吸食鸦片，所以京中人士若受德兵骚扰，常托赛求葛帮忙。赛自己也求葛带她到中南海一游，葛答曰：“瓦德西大帅于南海紫光阁办事，军令森严。吾辈小翻译不能带妇女入内。”恰巧丁士源在赛寓，于是葛转托丁帮忙，丁答允，但条件是赛须着男装。于是赛金花女扮男妆，随丁乘马到中南海。至景山三座门后，受守门美军询问，至团城，又有法兵查问，至南海大门，德军把守，丁告以谒瓦帅，德兵回以瓦帅外出，参谋长同行，因此不克入内，退返赛寓。回来后，丁把此事告诉帮助洋兵处理尸体掩埋工作的钱塘钟广生及浏阳沈荩。没有想到："钟、沈退回自室，遂各戏草一稿，一寄上海《游戏报》李伯元主笔，一寄上海《新闻报》张主笔，谓赛金花被召入紫光阁，与瓦德西元帅如何如何，说得活现逼真，因此，瓦德西回国后发表《剿拳日记》（按：实名《拳乱笔记拳乱笔记书影记》）以反证之。妄人又构《孽海花》一书，蜚语伤人，以讹传讹，实不值一笑。"（第 178 页）丁士源是带赛入中南海的当事人，他彻底否认了赛瓦公案存在的真实性。丁又进一步指出了上海报刊传媒热炒赛瓦桃色新闻，就是谣言的来源。丁氏后来成了汉奸，但此前《梅愣章京笔记》却有其参考价值，不可因人废言。

第四，描写赛瓦公案的作家作品，如诗歌、小说及剧作，对社会舆论影响很大。如清末民初诗人樊增祥（云门，樊山），根据社会传闻创作了前、后《彩云曲》，因赛金花原名为傅彩云。在《后彩云曲》序中，樊增祥说当时瓦德西与赛金花同居仪鸾殿（即今之怀仁堂），一天夜半失火，仓皇逃窜，"瓦抱之（赛）穿窗而出"。诗中有云："谁知九庙神灵怒，夜半瑶台生紫雾。活马飞驰过凤楼，金蛇吐焰燔鸡树。……撞破烟楼闪电窗，釜鱼笼鸟求生路。""此时锦帐双鸳鸯，皓躯惊起无襦袴。""一霎秦灰楚炬空，依然别馆离宫住。"绘声绘色，惟妙惟肖，似乎落实了赛瓦艳事的真实性。这很符合亡国前某些人士的阴暗心理，一方面祭起维护传统名教的法宝来鞭打下层妓女，一方面大力渲染桃色新闻，咀嚼回味，恶趣无穷，可谓一举两得。后来曾朴又据传闻加以想象推演，写长篇小说《孽海花》。《孽海花》作为晚清政治谴责小说，自有其文学价值。但所叙赛瓦之间的风流艳事，又回溯到二人年青之时，说是赛二十来岁随洪钧出使俄京彼得堡，邂逅年轻美俊的德国武官瓦德西中尉，瓦氏买通下人常约赛到叶尔丹园幽会，"如此习以为常，……情长日短，……溽暑初过，新凉乍生，薄袖轻衫，易生情兴"。不久，赛将随洪钧返国，瓦德西又写情书，云："彩云夫人爱鉴：昨读日报，知锦车行迈，正尔神伤。不意鄙人亦牵王事，束装待发。呜呼！我两人何缘悭耶？十旬之爱，尽于浃辰，别泪盈怀，无地可洒，期于叶尔丹园丛薄间，作末日之握手。乃夕阳无限，而谷音寂然，林鸟有情，送我哀响。仆今去矣，卿亦长辞！海涛万里，相思百年，落月屋梁，再见以梦，亚鸿有便，哀我好音。"末署名"爱友瓦德西拜上"。据实考察，瓦德西赴北京任联军统帅时年近七十，则十年以前当是年近六十，却被曾朴虚构为翩翩金发美少年，情书之作，儿女情长，且颇富文采，实在离奇得很。

综上所述，关于赛瓦公案，有三种不同的看法：一是梦蕙草堂主人丁士源据其亲身经历，认为并无此事，赛瓦风流，纯属小报的新闻炒作，以迎合世俗的市场需求。二是樊增祥、曾朴根据当时传媒，认为确有其事，并责以名教，把亡国之辱归之于妓女献身之无耻，故把赛描绘得污秽不堪。三是刘半农、商鸿逵等，在赛晚年的上世纪 30 年代，采访重写，认为赛瓦公案在有无之间，二人确有交情与友谊，但是不涉狎邪。据赛自述，二人感情清白纯洁，并无桃色风流艳事存乎其间。赛因此劝说瓦德西，一是保护了北京文物，一是下令禁止烧杀抢掠，救了数以万计的百姓。现对上述三种看法，略加分析辩证，以资现代反思借鉴。

《孽海花》

首先，当时主流新闻传媒及文艺作品，把赛瓦风流艳事已炒得沸沸扬扬，影响迅速扩大，人多信以为真。特别是樊增祥前后《彩云曲》，曾朴的《孽海花》，摹声绘影，活灵活现，抓了大众心理，迎合了市场需要。但细加推敲，则令人疑窦丛生。对于樊氏前后《彩云曲》，据黄濬《花随人圣庵摭忆·赛金花之传闻不实》云："但樊山《后彩云曲》，所述仪鸾殿火，瓦德西裸抱赛穿窗而出云云，余尝叩之樊翁，亦仅得之传说。……惟樊山在辛壬间必有感联军入京，故落笔时易想及金兵之陷汴梁。而晚清士大夫皆匿怨于那拉氏（按：指慈禧），故于女宠秽乱宫闱，特倍为诟责，此则论诗论世者所当知耳。”[2]又齐如山《关于赛金花》一文也说：“一次跟樊先生谈天，我偶问到他的《彩云曲》，他赶紧说是游戏笔墨，不足以登大雅之堂，窥其意，似不欲人再说，大有后悔之意。”（第187页）又曾朴之《孽海花》，人诩为“历史小说”，但其所写赛金花风流艳事，却多有失真不实之处。据瑜寿《赛金花故事编年》称引杨圻玫《灵飞集》编者张某的信说：“文人不足恃，《孽海花》为余表兄（曾朴）所撰，初属稿时，余曾问赛与瓦帅在柏林私通，兄何得知之？孟朴曰：彼二人实不相识。余因苦于不知其此番在北京相见之由……故虚构来迹，则事有线索，文有来龙，且可铺叙数回也。言已大笑。”（第120页）文人所言之不足信如此。对于曾朴描写，赛金花似乎很懂得以其人之道还诸其人之身的传统功夫，大骂曾朴是因为与自己吊膀子不成，“为了失恋，所以写那部书来糟蹋我”（第121页）。赛氏之言很尖刻，曾朴已有辩白，赛之所言同样难以当真。

其次，有关赛、瓦认识、交友的时间、地点，赛氏说法前后矛盾，如对刘半农等说，在她随洪钧出使德国时，并不认识瓦德西。但在曾繁采访她写《外传》时，却说：“瓦德西与我虽有十年阔别，但我的容态依然不减当年贵为使节夫人的时候，瓦德西隐约间还认得我。”在《申报》记者采访的《赛金花访问记》中，赛进一步说明：“我与瓦德西住在仪鸾殿，共四个月，他走的时候要带我回德国去，我不愿意。”（第109页）这些说法，前后自相矛盾，而事实只能有一个。这种闪烁其词的不同表态，只能说明仅靠赛金花本人提供的信息，是不太可靠的。据黄濬《花随人圣庵摭忆·赛金花之传闻不实》载，况夔笙欲为赛金花写传：“夔笙一夕具纸笔造妆阁，首询身世，已自问十答二。又据《孽海花》，叩以（私通）阿福事，则色然报以白眼，曰：‘瞎说八道。’”黄氏以此下断语曰：“夫欲从老妓口中征其往事，而又

[2] 黄濬《花随人圣庵摭忆》，第一册，山西古籍出版社、山西教育出版社，1999年，第36页。

[3] 同上，第一册，25页。

期为信史，此诚天下之书痴。”[3]蔑视下层妓女，话太刻薄，但也有一定道理，对赛金花的自述，必须有辨证的思考，以便去伪存真。比如，在《外传》中赛曾说：“他自回德国后，即给我来了一封信，说旅次平安，现在已经到达柏林了。又问我的伤口可曾结疤。当时我并没有回信，后来我又搬家了，此后便不曾再接到瓦德西的第二封信。”（第93页）但先前她对《本事》作者刘半农所说的，则是：“瓦回德国，还连着给过我几封信，我都是托一个留德的学生替答复；因我只能说德国话，不能执笔写文。后来那个学生离开了北京，无人代我写信了，渐渐的言问遂疏。”（第39~40页）自瓦氏返德后，她是一连收到瓦德西几封信，抑或只是一封？恐怕此事的真假颇有问题。因为当时有人称赛瓦关系是编造的，赛通过瓦氏来实现斡旋中外和议之功也是假的，赛为什么不拿出一封或几封瓦德西的书信出来，证明其友谊呢？须知，若有信件存在，则二人友谊交情必然是真，这是铁证。即使说信因搬家遗失，但谁替她译信及答复的？那个替她作文字翻译的“留德学生”姓谁名谁？她一句也没交代。因为当时全国“留德学生”而善德文者寥寥无几，一查就会真相大白。她无法也不可能交代清楚。这说明赛氏虽然文化水平不高，但社会阅历丰富，应对敏捷，即使是编故事，也是颇富几分狡狯灵气的。其实，赛金花的德语水平不高，和下层德国尉官或士兵混混，或还可以勉强对付；若与上层贵族的德军高官，则难有什么文化讨论、精神交流了。证之以齐如山《关于赛金花》一文，齐与赛在八国联军入侵前就是朋友，齐说：“赛之德语稀松得很，有些事情往往求我帮忙，实因她不及我，但我的德语，也就仅能对付弄懂而已。”这说明了赛金花出国时在公使馆中，的确学了几句日常生活用的“下等德句”，“彼时会德文的人太少”，“一群（德国）少年的军人，他们什么也不管，只要是女的他们就欢迎，何况会说几句德国话呢，所以同她（按：指赛）来往的人都是中尉、少尉，连上尉都很难碰到一个。因为上尉已是一连之长，举动上便需要稍微慎重”（第188页）。由此可见，赛因职业之便而结交的德国朋友，多是下层尉官，而非高级将领。齐如山用自己的亲身经历来证明，说：“一次同一位军官到中南海，……一进门便见赛金花同两个军官在里面。我同她说了几句话，忽见瓦帅同一军官从南边来，与赛金花在一起之军官，很露出仓皇之色，商量躲避之法。……又有一次在瀛台，又遇到赛同别的两个军官。我跟赛正说话，又远远地见瓦帅同站岗的士兵说话，这两个军官也露出不安之色，其一说瓦帅不会进来，后瓦帅果然走了。这两次赛金花都没敢见瓦帅，所以测度她没有见过瓦帅。就是见过也不过一二次，时间也一定很暂，至于委身瓦帅，那是绝对不会有的。再说那样高级的长官，也不敢如此胡来。……外国统帅与中国前些年的统帅不同，中国统帅下边的都是他私人，可以随便给他介绍妓女。外国的副官则绝对不是这样情形，当的都是国家的差事，这样的私事他决不敢做。”（第 191 页）据此，赛之于瓦氏，面都不敢见，还必须着男装，德语又“稀松得很”，岂能与瓦氏这样的德国高等贵族做精神交流呢？赛瓦之间，实不认识，证之以瓦德西在中国时的日记，一字也没提到赛金花或傅彩云的名字，如果同居仪鸾殿四个多月，难道瓦德西是木头人毫无感情吗？当然不是。这只能说是赛金花的编造说谎，目的还是为了借助有关与瓦德西关系的传说，来做明星广告炒作，以便有利于改善自己的生活境况与社会地位。

我这样说还有一个有力旁证。那就是和赛同时代而稍晚的胡适的说法。据胡颂平编著《胡适之先生晚年谈话录》于 1959 年 4 月 22 日记载：“今天谈起曾孟朴《赛金花》小说（《孽海花》）。先生曾经听一位亲身参加八国联军的美国将领说，八国联军进入北京时，德国的统帅瓦德西与赛金花的故事完全是造出来的［原注：八国联军进北京是在一九〇〇年八月十四日（阳历），瓦德西九月二十七日到天津，十一月（应是十月之误）十七日才到北京。赛金花的故事，全无历史事实的根据］。赛金花当时能说几句外国语，但有限得很。那时妇女是缠足的，不轻易和外人见面，仅能读读普通的几句话。这部小说的故事是写当时士大夫阶级的情形，有许多情节都是编造出来的。先生说到这里，胡颂平插嘴说，历史是不全可靠的，并举出近年有一些报上的记载和事实颇有出入的例子。先生说：历史大体是可靠的，但有些不可靠的地方要能辨别出来，才是真实的历史。"[4]在八国联军中，列强之间矛盾很多，美国将军并不太听瓦德西的号令，仅是表面尊重而已，为了美国利益，美国将军的眼睛也一直盯牢瓦德西，只要有点差子，美国人就会公之于众而令之出丑。但现在由前联军美国军官来证实赛、瓦故事全属编造，应当是历史事实，而非故意偏袒的隐瞒。

[4] 胡颂平《胡适之先生晚年谈话录》，（台湾）联经出版事业公司，1984 年，第 17～18 页。

第三，再证之以瓦德西的日记《拳乱笔记》[5]。事情的真假有无不能由赛金花一方说了算，还应考察据说是赛瓦公案的另一主角瓦德西的说法。《拳乱笔记》是记载瓦德西赴北京任联军总司令时所作，内容一是按时日向德皇威廉二世报告形势及其处置措施，一是私人日记。如前所述，整篇作品，从未提及赛金花或傅彩云的名姓，正与赛金花所述二人亲昵关系相反，如果赛瓦二人真在中南海仪鸾殿同居四个月，如胶似漆，在给皇帝的报告中当然不会自曝丑闻，但在私人日记中，为什么也不见任何蛛丝马迹呢？瓦德西的《拳乱笔记》，实是"此时无声胜有声"，反证了赛瓦公案真相的另一面。一，据赛金花在《外传》中对曾繁说，联军攻进北京，到处烧杀抢掠，惨不忍睹，于是赛借机为民请命劝说瓦德西下令整顿军纪，严禁烧杀，拯救北京城："瓦德西到底是一员深明大义的大将，对于我的话竟然赞许，……瓦德西第二天便下令不准士兵违律妄行，京里的居民，此后才可以不致再遭遇到屠戮之苦。这是联军入京第五日的事，第五日之后，京民便得安宁了。"（第 83 页）联军于 1900 年 8 月 14 日入京，赛氏于第四天即 8 月 17 日与瓦氏相见并加劝说，第二天即联军入京的第五天 8 月 18 日，瓦德西接受赛的劝说而下令禁止烧杀抢掠，保全了北京城。时间、地点、故事都很清楚，似乎可信。但证之以瓦德西《拳乱笔记》，联军占领北京之初，瓦德西尚未到京上任。《笔记》清楚记载，"八月七日……忽奉皇上电旨，任余为东亚高

[5] 载《中国野史集粹》第 5 辑，陈力主编，巴蜀书社，2000 年。

级军事司令”，“十五日到柏林，召集总司令人员会议，十七日正午，复赴 Wilhelms bohe 辞阙。十八日晚间复回柏林。二十二日早晨到 Aobalter 车站。”并于当天半夜登上开赴中国的 Sachsen 轮船。可见庚子年 8 月，联军统帅尚在大洋中茫茫航行，9 月 18 日到香港，9 月 25 到天津大沽，27 日总司令部移位天津，10 月 17 日方才到达北京。历史文献有力证明，当赛金花自述 8 月见瓦德西并劝其下令严禁联军烧杀之时，瓦德西却正在远隔重洋的欧洲，尚未登程赴京，赛、瓦二人，时地两隔，何由相见认识呢？赛之随机善变，信口胡诌，于此可见一斑。

二，赛瓦二人既不认识，就是偶而见面，也是惊鸿一瞥，难留印象。如齐如山所述，他在庚子年晚二次见到瓦德西，当时恰巧赛氏也在，见她颇显惊慌，避之唯恐不及。如是十年前的老友甚或旧情人，为什么要惊慌躲避而恐其发现追查呢？可谓绝无此理。不认识，并未真正会面谈话，又怎么劝说而为民请命呢？其实，如前所述，赛金花在京重操妓业，而联军在京恢复秩序，首先就是恢复了娼妓业。赛因职业之便，认识并结交了若干下层德国尉官，一起骑马出游，乘便劝说德军士官不要烧杀，救了若干人的性命，这可能真有其事，但说是救了一万多人，则属夸大之辞。与太后及王公权贵做缩头乌龟，让洋兵随意屠宰百姓相比，赛金花作为一个的妓女，能有这份善心，要可爱得多。不过，说她劝导瓦德西统帅严整军纪，禁止烧杀，则为虚言。赛氏救人，是个人行为，而无关于八国列强政府的政略战略决策。赛曾说她劝说克林德公使夫人回心转意，以建碑谢罪代替慈禧的性命，促使中外和谈成功。其实，这样重要的事，瓦德西在京日记怎么不着一字呢？又克林德虽是遇害公使夫人，但她并非政府官员。即使是瓦德西，贵为联军统帅，但他也只能对和谈提建议，供本国皇帝及列强政府参考，和谈的成败方略，岂是克林德夫人及瓦德西个人意志所能左右的？瓦德西《拳乱笔记》记载其离开柏林之前德皇威廉二世的对华决策时说：“皇上对此次远征之役，怀有一种发展我们东亚商业之最大希望。皇上并令余谨记在心，要求中国赔款务到最高程度，且必须彻底贯彻主张。因为皇上急需此款以制造战舰故也。其后余更察知皇上欲在山东方面扩充我们占有权利。”德国对华方略，早在瓦德西来华之前已策划好了，并无定要慈禧太后性命一条。因此，即使赛金花可能劝说克林德夫人和瓦德西，其实也无关大局，并不起真正作用，因为列强幕后早有决策，何饶赛氏饶舌？至于瓦德西整顿军纪，下令禁止烧杀抢掠，也是他到京之前早有的思考。庚子年 8 月，联军的暴行震惊了世界，舆论大哗，西方报刊抗议如潮，德国社会民主党等反对党也多有报道与批判，因此，瓦德西作为联军统帅，不得不思考联军恐怖行动的影响及其收场的问题。其《拳乱笔记》于 9 月 25 日在 Hertha 巡洋舰上报告说，他获悉联军过后：“沿途村舍皆成颓垣废址，已无华人足迹。……饥荒疫病之必先后继至，实已无疑可言。余相信此种无居无食之灾民，必将使附近居民，咸陷恐遭抢劫之不安状态；或者此项灾民竟自投身拳党。余因此之故，遂以为如此行军则只能多多制造拳党，且其制造之数，当远较战时剿杀之数为多也！”瓦德西已明白恐怖的战争行动并不能解决问题，并正在思考整顿军纪、严禁抢杀以恢复社会秩序的决策。10 月 5 日，他已到达天津，又报告说：“前此余曾恭奏皇上之（中国战地）破坏荒芜情形得一止境。余因此曾要求（俄国）将军 Cinewitsch，以后占领中国城镇，务宜注意斯旨。”“日本军队习惯，对于此种破坏亦复素不顾忌。因此之故，山海关一役，特令德军一个中队先将该城正门占据，阻止日军进据。倘若该地秩序不久恢复，华人各归居所；又若倘遇新占之地，居民未尝出走，则吾人对于此项和平居民之私有财产，均须特别尊重。一切非法行动，均须严厉制止。”可见在瓦德西进京之前，早已下令部勒联军，整顿军纪，禁止烧杀抢掠，何劳赛金花在洋人面前来为民请命呢！10 月 17 日瓦氏到京后又报告说：“现在中国居民渐趋安静之途”，“近来秩序渐渐恢复。余可以言者，即自余来此之后，除少数例外，所有（各军）非法行动已不复见。余之要求各国将领，注意军队纪律，爱护和平居民，亦正如余之谕令各军严厉对待拳民一事，同样不曾放松”。“关于军纪一事，直可称为至佳。……余决定严厉整顿军纪，以保德国军队令名，甚望陛下对此放心”。为了减少或铲除义和团的滋生之源，联军必须减少或停止其非法违纪的烧杀抢掠的恐怖行动。于此可见，这是德国政府及联军统帅部的战略决策，而无关乎赛金花个人劝说之有无。

三，中南海仪鸾殿失火，瓦德西仓皇逃出，确有其事，但并没有瓦氏挟赛穿窗裸奔同出的传奇故事发生。事情发生在1901年4月17深夜至18日凌晨。当时瓦德西在仪鸾殿的院内特设一个宽敞的石棉行舍以供休息。所谓石棉行舍，是一种高级帐篷之类，译者按语云：“系由德国寄华置在北京冬宫院内，因其易于温暖之故，遂作瓦氏所居之所。”这可能是冬天所居而易于保持暖气之故。但失火是在4月春末，气候转暖，已无需暖气而住进仪鸾殿中，故瓦德西向德皇报告失火过程说：“余个人则于仓猝着衣之后，以及帅笏与少数衣服救出之后，必须取道余之石棉行舍窗子，以往近旁军官大厅而去。该舍房门朝着Schwarzhoff（按：瓦之参谋长）将军居室者，业已不能通过。其后该火复窜入与此正房紧接之两处厢房内面。”据此，瓦氏所住仪鸾殿中，必先经过军官大厅，然后是参谋长室，最后才能到达瓦氏石棉行舍及正殿寝宫。若瓦与赛姘居四个月之久，岂能选择这样必被人知的居所呢？人或以为西方人男女生活很随便，其实这也是误解，特别是对于西方有爵位的世家贵族来说，经过几代的承传和培养，其修养有一定的要求。如瓦德西是伯爵，联军统帅是个公众人物，到处受人瞩目，稍一不慎，即会招致国内政敌（如反对党）及其他西方列强的攻击和诋毁。如果瓦德西敢在众目睽睽之下，公然与北京名妓赛金花同居四个月之久，岂非自找麻烦而引火烧身？仅看其北京居所的具体位置分析，也绝非赛氏可以安身之处。须知，要到达仪鸾殿瓦氏住处，必先到景山三座门有美兵盘问，再到团城另有法兵查问，然后再到中南海大门又有德军检查，更不要说通过军官大厅和参谋长办公室了。瓦氏到北京时，已是年垂七十的鬓发皆白的老者，能如此疯狂而肆无忌惮吗？简直是天方夜谭。

四，作为德国贵族，瓦德西有自己的道德文化修养。在其离德赴华时，几次在日记中提到思念“吾妻贤惠美德”，“倘使吾妻相爱之情，犹有再行增进之可能者，则此十四日间，实其时矣！伊尽力设法使余勿过感离别之苦，此种态度直至Neapel码头分别之时，伊犹能强自保持也”。当瓦登上轮船Sachsen号时，他又写道：“现在遂到（夫妻）难为别离之时，上帝佑我可爱可敬之妻，并使伊之心继续安稳！上帝是我之指导者，他将赠给我为时不要太远之欢愉再会！余抱着上帝信心，怀着十分勇气，浮向海上而去，回望与我世间唯一无二爱人相别之岸上不已。”这是瓦氏私人日记，感情真实，说明瓦德西夫妻伉俪情深，但为王事，不辞离别之苦，其情可悯。这样富有感情的人，一旦到了北京，立刻长期嫖娼宿妓，可能吗？而且当时瓦氏年事已高，工作繁重，日夜操劳，有此精力雅兴来与赛金花打得火热吗？1901年3月28日，他致参谋总长Schlieffen伯爵之信中更提到在北京七个月工作沉重，头绪纷繁，列强之间矛盾很多，处理棘手，几乎是全身投入而心力交瘁，所以说：“余以健康情况，经此七月以来之繁务，实已大受损害，其势将为中国夏天完全断送。”因此，他托伯爵“阁下细将上述情形奏明皇上陛下为荷”。希望早日结束在华工作而归国。瓦德西老人的健康状况如此，如果他真与赛金花同居四个月，感到其乐无穷，岂有自请早早调离温暖的安乐窝的道理呢？说瓦氏在京金屋藏娇，“帐中密语，枕畔私盟”[6]，实是往德国老贵族身上泼污水，对瓦德西的人格很不尊重，也不真实。如齐如山所说，赛金花虽懂点下层德语，但水平有限得很，她是否具备与德国上层贵族瓦德西沟通交流、谈情说爱、互叙衷曲的语言能力呢？显然并不具备。如果缺乏交流，却能不避众人耳目而公然同居四个月，这明显是不可思议的事。

[6] 蔡东藩《清史演义》，第九十一回。

现在让我们据上事实加以总结回顾，以便回答开篇时提出的问题。

第一，有关赛瓦风流艳事的公案，是一种传播很广而没有什么事实根据的传说，是人们根据自己心理需求而做出的大胆想象，纯属凭空编造。丁士源、齐如山、胡适，以及曾经参加过八国联军的美国将军，都是当时重要的证人。据此，赛氏劝导瓦德西下令禁止烧杀抢劫并保护北京文物，也是子虚乌有之事，事实并不存在。赛因此而成为“九天护国娘娘”之类的民族英雄的说法，也自然无法成立。联军占领北京后，百废待兴，但他们首先恢复的是娼妓之业。赛为生活计，曾与联军做生意，某种程度上帮助洋兵解决了“食色，性也”的问题。在旧社会中，妓女大多数是出于生活逼迫的无奈，是被侮辱被损害的人。十万清兵尽解甲，更无一个是女人。男人打不过洋人，就由女人出来挣钱餬口过生活，这并非光彩，但也不能斥为汉奸卖国之无耻。赛因其职业之便，经常接近德军下层尉官士兵，因此劝其不要烧杀抢掠，救了若干个人，这是具有良心发现的善举，比起那些王公贵族在洋兵的刺刀下，畏缩逃遁而弃民不顾，要勇敢得多，人们因此称赛为“商女犹知亡国恨”，这实是对腐朽满清政权的无情讽刺和批判。但事后冷静思考，赛救人之义举，只是个人行为，而无关乎整个国事大局。中国的割地赔款，并不因赛金花的出现而减少一分一厘，悲哉！

第二，樊增祥的前后《彩云曲》、曾朴《孽海花》甚至是蔡东藩的历史小说《清史演义》，所叙赛瓦风流艳事，纯是艺术虚构的大胆想象，并非历史的真实。赛曾抗议，这是对她个人的作践和侮辱，这抗议是正义的。把文艺作品当做历史真实来写，指名道姓地叙恶揭丑，很不严肃，有违人性。试想，庚子变中，王公名宦，或藏或逃或降，可写可批判的人和事太多太多，为什么偏拿一个毫无反抗能力的下层妓女来说笑开刀呢？这很不厚道。赛曾委身洋兵（按：肯定不是瓦德西），但并不是卖国之汉奸，而是生活之无奈！那些昔日守土有责而威风凛凛的王公贵要，在洋兵面前，又是怎样保护人民的呢？到底谁是真正的卖国和无耻呢？所谓传统名教，只是他们用来指责妓女的一块遮羞布而已。

第三，赛瓦艳事既然并非真实，为什么赛金花一会说是与瓦氏关系“清清白白”，一会儿又自认与之在中南海仪鸾殿中同居四个月呢？其实，以赛金花的身份，纵然偶有机会远远地望见瓦德西，但并没有真正的认识和说话的机会，她这样自我编造，闪烁其词，正可见其为生活所迫的内心惶恐。对于一个女人来说，赛为维护自我尊严，曾经严斥樊、曾等人的编造和诬蔑，认为这是对自己人格的侮辱；但作为一个职业妓女，随着青春年华的逝去，好景不再，为了维持一定的生活水平，她不得不编造一些关于自己生活的神话，加以炒作宣传，以便重新引发社会的关注与同情，为自己未来的生活增添筹码，至于陪洋人睡觉，当然是地位名分愈高，愈有宣传炒作的广告价值。而且，这样做同时符合了新闻小报的市场需求，也与没落士大夫的心理趣味相凑泊。炫耀自己与瓦氏有染，正见赛金花的职业聪慧与狡狯。

第四，当时新闻媒体，如上海《游戏报》、《新闻报》等，扭曲梦蕙草堂主人丁士源的亲身见闻，捕风捉影，添油加醋，大肆炒作赛瓦风流艳事，纯是为了迎合世俗心理的市场需求。但是，借助报刊媒体的传播力量，一传十，十传百，所谓曾参杀人、市里有虎之类流言，人或信以为真，更何况是人们津津乐道的桃色新闻呢？报刊媒体的功过是非，实是值得注意的历史教训。

第五，民间舆论有用为民请命而救了北京城的“九天护国娘娘”来称颂赛金花的说法。希望在国难当头之时，有人站出来救中国。但为什么会寄希望于一个弱女子呢？其实，意在言外，这样做正是对于慈禧太后及腐败卖国政府的无情鞭挞。刘半农曾对商鸿逵说：“这个人（按：指赛金花）在晚清史上同叶赫那拉（按：指慈禧太后）可谓一朝一野相对立了！”黄濬《花随人圣庵摭忆》所说，“晚清的士大夫皆匿怨于那拉氏”。因恨慈禧，故大肆渲染赛金花献身救国的传奇故事，以证明慈禧连下流的妓女都不如。当时人眼中的女人有两个“宝贝”，即慈禧与赛金花：一个在朝，一个在野；一个卖国，一个救国；一个可恨，一个可怜。以此形成了鲜明的对比，造成了强烈的心理冲击。写赛金花传奇故事，关键不在其事实之真假有无，而是项庄舞剑，意在沛公，矛头直指天下一人的慈禧太后，这才解恨，这是晚清文人的一个心理情结。而慈禧所代表的，是满清王朝，所以借赛瓦传奇故事来痛骂慈禧，正反映了清季民族革命的精神。如曲江春所说：“溯当八国联军入京之际，清廷两宫仓皇西遁，满清文武百官，乱窜如丧家之犬，敛迹缩头而不敢露面，一任联军之屠杀劫掠。当此之时，朝野寂焉无人，独有赛金花者以一弱女子挺身而出，周旋于联军统帅瓦德西及各重要首领之间，诱以情，导以理，动以仁，律以纪，卒使联军就范，而燕市百万之民，乃得卸去惊愕之容，重登衽席。……设非有赛其人，恐太庙、皇城、颐和、万寿，亦必继明园而成废墟，亿民百官，千娇万丽，俱遭毒屠与奸淫亦未可知。是赛之有功于国家社稷，有德于燕市百姓者也。”[7]所叙赛金花传奇，为民请命，护城救国，事不必真，大多是出于民间百姓的虚拟想象。但为什么人们反而津津乐道呢？靠一个下层妓女救国护民，那么慈禧这个高高在上的女人又在干什么呢？相形之下，一救国，一卖国，一个仁义智勇而折冲于列强之间，一个仓皇西遁而弃民于不顾，两个女人并置一处，立刻形成了鲜明的形象反差。因此，民间有关赛金花的传奇故事，虽出于主观愿望和虚拟想象，但是一旦传开，对于腐败的满清卖国当局，这一愿想与诉求，不就是有力的讽刺与鞭挞吗？

慈禧像

[7] 曲江春《赛金花轶事汇录》，载刘半农《赛金花本事》附录。

第六，上世纪30年代，在“九一八”事变以后，日本侵略军的铁蹄入关，华北危急，在此国难当头之时，人们担心八国联军之事再次发生，在赛金花于1936年底去世以前，赛金花的传奇故事在此因时势的敏感性而重新引起了人们的关注。夏衍和熊佛西等各自创作了《赛金花》剧作。其艺术无关乎赛瓦公案之真假有无，而是在新时代新形势条件下的现代阐述。艺术家们借赛瓦公案说事，表现了反抗日本侵略的民族观念和爱国精神。在抨击侵略者的同时，批判了当时政府的不抵抗主义。这就直接导致了国民党中宣部的禁演令。在一次宴会上，国民党中宣部部长邵力子以冠冕堂皇的抗战理由，对熊佛西等文艺界人士说："我想《赛金花》是应该禁的了。……那些抛茶杯、丢痰盂的爱国思想固然不需要，然而把赛金花这个女人描写得那么伟大也是过分了。我们知道，庚子之变是那等皇室宗亲与义和团少数人闯的祸，赛金花以美色去周旋瓦德西，去为洋兵办粮草，去为北京城的老百姓们求情，这叫什么？是'瓦全'的精神！我们的国家现在已到什么地步？大家都已明白，我们现在所需要的是'玉碎'的精神！——是'宁为玉碎，不为瓦全'！"但邵力子的话犹在耳际，过一年后发生了震惊世界的南京大屠杀，日本侵略军攻破南京以后，疯狂屠杀了三十万人，比起八国联军攻占北京，南京的命运更惨！这对国民党政府来说，到底是"玉碎"还是"瓦全"呢？可悲啊可悲！这虽是后话，但却给人以深刻的刺激。当时熊佛西即予反驳，说："邵部长以为赛金花的'瓦全'精神要不得，所以犯不上编写为剧本，我却以为不是这么说的。一个艺术家应该看他的人格、情感，以及对于某一事件的看法如何……所以同样的一个人物，爱国的人可以写得悲壮热烈，充满爱国爱民的情绪，若是落在汉奸的笔下，就会侮蔑得不成东西。……我是一个中国人，是一个爱国家爱民族的中国人，我有血有肉，有人格，有灵魂，我不能承认我的笔下'有辱国体'……政府对我们有了些什么安慰，有了些什么帮助呢？"[8]所论发人深省。

[8] A记者《关于话剧〈赛金花〉》，见刘半农《赛金花本事》附录。

邵力子先生代表国民政府说话，表面理由堂而皇之，但实际呢？当时日本侵略者咄咄逼人，气焰嚣张；而国民党政府则犹豫彷徨，举棋不定，当日本推行华北自治的侵略措施时，蒋介石却步步退让，与日本人签订了《何梅协定》，这是不抵抗的先兆。政府要求人民"宁为玉碎"，可自己呢？暗中却在争取苟延残喘的"瓦全"，这不是最大的讽刺吗？因此，夏衍、熊佛西等编演《赛金花》话剧，正是针对形势有为而发，为全面抗战作舆论宣传。这与赛氏本人生活真实无甚干系，但却间接释放了赛瓦公案民间传说的影响与能量。

也谈王国维自杀之谜

——昔日清华同仁如是说

在中国近现代史上，王国维是公认的一代国学大师，无需炒作而罕见其匹。即在上世纪20年代，吴宓筹办清华学校（清华大学前身）国学研究院时所邀请的四大导师：王国维、梁启超、赵元任、陈寅恪，王居首位。当时，梁启超早是蜚声中外的学术大师，才华横溢，心高气盛，何等自负；但当要他主持研究院时，却心折于王国维的学问，特地推荐王任研究院首席教授，而自己甘居其次。至于陈寅恪，更在其《王静安先生遗书序》中说："（静安）先生之学博矣，精矣，几若无涯岸之可望，辙迹之可寻！"对王的学问，佩服得五体投地。于此可见当时王国维的学术地位和名望。但是，正当王国维的教育与学术生涯如日中天之时，他却在五十盛壮之年，跳进了颐和园的昆明湖自杀，这是为什么？后来的猜测很多，但因地位不同，视角各异，公说公有理，婆说婆有理，众说纷纭，莫衷一是，终于成了近现代中国的一个永远的文化之谜。不过，当时他自己与清华研究院同事的说法，应该是最直接最有参考价值的了。

王国维像

首先，是王国维自己的说法。据1927年6月6日北京《顺天时报》报道了6月2日上午王国维自杀事，并附有王氏遗信原文：

五十之年，只欠一死。经此世变，义无再辱。我死后当草草棺敛，即行藁葬于清华墓地。汝等不能南归，亦可暂居于城内居住。汝兄亦不必奔丧，因道路不通，渠又不曾出门故也。书籍可托陈、吴二先生处理。家人自有人料理，必不至不能南归。我虽无财产分文遗汝等，然苟谨慎勤俭，亦必不致饿死也。五月初二日，父字。

遗信是写给在京同住的三儿子贞明的。所述死后安排，从容不迫，其自杀应该是事先想好有计划实行的。这是最可靠的第一手材料。但他自述死因，说是“义无再辱”，却又过于简单，语焉难明，让人颇费猜测。现在，只有借助和他最为接近的清华研究院同仁的叙述，来作为我们推断的参考与根据。

其次，是当时清华国学研究院主任吴宓的说法。王氏遗嘱中称“书籍可托陈、吴二先生处理”，可见陈、吴二位先生值得其寄托后事，应属亲近的朋友，所指即是陈寅恪和吴宓。据《吴宓日记》在1927年6月2日载：“晚饭后，陈寅恪在此闲谈。……已而侯厚载（按：研究院办公室人员）来报，知王先生已于今日上午十时至十一时之间，投颐和园之昆明湖自尽。痛哉！”“王先生此次舍身，其为殉清无疑。大节孤忠，与梁公巨川同一旨趣，若谓虑一身安危，惧为党军或学生所辱，犹为未能知王先生者。盖旬日前，王先生曾与寅恪在宓室中商量避难事。宓劝其暑假中独游日本。寅恪劝其移家入京居住，己身亦不必出京。王先生言‘我不能走’。一身旅资，才数百元。区区之数，友朋与学校，均可凑集。其云我不能走者，必非缘于经费无着可知也。今王先生既尽节矣，悠悠之口，讥诋责难，或妄相推测，亦只可任之而已。若夫我辈素主维持中国礼教，对王先生之弃世，只有敬服哀悼而已。”于6月3日载：“宓思年前来京，清华学校命宓迎请先生到此讲学。今甫二载，而送王先生灵榇至此庙中（按：指清华园南之刚果寺）。宓始终襄随其间，亦云惨矣。……王先生忠事清室，宓之身世境遇不同。然宓固愿以维持中国文化道德礼教之精神为己任者，今敢誓于王先生之灵，他年苟不能实行所志，而溅溷以没；或为中国文化道德礼教之敌所逼迫，义无苟全者，则必当效王先生之行事，从容就死。惟王先生实冥鉴之。”“至寺中归校，临寝，撰成敬挽王先生联。若下：离宫犹是前朝，主辱臣忧，汨罗异代沉屈子；浩劫正逢此日，人亡国瘁，海宇同声哭郑君。”又于6月4日对黄节言及王自杀事：“宓谓……礼教道德之精神，固与忠节之行事，表里相维，结为一体，不可区分者也。特因个人之身世境遇即性情见解不同，故有轻此重彼者耳。善为采择而发扬之，是吾侪之责也。”[1]

[1]《吴宓日记》，生活·读书·新知三联书店，1998年。

按照吴宓的认识，王之自杀原因，一是为前清殉节，“大节孤忠”；一是为维护中国传统文化而甘自赴水。

第三，是清华同仁梁启超的说法。据李平、杨伯岭《梁启超传》载，当时梁氏如是说：“静安先生自杀的动机，如他遗嘱上所说：‘五十之年，只欠一死。遭此世变，义无再辱。’他平日对于时局的悲观，本极深刻。最近的刺激则由两湖学者叶德辉、王葆心之被枪毙。叶平日为人本不自爱，也还可说是有自取之道。王葆心是七十岁的老先生，在乡里德望甚高，只因通信有‘此间是地狱’一语，被暴徒拽出，极端箠辱，卒致之死地。静公深痛之，故效屈子沉渊，一瞑不复视。此公治学方法，极新极密，今年五十一岁，若再延寿十年，为中国学界发明，当不可限量。”[2]梁氏结合形势加以论述。1927年，南方国共合作的北伐军节节胜利，北洋军阀吴佩孚、孙传芳、张作霖等大败，北伐声浪席卷中原大地，形势日益紧张，守旧者日感气氛恐怖。结合当时的北伐战争形势，1927年的湖南农民运动，如火如荼，在这场被诬为“痞子运动”的大革命浪潮中，出现了一些过激行为，如叶德辉、王葆心等前辈学者相继受辱被杀，严重扫荡传统的民族文化，造成了王国维无法治愈的心灵创伤。为革命“恐怖”的阴影所笼罩，是王氏致死的原因。所谓“遭此世变，义无再辱”者以此，这是梁启超的认识。

[2]李平、杨伯岭《梁启超传》，安徽人民出版社，1997年。

第四，是清华挚友陈寅恪的说法。陈、王二人经常晤谈切磋，即在王自杀前的一二十天中，据《吴宓日记》载，五月十二日“王静庵先生偕陈寅恪来”，五月二十六日“上午访寅恪，晤静庵先生”，可证王与陈、吴二氏关系之密切。对于王氏自杀之因，陈寅恪则超越上述诸君的具体描述，而加以抽象概括的理性升华，他在《王静安先生遗书序》中说：“世之人大抵能称道其学，独于其平生之志事，颇多不能解，因而有是非之论。寅恪以为古今中外志士仁人，往往憔悴忧伤，继之以死，其所伤之事，所死之故，不止局于一时间一地域而已，盖别有超越时间地域之理性存焉。而此超越时间地域之理性，必非其同时间地域之众人所能共喻。然则先生之志事多为世人所不解，因而有是非论者，又何足怪耶！”陈氏在其《海宁王静安先生纪念碑》中所说更为直截了当：“士之读书治学，盖将以脱心志于俗谛之桎梏，真理因得以发扬。思想而不自由，毋宁死耳！斯古今仁圣所同殉之精义，岂庸鄙之敢望？先生以一死见其独立自由之意志，非所论于一人之思想，一姓之兴亡。”这是从学术之独立、思想之自由的角度着眼，来论王之自杀。他着重从王国维一生追求真理的学术良心出发，认为王是为维护和发扬中国数千年优秀的民族文化传统而死，其人云亡，但精神不死而传之永恒，具有超越具体时空的不朽价值，而不能以一己之恩怨是非来做判断和论定。对于王国维遗信中“经此世变，义无再辱”，陈氏有自己独到的深解：“凡一种文化价值衰落之时，为此文化所化之人，必感痛苦，其表现此文化之程序愈宏，则其所受之苦痛亦愈甚。”形势悲观，理想幻灭，自己所赖以安身立命的文化学术难以立足，因而王氏苦痛愈甚，不死又将如何！这是陈寅恪的殉文化说。

以上清华研究院同仁诸解，各有根据和道理，现让我们略加补充辩证，谈谈自己的判断与认识。

首先，说王国维是为“殉清”而自杀，是其“大节孤忠”，表面似乎不无道理。在日常生活中，王氏头戴瓜皮帽，身穿马蹄袖，不脱前朝服饰，这不是复古守旧又是什么？1922 年冬，前清陕甘总督升允推荐王国维入紫禁城陪溥仪读书，充南书房行走，食五品俸，“着紫禁城骑马”，王以此感激小朝廷的知遇之恩。1924 年，溥仪被冯玉祥国民军逐出故宫，王视为奇耻大辱，曾与罗振玉、柯绍忞相约投御河自尽。但一来罗、柯不死，二来家人严密看管，王不果死。联系往事，说他为前朝“殉节”，似不无道理。但这只是事情的表象。从本质上说，王国维只是一个文人学者，而不是政治家。他进出紫禁城的时间不长，小朝廷中的同事如郑孝胥、罗振玉辈，从来就没有把他当政治人物对待，所以王国维常发感叹，说是“一为文人，便无足观”。罗振玉曾以师长身份，带王赴日同住多年。罗在日本，一方面忙于镇压中国留学生之事，一面积极配合日人设计“满蒙帝国”独立的侵略阴谋，事载罗氏《日记》之中，是个汉奸政治家。但王国维却从不参加罗氏的这些政治活动，而是一味埋头读书做学问。王在日本，潜心学习，如物理学、哲学、美学、文学及伦理学、心理学，无不刻苦钻研而颇有斩获。人视王国维为书呆子，他是一个真正的文人学者。王不可能完全脱离政治，但他却不懂政治。对于前清小朝廷，他只有知恩图报的个人感激，但却绝无复辟王朝的政治阴谋。如果他在1924 年溥仪被逐出宫之时投河自尽，那可说是为“殉清”而亡，但在 1927 年，事过境迁，他已在清华工作了好几年，与小朝廷关系日疏。溥仪也已被日本控制，成了东洋傀儡。这时的王国维，又有什么名目为之“殉节”呢？当时前清小朝廷的王公贵族、达官权豪如郑孝胥、罗振玉辈都不去“殉节”，而一个毫无政治地位的侍读

王国维、罗振玉合影

王国维、罗振玉合撰《流沙坠简》

文人，干什么非自杀不可呢？吴宓在晚年也对自己说王国维是“殉清”说进行了修正。据其知友张紫葛《心香泪酒祭吴宓》中《莫等闲白了少年头》一节记载，吴宓“特别详细地讲述了王国维投昆明湖自杀的全过程，以及他自己为王氏治丧的细节。在这以前，我（按：指张紫葛）听到过关于王国维的谈论，说他一直蓄辫子，穿马蹄袖，以及投湖自杀，为的是忠于清朝、哀怨传统文化的衰落。我便插问是否如此。吴宓告诉我：世传似是而非。据他所知，王国维并不留恋清朝，但他看到很多士人在民国肇始之前，怒骂革命党，秽詈万端。等到民国建立，他们急转弯：剪辫子，穿西装，高喊‘民主、共和’。王国维深以为耻。为了表示对这种无耻投机的愤慨，他就以蓄辫子、穿马蹄袖来表示品德之分。同时，王国维痛恨当时‘全盘西化’的论调，痛恨崇洋媚外，并由此感到传统学术必将江河日下。于是，他就学了三闾大夫（按：指效屈原投江自尽）。”[3]这样，吴宓的最后说法作了必要修正后，逐步向陈寅恪的“殉文化”说靠拢。于此可见，王之自杀，与“殉清”之愚忠并无本质的联系，而是另有原因。王是文人，是学者，写文章做学问，是其一心痴迷沉醉之事，一旦没了学问，没了文章，又哪会有王国维的生命呢？

其次，梁启超的革命“恐怖”致死论，也有一定的事实根据，在王死前几天，清华研究院同仁聚餐，梁启超谈到了时局的急遽变化，他准备很快离京到天津避难。这对王国维是一个严重刺激。联系王的学生赵万里编著的《王静安先生年谱》所述：“四月中，豫鲁间兵事方亟，京中一夕数惊。先生以祸难且至，或更有甚于甲子之变者，乃益危惧。”[4]又据张紫葛所著《心香泪酒祭吴宓》一书记载，晚年的吴宓，在新中国成立后多次提起王国维在自杀前几日，知道了梁启超准备离京避难的消息，当时的梁启超，是个敏感的风云人物，其亲朋故旧、学生门徒满天下，关心他保护他的人很多，连他都感到形势紧迫、心里紧张；而王则无权无势，无拳无勇，又将如何应对形势呢？这是很现实而不得不深思的问题。这是促其自杀的一剂苦药。当时发生的诸多事

[3] 张紫葛《心香泪酒寄吴宓》，广州出版社，1997 年，第19、20 页。

[4] 赵万里《王静安先生年谱》，《国学论丛》1935 年第2 期。

情可以相互参证。形势迫人，气氛紧张，王氏无门无路，又无钱财，如果是单身一人，一走了之，如吴宓所说，借几百元旅资，并不困难；但一家老小又将如何生活呢？而且，逃难在外，又将如何做学问呢？他曾把自己一生积蓄，交给罗振玉经营，但当他想走而向罗氏要钱时，罗振玉却回答是做生意失败亏本，分文不给。这残酷的现实，无论是从感情上或理智上，都给朴实的王国维予沉重的一击。作为晚辈，又将如何对老师发火呢？作为儿女亲家，还有什么话说呢？他只剩下强咽下悲愤血泪的无尽愁苦了。无门无路，想走也不成，只能困坐围城，静待“痞子”暴行降临自己的头上，向来自尊自重的王国维，能忍受得了吗？不死又将如何？据民国著名报人高拜石《新编古春风楼琐记》记载，王氏“体素羸弱，性复忧郁，”从他出生到弱冠之年，即遇到甲午师熸国辱，又从戊戌到庚子的大动乱，更使人感到人生无非忧苦，悲世悯生，不能自已，乃至认为“避乱蠲愁，最好的地方，便是坟墓”。所以到他所认为大难来临时，只有决心一死，“了却人间是与非”了。[5]看来，王国维在生理和心理上，似乎患有轻度的抑郁症，又加以受到叔本华悲观人生哲学的深刻影响。如祖保泉先生《王国维词解说》所指出：“他从小对人生的体验就是痛苦多于欢乐，叔本华曾告诉他，这就是生活的本质。此后他的所见所闻，无一不是这一哲理的有力证明。因此在他的内心深处，实在是认为生不如死的。”[6]以此，他的诗词都写得很是悲观沉痛，如《病中即事》云：“滴残春雨住无期，开尽园花卧不知。因病废书增寂寞，强颜入世苦支离。”《平生》云：“人间地狱真无间，死后泥洹枉自豪。终古众生无度日，世尊只合老尘嚣。”（《静庵诗稿》）又其《青玉案》词云：“野花开遍真娘墓，绝代红颜委朝露，算是人生赢得处：千年诗料，一抔黄土，十里寒螿语。”《贺新郎》词云：“陋室风多看灯灺，中有千秋魂魄，似诉尽人间纷浊。七尺微躯百年里，那能消古今闲哀乐？与蝴蝶，蘧然觉。”（《苕华词》）伤春悲秋的无限哀怨，早已超越一般词家，而进入到悲观人生的愁苦境界，一丘之坟，真是他潜意识中“避

[5] 高拜石《又见屈原——王国维跳湖自杀之谜》，载《新编古春风楼琐记》第五册，作家出版社，2004 年，第 14 页。

[6] 祖保泉《王国维词解脱》，安徽教育出版社，2006 年，第 17 页。

乱躏愁”的文学境地和必然归宿。如果说现实中湖南农民的农民运动给予他直接的雷轰刺激，但环境的有形威慑，只是王国维自杀的导火索，因为外部条件必须通过内部无形的精神条件起作用。当时的形势压迫，对其他的清华同仁是一样的，但为什么偏偏只有王国维一人自杀呢？归根结蒂，还有他的抑郁症和悲观主义人生哲学在内结合并发酵的必然结果。潜意识中的抑郁和悲观情结，直接促进了他的自杀倾向的形成和实现。

最后，分析王氏死因，我认为陈寅恪的“殉文化”说最为精当。陈很聪明，避开了种种可能出现的具体因素，而予以理性的思想升华，从无形的精神追求说起，而直揭现象之本质。从根本上说，王国维缺乏实际政治能力，他只能是一介真正的文人学者，写文章做学问，才是他的生命活力之所在。一旦离开了文章和学问，有哪里有王国维生命存在的意义呢？如上所述，王国维也曾偶涉政治，但却不懂政治。实际上，他本人对于政治道德的实用功能，思想深处是常抱否定的态度。他在《静安文集》中有《论哲学与美学家之天职》一文，开宗明义即说：“天下最神圣最尊贵而无与于当世之用者，哲学与美学是已。……夫哲学与美学之所志者，真理也。真理者，天下万事之真理，而非一时之真理也。……唯其为天下万世之真理，故不能尽与一时一国之利益合，且有时不能相容，此即其神圣之所存也。且夫世之所谓有用者，孰有过于政治家及实业家者乎？……政治家及实学家之事业，其及于五世十世者希矣。……真正之哲学家美术家又何慊乎政治家哉！”话很精彩，政治家实业家之物质功用，有时而尽，而哲学家美术学家追求之真理与情感慰藉，却能引发人类共鸣而传之永恒。王国维在这里，无疑是在向政治家叫板和挑战，政治家与文人学者，两者孰重孰轻，不言自明。王国维一再强调的是文化学术的独立价值。他又在《教育偶感四则·文学与教育》中公开宣称：“生百政治家，不如生一大文学家。何则？政治家与国民以物质上之利益，而文学家与以精神上之利益。夫精神之于物质，二者孰重？且物质上之利益，一时的也；精神上之利益，永久的也。”他认为国民应以哲学与美术为生命，自己一生加以贯彻。王国维为追求真理，提倡为学术而学术，为艺术而艺术，是一种令人痴心入迷的纯粹的文化学术。当时中国，积弱积贫。但王国维认为，只要优秀的传统民族文化不灭，就可以唤醒国民，继续奋斗，走向新生。但是，当时的现实却是军阀混战，政治家用武器的批判来大规模屠杀人民，自绝国家命脉。而追求真理的纯粹的学术研究与文艺创作，却被弃如垃圾。学术之自由，独立之思想，这一永恒的真理追求，就是王国维生命的核心。如果因现实环境的严重压迫，摧毁了他的学术真理之追求，那么王国维只有抱着不自由、毋宁死的态度，不惜一死来回答历史的挑战，以生命的奉献来启示后人继续献身奋斗。所以陈寅恪在《王观堂挽词序》中断言，王国维的自杀，是为拯救中国文化而殉节，而非为一家一姓之愚忠。他明白指出：“今日之赤县神州，值数千年未有之巨劫奇变，劫竟变穷，则此文化精神所凝聚之人，安得不与共命而同尽，此观堂先生所以不得不死，遂为天下后世极哀而深惜者也。”此真王氏知音，有味哉斯言！继王死之后，1929 年 1 月 19 日，梁启超又谢世，清华研究院倾倒两柱而难以为继，仅办了五六年而已。但如昔日学生蓝孟博回忆，昔日师生，亲同手足，“院中都以学问道义相期”，“皆酷爱中国历史文化，视同生命”。[7]清华的师生，总有一股永不熄灭的热情在燃烧。“独立之精神，自由之思想”，昔日清华的星星之火，现在已成燎原之势。斯人虽逝，薪尽火传，清华的文化精神，辉煌灿烂，垂之永远。静安先生当含笑于九泉。

[7] 何怀宏《为什么忧伤》，《南方周末》2010 年 7 月 29 日 E27 版。

白话诗趣谈三则

一　刘半农及其编印《初期白话诗稿》

我喜欢读点文史类的著作，那是在上世纪五六十年代上大学和研究生时的事了。当时极“左”思潮来势甚猛，所学专业一旦接近了现实，言论文字稍有不慎，那就危乎殆哉，唯恐给人打个“现行”，或是被借口拔了“白旗”——以此，有人以论代史，用伟大的谎言来保护自我，而不管是否合乎科学与历史事实。因此之故，现实让我早早地放弃了当作家干预生活的宏愿，舍现当代而选择了古典文学专业，从此与古代文史结下了不解之缘。但是，一旦多读点古书，就逐渐明白了古与今是一对矛盾，是一条切不断的历史发展链条。读古书并非发思古之幽情，更不是为了复古，而是在回顾先人走过的足迹，以作为后人继续前行而判明方向的参考与借鉴。因此，讲古是为了说今，要真正明白古典作品的价值和意义，反过来也必须有现代的坐标作参照。明白了这一道理，我在阅读古典诗文的时候，也常会古今比较，回过头来读点现当代的文学作品，比如现当代的流行小说和白话诗之类。对于我的学术专业来说，“白话诗趣谈”这个题目，只是戏曲舞台上的角色反串而已，偶一为之，开心有趣，

刘半农与其夫人

而绝无与现当代文学博士们抢饭碗的意思。

说是白话诗，名号虽同，但因写的人多了，各种心思，各种水平都有，但却各有绝招来吸引人的眼球。既有典雅谐婉如怨如歌而流丽动人的白话诗，如李叔同作于1914年的《送别》，后来又有刘半农《教我如何不想她》之类的流行歌词；也有胡适那“单身匹马而往”的《尝试集》，一发表立即引起了文坛的轩然大波，因胡诗中言及黄蝴蝶，于是国粹派的黄侃（章太炎的高足）从此讥胡为“黄蝴蝶”，有郭沫若那激情燃烧如烈火的《女神》，还有如徐志摩、闻一多等留学生的重唯美、重象征、重在中西合璧的高贵华丽的白话诗，另有刘大白《卖布谣》那样学习民歌民谣来直接描绘民间疾苦的白话诗。连军人也参加了进来，冯玉祥的白话诗虽曾被人讥讽为“丘八诗”，但是确实有成功之作，冯氏学习民歌民谣的白话诗，干脆痛快地道出了当时人民的心声。最妙的是，像北洋军阀中那凶神恶煞的“狗肉将军”张宗昌，在都督山东的期间，居然也学时髦，拜起了前清状元王寿彭为师，一板一眼地做起了白话诗，居然也写出“大炮开兮轰他娘”之类的《俺也写个大风歌》……类型太多，难以尽述，可说是百货杂陈，琳琅满目，实在是有趣的很。现在言归正传。

刘半农编印的《初期白话诗稿》，民国二十一年（1932）由星云堂影印出版。1983年又由书目文献出版社依星云堂版予以影印重版。前面有刘半农写于民国二十一年（1932）12月28日的长序，所书为一笔老练纯熟的小楷，洋洋数千言，联绵而下，一气呵成，几乎写满了当时《新青年》杂志的七张稿纸，书风浑厚朴实又具流畅谐婉之美，正是昔日典型的文人笔墨。这对生活在今天电脑世界的新人，应该是大开眼界的。在我的藏

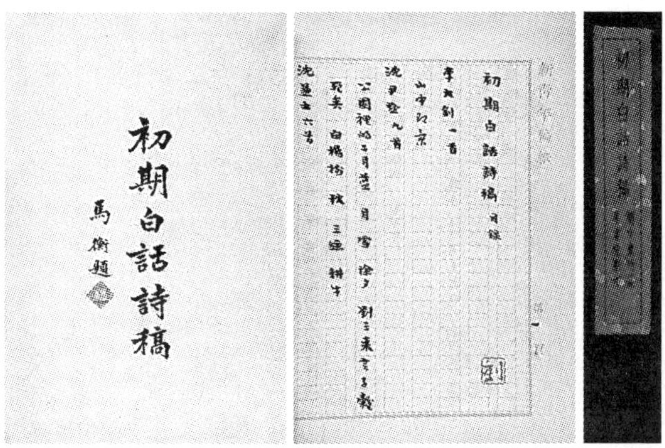

《初期白话诗稿》

书中，《初期白话诗稿》只是很薄的一本小册子，但我却非常珍惜它，因为书虽小而意义却大，自有其不可替代的历史价值。

该书出版虽在1932年，但论刘半农搜集这些早期白话诗稿原件并加以珍藏的时间，却是在民国六年（1917）至八年（1919），是在五四运动发生前后，正是现代新文化运动兴起的初萌期。为了不走样，刘半农要求星云堂全部按原稿影印，如李大钊《山中即景》，是写在“北京大学中文讲义稿纸”上，沈尹默的诗或是写在信笺上，或是写在稿纸上，如《除夕》一诗写在“国立北京大学”的八行信笺上，《白杨树》一诗写在“新青年稿纸”上；沈兼士《山中西风大作》诗，随意写在中华民国邮政明信片上，《见闻》写于《清艺文志》第一次稿本上，稿本下有“岁在甲寅归安钱恂纂于宣武城北之积跬步斋”十九个红字，可见稿本有点来历；周作人《两个扫雪人》则写于“北京大学编译会用纸”之上；胡适《唯心论》（初稿）、《鸽子》写于“北京大学用笺”之上，《四月二十五夜作》写于“国立北京大学用笺”之上，《除夕诗》则写于普通十行信笺上；至于陈衡哲的《人家说我发了痴》，有序，是用钢笔而非毛笔写的，写在几张白纸之上，可能因为她地处国外，缺乏毛笔及国内信笺而又有钢笔书写之便的缘故；陈独秀《丁巳除夕歌》（一名《他与我》），写在“新青年原稿用纸”之上，纸上印有“第□卷第□叶，每叶六四〇”字样；唐俟（鲁迅）《他们的花园》、《人与时》二诗，是周作人代书，写在“北京大学讲义稿”纸上。从以上抄诗的稿纸，也大致可以考出当时几位早期白话诗人的行踪，以印证其历史的轨迹。书的封面书名是由当时著名学者马衡题写。目录与长序，刘半农书写，目录收有：

李大钊一首：山中即景；

沈尹默九首：公园里的二月蓝、月、雪、除夕、刘三来言子穀死矣、白杨树、秋、三弦、耕牛；

沈兼士六首：山中西风大作、见闻、早秋、真、过先入山相访、泉；

周作人一首：两个扫雪的人；

胡适五首：唯心论（两稿）、鸽子、十二月五夜月、四月二十五夜作、除夕诗；

陈衡于哲一首；人家说我发了疯（按：原稿“疯”作“痴”）；

陈独秀：丁己除夕歌；

鲁迅二首：他们的花园、人与时。

以上作者八人，有诗二十六首。因是原件影印出版，我国早期白话诗的面貌于此呈见一斑，具有很高的历史文献价值。

这部《诗稿》的影印出版，如编者刘半农序中所说，目的不是为了谋利赚钱，他曾向出版商明确声明放弃版税，价格定得低廉一点，“希望同好的人购买起来方便些”，这样真心为爱读白话诗的读者着想的做法，是很可宝贵的，但在今日的谋利商战中，可能是难以生存了。刘半农本身也是早期白话诗人亡一，但他编印这部《诗稿》，也不是为了把自己的诗作挤进名家名流名作之列，争开创之功的一席之位以显名当世，当有人劝他这么做时，但他却“未能从命”。他借某公编印《世界名画集》时，把自我画作安放在世界名画、中国名画之列，占有三分之一篇幅之事加以嘲讽，说自己没有那样的“胆量和勇气”，不会这样无聊。伪造历史成就的事情，是绝对不允许的。那么半农先生又为什么要编印这部《诗稿》呢？据他说：“只是因为有趣好玩而已。”如果无趣又不好玩，还搞什么艺术呢？那还不如去正襟危坐地尊孔读经了。因此，刘氏所言的“有趣好玩”，是文学家的真心之言。俗话说，有心栽花花不开，无心插柳柳成荫。半农先生的“有趣好玩”，为世人传流下来这部《诗稿》手迹影印本，却真的别出心裁，玩出了深意与贡献来了。

第一，当五四运动前夕，半农先生即与一班朋友呼应，热心做起了白话诗，他对朋友的白话诗，很兴趣，感到好玩，于是请做诗的朋友抄录出来，加以珍藏以资留念。当初并未萌出书念头。但是，在经过十几年后，虽然事过境迁，不过他的那批写白话诗的朋友，却是无一不成为了新文化运动的中坚或名人，因此，他们留下的《诗稿》原件，也就成了名人手迹而具有文物般的历史价值了。在白话诗的历史发展中，这批手迹如雪泥鸿爪，如不加以展现和呵护，则将随时间流驶而消失无踪，即使不言诗而仅从文物角度，也是一种不可弥补的损失！当年半农先生搜集这些手稿，真是在无意中成了有心人，做了一件大好事。

其次，所收录的白话诗数量虽然不算多，但却反映出初萌期白话诗发展的基本面貌，包括其困惑、突破和拓展。如胡适白话诗《尝试集》，分“去国集”、“第一编”、“第二编”。“去国集”写于留学美国之时，当时他尝试着用白话写诗，如他在《五年八月四日答任叔永书》中说：“今尚需人实地试验白话是否可为韵文之利器耳。”“我此时练习白话韵文，颇似新辟一文学殖民地。可惜须单身匹马而往，不能多得同志结伴同行。”这就引起昔日诗坛的轩然大波。如胡适自己所承认的“美洲的朋友（按：指梅光迪、胡先骕等）嫌‘太俗’的诗，北京的朋友（如钱玄同等）嫌‘太文’了。……这些诗的大缺点就是仍旧用五言七言的句法。句法太整齐了，就不合语言的自然，……不能不时牺牲白话的字和白话的文法，来牵就五七言的句法。”（《尝试集·自序》）这些创始阶段的白话诗，多有以文为诗，以议论为诗的困惑，只能说是诗体的小解放，犹如小足女人把缠脚放大，而非自然天足的诗体大解放。但在《尝试集》第二编以后，开始了白话诗体的大解放，如收在《诗稿》中的《唯心论》（一名《一念》）一诗：

我笑你绕太阳的地球，
一日夜只打得一个回旋；
我笑你绕地球的月亮儿，
总不会永远团圆；
我笑你千千万万大大小小的星球，
终跳不出自己的轨道线；
我笑你一秒钟行五十万公里的无线电，
总比不上我区区的心头一念。

我这心头一念：才从竹竿巷，忽到竹竿尖；
忽在赫贞江上，忽到凯约湖边；
我若真个害刻骨的相思，
便一公钟绕地球三千万转！

这正是白话诗走出困惑的尝试、开拓与实验。这是用纯白粹的白话语体来写诗，句式依语体而自然长短参差，既押韵，读来朗朗上口，又显现了诗人那丰富的浪漫想象，诗与科学的现实结合，非常完美，天衣无缝。这正是诗体大解放的尝试了。初期白话诗的苍本面貌已露水面而清晰可见，其功过只能任由历史来评说了。

第三，如刘序说："第一，李守常（即李大钊）先生不大做诗，亦许生平就只做过《中山即景》一首，而这一首的原稿可保存下来了。第二，陈仲甫（陈独秀）先生白话文做得很多，旧体诗做得很好，白话诗就我所知道的说，只有《除夕》，一首，这一首的原稿也保存下来，李先生已在几年前做了牺牲（按：1927 年被张作霖杀害），陈先生目下正在过他的看守所生话（按：被国民党政府逮捕监禁），这两首诗稿就愈见珍贵了。第三，鲁迅先生在当时作诗署名唐俟，那时他和周岂明（周作人）先生同住在绍兴县馆里，诗稿是岂明代抄，鲁迅自己写了个名字。现在岂明住在北平，鲁迅住在上海，恐怕不容易再有那样合作的机会，这一点稿子，也就很可珍贵了。"于此可见这批诗稿的原件，具有很高的文献价值和纪念意义了。李大钊和陈独秀，中国共产党的先驱者、创始人，李大钊的英勇牺牲，其革命贡献是众所公认的；陈虽被中共开除，但他被国民党蒋介石逮捕后，却拒不投降变节，最后庾死狱中，表现了一个革命者的节气；而且，在世界共产主义运动中，陈独秀最早认识抵制并批判了苏联斯大林的专制错误路线，表现了一个思想家的超前性，同样难能可贵。如其《除夕歌》（一名《我与他》）：

古往今来忽有我，

岁岁年年都遇见他。
明年我已四十岁，
他的年纪不知是几何？
我是谁？
人人是我都非我。
他是谁？
人人见他不识他。
他何为？
令人痛苦令人乐。
我何为？
今年方作除夕歌。
除夕歌，歌除夕；
几人嬉笑几人泣：
富人乐洋洋，
吃油穿绸不费力。
穷人尽夜忙，
屋漏被破无衣食，
长夜孤灯愁断肠。
团圆恩爱甜如蜜，
满地干戈血肉飞，
孤儿寡妇无人恤。
烛酒香花供灶神，
灶神那为人出力 。
磕头放炮接财神，
财神不管年关急。
年关急，将奈何；
自有我身便有他。
他本非有意作威福，
我自设网罗自折磨。
转眼春来还去否？

忽来忽去何奔波。
人生是梦，日月如梭。
能有千言万语说不出，
十年不作除夕歌。
世界之大大如斗，
装满悲欢装不下他。
万人如海北京城，
谁知道有人愁似我？

陈诗如长篇歌行，如怨如慕，如泣如诉，深邃的哲思理趣。运用白话韵文倾泻而出，令人心悸令人震颤。其装下了整个世界悲欢的强烈对比，既表现了革命者的心胸，又浮现了诗人的菩萨心肠。这样的诗，当然是其人生很好的纪念。至于李大钊的《山中即景》：

是自然的美，
是美的自然。
绝无人迹处，
空山响流泉。

云在青山外，
人在白云山外，
云飞人自还，
尚有青山在。

则与陈诗风格不同，强调了人与宇宙的同一，人和自然的和谐。其诗如画，余韵缭绕，早已升华到了王国维《人间词话》所说的无我之境中了。这同样深刻逗露了诗人的胸襟与人生思考。这样的好诗，从另一个侧面，塑造出了一个真正革命者的形象，当然同样值得纪念。

至于鲁迅与其弟周作人的分合，在现代中国文坛也是一件大事，因此，鲁迅的白话诗也是一种试验，尽管他与胡适的想法不大一样，这也是留此存照，值得纪念了。

至于说到编者自己的白话诗创作，刘半农（1891～1934）在五四时期亦非等闲人物，他原名复曾，与钱玄同唱双簧，由钱氏把反对白话诗文的复古派言论，虚拟为王敬轩致编辑部的信，然后由刘半农作《复王敬轩书》，公开论辩。此文载1918年3月15日《新青年》第四卷第三号，影响很大，对否定新文化运动的保守言论，进行了全面的体无完肤的批驳，所以鲁迅说他是个"'文化革命'阵中的战斗者"（《复古与趋时》），"他活泼，勇敢，很打了几次大战"（《忆刘半农君》）。刘半农学识渊博，兴趣广泛，是五四新文化运动的提倡者与身体力行者，他曾为白话文白话诗的破旧立新占领文坛勇敢的鼓而呼之，可说是一员真正冲锋陷阵的猛将；同时，他又是一个优秀的语言学者，在我国现代语语音实验方面的研究，是先驱者、开拓者。他曾在英法留学苦读博士多年，其博士论文获法国"康士坦丁·伏尔内语言学专奖"，由《法国最高文艺学院公报》宣布。在《诗稿》中，他未收自己的作品，这是他的谦虚，又是自我要求严格的表现。其实，他自己创作的白话诗，完全有资格收进《诗稿》中而毫无逊色。诗歌是语言的艺术，其语音学方面的知识，对其白话诗的尝试，大有帮助。他在自己的诗集《扬鞭集·自序》中说："我在诗的体裁上最会翻新花样的。当初的无韵诗，散文诗，后来的用方言拟民歌，拟'拟曲'，都是首先尝试。至于白话诗的音节问题，乃是我从一九二〇年以来无日不在心头的事。"因此，半农新诗，形式变化万千，多姿多采，通俗易懂，明白如画，而又近乎口语，生动活泼，而具生活气息。如其《相隔一层纸》：

> 屋子里拢着炉火，
> 老爷分付开窗买水果，
> 说"天气不冷太热，
> 别任它烤坏了我。"
> 屋子外躺着一个叫化子，
> 咬紧了牙齿对北风喊"要死"！
> 可怜屋里与屋外，

相隔只有一层薄纸！

此诗写于1917年10月的北京。诗人并没有抽象说教地大发阶级斗争的议论，而是用具体生动的形象对比，来揭穿京师中贫富悬殊、天上地狱冰火两洞天的残酷现实，不言批判而意义自明。这样的白话诗，完全有资格收进《早期白话诗稿》而无愧色。但刘半农没有这样做，这只能说明其人格的崇高，是为人而不为己的负责任的文化行为，这与今天文坛竞相炒作自我的热潮是大相径庭的，这是进步，抑或倒退，引人深省。又如其《教我如何不想她》，更是优秀的白话诗：

天上飘着些微云，
地上吹着些微风。
啊！
微风吹动了我头发，
教我如何不想她？

月光恋爱着海洋，
海洋恋爱着月光。
啊！
这般蜜也似的银夜，
教我如何不想她？

水面落花慢慢流，
水底鱼儿慢慢游，
啊！
燕子你说些什么话？
教我如何不想她？

枯树在冷风里摇，
野火在暮色中烧。
啊！
两天还有些儿残霞，
教我如何不想她？

这首诗是刘半农1920年留学英国时写于伦敦，时间是9月4日。时间、地点、环境氛围都很明确，是诗人改造、发展了我国诗歌传统的比兴手法，以天涯海角的游子的口吻，写对于青春少女的火热恋情，表面上是一首情歌；实际上，却自然双关地透露了诗人在天边对祖国母亲那无限深情的眷恋，情调缠绵细致，而又风格清新流畅，音调如歌如诉，铿锵和鸣，读来琅琅上口，宫商一片，犹如天籁之音一般。它标志了白话诗艺术已趋成熟。后来，赵元任看中这首诗的语言音乐特点，把它谱成了歌，成了家喻户晓、人人传唱的新流行歌曲，其影响所及，并不亚于李叔同的《送别》。刘半农有诗集《杨鞭集》、《瓦釜集》，好诗不少。但是，如果不考虑这些，而只传唱其《教我如何不想她》，刘半农也完全有资格自立于早期白话诗坛而熠熠生辉。鲁迅誉之为"一个文学革命阵中的战斗者"（鲁迅《花边文学·趋时与复古》），在五四时代《新青年》杂志中的刘半农受之无愧。

二 "复古"派林纾的白话诗创作及其贡献

在五四新文化运动中，当时直接站到新文化对立面的所谓顽固派唱复古论调的遗老遗少，最著名的有辜鸿铭与林琴南（林纾）。辜虽从国外回来，精通西语西学，却一心维护传统孔孟之道，而对新文化运动冷嘲热讽，他在辛亥革命后的民国时期，一直保留其脑后长辫，就具有象征意义。因此，他对白话文学者当然持否定态度。辜氏性格古怪，是个诙谐幽默的人。他不喜欢白话诗，但非不能也，有时偶而为之，却是立即产生了语惊四座的轰动效应。比如在光绪二十八年（1902）时逢慈禧太后六十八岁大寿，祝寿活动在全国如火如荼地展开，处处在大唱颂圣的"爱国歌"，当时辜氏入两湖总督张之洞幕府，在大家歌颂慈禧时，辜氏即席作《爱民歌》，诗曰："天子万年，百姓花钱；万寿无疆，百姓遭殃。"[1]当时把鄂督幕府的满座文武惊呆了，继之一坐哗然。这是明白如话的白话诗，其讽刺之尖锐，比起当日提倡诗

[1] 叶新《近代学人轶事》，百花文艺出版社，2005年，第7页。

界革命的黄遵宪、梁启超，大大地先进了，须知，这是在清末年代的公开骂座，如有人告密，就会成为骂皇帝和太后的“现行反革命”而推上菜市口刑场。但是，辜氏我行我素，并无惧色，如果不是张之洞对他尚存宽容之心，他的脑袋或许已经搬家，怎能后来还在北京大学讲席上拖一发辫高谈阔论呢？辜氏这首白话诗，比起胡适写于留美时期的初期白话诗《尝试集》，时间早了十几年，可说是先行尝试之尝试了。不过，话又说回来，辜鸿铭是个怪杰，只有他敢于矛头直指皇帝之上的慈禧太后，他的这首名动一时的小子白话诗，只能说是特殊个案，暂时按下不提。

至于林纾写作白话诗，则时间又早于辜氏此诗五年，而早于胡适作《尝试集》近二十年，同时，数量达几十首之多，并且是有意为之，有宣言，有作品。这和辜氏相比，就不是偶尔为之的偶然现象，而是对白话诗歌的一种自觉提倡了。今天写新诗（即白话诗）史，如遗漏了这近代文学初始阶段的浓重一笔，那应该是一种难言的遗憾了。

林纾（1852～1924），原名轸，字群玉，后改今名，字琴南，号畏庐，冷红生，居杭州时，又自号六桥补柳翁，入民国后，又自号践卓翁、蠡叟、餐英居士等。福建闽县（今福州）人。生于一个破落的小商人家庭。通过刻苦读书、勤奋不懈，终于成为一个在诗、书、画、古文、翻译都有造诣和成就的文人学者。他的思想，并不像五四新文化运动中人所指斥的那样，一贯顽固保守，甚至是反动，鲁迅以唐俟的笔名，在1919年5月《新青年》第六卷第五号上发表其随感录，就林纾反对白话发议论，并斥其为“现在的屠杀者”，说：“明明是现代人，吸着现在的空气，却偏要勒派杨腐的名教，僵死的语言（按：指文言），侮蔑尽现在，这都是‘现在的屠杀者’。杀了‘现在’，也便杀了‘将来’。——将来是子孙的时代。”但请注意，这里对林琴南的痛骂，指的是他在民国以后仍然坚决反对新文化及其白话运动来立论的；至于林在清季，则曾是一个热烈维新、思想先进的爱国者，他曾积极提倡写些通俗易懂的白话诗，来揭露现实黑暗、积极抨击时政，有为而发，旨在发动群众以救国图强。历史就是这样复杂，后来顽固派也曾是思想的先进者，林纾后来为捍卫文言而与新文化运动中人论战，捍卫文言、救护中华优秀的传统文化并没有错，但错在他无原则的排斥白话，认为“白话鄙俚浅陋，不值识者一哂”，违反了新文化、新文学的方向，那就大错特错了。不过，看人不可以偏概全，对林纾昔日曾为白话诗积极鼓吹并付予实践的历史功绩，更不应抹煞，而应予全面公允的评价。

比如在光绪二十三年（1897），林纾写了《闽中新乐府》三十二首，由其友魏潮资助在福州用活字版印刷出版。当时林纾四十六岁盛年，在其过了人生不惑之年后来写这样抨击时政、反映现实而积极救世的爱国诗篇，当然不是偶然的，而是深思熟虑之后发自内心的时代呐喊。《闽中新乐府》写于1895年丧权辱国的《马关条约》签订之后，当时全国人民痛心疾首，要求一雪国耻的维新变法的呼声很高。鲁宪辉《林纾传》中说：“戊戌变法前夕，林纾在福州常与朋辈谈新政，议图自强之策。《闽中新乐府》就是这时与友人谈时务，以‘愤念国仇，忧悯时俗之情，发而为讽刺之言’。”林纾的诗，正是这一抗战救国呼声之强音，所以后来郑振铎在他去世后的1924年《小说月报》第15卷第11号上发表《林琴南先生》一文，加以悼念，并称赞说：“他是一个非常热烈的爱国者。”这话是不错的，是有证据的。林纾挚友高梦旦作《书〈闽中新乐府〉后》说：“甲午之役，我师败于日本。国人纷纷言度法，言救国。……每议论中外事，慨叹不能自已。畏庐先生以为转移风气，莫如蒙养。因就议论所得，发为诗歌，俄顷辄就。季子先生为出资印行，名曰《闽中新乐府》。”林纾自己写《闽中新乐府序》也说：“儿童初学，骤语以六经之旨，茫然当不一觉。其默诵经文，力图强记，则悟性转窒。故入人，以歌诀为至。闻欧西之兴，亦多以歌诀感人者。闲中读白香山讽谕诗，课少子，日仿其体作乐府，一篇，经月得三十二篇。吾友魏季渚爱而索其稿，将梓为家塾本。”其实，林纾的《闽中新乐府》，启蒙的何止是学童，全国之民也无不沾溉其惠而有利于开发民智，激扬爱国之心。现录若干首以飨读者：

村先生

村生先，貌足恭，训蒙《大学》兼《中庸》。
古人小学进大学，先生躐等追先觉。
故人登高必先卑，先生躐等追先知。
童子读书尚结舌，便将大义九经说。
孰为鱼跃孰鸢飞，且请先生与式（析）微。
不求入门骤入室，先生学圣工程疾。
村童读书三四年，乳臭满口谈圣贤。
偶然请之书牛券，却寻不出上下《论》。
书读三年券不成，母咒先生父成怨。
我意启蒙首歌括，眼前道理说明豁。
论月须辨无嫦娥，论鬼须辨无阎罗。
勿令腐气入头脑，知识先开方有造。
解得人情物理精，从容易入圣贤道。
今日国仇似海深，复仇须鼓儿童心。
法念德仇亦歌括，儿童读之涕沾襟。
村先生，休足恭，莫言芹藻与辟雍，强国之基在蒙养。
儿童智慧须开爽，方能凌驾欧人上。

按：诗讥传统教育的蒙养之失。林纾年轻时，国家境清寒，同治十一年（1872）二十一岁时就当村塾教师以养家活口，后虽中了举人，但一生未入仕途，直到了四十岁时，仍以教师为职业，所以《闽中新乐府序》中自称是“二十六年村学究”。他是一个富有实践经验的教师，中国教育方面的利弊，他早洞明心中，现借国难刺激而发为诗歌，当然用心良苦，是一种自觉的救国思考。自从他翻译了法国小仲马《茶花女》等诸多西方小说之后，视野广开而面向世界，思想很受启发：“法念德仇亦歌括，儿童读之洋沾襟。”从小培养了受国复仇的民族节气。所以他说：“今日国仇似海深，复仇须鼓儿童心。”当时的现实，由于长期的积贫弱而不思变革，国家实力不行，所以在与西方列强及日本打交道时，屡战屡败，一蹶不振，立即报仇雪仇，是很困难的，这令人痛心，但却是残酷的现实。以此，诗人着眼于未来，寄希望于国人的努力奋斗与抗争，特别是寄希望于儿童的蒙养教育。诗人因此大声疾呼："今日国仇似海深，复仇须鼓儿童心。……儿童智慧须开爽，方能凌驾欧人上。"这一想法，无疑既是现实的，同时又具有长远的战略眼光。又，诗人对于传统童蒙教育的尊孔读经，不以为然，认为一旦付之实用，连普通应用书劵一类也写不出来，尽是高谈圣贤，又有何用呢？这是从实践出发的思考，他要求讲科学，而不要抱残固陋，所以说是"勿令腐气入头脑，知识先开方有造。"这样通俗易懂的深刻道理，即在今天，对于基础教育，也颇有启会和借鉴价值，又怎么会是后人所讥讽的"死文字"、"死文学"呢？

破蓝衫

破蓝衫，一着不可脱，腐根在内谁能拔？
案上高头大讲章，虚题手法仁在堂。
子史百家在杂学，先生墨卷称先觉。
腐字腐句呼清真，熟字连篇不厌陈。
中间能炼双搓句，即是清才迥出尘。
诚南省，捷秋闱，丝纶阁下文章静。
事业从今小楷来，一点一画须剪裁。
五言诗句六行折，转眼旋登御史台。
论边事，尊攘咬定《春秋》义。
边事凄凉无一言，别裁伪体先文字。
吁嗟乎！堂堂中国士如林，犬马宁无报国心？
一篇制艺束双手，敌来相顾齐低首。
我思此际心骨衰，如何能使蒙翳开！
须知人才得科第，岂关科第求人才。
君不见，曾左胡，岳岳人间大丈夫，
救时良策在通变，岂抱文章长守株。

按：这首《破蓝衫》描绘迂腐之儒，为国家制度所误，直到亡国媚敌而不顾。诗歌直接讽刺科举功名作茧自缚而误国。诗写于戊戌变法前一年，比康有为的公车上书还早了一年。后来康梁新政曾提出废科举而办学堂，与林纾是英雄所见略同，于此可见林纾对变法图强的灵敏嗅觉及其政治预见性。救国在教育，教育则出人才。但千年以来的传统科举制度，发展到了清代末年，在东西洋列强的环伺压迫之下，仍然是死守经义而不变通，"论边事，尊攘咬定《春秋》义"，"一篇制艺束双手，敌来相顾齐低首"。八股烂调，不仅无关乎人才，而且束缚了自己的手脚，面对帝国主义强敌，除了低头求饶、割地赔款之外，还能干什么呢？林纾曾中过举，礼部试则名落孙山，他是八股战场上的过来人，所以语语中的，句句要害。"救时良策在通变"，这不就是维新变法新思想的先奏曲吗？谁说林纾一贯冥顽不化？

渴睡汉

渴睡汉，何时醒？王道不外衷人情。
九经叙自有柔远，加以礼貌庸何损？
纵是国仇仇在心，上下一心孰根本。
奈何大老官，一谈外国先冲冠，
西人投刺接见晚，儒臣风度求深稳。
西人报礼加嫚词，又有大量能容之。
所得不偿失，易明之理暗如漆。
我闻西人外交礼数多，一涉国事争分毫。
华人只争身份大，铁铸为墙界中外。
挑衅无非在自高，自高不许公家害。
我笑富郑公，区区争献纳。
若果赵家能自强，汴梁岂受金人踏？
须知勾践能复仇，骄吴始取仇人头。
奉告理学人，不必严华夏，
苟利我国家，何妨礼貌姑为下？

西国谋国事事精，兵制尤堪为法程。
国中我自崇王道，参之西法更应好。
我徒守旧彼日新，胁我多端气莫伸。
群公各有医时术，不委人为委天意。
人为一尽天意来，王师奋迅如风雷，
西人虽暴胡为哉？西人虽暴胡为哉？

按：诗讥执国政者，不明世界形势，盲自尊大而昏睡不醒，国家岂不危乎殆哉。“渴（瞌）睡汉”，讽刺的不仅是个别昏庸权贵，而是整个腐朽的统治阶级，扩而大之，而及于国家，举国昏昏，醉而不睡，何能抗强敌而应对列强帝国的侵略与挑战呢？昔日中国传统，内华夏而外夷狄，以中国为世界中心，洋人跪拜膝下，以满足其自高自大的心理。在清乾隆时代，英国派使者来华，硬是要强迫英使行三跪九叩的大礼，遭拒绝后，破坏中英两国的外交关系，为后来西方侵略埋下了一丝隐患。乾隆盛世如此，同、光年代亦然，国家岂有宁日！所以林诗点明了“挑衅无非在自高”，对以理学家那严华夷之辨的传统思想观念和外交路线提出了质疑和批判。时代变了，不知人又焉能知已？又怎么去办外交？当然，诗人也很明白，弱国无外交，只能变法图强，振兴国家，增加自我实力，一旦形成了“王师奋迅如风雷”的局势，帝国列强虽有亡我中华之心，又奈我何？以此，诗人建议，“苟利我国家”，就应该先学习西方先进事物，变而通之，强大国家，则可自立于世界民族之林而申其声气。

水无情

孰道水无情？无情能作断肠声；
孰道水有情？有情偏浸出胎婴。
女儿原是赔钱货，安知不做门楣贺？
脐上胞衣血尚殷，眼前咫尺鬼门关。
阿爷心计忧柴米，苦无家财贻兄弟；
再费钱财制嫁衣，诸男娶妇当何时？

阿娘别有皱眉事，乳汁朝朝苦累伊，
床上缝鞋袜，镜上梳头发。
还要将来再费钱，如何下手此时先？
一条银烛酸风烈，一盆清水澄心澈，
此水何曾是洗儿？七分白沫三分血！
此际爷娘心始安，从今不着一些难。
所恨儿无口，魂儿不向娘亲剖；
娘亦当年女子身，育娘长大伊何人？
若论衣食妨兄弟，但乞生存愿食贫。
岂知聋瞆无头脑，一心只道生男好，
杀女留男计自佳，也须仰首看苍旻！

按：此诗讥社会的“溺婴”陋习。重男轻女，是中国几千年来的传统陋习，这与以男性为中心的阶级社会有关。妇女有才如汉代班昭，她是《汉书》作者班固之妹，曾帮兄续写《汉书》。但班昭却曾作《女诫》，说什么男人是天女人是地，女人只是男人的附庸，只能服从男人指令生活。人一生下，即是男女有别；家诞男婴，就称之为弄璋（一种美玉）之喜；生下女婴，则称之为弄瓦。犹如碎瓦片，一钱不值。璋、瓦价值，天差地别，此乃封建社会一贯轻视妇女也。贤如班昭，尚且如此自贬女人，更何况是失去读书识字权利的一般家庭妇女。女人瞧不起女人自己，自我贬损，还要认命，这才是最可悲的。就在林纾的福建故乡，溺死女婴之事，直到解放前夕，我仍有所闻，可见成了社会痼疾，成了不是新闻的新闻。这些亲见亲闻，让有正义感的诗人，痛心不已，强烈的社会责任心，激发了诗人的灵感，形之于笔墨，化为白话诗，犹如骨鲠在喉，不吐不快。溺死女婴者其亲生的爷娘，他们也是人，也有爱女的恻隐之心，为什么要出此毒手呢？这太不人道了。在这首《水无情》诗中，诗人表面上直接批评的是孩子的亲生父母，但在语言文字的背后，却是对形成溺死女婴的社会恶习及黑暗现实的揭露和谴责。亲生父母非到自己难以存活的程度，是不会出此下策，因此，溺死女婴的主要罪责，在传统重男轻女的吃人旧礼数旧观念，在于社会的黑暗，在于统治者的残酷压榨而民不聊生。

兴女学

兴女学，兴女学，群贤海上真先觉。
华人轻女患识字，家常但责油盐事。
夹幕重帘院落深，长年禁锢昏神智。
神智昏来足又缠，生男却望全先天。
父气母气本齐一，母苟蠢顽灵气失。
胎教之言人不知，儿成无怪为书痴。
陶母欧母世何有？千秋一二挂人口。
果立女学相观摩，中西文字同切磋。
学成即勿与外事，相夫教子得已多。
西官以才领右职，典鉴多出夫人力。
不似吾华爱牝鸡，内人牵掣成贪墨。
华人数金便从师，师因常在无馆时。
丈夫岂能课幼子，母子静细疏条理。
父母恩齐教亦齐，成材容易骎骎起。
母明大义念母仇，朝暮语儿在心头。
儿成便蓄报国志，四万万人同作气。
女学之兴系匪轻，兴亚之事当其成。
兴女学，兴女学，群贤海上真先觉。

按：《兴女学》诗歌颂了兴办女学的新法盛事。在 1897 年以前，清朝兴办女学之事极其罕见。但因受中日甲午战争失败的刺激，变法图强的呼声日起，在上海等与洋人出没的通商口岸，开始出现了女子洋学堂。虽是星星之火，却点燃了诗人内心的激情，其维新变法的心潮膨湃，由关注而颂美，成了最早歌颂女学的一首白话诗。几千年的中国封建社会，妇女被压在社会的最底层，所受痛苦最深，但在旧礼教的压制下，提倡“女子无才便是德”，女人只有顺随男人驱遣而不问是非，这就造成了多少愚昧无知的家庭妇女。须知，世界人口男女各半，女人是半片天，缺少女人的智慧和力量，社会发展必然滞后或倒退。因此，国家要发展，社会要进步，开发民智、特别是开发妇女智慧，尤其重要；而要开发女智，兴女学办教育是主要途径。在19世纪末的中国，要实男、女同校同学，尚有困难，因为封建礼教有“男女授受不亲”的禁锢。因此，女人智慧的发掘，只能先从兴办女学开始。在这首诗中，诗人颇讲科学，如胎教等说法；又“父气母气本齐一，母苟蠢顽灵气失”，则从遗传学的角度立论，于见当时诗人观念之新。他主张妇女从油盐酱醋之类的家庭禁锢中解放出来，接受女学教育，有德有才，则其成家之后的相夫教子，性质变化，质量提高，绝对不会再干溺死女婴之类的蠢事，而是以智教子，使其迅速成长为国家人才。“母明大义念国仇，朝暮语儿怀心头。儿成便蓄报国志，四万万人同作气”，由于女智开发，母亲平日言语的教导，起了潜移默化的爱国主义教育的作用，甚至胜过政府的宣言与文告。于此可见，兴办女学，意义深远，诗人因小见大，其拳拳爱国之心，和盘托出。

在艺术方面，《闽中新乐府》被当时宋诗派的陈衍讥为“俚俗”。但是“俚俗”而明白如话，接近口语而老妪能解，正是这批中国早期白话诗的特点。明白直露的辣讽，爱憎分明而感情倾泻，这对于一个旧学经史根柢深厚的学者文人，无异于脱胎换骨，更何况是一种有的放矢的自觉行为呢？因此，这也可称之为近现代早期白话诗的一种新的探索，是一种摸着石子过河的尝试或试验，关键在于以白话诗的艺术来打动人心，唤醒民众。如上所述，激情与力量是其震颤人心的艺术之魂。这是其一。其二，林纾《闽中新乐府》学白居易讽谕诗，因此明显有由传统古诗向新白话诗过渡的痕迹。不过，白诗运用的唐时老妪能解的白话，而林纾因时代变化，运用的是清末时期的口语白话。如白居易《轻肥》讽刺宦农集团在天旱人饥时期的奢侈豪宴：“樽罍溢九酝，水陆罗八珍。果擘洞庭桔，鲙切天池鳞。”用词仍较典雅，对仗整齐，仍保留一定的文言书面语气息。林纾则说：“欧人志在维新，非新不学。即区区小说之微，亦必从新世界中着想，斥去陈旧不言。若吾辈酸腐，嗜古如命，终身又安知有新理耶?”（《斐洲烟水愁城录序》）因此主张文学从思想到语言都必须弃旧迎新。以此，林诗在运用近现代口语白话来写其《新乐府》诗，明显具有时代进步的标志，从而成为由传统古诗向近现代白话新话过渡的艺术典型，也就是新、旧相互包融的新局面。其三，大胆向民歌、民谣甚至是民间歌括一类的口头歌决多方学习，以便和民众打成一片，增其移风易俗的感人艺术力量。这不就是后来胡适所说的白话活文学吗？其四，诗人用白话入诗，但创作之时，又受其翻译西方小说的潜移默化的影响，常是活学活用小说手法，悟其艺术相通之处，化而入诗。比如艺术的虚拟与想象、人物形象的刻画、细腻的心理描写等，愈增其诗歌艺术之魅力。如《水无情》一诗写一出生即被溺死的女婴，照理女婴即死，毫无思想与说话、议论能力，但诗人却以丰富的艺术想象，虚拟死婴站出来说话和抗议：“所恨儿无口，魂儿不向娘亲剖；娘亦当年女子身，育娘长大伊何人？……杀女留男计自佳，也须仰首看苍旻!”无不字字带血，感恸九天。死婴在诗中似乎活了过来，向社会大声疾呼，在抗议声中，争生存权。这是真正的人道主义的同情。如此想象，现实生活虽无其事，但人们读来，却痛心疾首而感到合情合理，死婴勇争人权，呼喊抗议，听者心酸，真是神来之笔，确是一篇绝妙好辞。1920年前后的白话新诗，如能像林纾创作《闽中新乐府》时在艺术上那么用心，而非率意而行，相信面貌定会有所改观。

林纾《闽中新乐府》，今有光绪二十三年（1897）福州魏瀚活字本印行，诗人自署畏庐子，前有畏庐子自序一篇。诗共有三十二首，目录如下：

> 《国仇》、《渴睡汉》、《五石弓》、《村先生》、《兴女学》《小脚妇》三首、《饿隶》、《獭驱鱼》、《关上虎》、《破蓝衫》、《郁罗台》、《谋生难》、《落花》、《杀人不见血》、《检日历》、《生骷髅》、《棠梨花》、《水无情》、《非命》、《跳

神》、《哀长官》、《郭老兵》、《灶下叹》、《冰为山》、《知名士》、《番客来》、《灯草翁》、《肥和尚》、《百忍堂》二首。

那么林纾对白话诗的创作，是否是戊戌变法前的一时热情而转瞬即冷呢？事实不然。据张俊才《林纾年谱简编》，光绪二十六年（1900）林氏客居杭州，林万里、汪叔明创办《白话日报》，邀其办盟，成为中坚，“林纾为该报作白话道情，颇风行一时”。道情，是从民间兴起的一种结合民歌小调而以说唱为主的曲式，也可以称之为形式更加自由、更贴近生活的白话诗。林纾于次年离杭赴北京，杭州《白话日报》因缺其主心骨而不得不停办。可见当时能写作白话文白话诗的人，犹如凤毛麟角，林纾之才及其白话文学写作，也就更加可贵了。

而据张俊才《林纾著译系年》于民国元年（1912）载林有《讽谕新乐府》诗之作，其按语称：“‘讽谕新乐府’是《平报》的一个专栏题目，凡本栏所发作品，均署名射九。朱羲胄在《春觉斋著述记》中说：‘《讽刺新乐府》一卷，先生所著，皆讽刺时人之作，而刺国会议员者尤多。都三百余首，人称诗史。民国五六年间，为北京《平报》刊布者，止十之四五耳。……将与诸公子搜访《平报》所刊，编而成之。’编者在11月1日至1913年9月30日（其中6月份缺）《平报》此栏中，共查得讽谕新乐府130首，内容与朱羲胄所说基本吻合，文风也与林纾早年著《闽中新乐府》相近。只是题目差一字，发表年时不一致。但1919年3月24日《公言报》在刊登林纾作《劝世白话新乐府》时，曾加了一段按语，按语中说：‘林琴南在《平报》作白话讽谕新乐府百余篇，近五年已洗手不作矣。’近五年洗手不作，排除了朱羲胄关于民国五六年间曾有讽刺新乐府刊于《平报》的说法，而题目、篇数与编者所查得的完全一致。由此可以断定，署名射九的‘讽谕新乐府’，均系林纾所作。”因其数量多而略其所载篇目。

以上事实说明，从戊戌变法前的晚清时期，一直到民国初年的十余年间，林纾曾以“新乐府”的形式，写了大量的白话新诗，虽有“闽中”、“讽谕”或“劝世”的定语不同，但其体格大都一致，都是讽刺社会而欲移风易俗的白话诗。这些诗应该承认比胡适的《尝试集》早得多，是我国现代白话诗创作尝试之前的尝试，其开拓之功不可没。林纾晚年，以前清遗老自居，思想由兴奋维新而转于颓唐，在五四新文化运动中，作《古文之不当废》、《论古文白话之相消长》二文，坚决站在维护传统文化的立场，因此被新文化人称为“桐城妖孽”的顽固派，是个固守文言“半死文学”的“现代屠杀者”，可说是一笔抹倒而死有遗臭了。但是，历史是复杂的，盖棺定论，应给予客观公允的历史评价。在林氏死后不久，因为事过境迁，人们就能够冷静下来作全面回顾与理性的评判，郭沫若在《我的幼年》中说：“前几年我们在战取白话文的地位的时候，林琴南是我们当前的敌人，那时的人对于他的批评或者不免有一笔抹煞的倾向，但他在历史上的地位是不能抹煞的，……是有相当建树的人物。”五四新文化主将胡适，在民国十三年（1924）读了林纾的“新乐府”一类的白话诗后，不仅没有加以贬斥，而且为其特别《林琴南先生的白话诗》的标题，并且引为共鸣同类而大发感慨，他有《读后感》说：

> 林先生的“新乐府”不但可以表示他的文学观念的变迁，并且可以使我们知道五六年前的反动领袖在三十年前也曾做过社会改革的事业，我们晚一辈的少年只认得守旧的林琴南，而不知道当日维新党的林琴南；只听得林琴南反对白话文学，而不知道林琴南壮年时曾做过通俗的白话诗，——这算不得公平的舆论。(《北京〈晨报〉六周年纪念增刊》)

地下若是有知，林纾可以含笑瞑目了。

三　胡适尝试新白话诗

五四文学运动，提倡新的白话文学，反对传统的文言旧文学，提出了诗歌改革、甚是诗歌革命的口号。当时新文化人的代表人物如胡适、陈独秀等，都是持激进的论调，他们运用简单机械的二分法，新与旧的对立斗争，非此即彼，你死我活，没有调和的余地，如果不把他代表传统的旧体诗词统统扫进历史的垃圾堆去，白话新诗就难有出头成活的希望。以此，胡适写《文学改良刍议》（1917年1月）、《建设的文学革命论》（1917年4月），不仅在理论上冲锋陷阵，而且付之实践，从1916年到1917年留美归来前，就创作了白话新诗并准备编成《尝试集》出版。胡适曾大声疾呼，旧体诗词是死文学，至少是半死的文学，只有白话新诗才是活的文学，是现代诗歌的发展方向。可是历史却和胡适等五四新文化人开了一个大大的玩笑：白话新诗发展至今已有将近百年的历史，但除了新诗界的自我喧腾之外，有人讥为写诗的人比读诗的人多，也就是说，读者寥寥，赏识者无多。如毛泽东所说："但用白话写诗，几十年来，迄无成功。民歌中倒是有一些好的。将来趋势，很可能从民歌中吸引养料和形式，发展成为一套吸引广大读者的新体诗歌。"[2]文学发展的历史，事实说明，白话新诗的革命远未成功，换一种说法就是：白话新诗该活而难活，也可说是半死不活；而旧的传统文言诗词，经过五四运动的迎头痛击，虽然是气息奄奄而元气大伤，但却一息尚存，半活未死，正在等待复燃的机会。造成这种尴尬局面，现代白话新诗的出路又在何方呢？一时大家四顾茫然，不知为何是好。这是昔日五四新文化人所意料不到的。

[2] 毛泽东《给陈毅同志谈诗的一封信》，《诗刊》1978年一月号。

五四白话新诗的开创者之一是胡适。1918年1月，钱玄同为胡氏白话新诗《尝试集》作序，明白指出："（胡）适之是中国现代第一个提倡白话文学——新文学——的人。"胡适用白话作诗，早在留美归国之前。因此有人戏称他是写作白话新诗的开山祖宗。可见其历史地位与影响。胡适（1891～1962），字适之，安徽绩溪人。肄业于上海中国公学，后留学美国康奈尔大学、哥伦比亚大学，是著名哲学家杜威的学生。回国后积极参加五四新文化运动，成为新文化运动的重要领袖人物。著作等身，今有《胡适全集》。早在20世纪10年代初，胡适留美时与同学赵元任讨论中国文学与国语问题，认为应予改革，胡适写《如何使吾国文言易于教授》一文，在当时中国留美学生会中宣读，这时就从文学是语言的艺术角度，尖锐也指斥传统的文言文是“半死的语言”这一著名论断，今天看来并不全面，也不符合科学事实，但置于当时的历史背景下，却是震聋发聩，影响很大。后来，他又提出了“白话是活的语言”，这就从文学语言体制的正、反两方面，推动了白话新诗的发展。在理论上，胡适大声疾呼：“用死了的文言决不能做出有生命有价值的文学来。……死文言决不能产出活文学。中国若想有活文学，必须用白话，必须用国语，必须做国语的文学。”“文学凡是有一些价值有一些生命的，都是白话的，或是近于白话的。其余的都是没有生气的古董。”（胡适《建设的文学革命论》）换言之，用白话写的新诗，是活的文学；而用文言写的传统诗词，则是“没有生气的古董”，是死的文学，没有任何价值。其理论之激烈，可说是空前的，这就使人联想到文化大革命中的破四旧砸古董，这在今天，人们已知其为偏激片面，但在当时，胡适却虔诚信奉和提倡，并大胆付之于文学实践，他在1916~1917年留美期间所作的《尝试集》，正是一种白话新诗革命的文学实践。在当时，胡适的留美同学梅光迪和胡先骕、任鸿隽等，都对胡适所作白话新诗提出了尖锐的批评。在1916年7月，梅光迪致胡适信中说：“大抵改革一事，只须改革其流弊，而与其事之本体无关。如足下言革命，直欲将吾国文学尽行推翻，本体与流弊无别可乎？”[3]但胡适仍然坚持自己的文学革命主张，他在《文学篇七首》有序，说：“念吾数年来之文学兴趣，多出于吾友之助。若无叔永（任鸿隽）、杏佛（杨杏佛），定无《去国集》。若无叔永、觐庄（梅光迪字），定无《尝试集》。感此作诗别叔永、杏佛、觐庄。”其五诗曰：“前年任与梅，联盟成劲敌。与我论文学，径岁犹未歇。吾敌虽未降，吾志乃更决。暂不与君辩，且著《尝试集》。”其白话新诗《尝试集》的写作，正是对于朋友责疑的回答。此诗于1917年6月1日写于美国哥伦比亚大学，后收在《尝试集》中。这说明了作为白话新诗的先行者，胡适对于自己诗歌革命观念的坚持，即使遭到好友的批评也

[3] 耿云志主编《胡适遗稿及密藏书信》第33册，黄山书社1994年。

无怨无悔，依然故我。1952 年 9 月，胡适曾在其《尝试后集》中说：“《尝试集》是民国九年（1920）三月出版的。十年再版时，我稍有增删。十一年（1922）三月，《尝试集》四版，我又有增删，共存《尝试集》四十八首，附《去国集》十五首。”如作于 1910 年（清宣统二年）的《翠楼吟·庚戌重九》，即收在《去国集》中，时期适年十九，词曰：

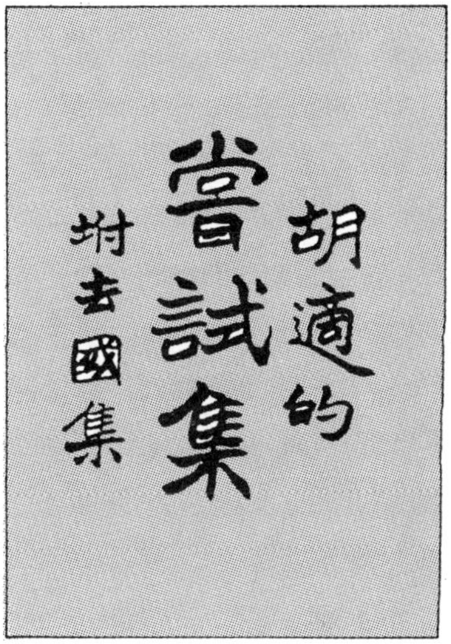

尝试集

霜染寒林，风摧败叶，天涯第一重九。
登临山径曲，听万壑松涛惊吼。
山前山后。
更何处能寻，黄花茱酒。
沉吟久。
溪桥归晚，夕阳遥岫。

应念鲈脍莼羹，只季鹰羁旅，此言终负。
故园三万里，但梦里桑麻柔茂。
最难回首。
愿丁令归来，河山依旧！
今何有？
倚楼游子，泪痕盈袖。

这类早期作品，仍用文言写作，一般遵守词牌原有格律，写的是重九之日，游子去国而思念故乡的传统题材，词风虽然较为稚嫩，厚实尚有不足，但是用典还算贴切，这对于一个十九岁的青年，已属不易。但胡适后来提倡白话新诗以后，将其归入了“死文学”一类的作品，之所以收入《共国集》而作为《尝试集》的附录，作者解释说：“这一卷旧诗，是从前的我的一部分，也是现在的我的一部分了。”反映了作者诗歌创作道路变迁的历史轨迹，甚至保存了某些少年心性的想法。1916 年 4 月，胡适在哥伦比亚大学师从杜威学哲学，大概受杜威实验主义哲学影响，思想变化较大，反映在文学上，就提笔写了《沁园春·誓诗》：

更不伤春，更不悲秋，以此誓诗。
任花开也好，花飞也好，月圆固好，日落何悲。
我闻之曰：从天而颂，孰与制天而用之。
更安用，为苍天歌器，作彼奴为。

文章革命何疑？
且准备搴旗作健儿。
要前空千古，下开为百世，收他臭腐，还我神奇。
为大中华，造新文学，此业吾曹欲让谁！
诗材料，有簇新世界，供我驱驰。

这其实就是年轻胡适的一篇“文学革命宣言书”。这首誓词，虽是依声填词，但无论是内容或诗词体制，都对原有传统诗词的格局作了重大调整和改变，其语言文字，也是纯然运用白话写诗，而不用什么高雅深奥的典故，如“从天而颂，孰与制天而用之”，则来自《荀子·天命》篇，原文是“从天而颂之，孰与制天命而用之”，胡适引用入诗之时，只删去“之”及“命”二字，这实际上是走宋诗以来“以文为诗”的道路，在白话新诗中坚持诗歌散文化的倾向而大发议论。这就渐渐形成了“胡适之体”的白话新诗道路。比如 1916 年 8 月，他在哥伦比亚大学写了《蝴蝶》(又名《窗上有所见口占》) 一首，大概是改造了《生查子》旧词调所写的一首新诗：

两个黄蝴蝶，双双飞上天。
不知为什么，一个忽飞还。

剩下那一个，孤单怪可怜。
也无心上天，天上太孤单。

诗人在诗后有跋说：“这首诗可算得是一种有成效的实地试验。”这首诗可称是“言近旨远”之作了，到底是思念友朋，还是思念恋人？大家尽可展开各自丰富的想象。其用韵则改动了《生查子》，变仄声韵为平声韵，配合蝴蝶飞天景象，似乎更为轻巧、自由而神采飞扬。因此，诗人自命为白诗新诗艺术的成功之作。但让胡适意料不及的是，此诗甫一发表，立即引起文坛的轩然大波，“国故”派的黄侃（季刚），对此大加嘲讽，认为这样的白话新毫无艺术价值，因此蔑称胡适为“黄蝴蝶”而不名。这就引起了白话新诗派中人的愤怒与反击，如刘半农在其《初期白话诗稿序》说：“在民国六年时，提倡白话文已是非圣无法，罪大恶极，何况提倡白话诗！所以适之诗中有了‘两个黄蝴蝶’一句，就惹恼了一位黄侃先生，从此呼适之为黄蝴蝶而不名；又在他所编的《文心雕龙札记》中大骂白话诗文为驴鸣狗吠。其实，胡适之诗中用了黄蝴蝶就该称为黄蝴蝶，黄季刚文中用了驴鸣狗吠就不该称为黄驴鸣黄狗吠么?”在这里，编《新青年》的白话派，与编《国故》的文言派，双方大动肝火，其辩论之激烈，已有意气用事的味道，而不利于问题的合理解决。后来，为了活的白话文学与死的文言文学之争，被新派人物称为“桐城谬种”的林纾，为了捍卫用文言写的传统旧文学，居然在上海小报上写文言小说《荆生》，影射攻击胡适、陈独秀、钱玄同，希望有一个像小说中那样的“荆生”将军（暗指徐树铮），用武力对新文化人加以严厉打击，这已有制造文字狱的嫌疑了。这样，白话与文言，已超出了文化之争的学术范畴，企图用政治手段来强制解决了。悲乎！把学术争论复杂化，中国问题之所以难解决而有真正的进步也。

胡适的白话新诗创作，因其影响，后来形成了“胡适之体”。在上世纪30年代，胡适自己在《谈谈“胡适之体”的诗》说：“今年一月到上海，才知道南方谈文艺的朋友有所谓‘胡适之体新诗’的讨论。发起这个讨论的是陈子展先生，他主张‘胡适之体’，可以说是新诗的一条新路。后来有赞成的，有反对的，听说是反对的居多。这真使我‘受宠若惊’了。”他并借机会声明自己的诗不仅限于《飞行小瓒》这一类用词调作架子的小诗，“胡适之体只是我自己尝试了二十年的一点点小玩意儿”。他用白话写诗而舍弃文言，打破的诗词格律的一切束缚，自由自在，可以用韵，也可以不用韵，只要能言情达志，怎么看怎么写就行了。这就是所谓的语言大解放、诗体的大解放。其效果呢？连新月派的梁实秋在读了胡适《尝诚集》这一类诗后大发感慨，说："新诗，实际就是中文写的外国诗。"[4]白话新诗一旦脱离了传统旧体诗词的母胎而完全独立，就会成为一种絮絮叨叨说大白话的"散文诗"，白话虽然听得懂，但却缺乏诗的音乐美和意象美，没有诗味，怎能引人入胜而真正取代传统旧体诗词呢？就在五四新文化阵营中，对白话新诗的态度也大不相同，比如鲁迅，他虽然是白话新文学的主将，但对胡适白话诗的尝试，却似乎有些微辞了，他自己除了个例外，基本上不作白话诗，要写诗，大多还是写点旧体诗，他甚至说："我以为一切好诗，到唐已被做完。此后倘非能翻出如来掌心之'齐天大圣'，大可不必动手。"（《鲁迅书信集·致杨霁云》）但是胡适不甘心，他就是尝试着做这个诗坛中的"齐天大圣"，玩出个新花样来。经过几十年的尝试，努力跳出旧诗体制的如来掌心。是否真正做到，任由大家评说。友人施议对在《胡适词点评（增订本）》中，对胡适之体有"三条戒律"的概括："第一，说话要明白清楚。即'意旨不嫌深远，而言语必须明白清楚。'要让人看得懂。第二，用材料要有剪裁。即要删除一切浮词凑句，抓住最扼要、最精彩的材料，用最简炼的字句表现出来。第三，意境要平实。即说平平常常的老实话，注意留一点余味，不说过火的话。力求'平实'、'含蓄'、'淡远'。"[5]这对初期尝试的白话新诗。已有了较大的变化与进步。我想，还应为之补充第四条戒律，即在诗体自由解放的同时，也要适当注意白话诗的音调之美。他在1917年11月20日回复钱玄同的信中说："凡可传之词调，皆经名家制定，其音节之谐妙，字句之长短，皆有特长之处。吾辈就已成之美调，略施剪裁，便可得绝妙之音节，又何乐而不为乎？"于此可见，胡适所要扫荡的传统旧文学中，也自有动人心魄的"活"的音乐美，值得白话新诗学习借鉴。

[4] 梁实秋《新诗的格调及其他》，《诗刊》1931年1月创刊号。

[5] 施议对《胡适词点评（增订本）》，中华书局，2006年，第160页。

回顾胡适白话新诗尝试的道路，我深深感到现代的白话新诗之所以找不到发展方向，不能真正把白诗新诗艺术提高到世界峰巅，原因很多，但简单地一分为二的绝然对立的斗争，也是原因之一。对于传统优秀的古典诗词，一概抹杀，放弃学习和借鉴，是个很大错误。完全脱离传统诗词的因体，新的婴儿哪来供其正常成长的营养呢？这早已孕育了白话新诗走向失败的基因。历史证明，前贤的成功，足资学习与借鉴，有没有这个学习与借鉴，是大不一样的。前贤为后人铺桥架路，为什么不走方便之门却偏要另走偏狭仄径呢？白话新诗的尝试，有成功，也有失败。这一点胡适自己似乎也有所明白，特别是在晚年，当他在美国做寓公时，思考更加深刻一些，全面一些。比如他曾在纽约寓所和唐德刚聊天时，兴奋地大谈宋词的声韵之美。唐德刚把胡适的意见具体加以概括，说："声音本发乎天籁。沈约之前的诗人就不管什么平仄，但细读他们的作品，则平仄自在其中。'词'之为道，有些地方但能平仄无讹，就不必死钉住'四声'。但是也有些地方不但要四声分明，四声之中还要在唇齿喉舌鼻诸'音'中作不同的选择。有时因上下音节的限制，某字不能有鼻音或喉音，则'填'词时，对这同一'声'中的鼻喉音就得回避。运用之妙，存乎一心。有天分、有功夫的词人，咿唔之下，自能得心应手！'曲有误，周郎顾'。这位使枪弄棍的'周郎'，为什么要专找唱曲子人的麻烦呢？因为四声不洽的曲子，乃至诗词，听起来实在令人受不了！……胡先生随口念出了百十条例子。他在美成（周邦彦）、白石（姜夔）、三变（柳永）、八叉（温庭筠）……晚唐、五代、两宋诸朝中的大小词人的作品中，信手拈来，无不贴切。真是倒背《花间》而能融会贯通之！他举出、念出、指出诸家词的异同优劣，行云流水，如数家珍，使我这沙发斜倚、手捧咖啡的学生听来，真有天花乱坠、落英缤纷之感。"[6] 人到晚年，回顾年轻时的作为，胡适何曾把"死"的旧文学统统打倒？他欣赏传统诗词的音乐美，是否可以作为白话新诗创作的有益借鉴呢？相信读者有判断。白话新诗要活出一片新天地，一定不能盲目割断历史，脱离传统旧诗词母腹之后的过早断奶，并不利于婴儿的健康成长，向优秀的古典诗词借鉴学习，是提升新升艺术素质的必由

[6] 唐德刚《胡适杂忆》，广西师范大学出版社，2005 年，第 66 页。

之路，只要能做到入乎其中，同时又能出乎其外，相信能为现代白话新诗的发展，找到一条康庄大道。

有关白话与文言之争，还是辛亥革命元老、五四运动领袖蔡元培所说比较客观公允，他曾在北京女子高等师范讲演《国文之将来》一文，他明白指出："我敢断定白话派一定占优胜；但文言文是否绝对被排斥，尚是一个问题。照我的观察，将来应用文，一定全用白话；但美术文，或者有一部分仍用文言。……旧式的五七言诗与骈文，音调铿锵，合乎调适原则；对仗工整，合乎均齐的原则，在美术上不能说毫无价值。就是白话文盛行的时候，也许有特别传习的人。"蔡元培的预测，已被今天的历史实践所证明。与当年文坛激进的青年胡适相比，蔡元培老成深思，意见更加成熟而全面。

胡适《尝试集》的尝试，有成功，也有失败。成功之路就继前进；失败的经验也同样可贵，证明此路不通，可让白话诗的发展少走弯路，从而加快了前进的步伐。胡适是近现代史上一个开风气的人物，《尝试集》的文学革命之路，的确值得一试。

漫话林纾的政治黑幕小说

文学与政治，关系密切。政治是文学与现实关系中的重要内容，但并非唯一。文学与自然、人生、历史、民族、民俗、时尚、文化、艺术、经济、军事、地理等等诸多方面，也同样很重要。不过，在现实生活中，政治常常直接干预文学，给人的刺激特别深刻，所以，当有人提出了作家用小说来反党的话题时，立即迅速流传，无限膨胀，成了一把老是悬在作家头上的利剑，令人心惴惴焉而头皮发麻。所谓小说家“反党”，不过是个比喻，实则是把创作小说作为政治斗争的工具和武器，无论是正方或反方，都可以打打这张牌。不过，这并非现代人的专利发明，近代文学史上不乏其例。如晚清桐城派文人林纾，在新文化思潮的冲击下，为维持传统文化而奔走呼号，他曾用生动流畅的通俗文言翻译了大量的外国小说，名声大噪，贡献颇多。这里，我们不想对林纾作全面的评价，而只谈一谈他在五四运动前后的文学活动中的趣事，如他曾运用通俗文言作小说，来攻击新文化运动中的激进领袖人物，如陈独秀、胡适、钱玄同、蔡元培诸人，这就是把小说作为政治武器来批判对手。民国初期，林纾即在《新申报》上发表《蠡叟丛谈》，以小说的文体，对新文化人进行严厉批判，这是用旧小说来挑战新文化的一次尝试。他的第

林纾画像

一篇小说名为《荆生》，主角名叫荆生，“薄游京师，下榻陶然亭之西厢，书一簏，铜简一具，重十八斤，悬之壁间。……须眉伟然，知为健男子也。”配角有三少年：“一为皖人田其美，一为浙人金心异，一则狄莫，不知其何许人，悉新归自美洲，能哲学，而田生尤颖异，能发人之不敢发之议论，金生则能《说文》，三人称莫逆，相约为山游。既至，窥荆生室，颇轻蔑，以为武夫不知风雅，漠然不置会。呼僧扫榻，温酒陈肴，坐而笑语，与荆生居处，但隔一窗。田生中坐，叹曰：‘中国亡矣，误者均孔氏之学，何由坚言伦纪？且何谓伦纪者，外国且妻其从妹，何以能强？天下有人种，即有父母，父母于我又何恩者？’狄莫大笑曰：‘唯文字误人，所以至此。’田生以手抵几曰：‘死文字，安能生活学术，吾非去孔子灭伦常不可！’狄莫曰：‘吾意宜先废文字，以白话行之，俾天下通晓，亦可使人人咸窥深奥之学术，不为艰深文字所梗。为金君何以默守《说文》，良不可解。’金生笑曰：‘君知吾何姓，吾姓金耳。姓金者性亦嗜金，吾性但欲得金，其讲《说文》者，愚不识字之人耳。正欲阐扬白话以佐君。’于是三人大欢，坚约为兄弟，力掊孔子。”这时，荆生踯足破壁而出，戟指斥其三人：“汝适何言？中国四千余年，以伦纪立国，汝何为坏之？孔子何以为时之圣？时乎春秋，即重俎豆；时乎今日，亦重科学。譬叔梁纥病笃于山东，孔子适在江南，闻耗，将以电报问疾、火车视疾耶？或仍以书附邮者，按站而行，抵山东且经月，俾不与死父相见，孔子肯如是耶？子之需父母，少乳哺，长教育耳。乳汝而成人，教汝而识字。汝今能嗥吠，非二亲之力胡及此！譬如受人之财，或已命为人所拯，有心者尚且唧恩，汝非二亲不举，今乃为伤天害理之言。余四海无家，二亲见背，思之痛绝。尔乃敢以禽兽之言，乱吾清听！”“田生尚欲抗辩，伟丈夫骈二指按其首，脑痛如被锥刺。更以足践狄莫，狄腰痛欲断。金生短视，丈夫取其镜掷之，则怕死如蝟，泥首不已。丈夫笑曰：‘尔之发狂如李贽，直人间之怪物。今日吾当以香水沐吾手足，不应触尔背天反常禽兽之躯干。尔可鼠窜下山，勿污吾简。吾杀尔后，亦亡命走山泽耳，然不欲者，留尔以俟鬼诛。’三人相顾无言，敛具下山，回顾危栏之上，丈夫尚拊简而俯视作狞笑也。”在这里，林氏学习唐人传奇作小说，文字洗练，议论生动，颇见形象。其所称主角荆生者，指徐树铮。春秋战国时，荆地为楚国都城，故古时多“荆楚”连称，荆王即楚王，荆国即楚国。徐树铮为徐州萧县人，徐州古称彭城，是秦汉之际西楚霸王项羽的都城，属楚地，故林纾戏称徐树铮为荆生，所指显然。徐在皖系军阀中是除段祺瑞外的二当家，历官陆军部次长、国务院秘书长、西北边防军总司令诸职，连当时的总统黎元洪、冯国璋、徐世昌等对他也有所畏忌，他在北洋政府中曾是身兼军、政要职的实力派人物。徐与林纾、马其昶、柯绍忞、王晋卿、姚永概兄弟等诸老交游，以维护发扬传统文化为己任，在五四新文化运动中，显然是支持林纾等桐城遗老一方的。徐创办正志学校，1919 年“北京正闹五四运动，先生（徐树铮）不许正志的学生参加游行，别校的学生骂他们是‘冷血动物’。他们于是吵闹着要参加。先生召集他们训话，说他们报国的日子在将来”[1]。徐有《上段执政书》，以为当时是“文教废坠，道德沦亡，读书种子日少一日”，因此提出要表彰林纾、姚叔节、柯绍忞、马其昶、王树枏诸老，以便“昌明经训”而为“长治久安之计”。徐视林纾在师友之间。其《致马通伯（其昶）书》曰：“辛壬之际（1911～1912 年），始与畏庐老人（林纾）交，猥许为性地廉厚，居恒以道义相磋劘。又时为论议古今文字得失，及为学次第；每见鄙作，删抹不少假借，始欣欣然知学之不可无师资矣。”而徐年虽半于林，但林纾却特重徐。以此之故，林纾在小说《荆生》中以“伟丈夫”喻之，并寄予剪除新人物、新文化之厚任，期望是很大的。当时徐树铮的确是北洋政府中呼风唤雨的人物，如果由他站到前台，亲自对新文化人实行镇压，则后果严重，影响很坏。但是，徐树铮终究是个聪明的政治家，他与林纾的友谊归友谊，而政治斗争之实施，则需全面衡量其利害得失。因此，他对林纾小说《荆生》，并没有作出积极的呼应，也没因此对以北京大学及《新青年》诸

[1] 见徐道邻为徐树铮《正志同学录序》注[4]《视昔车遗稿》文二，见徐道邻编述、徐樱增补，《徐树铮先生文集年谱合刊》，1989 年增补版，第 24 页。

子为代表的新文化人，直接采取暴力镇压的措施。《徐树铮年谱》的作者徐道邻就明白指出："小说的用意虽然很明白，先生（徐树铮）却并没有什么反应。"这让林纾失望，所以后来又续作《妖梦》诸小说，继续攻击新文化人。在这一文化事件中，林徐二人的反应，显然徐以不变应万变的做法用心更为深刻。

《荆生》中的田生、狄莫、金心异，是作者笔下三个小丑般的配角，或称反面角色。田生，田者地也，胡地不可适时而生？以此指当时的留洋归来的胡适。狄莫，谐音倒装后即无敌，影射陈独秀之一枝独秀而无甚匹。金心异，即反其意而用之，指钱玄同，钱是语言文字学家，故称其喜《说文》。三人分别所指很清楚。其实，胡适、陈独秀、钱玄同三人，都是当时《新青年》的主将，为新文化运动的领军人物。林纾击此三人，是想要擒贼先擒王，一举予以荡平。对林氏《荆生》之作，京沪传媒，纷纷扬扬，胡、陈、钱三人怎能不知。但是三人却是冷静地不予置辩，让林纾小说影响自然冷却而失去市场，这也不失为对付政治黑幕小说诋毁攻击的有效手段。《荆生》的主角是"伟丈夫"徐树铮，徐对新文化人也一贯没有好感。很明显，他当时与胡适等立场对立，但后来胡适见到徐树铮之子徐道邻，却是以德报怨，很友好地鼓励徐道邻赶快把其父的年谱、文集编印出来，以资纪念并作历史的借鉴。蒋复璁《重印徐树铮文集年谱合刊序》云："道邻于民国二十一年（1932）回国，承胡适之先生指教，早日将其尊人年谱编成，俾其一生事业不致湮没。"《叶妙暎序》亦称："直到民国二十一年，他（按：指徐道邻）见到胡适之先生，又讨论了此事。胡先生认为，政局固然一年有一年的变化，历史人物的毁誉，也随之一年有一年的评估。但无论如何，一代名人的年谱是应当由他的后人及早完成的。"上世纪60年代初，道邻把年谱文集合刊本编好之后，他在序中说："本想等这本书排好时，送给胡先生看一看，请他写一篇序。不想排印未完，胡先生就作古了。兹仍保留原文，以志哀思。"这才是真正的历史的态度。

林纾又曾在《新申报》上发表小说《妖梦》，其攻击对象则换为蔡元培，也是五四新文化运动的一代领袖人物。据周作人《蔡孑民》云：“最初他（按：指林纾）在上海《新申报》上发表《蠡叟丛谈》，是《谐铎》一流的短篇，以小说的形式，对于北大《新青年》的人物加以辱骂与攻击，记得头一篇名叫《荆生》……随后还有一篇《妖梦》，说梦见有一个元绪公，说的是蔡孑民（元培），因《论语》注有‘蔡大龟也’的话，所以比他为乌龟，这元绪公尤其是刻薄骂人的话。蔡孑民答复法科学生张厚载的信里说得好：‘得书知林琴南君攻击本校教员之小说，均由兄转寄《新申报》。在兄与林君有师生之谊，宜爱护林君；兄为本校学生，宜爱护母校。林君作此等小说，意在毁坏本校名誉，兄徇林君之意而发布之，于兄爱护母校之心，安乎否乎？仆生平不喜作谩骂轻薄语，以为受者无伤，而施者实为失德。林君詈仆，仆将哀矜之不暇，而又何憾焉。惟兄反诸爱护本师之心，安乎否乎？往者不可追，望此后注意。’”[2]原来，《论语·公冶长》中有“臧文仲居蔡”之言，注谓“蔡，大龟也”，《淮南子·说山训》也有“大蔡神龟”之说。而所谓“元绪公”，据郦道元《水经注·渐水注》引《异苑》，说是三国时东吴永康县人入山捕捉到一只大龟，束之以归，“夜宿越里，缆船于大桑树。宵中，树忽呼龟曰：‘元绪，奚事尔也？’”后因以“元绪”为龟之别名。林氏《妖梦》中的“元绪公”，即指乌龟，又古有“蔡大龟也”之说，暗指“元绪公”，姓蔡，是只大乌龟。古时妓院人物有“乌龟”、“龟奴”诸名称，这明显就是骂蔡元培是只大乌龟。其谩骂鄙俗而不堪入耳，亏林老先生想得出！与胡、陈诸人不同，蔡氏作了间接的回答，所答妥帖得体，会意微妙，“受者无伤，施者实为失德。林君詈仆，仆将哀矜之不暇，而又何憾焉”，说话堂堂正正，凛然而不可犯。林、蔡交手不及

[2] 周作人《知堂回想录》，河北教育出版社，2002年。

蔡元培像

一合，已是胜负立判。

不过，把小说创作当做政治武器来挥舞砍杀，却也不是林纾老先生的专利发明，而是古已有之。如一千多年前唐人传奇中有题为牛僧孺撰《周秦行纪》。牛僧孺确有其人，晚唐时出将入相，是当时牛（僧孺）李（德裕）党争中的牛党领袖。《周秦行纪》直写“牛僧孺”艳遇古代诸多美女，与本朝杨贵妃调笑，并夜宿王昭君处。小说作者又把唐代宗皇后（德宗生母）呼为沈婆，叫唐德宗为沈婆儿，讥讽本朝先帝，实大不敬。其实，小说作者究竟是谁？大可怀疑，因为这是一篇栽赃诬陷的古代政治小说，实欲置真人牛僧孺于死地。宋人早已疑其为伪托之作。宋初张洎《贾氏谈录》曰：“牛章公（僧孺）与李卫公（德裕）相善，尝因饮会，僧孺戏曰：‘绮纨子何预斯坐？’卫公衔之（按：德裕父吉甫，宪宗朝宰相）。后卫公居相位，僧孺卒遭遣逐。世传《周秦行纪》，非僧孺所作，是德裕门人韦瓘所作。开成中曾为宪司所核，文宗览之，笑曰：‘此必假名，僧孺是贞元中进士，岂敢呼德宗为沈婆儿也！’事遂寝。”连当朝的皇帝也不相信牛僧孺会干此蠢事，幸亏唐文宗开明，才没有酿成文字冤狱。其实，韦瓘所作之说，也不可靠。韦与德裕同辈，并非其门人，今人岑仲勉《隋唐史》及程毅中《唐代小说史话》早已加以辨正，明其非韦所作，而可能是与牛僧孺有私仇的皇甫松所作。皇甫松曾为刘轲《牛羊日历》作序，见《新唐书·艺文志》小说类附注。《牛羊日历》肆意诋毁牛党要人牛僧孺为牛，骂杨虞卿为羊，其人身攻击，不计手段，近乎流氓口吻。但不管栽赃也罢，丑化也罢，在当时并不光彩，因而少有市场和影响，连身居深宫的皇帝也不相信，遑论其他聪明正直颇有识见的读书人。

在中国历史上，作“反党”小说——即把小说作为直接的政治批判武器来挥舞者，当然是有的，著名如近代的林纾，属于文学大家，一代宗师，却也曾扭曲了小说的艺术本质，祭起了这一法宝来诅咒敌手。我曾到福建福州去参观林纾故居及其遗物、作品展览，知道老先生为人极具古道热肠，颇有侠义之举，曾长期救济乡亲友朋。文学造诣很高，集诗、文、小说、翻译于一炉，其绘画、书法也名动一时，颇富艺术才能，甚至是技击武术体育之类的学问，他也有所研究，应该说他是近代文坛一位不可多得的名儒宗师，我们对他很是佩服敬重，但他也有头脑发昏的时候，学习古人，揭人“黑幕”，而欲置人于无地自容之地，论其手段并不高明，论其用心也不光明正大，如《妖梦》骂蔡元培为“元绪公”，实在有失身份。其言行及作品，只是中国古代士人那固有劣根性的极端发挥，是一种艺术的扭曲与变味，当然不足为训。著名如林纾，一旦作政治黑幕小说，立即败笔连篇，而失去市场和影响，遑论一般世俗作家的跟风！历史的经验，的确值得留心与借鉴。

五四运动中鲜明反差的二陆

民国初至五四运动前后的北洋外交政坛，驰骋着两个陆姓的风云人物：一是曾任外交总长的陆徵祥，一是曾任驻日公使，后任币制局总裁的陆宗舆。二陆同样都曾为袁世凯梦想复辟帝制而与日本签订卖国的二十一条约奔走。袁政权垮台后，二陆又曾共办对日外交。不过，随着时间的推移，二陆的态度不同而显其分歧。这应该以五四运动期间二人的实际表现为其命运的分水岭：陆徵祥本于政治良心与民族大义，终于转变态度，自暗趋明，成了受到国民热烈欢迎的爱国者；反之，陆宗舆则本性不改，自黑暗中坠入了无底深渊，成为遭到国人唾骂的卖国贼，其家乡浙江海宁，更在1919年6月间建塔刊碑以羞辱其卖国之无耻，给他留下了千古骂名。于此可见，事关国家命运与民族气节问题，何去何从，能不慎乎？

陆徵祥像

陆徵祥，字子欣，其父是上海耶稣教会传教士，故送子入上海广方言馆习外语，后徵祥继入清廷同文馆学习，受到前清士大夫许景澄等的赏识推荐，于光绪三十二年（1906）任中国驻荷兰公使，以熟悉外交事务知名于世。民初，唐绍仪组阁时入为外交总长。后内阁迭更，他在多任内阁中断续做了几任外交总长，被当日名士孙洪伊誉为“清德重望，中外同欣”的外交干才。但在袁世凯与日本签订二十一条约时，作为外交总长，奉命签字，为国人诟骂为卖国，同时又在家里受到了夫人的责备埋怨，使他心里不是滋味而悔恨终生。他的太太是比利时人，名叫博斐·培德（Berthe Bovy），为人刚直，对丈夫在办对日外交时的懦弱曾有批评，特别是反对他在二十一条约上签字。但为袁所逼，陆只能愧对夫人，说："这字我不签，自然也有人签的。"虽保了官位，却得到了骂名，变得内外不是人。五四前夕，奉命率代表团赴法，参加巴黎和会，在同事王正廷、顾维钧诸人的合作与推动下，接受了历史的教训，勇敢地作出了正确的选择，在一定程度上维护了国家的利益和民族的尊严。原来，第一次世界大战结束后，中国作为战胜国参加了列强召开的巴黎和会，陆徵祥外长作为首席代表率代表团奉命与会，原想一方面维护山东权益，而不让日本染指，一方面力争取消原有的对日二十一条约。不想弱国无外交，列强藐视中国，强制中国"保证日本可接受在山东之权利"，把中国的领土和核心权益出卖给日本。陆与王、顾等代表严正交涉未果，请示国内，政府畏日如虎，总统徐世昌嘱代总理龚心湛复电要我代表团正式签字换文。代表团认为不妥，于是一方面暗中泄露消息给国内，一方面电告政府，拒不签字而引咎辞职，而绝不重蹈覆辙。和会消息传来，国内群情激愤，于是在 1919 年 5 月 4 日，爆发了北京的学生运动，火烧赵家楼，痛惩卖国贼。后来形势扩大到全国各地，成为工、农、商、学的全民风潮，史称五四运动。迫于人民的义愤和爱国呐喊，7 月 10 日，外交部正式公告拒绝签字。当陆徵祥等和会代表海外归来船抵上海吴淞口时，万民空巷，热烈欢迎"我们不签字的代表"。当代表乘火车回京时，上海站欢送人群更多，并高呼"不要和日本人直接谈判"的口号。据高拜石《爱丈夫也爱真理——陆徵祥夫人博斐培德》一文记载，当时代表们是这样回答群众呼声的："我们既拒绝签字，

陆宗舆像

还会和日本人谈判吗？诸位放心好了。爱国不肯后人，我们大家一样是中国人啊！”[1]但遗憾的是，卖国者则背道而驰，陆宗舆是其核心骨干，真让人怀疑，陆宗舆究竟是中国人，还是假洋鬼子！

[1] 高拜石《古春风楼琐记》，第五册，作家出版社2004年，第174页。

陆宗舆（1876～1941），字润生，浙江海宁人。前清举人。年轻时留学日本早稻田大学政经科。清末学成归国，一心巴结庆亲王奕劻及邮传部尚书徐世昌，曾随五大臣出洋考察，任宪政编查馆提调，后徐世昌任东三省总督，调陆办盐务，善于搜刮，于宣统三年（1911）得印铸局长的美差。民国改元后，又紧跟袁世凯、段祺瑞，经办对日外交、借款诸事，历任国务秘书、财政次长、驻日公使、币制局总裁、交通银行股东会会长、中日合作中华汇业银行总经理诸职。袁世凯签订《二十一条》时，陆在驻日公使任上，牵线搭桥，积极奔走，参与了这一严重卖国条约的全过程，甘为日人驱遣，起了很坏的作用。袁倒台后，继续投靠皖系军阀段祺瑞政府。段为实现其武力统一中国的野心，接受徐树铮及曹（汝霖）、陆（宗舆）、章（宗祥）的建议，实行“近交善邻”的政略，在列强中向日本一边倒，大量出卖国家权益给日本，以便于向日本大借款，以此充实军费来大打内战。如“西原借款”一项，经办人就是曹、陆、章三人。自1918年至1920年三年间，段政府共借外债五亿多元，而其中日债有三亿八九千万之多，几乎占外债的五分之四。如1918年4月的有线电报借款与8月吉黑二省金矿及森林借款，陆宗舆就是重要操手。日本以援助为名，获得我国的路、矿、森林权益还在其次，骗取政治军事权益则更可怕。中国政府不仅要以国库券作抵押，而且还要承认日军侵占济南、青岛的合法。如果日本不在济南驻军，后来北伐时又怎会发生屠杀中国军民的济南惨案呢？这虽是后来的事，但其毒苗种子，早在五四前种下。因为段政府与日签约时有“欣然同意”四字，给后来巴黎和会的中国代表增添了无尽的烦恼，为了一家一派之私利，导致了丧权辱国的大被动。在1919年，财政部印花税处总办李景春在日记中说：“世之攻击曹汝霖、陆宗舆、章宗祥为卖国贼者，因借款乃三人所经手也。其交换条件最堪惊骇者，即交换承诺青岛租借之公文中有‘欣然承诺’字样。”[2]对于曹、陆、章三人一贯媚日卖国的行为，国人早已极其愤怒，火山终于爆发，掀起了五四运动，曹、章、陆三人作为卖国贼的代表，已被牢牢地钉在历史的耻辱柱上。在天安门前，学生游行队伍高呼打倒曹、章、陆的口号，高举“卖国贼曹、陆、章遗臭千古”的横幅示威。这消息很快就传到了陆的家乡浙江海宁，海宁立即召开公民大会，决议大家捐资为陆宗舆立卖国耻辱塔碑三处：一在孔庙前，一在北门外海塘镇，一在海塔下，矗立了三座百尺高塔，塔前嵌碑，碑高五尺，中间大书“卖国贼陆宗舆”字样，并排刊有“民国八年六月海宁公团立”落款，以示民志。这犹如杭州西湖汉奸秦桧铁人跪在岳坟前一般。生前建耻辱卖国碑，这在历史上绝无仅有。陆宗舆获此“殊荣”，闻讯大惊失色。他上有北洋政府包庇，卖国有“功”，但民间平头百姓却偏不买账。于是他在 7 月即匆匆赶往海宁，重贿县知事毁碑未果。最后，他求助于军阀政府，10 月，总统徐世昌命浙江督军卢永祥派兵弹压，强行拆除。但是，有形之碑可拆，但老百姓心中的无形之碑难毁。如李庆东所说：“经过激烈斗争，这三座象征曹、陆、章卖国贼并让北洋政府丢脸的塔碑，才被强行拆除了。然而，人们心中的塔碑，却是谁也拆除不了的。”[3]

五四以后，陆徵祥对军阀政府之腐败，似有所悟，故于 1920 年 8 月，主动辞其外交总长职务，并以陪夫人出国疗病为由，出任驻荷兰公使。夫人去世后，遵嘱要求陆徵祥痛自忏悔参与签订二十一条约事。当日签此卖国条约，陆曾向袁世凯表白说：“这次我签了字，即是签了我的死约。”因为签了字，国民一定不肯原谅，“他们要吃了我的肉的”[4]。但袁氏硬逼他吃了这剂后悔药。痛定思痛，岂能一误再误，因此在巴黎和会上改电北京政府云：“弱国交涉，始争终让，几成惯例。此次若再隐忍鉴字，我国前途将更无外交可言，……详审商榷，不得已当时不往签字。……祥等之奉职无状，……乞即令开去祥外交总长、委员及

[2] 李庆东《执政幕影——段祺瑞幕府》，岳麓书社，2001 年，第 71 页。

[3] 同前，第 277 页。

[4] 郭剑林、纪能文《瑰异总统袁世凯》，吉林文史出版社，1995 年，第 326 页。

廷（王正廷）、钧（顾维钧）、组（魏宸组）等差缺，一并交付惩戒。”[5]文献俱在，可以查证。夫人临终遗嘱，他终生遵行，不仅自痛签字，而且不久即脱离官场浊世，到圣安德修道院做修士，直到1949年去世上升天国为止。终其一生，陆徵祥经历了五四洗礼，终于从黑暗走向光明，死前心灵宁静，一片空明。

至于陆宗舆，则明显没有接受五四教训。他虽受全国民众骂为卖国贼而去职，但上有北洋段政府的后台，有恃无恐，不久又被授予勋三位章，出任中日合办中华汇业银行总经理而卷土重来，并积极为皖系军阀捐资筹款，大打内战，又在处理“金佛郎案”中继续媚外卖国。1940年，又被日本人聘为南京汪伪政府顾问，直到1941年以汪伪汉奸的面目死于北平。

历史的经验值得注意。五四前后外交政坛的二陆形象，在国民心目中反响强烈，一正一负，反差鲜明。人民群众心中自有一杆秤，历史的审判岂是权势者所能左右！

[5] 温世霖《段氏卖国记》，见，荣孟源、章伯锋主编《近代稗海》第四册，四川人民出版社，1985年，第567页。

冤冤相报的陆、徐暴死

陆指陆建章，徐指徐树铮，两人都是北洋军阀中叱咤风云的将军。陆死于徐手，后来徐又为陆氏外甥冯玉祥所杀。他们杀人都无须国法审判，一诱捕立即枪毙。其事件真相，从公众的眼光看来是骄横专杀；从私杀者眼光看来，则是冤报仇杀，死者自取其咎而死有余辜；但若深入一层论其内在实质，则反映了北洋军阀内部争权夺利的血腥与残忍。

在北洋皖系军阀政权中，除了段祺瑞外，徐树铮坐第二把交椅，是个实权人物，曾任陆军部次长、国务院秘书长，军衔是陆军上将远威将军。时北洋老政客徐世昌称老徐，徐树铮则称小徐。小徐骄横跋扈，说一不二，而不仅仅是个善于诗词昆曲的文人军师智多星。其为人智诈百出，权变多端，性复刚毅果断，说干就干而绝不拖泥带水，加以段祺瑞对他言听计从，宠信有加，有事则为其担当，因此有恃无恐，独断专行，做事一旦认准事机，即使主子不发话，他也会先斩后奏。如杀陆建章，即是一例。当陆建章死讯传来，连段祺瑞也大吃一惊，对其亲信曾毓隽说："又铮（树铮字）闯的祸太大了！"原来，当年的陆建章是北洋前辈，炳威将军，冯国璋总统的高参顾问，是倾向于直系军阀的幕后人物。当日北洋政府中，代总统冯国璋是直系军阀领

徐树铮像

袖，主张“和平混一”南北；但掌实权的皖系军阀段祺瑞内阁，则力主武力统一南北，因此想动员北洋全军合力讨伐南方。直、皖两系在如何统一中国的根本方略上，歧见相左，争斗激烈。此时陆建章则上蹿下跳，私下为冯总统四处联络各地军政要员，力图形成反皖倒段的统一战线。这些幕后活动，使陆成了皖系军阀眼中的危险人物，必欲除之而后快。但是如何除法？连段祺瑞一时也想不出对付办法。正巧，1918 年初，徐树铮奉命出关会东北王张作霖。拉奉系反直逼冯，奉军入关，张作霖私任徐树铮为奉军副总司令，在天津军粮城设奉军司令部。翌年六月，陆建章为了拉拢直系督军曹锟，准备煽动在天津召开的督军团会议反皖倒段，亲到天津。徐树铮获此情报，喜出望外，认准机会到了，立即致信请陆到其天津住所一叙，商议直、皖二系合作事宜。陆自恃北洋前辈，目无小徐，又是现任将军，余威尚存，加以天津在直系势力范围之内，小徐其奈我何？因此于6 月13 日，大大咧咧地摆驾徐宅。会见时免不了一番客套，小徐借口客厅嘈杂，不便深谈，邀陆至后花园中密室畅叙。一踏进花园，不由分辩，徐即令卫队将徐枪杀。此讯传出，犹如投下一颗重磅炸弹，军政界大为震动。直系长江三督军江苏李纯、江西陈光远、湖北王占元，通电北京政府，对徐兴师问责，未经国法审判，擅杀现任将军，政府要员，是谁给予徐先斩后奏的特权呢？连段祺瑞的学生吕公望也在《吕公望亲笔稿》中说：“徐树铮可以任意枪毙将军府上将军陆建章，……北洋系已瓦解完了！”[1]连皖系人物也认为这是败坏段政权的恣意妄为。为了弥补过失，于是徐先向北京政府告状，说是“陆建章身为军官，竟敢到处煽惑军队，勾结土匪，按照惩治盗匪条例，均应立即正法。现既获枪决，着即褫夺军职勋位勋章，以昭法典”[2]。徐并代政府拟就文告，通过段祺瑞逼冯总统就范，签字盖印，正式发表。据陶菊隐《北洋史话》，当时冯吓得心惊胆战，当天拒绝盖印，却又感到自身也有危险，16 日终于盖印发表。据李庆东描述，当时冯国璋对段祺瑞亲信曾毓隽的请示回答说：“又铮在芝泉（段祺瑞字）左右，一向是为所欲

[1] 李庆东《执政幕影——段祺瑞幕府》，岳麓书社，2001 年，第 131 页。

[2] 徐道邻《徐树铮年谱》，载徐道邻编述、徐樱增补《徐树铮先生文集年谱合刊》，（台湾）商务印书馆，1989 年增补版。

为。今天这事未免太荒唐了。所好是责任内阁，你回去告诉芝泉，他怎么办，我就怎么用印好了。”把责任的皮球踢回给了段祺瑞。不过，段不愧是个人物，他虽为小徐办事鲁莽而吃惊，但徐对自己忠心耿耿，这次果断下手，清除了威胁皖段政权一个心腹之患，应是功大于过，因此主动替徐分担责任，逼冯总统签字盖印，正式发表陆建章罪责，并按小徐拟议，褫夺其军职勋章，以便尽量消解其严重后果。当时小徐心中也曾忐忑不安，不仅直系军阀声讨他，奉系军阀不满他；就连皖系将领要员，也有认为小徐心狠手辣，对不听命于己的人杀一儆百，因而人人自危。但更现实的是，陆的外甥冯玉祥现任中央第十六混成旅旅长，手中有近万名军队，驻扎常德。冯为陆一手提携，他若起兵反抗，就可能引起北洋军内的一场混乱。为此，徐一面致电冯氏加以安抚，谓“弟与陆君本属旧交，毫无私忿”，“身后之事，自当悉力筹维，期无艰苦，借全私交，并副諈委，祈纾远注”；一面又电告段祺瑞小舅子吴光新（长江上游警备总司令），让他就近监视冯旅，一有风吹举动，立即予以歼灭。当时吴手中有北洋中央军二旅，加上新建皖系四旅，兵力几倍于冯部。这一严重形势，冯玉祥早已洞明。几经衡量，冯氏电告小徐，自己只关心舅舅后事，其余听政府处置而不过问。徐树铮这才放下心中的一块沉重石头。徐安抚冯，表面得意，但实是中了冯的缓兵之计，为自己后来的被杀埋下了祸根。

被徐所杀的陆建章，字朗斋，安徽蒙城人。论其为人，罪行累累，恶贯满盈，早就该死。但应由国法制裁，而非由徐私杀了断。陆资格很老，是袁世凯小站练兵时的旧部，为袁氏心腹十三太保之一。前清时历任统领（旅长）、总兵（军长）诸职，民国初年出任袁政权的军政执法处长。其性残忍，工心巧，京师中行迹可疑者，经常失踪，成为陆氏执法处的刀下冤魂。他捕杀民党反对派，不加审判，概

陆建章像

行诛戮，草菅人命，杀人如麻，眼中哪有天理国法？因此早有“陆屠户”的恶谥。甚至是袁世凯的御弟袁世彤，因写信批评哥哥野心有违家训，为项城所恶，但碍于兄弟关系，一时难措手足。这时，就由陆建章出面，“竟借口狼匪杀世彤以报袁氏”，当时“袁氏欲示威党人，故任陆为，一切勿问”。[3]连袁世凯的亲弟弟也敢杀，其胆大包天，可见一斑。因此，无论是谁杀陆，如出公心，都是为国消灾，为民出力，为天下除大害的大好事。但遗憾的是，徐擅杀陆，却是出于维护皖系军阀一家一派的私仇，那就另当别论了。陆之该死，并不意味徐氏无罪。后来，冯玉祥即以其人之道，还治其人之身，时刻暗中窥伺，一获机会，立马取徐性命而绝不手软。1924 年第二次直奉战争之后，由于直系冯玉祥叛直联奉，发动北京政变，拘囚总统曹锟，直系政府垮台，冯与张作霖共推皖系段祺瑞出任政府执政。这时，京畿地区在冯玉祥国民军的控制下，冯与小徐构仇，因此徐树铮暂不入京。段祺瑞执政府为了寻求西方列强及日本的支持，于是在 1925 年 1 月 4 日，委任徐为“考察欧美日本各国政府专使”，率庞大的代表团出洋访问考察，徐氏工作认真，每天有日记汇总讨论。1925 年 12 月 11 日，徐考察结束归国，回到上海，翌日与孙传芳（江浙五省联军总司令）联袂赴南通拜访张謇，一面共商国是，一面诗酒唱和，高歌昆曲，唱叙甚欢。12 月 19 日，搭轮赴天津。段知道后，曾劝其取消北京之行，为的是怕冯玉祥的报复，于徐不利。但徐却极其自信，他在南方活动联络，各地军政要人多有允诺，加以有奉张的大力支持，区区一冯，何足道哉！小徐的自大自傲，而非知己知彼，终于把自己推上了黄泉不归路。12 月 26 日，小徐到京后直奔段祺瑞府邸，段见徐后大惊失色，对他说：“你怎么到这里来了？赶快离开！”段、徐二人跪拜相见，抱头痛哭。28 日，段祺瑞在执政府的铁狮子胡同主持徐树铮的复命典礼，场面虽然风光，但内里的一丝凄凉，也不时浮到了脸上。因为徐一到京，就被冯玉祥所监视。徐于 29 日乘专车离京赴津，冯一面叫陆建章之子陆承武以报父仇之名跟踪追击，一面果断命其部下鹿

[3] 许指严《新华秘记》，中华书局，2007 年。

钟麟（北京警备司令）、张之江（廊房驻军师长）采取措施，说：“处置徐树铮的办法，就是逮捕枪决！”当时鹿为难地说：“这个问题太大，是否再考虑一下？”冯厉色呵斥说：“你怕什么，天塌下来有柱子接着！”[4]死神的巨大阴影已经袭来，但徐却浑然不觉。据徐道邻编《徐树铮先生年谱》载：“专车九时开动，因一路兵车甚多，到半夜一时左右，才到廊房（廊坊）。车才停，即有一个自称张之江的参谋长王某者，持张的名片请他下车。说话之间，即有兵士十余人，蜂拥而上，挟持先生下车，走到离站约一里许的地方枪杀，那是三十日上午一点半钟。”[5]一代枭雄，鸣呼哀哉，享年四十六岁，后葬其故乡萧县凤凰原。徐杀陆时，不遵国法；冯杀小徐，决不手软，同样无须审判而一枪毙命。徐是现职的陆军远威上将，但冯杀之不眨一眼。在北洋军阀统治的世界，枪杆子取代了国法，又哪里有法制与公平呢？杀陆杀徐，冤冤相报的彼此仇杀，又何时了呢？在廊房与徐树铮一起消失的，还有他的出洋考察日记，该日记不仅出自小徐一人之手，而且是整个代表团智慧之结晶，颇有历史与现实的参考价值，但在廊房之变中毁于一旦，惜哉！

冯之杀徐，当然有为死去的娘舅报仇的私心。冯是陆一手提携出山的。但除此之外，还有更深的政治因素。小徐出洋考察，可能与诸多列强（如意大利）订有支持段执政的密约，金元枪械，大开其源，益于皖而不利于奉、直及国民党诸派系，一旦得逞，后果严重。因此，徐在必杀之列，以便消除隐患。另外，徐道邻《徐树铮先生年谱》又引曾宗鉴《读〈徐树铮廊房遇难记〉书后》说：“老朽在沪，曾以廊房惨案就正于某巨公，巨公非北洋系，但评论北洋事宜，语语中的。据说世人皆称冯某杀了徐某，此论其迹未究其源之传说耳。又铮之死，实死于段执政讨赤命令。当时，奉军已与共产党携手，京畿已陷入共产党掌握之中，执政无谋人之企图，又铮偏促其下讨人之命令，鲁莽灭裂，骇人听闻！这道命令未尝祸及合肥（按：指段祺瑞），而段派只死又铮

[4] 李庆东《执政幕府——段祺瑞幕府》，岳麓书社，2001 年。

[5] 徐道邻编述、徐樱增补《徐树铮先生文集年谱合集》，（台湾）商务印书馆，1989 年。

一人，亦云幸矣！巨公绝无共产瓜葛，彼时却曾参与冯国密勿，所言必有根据。”曾氏文章，载《天文台》1954年7月10日。此乃事后追忆，只能仅供参考。但小徐坚决反共，态度明确。而冯玉祥及国民党，曾与苏联主持下的共产国际及中共通声气而合作，因此章太炎把冯视为北方赤化势力之代表而屡加声讨。于此可见，冯之杀徐，与徐杀陆，跋扈擅杀而目无国家法制，有其相同的一面；但事件进一步涉及国内国际的斗争，似乎具有更深更复杂的原因，颇值得人们思考注意。

2010年8月23日

“卖国”小徐也爱国

——漫话徐树铮的日本情结

从1916年6月6日袁世凯死后，至1926年的十年间，皖系强人段祺瑞自居“三造共和”，屡蹶屡起，几次掌控北京政府，对内强力推行武力统一的战争政策，对外则实行“近交善邻”的外交方略，与日本侵略者签订了一系列不平等条约，被国人骂为亲日的卖国政府。被斥为卖国贼者，不仅有在五四运动中被革职的曹（汝霖）、陆（宗舆）、章（宗祥）等，作为皖段政权中坐第二把交椅的军师智囊徐树铮，也难逃其亲日卖国的骂名。民国初年北洋政坛，二徐很是活跃，一是徐世昌总统，人称老徐；一是徐树铮，人称小徐。

小徐挨骂，有一定的现实依据。他在段政府中，曾任陆军部次长、国务院秘书长。陆军部长是总理段祺瑞兼，并不到部办公，因而次长小徐实掌陆部，控制军权；作为国务院秘书长，段氏对他言听计从，支持小徐驾空总统，在府院之争中，小徐咄咄逼人，总统成了签名盖印的机器，因而在一段时间里，小徐又实际掌控了政权。在此期间，皖段政权的卖国外交方略，小徐当然负有责任。不过，外交上的事情相当复杂，对于具体问题应作具体分析，而不应一概骂倒，这才是对待历史人物应有的态度。

小徐于光绪三十一年（1905）因段祺瑞提携往日本留学士官学校，宣统二年（1910）学成归国，入段祺瑞幕府，“奉檄江皖湘鄂，历观军佐”，节节高升，成为段氏幕府中文武兼备的北洋要员。当时留日的中国学生，多有跟随孙中山同盟会闹革命者，但小徐置身圈外，埋头攻读日本军政科目，练就一身本领。六年的留日生涯，在他内心种下了日本情结，对于明治维新后的日本，很是崇拜，多方学习。如其《佚题》七律三首，写于1909年，绘声绘影日军阅兵典礼，有句云："定策偏能励武功，阅兵典礼重元戎"，"耆老扶携杖策观，随车遮道万民欢"，"今日威严识大君，明朝埋骨奠元勋。青山何幸三呼寿，野旷无情五尺坟。老去犹能神矍铄，暗中应是泪纷纭。遥知车骑雍容处，默祝英灵返旧群。"[1]编者原注，"元勋埋骨"，指明治四十二年（1909）遇刺的伊藤博文首相。日本的文治武功，令小徐歆羡不已，他把强迫清政府签订丧权辱国马关条约的日本首相伊藤博文，作为英雄来加以凭吊崇仰。于诗文中，见其日本情结，已在他年轻的心灵中埋下了种子。1917年，他又有《致日本大仓男爵书》，要求"以与贵邦左提右挈，共支东亚门户"，"抑其兄弟之邦，又应如何善自保爱，重自儆觉，以为受拯之地，且为拯我者预存辅车相依之资也。……寺内总理，以为何如也？"[2]这时他以北洋要员身份，提倡中日合作，这与日人的"中日亲善"、"东亚共荣"之论，一拍即合。日本寺内内阁前是大限内阁，大限强横，一心以武力胁迫中国；寺内则把崇尚武力转向了以经济侵略为重点，以获取在华的最大实际权益。小徐视寺内总理为友。但不管是大限或寺内，两者亡我中华之心却是一样的。有小徐的诗文作内证，说他是亲日派并不冤枉。但他亲日，却有其特殊的情况。在第一次世界大战期间，西方列强彼此大打出手，自顾不暇，哪管得了中国呢？这时，皖段政权要想整军经武，用武力来收拾不听命的其他派系的地方军阀，完成其武力统一中国计划，这就需要大量的金钱、枪械和人才。而金钱、枪械和人才哪儿来？主要来自列强的支持，这就有赖于外交了。晚清政府、袁世凯以来，都曾运用"远交近攻，以夷制夷"的外交方略。但现在欧美

伊藤博文像

[1] 徐树铮《视昔轩遗稿·诗一》，见徐道邻编述、徐樱增补《徐树铮先生文集年谱合刊》，（台湾）商务印书馆，1989年增补版。

[2] 《视昔轩遗稿·文一》，同上。

列强自顾不暇。唯一可以依赖的列强就只有近在咫尺的“善邻”日本了。如1918年五月，小徐投段所好，献亲日计说：“欲谋‘武力统一’，非建立皖军不可；欲建立皖军，非借日款购日械不可。”[3]正好日本也想排斥西方列强而独霸在华利益，因此，皖段政权“近交善邻”的外交方略，与日本的侵略野心相合。于是，在签订了诸多不平等的卖国条约后，日本的金钱、军械和顾问，源源而来，为皖段政府打了一剂强心针。如“西原借款”、“有线电报借款”、“吉黑两省金矿及森林借款”，还有于1918年5月正式签订的《中日陆军共同防敌军事协定》、《中日海军共同防敌军事协定》等。当时段虽辞总理职，但仍督办参战处，掌控实权。据此，日本不仅攫取了中国大量政治、经济、文化权益，而且以“共同防敌”之名，驻军中国领土，早已垂涎我国东北，就是山东的济南、青岛也遭蹂躏，后来甚至因日出兵济南，制造济南惨案，严重影响了北伐战争的革命进程，这虽是后话，但论其始作俑者，皖段及小徐难辞其咎。当时人称皖段政权是“文有曹汝霖，武有徐树铮”。其实，小徐文武双全，掌握皖系政略战略，而非具体技术，因而责任更大。这些罪错，当与其内心活跃的亲日情结有关。骂他卖国，应说是师出有因。

[3] 转引自李庆东《执政幕影——段祺瑞幕府》，第94页，岳麓书社，2001年。

不过，办外交很复杂。弱国无外交，大多听人宰割。如徐树铮子道邻，在其《徐树铮先生年谱序》中，就认为时人加诸其父头上的“亲日派”、“卖国贼”头衔是冤枉的，这些不雅骂名，是其政治敌人，借助当时弥漫全国的五四学生运动，适合了一般民众反日的爱国心理，来攻击、诋毁其父的。他辩白说：“‘亲日’不过是一种政策，是一种有时间性的策略，并非一种投降归顺的心理，怎么可以就说是‘卖国’？而且照当时的环境说，这也是唯一可以采取的策略。因为日本的力量太强，靠中国太近，对中国情形太明了，到处的布置太周密。任何事情，得到日本的谅解，就容易成功——例如民国六年（1917）之讨伐张勋；不得到日本的谅解，就难免失败——例如十四年郭松龄对张作霖之叛变。所以，和日本取得某一程度的妥协，尤其是当西方国家被牵制在欧洲战场上的阶段，在当时可以说是绝对必要。而且，采取亲日'政策'的人，在'心理'上并不一定就是亲日。我父亲当时被人认为是亲日派首领的，但在内心里，他却是一个十分不欢喜日本的人。他在民国三年（1914），以军火接济防守青岛的德军以抵抗日本，就是最好的证据。而且，接受日本的援助，也并不就一定不能和日本利害有冲突的事情。我父亲民国八年（1919）之收复外蒙，就是用以日械装备的部队把外蒙从日本的威胁下夺取过来，可见以'亲日'得来的力量，还是可以用之于'抗日'的行动的。"[4]作为儿子，其辩辞难免有"为亲者讳"的成分，但他提出事实，言之有据，却也不可忽略。同一问题，因视角不同，而启发了历史反思。

小徐以军火接济青岛德军来对抗日军，确有其事。1914年7月28日，第一次世界大战爆发。日本看到机会，于8月23日正式对德宣战，急于夺取德国的在华利益。中国宣布中立。于是日军侵占了我胶济铁路沿线，并且大举进攻青岛德军。当时小徐任陆军部次长。他知道德军远离欧洲，军火不继，难抗日军攻势。于是乘我驻山东潍县之第五师与第九师换防之际，调运一列车军火，接济青岛德军。当时的山东将军靳云鹏不同意，责问小徐："我们是守中立的，怎么好用军火接济其中的一方面？你一向是亲日的，怎么这次却反对日本？你瞒住了总统总理干这件事，万一泄露了怎么办？"徐回答说，日本是中国最邻近的强国，中国是一个积弱的国家，在最近一二十年内，中国想有任何作为，只要得不到日本谅解，就没有一件事能够作得成的。这是他（按：指徐树铮）表面上所以要采取亲日态度的原因。但是日本绝非中国的朋友，它不会要中国富强；将来真正能够作为中国朋友的，只有在美洲的美国和在欧洲的德国。现在就青岛的局面来说，德国是处在危困中的，他这一批军火，就是要和德国成为"患难之交"。事情办好，能为两国建立永久的友谊。万一失败，国家就拿他个人来治罪，也不至于耽误国家的大事。靳终于被徐说服，一列车军火接济青岛德军，也

[4] 徐道邻编述、徐樱增补《徐树铮先生文集年谱合刊》，（台湾）商务印书馆，1989年增补版。

多少打击了日军的气焰。[5]这样的事，也只有小徐敢说敢做敢负责。证以后来讨论中国对德宣战一事时，小徐忤逆段祺瑞，坚决反对顺从日本要求而对德宣战，他曾多次上书段氏，力陈对德宣战是缺乏远见的失策。据说有一次段召集幕僚开会，徐又呈反对参战信件，“段不悦，掷信于地。徐愤然离去”。[6]可见徐真是个“歌德派”，企望以德制日，是他心中长远的梦。小徐在表面上是亲日派领袖，但他对日本亡我之心，还是有所认识而暗加提防的。

至于1919年收复外蒙一事，更是小徐表现其爱国之心的另一段光彩人生。1917年11月19日，因代总统冯国璋与总理段祺瑞府院争权的矛盾爆发，冯免段陆军部长、徐次长之职。22日，又免段总理之职。但为妥协，12月28日，又令段督办参战事务处，不归内阁管，可直接指挥各部办事。这样，段虽失政府，但实权未失。为皖系前途计，段令小徐扩军备战，组织十余万的参战军。而第一次世界大战结束后，虽裁督办参战处，却又改名督办边防事务处，段要小徐大练边防军，这实是换汤不换药，皖派军力大增。不久，小徐出任西北国防筹备处处长，起草了《西北边防计划》交总统批准，同时又操纵安福系国会通过了《西北筹边使官制案》，于是小徐于1919年6月24日，正式任西北筹边使兼西北边防军总司令，成为名副其实的“西北王”。这时小徐手中有三个师另加五个旅的边防军，准备收复因俄、日怂恿操纵而脱离中国以自治的外蒙古。原来，在俄、日等外国势力的煽动支持下，辛亥革命爆发后的农历十二月十八日，外蒙宣布脱离中国而独立，哲布尊丹巴在库伦（今乌兰巴托）登基称“大蒙古国”。不久，俄国又以武力胁迫中国，于1913年11月22日订立“中俄声明文件”，正式承认外蒙自治，实际脱离了中国。1915年6月7日，中俄蒙三方又共同签订《恰克图协定》，重申外蒙自治的独立地位。但在1917年俄国爆发十月革命后，俄方无暇东顾，于是小徐捕捉战机，迅速行动，果断处置。在徐之前，北京政府曾派陈毅为护边使赴库伦与外蒙王公谈判，并草拟了外蒙撤销自

[5] 见《徐树铮年谱》民国三年载，同上。

[6] 李庆东《执政幕影——段祺瑞幕府》，岳麓书社，2001年。

治的六十三条款。但该条款不仅规定外蒙的政治、经济、军事、外交，中国政府无权过问，而且全面维护了苏俄在蒙的一切特权。故当时北京外交部批评说："如就条件全文加以研究，则名义上政府虽属收回统治之权，而实际上，……自治之精神与基础，仍属照旧存在，……俄国在外蒙一切利益，并未因之受有损失。"据此，小徐建议取消陈的六十三条而另行谈判。他以筹边使名义，一面调兵遣将，兵进库伦；一面抓住王公与喇嘛之间的矛盾，分化瓦解，恩威并施，艰苦的谈判终于成功。1919 年 11 月 17 日，外蒙自治政府向北京中央政府上呈撤销自治的呈文，11 月 22 日，北京政府明令接受并公布实施，以前中俄蒙三方协定，自然失效。这样，在徐树铮的努力下，终于兵不血刃地收复外蒙，维护了中国的领土完整，表现了自己的爱国决心。至于外蒙后来的得而复失，与当时北洋政府的混乱无能及苏联的侵犯干涉有关，此非小徐一人可以负责。在收复外蒙后，徐树铮首先向两人报喜：一是段祺瑞，一是孙中山。在收到徐在 11 月 24 日来电后，孙中山于 26 日回电祝贺，电报有云："比得来电，谂知外蒙回心内向。吾国久无班超、傅介子其人，执事于旬日间建此奇功，以方古人，未知孰愈？自前清季世，四裔携贰，几于日蹙国百里。外蒙纠纷，亦既七年，一旦复归，重见五族共和之盛，此宜举国欢忻鼓舞者也。"[7]孙与徐为政敌，孙之誉徐，引起国民党人凌钺的抗议，孙中山批复说："徐收回蒙古，功实过于傅介子、陈汤，公论自不可没。"孙公所言班超、傅介子、陈汤是何许人也？傅介子（？～前 65 年），西汉北地义渠人。以从军为官。昭帝时以骏马监出使西域大宛。时西域龟兹、楼兰诸国联合匈奴杀汉使者，介子奉诏责之，龟兹、楼兰二王服。还迁平乐监。后因龟兹、楼兰反复叛乱，又奉命出使西域，诱杀叛王，西域以平，因功封义阳侯。陈汤，字子公，西汉末山阳瑕丘人。元帝时任西域副校尉，与西域都护甘延寿奉使西域。时匈奴郅支单于逃至康居，肆虐西域诸国。陈汤矫诏发兵诛郅支单于，悬首传边，因功封关内侯，迁射声校尉，死谥破虏壮侯。班超（32～102 年），东

[7]《年谱》引高拜石《新编古春风楼琐记》。《新编古春风楼琐记》，作家出版社，2004 年。

汉初扶风安陵人，字仲华。班彪子，班固弟。为人胸怀大志，投笔从戎，从窦固大军北击匈奴，后率吏士三十六人出使西域，废亲匈奴的疏勒王。章帝初，北匈奴扰西域，班超坚守疏勒，平定西域诸国叛乱。迁西域都护，封定远侯。班超在西域三十一年，西域五十余国皆归附大汉，汉边以宁。傅、陈、班三人，都是两汉之际扬威边廷的功臣义士，为国增光，维护了中华民族的尊严与声威。孙中山以此三人比拟徐树铮，谓“方之古人，未知孰愈”，给予了极高的评价。在北洋政府一再丧权辱国的乱世中，能够收复失土，确是奇迹。在收复外蒙事上，孙、徐眼光深邃，气度心胸超凡脱俗。在国内斗争中，二人是敌手；但在对外问题上，却都是中国人，具有一致对外的共同民族立场。《诗经·常棣》云：“兄弟阋于墙，外御其务（侮）。”也就是说，当时中国南北二方的政府，如兄弟在家吵架，但是一旦外侮到来，则兄弟团结，共同抗击入侵的外敌。因此，小徐收复外蒙，是爱国行为，受到孙中山的由衷赞颂与肯定。当时插手外蒙事务者，不仅有俄国，同时还有积极煽动满蒙独立的日本，据高拜石《海上英豪——陈季良生平与庙街事件》载，日本拟定“大陆政策”，对中国东北及蒙古馋涎欲滴，时时做着“满蒙生命线”的美梦。曾有日俄密约，共同瓜分蒙古以为己有。[8]一旦满蒙帝国脱离了中国版图，日本就可实现其侵略满蒙一并灭亡中国的野心。因此，徐树铮收复外蒙，实是针锋相对，间接打击了日本的气焰与野心。于此可见，小徐在长期从政的过程中，内心对日本的侵略本性已有一定的认识，特别是晚期，在率海外考察团归国后，曾在上海对孙传芳（江浙五省联军总司令）、丁文江（上海督办）介绍考察心得时，语重心长地告诫说：“近代知识，日新月异，……可是近百年来，日、俄、英、法，轮流对中国过不去，尤其是今后日、俄两国的态度，非要切实注意不可！我就怕这几十年内，日子不容易过啊！”[9]他对日本亡我中华的侵略野心，非常警惕。这也说明孙中山表彰其爱国精神，经得起时间考验。收复外蒙的事是复杂的，小徐人也是复杂的，其日本情结，前后有了变化，而

[8] 高拜石《新编古春风楼琐记》，第九册，作家出版社，2005 年，第 95 页。

[9] 高拜石《新编古春风楼锁记·纵横客》，第九册，作家出版社，2005 年，第 176 页。

并非一味“卖国”。另外，对日本外交也是复杂的，一时策略，并不意味内心所想，有时要以退为进，灵活以对。小徐其人其事，评价很难一概而论，说他也有一定的爱国表现，并非妄议。

徐树铮与孙中山交游小考

把徐、孙二人拉在一起，似乎有点风马牛不相及。在民国初期南北政府对峙的严重斗争中，徐是北洋皖系军阀中力主南讨的谋士和主将，孙则是南方民党坚持北伐的领袖，彼此针锋相对，还会有什么“交游”和友谊呢？但事实不然，在南北战争中，徐、孙虽是对抗的主角，但在长期而复杂的政治军事斗争中，却时有交游而曾建立了某种类似于“统一战线”的情谊。

在袁世凯时代，徐虽任陆军部次长，但大政方针轮不到他来说三道四。而在袁死后，段祺瑞任总理，小徐终于脱颖而出，站到北洋的前台，指手画脚而神气活现。段祺瑞对他几乎是言听计从，宠信有加。这样，徐树铮自然就成了皖段政权的政略、战略设计师，他运筹帷幄，大力推行武力统一中国的内战政策。在对德宣战后，皖段政府获得了大量日援：金钱、军械源源而至，皖系军阀势力大增，因而决心派多路大军南下，一举荡平南方政府。为此，小徐四处奔忙于北洋军阀各派系来加以协调，实际主持对南军事。1918 年 5 月下旬，徐氏风尘仆仆，由北京之汉口、长沙、又由长沙亲赴衡阳前线，做第三师师长吴佩孚的工作，催吴兵发广东，扫平孙中山势力。为此，他建议北洋政府加官晋爵，晋吴佩孚为“孚威将军”，以便笼络听任驱遣。在衡阳会吴期间，他投“吴秀才”所好，逞才吟诗，作《衡阳谣赠吴子玉》长诗，有句云："吴公何人吾不知，但盼将军自天下。……斩馘追奔降贷死，吴公之来为民福。马前瞻拜识公貌，恂恂乃作儒者服。闾巷无复夜叩门，军令如山静不纷。流亡略已还墟邑，安业犹能庇所亲。……吴公爱民如爱军，与民赤子同殷勤。"（徐树铮《兜香阁诗》）违心吹捧直系政敌吴佩孚，目的只有一个：消灭南方民党政府，铲其领袖孙中山。但吴未上钩而撤防北归，推动南北议和。

而孙中山在南方广州，也是针锋相对，他以护法为名，于1917年9月，在广州成立护法军政府，被推为大元帅。积极布置对抗北洋军阀的军事行为，于是南北孙、徐，兵戎相见，严重对抗。

但在1920年7月，直皖战争爆发，徐树铮编练的十余万边防军，改名定国军，大败亏输，北京政府落入了直系军阀掌控，又引发了直、奉的新矛盾，小徐认为有机可乘，于是为皖段设计，在联奉抗直的同时，主动联络南方的孙中山，结成皖、奉、孙三角同盟以抗直。在这一新形势下，小徐再次南北奔波，成为皖段、奉张与孙中山三角同盟中最为活跃的穿针引线的人物。1921年5月5日，孙中山就任非常大总统，讨伐勾结直系的桂系军阀，收取广西。12月4日，在桂林设立大本营，准备出师北伐。这时，小徐自告奋勇，准备到广州、桂林见孙面商三角同盟共同反直之大计。据《国父年谱》，记载了小徐行踪。小徐于12月22日先到广州，孙中山派汪精卫、廖仲恺二位要员接待，孙致电云："兹请两兄及介石为我代表，与切商军事之进行。现我军决于旧历年后用兵，希望皖系策应，使直系更无归路。自来战略因于政略，吾人政略既用，斯为南北一致，以定中国，其庶

孙中山像

几也。”[1]于此可见，在北伐战争中，中山先生对徐的三角同盟“统一战线”之议，寄予厚望。后来桂林大本营北伐没有成功，那是因为后方陈炯明的叛乱。故孙在致蒋介石信中又说：“徐君此来，慰我数年渴望。”所谓“渴望”，非指个人情谊，而是为北伐可能实现而高兴。政治家的斗争，讲究的是其根本利益之所在。但在孙、徐桂林会面之前，二人似无个人“交情”或“友谊”可言。1922 年 1 月 3 日，广州方面派蒋介石陪同徐树铮赴桂林见孙中山。到梧州后，吴忠信来迎接。1 月 18 日到达桂林大本营，孙徐二人见面，几次会谈，气氛融洽。据《徐树铮年谱》载：“先生（徐树铮）这一次从桂林回来，对中山先生十分倾倒。尤其佩服中山先生谈到国际形势和国际地理时之如数家珍，常常向人述说。听说中山先生对于先生也非常赏识，曾有留他作参谋长之说（孙象震、吴忠信先生都这样说过）。”孙、吴都是当时接近中山先生的人，相信言有所据。于此可见，孙、徐二人在由政敌而化为暂时盟友后，在具体的会面畅谈中，已逐渐了解对方的理想志趣及内心灵魂的诉求，因而惺惺相惜，产生了一定的情谊。其实，从中山先生角度来看，小徐 1919 年收复外蒙一事，曾给他以良好的印象，孙在给徐的复电中，曾以汉代立功西域边陲的傅介子、陈汤、班超来比拟徐树铮，认为他为维护民族尊严和国家领土完整作出了努力与贡献。当时的民党中人，曾有人批评中山先生不该表扬政敌，但孙复信明确地说，小徐收复失土，“功实过于傅介子、陈汤，公论自不可没”（详参拙文《“卖国”小徐也爱国》，此不赘述）。所称“公论”，谓不掺和私人情感因素之历史公正评价。但徐收复外蒙时的果断与魄力，已给中山先生留下了深刻而良好的印象，为将来徐的桂林会面时建立友谊留下了必要的准备与铺垫。孙认为徐是一个胸怀大志、能办大事的人，因此对桂林会面的孙、皖、奉三角同盟共同反直一事，寄予厚望，故有上述“慰我数年渴望”之语。孙想请徐作自己的参谋长，如果不是会谈深入而投缘，彼此产生一定的友谊，是不可能有此建议的。而从徐的角度言之，为了桂林会面，他同样作了充分的准

[1]《国父年谱》，中国国民党中央委员会党史资料编纂委员会编，罗宗伦主编，（台湾）国民图书出版社，1965 年。

备，并下定了决心。这时，革命的孙中山与“反革命”的徐树铮，彼此抛弃前嫌而握手言欢，虽出于一时的“统战”利益需要，但双方皆认真对待。桂林会面后，小徐对中山先生很是佩服倾倒，于是私情友谊油然而生，这也是自然之事。这里有四个证据：一是在1922年10月间，徐树铮南下福建，与广东政府方面的许崇智、黄大伟合作，借王永泉军驱逐福建督军李厚基。李厚基原属皖系军阀，但眼见奉系张作霖和南方孙中山先后失败，因此转变了立场，改投正在得势的直系曹（锟）吴（佩孚）。树铮在逐李之后，通电成立建国军政制置府，自任总领，并通电尊奉孙中山先生和段合肥（祺瑞）为领导，声言“俟拥戴二老践尊位后，即奉身以退”[2]，表明自己没有野心。二是1923年9月21日考察日本返国后致信叶恭绰，声明自己一直为联合孙中山的决策“静中著力，殊未敢少有松懈也。合肥、中山二老，志合道同，自必肸响于无形。机势一展，立可见之实际，固不争朝夕之迟早也”[3]。三是小徐后来继续关心中山先生所领导的国民党的事业。在政治方向上，孙提倡三民主义，但小徐并不信奉三民主义，而是力推北洋皖段军阀的武力统一中国的政策，几经波折，仍不改其初衷。包括这次桂林会面，徐并未成为孙的信徒，彼此变化的只是斗争的策略、方法与手段。所以，小徐在1925年底出洋考察归来，就先到上海联络当时的五省联帅孙传芳，鼓动皖、直、奉三方北洋军阀的新同盟，以便共同对抗南方国民革命军的北伐。这虽是后话，但却亮出了小徐的政治底牌，他与孙中山是两股道上跑的车。不过，又因为桂林的孙、徐会面，双方为了暂时的利益走到了一起，并因会谈深入，增进了友谊。政治之事，就是这样的复杂。据美国布莱恩·罗泽《蒋介石》中附录《蒋介石大事纪》载，蒋介石奉中山先生之命，陪小徐赴桂林见孙，1922年1月3日，从广州出发，1月18日到桂林，中途到梧州时，又有吴忠信来接。这样，从广州到桂林的途中，徐、蒋二人多日相伴而行，多有交谈切磋，增进了解。据《徐树铮年谱》载：“回到上海，和方立之先生谈，说他‘这次见到许多名满天下的人

[2] 李剑农《中国近百年政治史》，复旦大学出版社，2002年。

[3] 见《徐树铮年谱》引《叶遐庵先生年谱》。《叶遐庵先生年谱》，罗宗伦编，国史馆，1946年。

物，但是将来真正帮助孙先生成功的，恐怕是一位蒋介石先生。’后来蒋先生一度回到宁波，先生一方面写信给中山先生，劝他切不可放走蒋先生，一方面写信给蒋先生，劝他千万不要离开中山先生。他曾经把这两封信给方先生看过，方先生还玩笑的说：‘这是国民党自己闹家务，关你甚事？’他说：‘这是关系大家的事，关系整个国家的事，我们怎能不关心？’”徐向孙力荐蒋介石，颇具慧眼，如果与孙没有什么交情和友谊，他又何必多此一举呢？一是徐为中山先生写挽联的事。1925 年 3 月 12 日，中山先生不幸病逝于北京，时徐树铮正率团在欧洲法国考察。噩耗传来，小徐即在代表团的巴黎驻所举行了悼念仪式，并亲撰长联以寄哀思：“百年之政，孰若民生？何居乎：一言而得，一言而丧”；“十年以还，使无公在，更不知：几人称帝，几人称王！”孙、徐二人，一南方，一北洋，原是站在敌对立场。小徐在国外闻孙病逝，本可不闻不问，但事实相反，小徐站在中华民族的共同爱国立场上看问题，他用如椽之笔，表达了对于一代伟人孙中山的崇敬之情，并对中山先生的奋斗人生，作出了高度的历史评价。据说当时吊孙挽联极多，但能道出中山先生一生心事者，“当时竟共推徐氏此联为第一”[4]，虽不免溢美之词，但徐之才气，可见一斑。周游为黄浦军人，徐之敌手，所言必不虚也。孙、徐二人，若无一定的交情友谊，能写得出来吗？

孙、徐的交往情谊之事，说明了政治上的“统一战线”很重要，彼此退后一步，是为了今后的更进两步，甚至是为了历史的新飞跃。

[4] 周游：《扪虱谈》。

将军"顾曲"胜文人

——漫话徐树铮之词曲诗文

一般人的印象，民国初年北洋军阀中的将军，个个都是粗鲁无文的一介武夫，他们提笔立感千斤重负而不胜其苦，不如舞刀弄枪杀人放火那样随心所欲挥洒自如。不过其中也有例外。如北洋直、皖二系相互敌视的二当家——直军的吴佩孚和皖军的徐树铮，两位将军在前清时，都一样是好文的秀才出身，诗词文章，挥毫立就，虽非一流，但称其为文人并无不妥。关于吴佩孚，将另文叙述，这里先介绍皖军上将徐树铮将军之文才。

徐树铮（1880～1925），字又铮，号铁珊，又号则林，以表示对林则徐的崇敬。民国年间，为别于总统"大徐"徐世昌，人称树铮为"小徐"。江苏徐州萧县人。徐氏青年时投笔从戎，一生追随段祺瑞，成为段氏幕府中的智囊和谋主，段氏对他几乎言听计从，是皖系中不争的二当家。连当时的总统如黎元洪、冯国璋、徐世昌等对他也有所畏忌。他动辄自称军人，如其《上大元帅（袁世凯）书》称"树铮军官也，请言军事"；《对奉军之演说》示人以"军人天职"，平生以整军经武为事；他历任陆军部次长、西北边防军总司令等，确系军职，军衔为陆军上将，远威将军；他在《平报周年纪念日感言》中明白宣称："余军人也。军人之天职，在保民，在卫国。而保民之良法，在去暴；卫国之能事，在却敌。然则军人者，杀人之人耳。"一片以杀止杀之声，是一个地道的职业军人。但在战火纷飞的环境，仍能不忘诗词文章，却是小徐区别于其他北洋军阀的地方。武中有文，正是小徐人生的亮色。

小徐好文，自小已然，这和他的家学渊源分不开。其父徐忠清，字葵南，前清拔贡生，授教谕改州判，皆不就，一生教授乡里，学生千人，研究经史文章，并以一生所学，亲授儿子。小徐因其教师家庭出身，从小即受到较为严格的学习训练。因此，柯绍忞撰《远威将军陆军上将萧县徐公墓志铭》称其“少颖悟，有神童之誉”。树铮在其《先考妣事略》中也说：“树铮于昆弟序最幼，先考妣抚爱规教，倍切于兄姐。甫学语，即使辨认文字。五六岁时，……先考设帐郡城，伏腊归省，间以树铮往来。尝以风雪中，攀缚驴背，口授诗歌。亦戏令效其句，乡里争传七岁能诗，夸以神童。……居馆职辄携之附读；留于家，则杂取书史骚雅，折角授先妣分日督课。”[1]他自小能诗会文擅词曲，既关乎天赋，更与其家学渊源及后天勤奋密切相关。

对于徐树铮文学，蒋复璁《重印徐树铮先生文集年谱合刊序》曰：“又铮先生文武兼资，诗古文辞，无一不精，且与马通伯、林畏庐、柯风荪、姚仲实、姚叔节诸先生游。”[2]熟读经史百家文章，以开其胸襟文学。王树枏（晋卿）《远威将军徐府君家传》称：“（树铮）以诸史诸子骚赋诗歌词曲，皆中国文粹，分拟目录，博为采辑。……君善为诗古文辞，尤长词曲。其论文导源班马，而以唐宋八家为正宗。诗嗜少陵，词嗜白石、梦窗诸家。”[3]指出了小徐诸体文学的风格特点及其渊源所自。

小徐擅昆曲。古人称“曲有误，周郎顾”，指的是三国时赤壁之战大败曹军的东吴统帅周瑜，不仅善兵，而且是一个拍曲专家。他的音乐耳朵，容不得唱曲有丝毫的错误或跑调。近代的徐树铮将军似之。他身为上将，与周瑜一样，雅好拍曲，亲自歌唱，擅名一时。其《即席赠国司少将》诗云：“寒涛历历激清商，素手弹琴秋夜凉。著意红牙休误拍，坐中顾曲有周郎。”自负擅曲，不减当年周瑜。据高拜石《纵横客——张、孙、徐的结合与“廊房之变”》一文载：1925年底，树铮率考察团外访归国，特

[1] 徐道邻编述、徐樱增补：《徐树铮先生文集年谱合集·视昔轩文》卷二，（台湾）商务印书馆，1989年，第25页。

[2] 同上，《合集》前序，第1页。

[3] 同上，《先生墨迹》后附，第162页。

到江苏南通拜访啬翁（按：指张謇），“啬翁殷拳挽留。第二日，邀往参观伶工学社与更俗剧场。徐固擅北曲，功力相当深厚。见有昆曲班之设，知张四先生对于昆曲亦有深嗜，便从弦索音声，谈至昆弋递变。啬翁难得知音，遂点唱《弹词》与《议剑》两阕，徐一时兴发，引吭高歌。北曲以激昂慷慨为主，徐潜气内转，哀音外激，旧笳声楚，常钧曲凄，一阕既竟，啬翁为之击节不已。旋赴狼山西山村庐清宴，从词曲谈到诗文，越谈越对劲。啬翁本为张濂卿（裕钊）门人，文宗桐城，亦喜作骈俪体，诗词亦复擅场。徐为文私淑吴挚甫（汝纶），也是属于桐城派的信徒，因此对于扬弃国粹、敝屣孔孟的一般时流，同声排觝”。临别之际，张謇“摛藻下笔，赠诗与徐，徐亦即席次韵以酬，浮觞竟日，尽欢尽意”。[4]词曲诗文能与张状元即席酬唱应和，受到赏识，自然绝非平庸泛泛之辈。后来，树铮的拍曲艺术，又通过家学传给了子孙，复又传唱海内外。其女徐樱在《徐树铮将军生平概略及其电稿所揭示的史实》提到，1925 年出洋考察期间，徐树铮在伦敦应英国皇家学院之邀，作《中国古今音乐沿革》的专题报告，对于中国音乐与文学的内在互动关系，多有深刻阐释，故第二天《泰晤士报》赞扬徐树铮以军人而有此文学造就，深表钦佩。又在归国途经日本的轮船上，竟然有一位巴西的小姐，听徐唱昆曲有兴致，徐“教她数遍以后，曲中意义虽不了解，然发音清脆，合拍中矩。可见她听觉之敏锐及我父诲人不倦的态度”。又蒋复璁序称，复璁与树铮子道邻（原名审交）是同学，“道邻与余同有昆曲之好，春秋佳日，每一度曲，彼吹我唱，颇以为乐也。……道邻度曲，承自家学，于音韵文词讲求甚精，盖亦能填词与谱曲也”。不仅儿子，女儿也同样娴习昆曲。如其女徐樱，据徐小虎（道邻之女）《徐树铮先生文集年谱合刊序》称其姑母徐樱：“娴昆曲，能写作，她出版了食谱、游记、翻译、散文等。……她宣扬中国

[4] 高拜石：《新编古春风琐记》，第九册，作家出版社，2005 年。

张謇像

文化，她教久居海外的中国人唱昆曲，教外国人吹笛子。她的第一位最聪明的大徒弟就是大语言学家——李方桂。她那种乐而不疲的精神，使周围的人都蒙受了快乐的感染。当然，昆曲也是我们徐家看家本领之一，谁能不着迷呢？因此他们每次回到台北，那里的两大曲会蓬瀛、同期都争相邀请，每个周末就可以看见她们双双出现于这两个曲会之间。昆曲既是我父（道邻）、我祖（树铮）、我伯父（审义）大家的偏好，我想这也是姑母如此热心的缘故吧!”徐家的昆曲传统及其文学世家的形成，与其代代薪火相传有关，徐家子孙从国内唱到海外，声韵绕梁之美，给人以深刻印象，论其始作俑者，树铮开拓之功不可没。

树铮诗词文章，散佚颇多。1932 年，大儿子审义编其遗集，有《视昔轩文》、《兜香阁诗》、《碧梦盦词》三种，北平文楷斋印行，但传本稀少。后经其儿道邻、女徐樱继续努力搜集，编为《徐树铮先生文集年谱合刊》本，较为完备，于 1962 年台湾商务部印书馆初版，1989 年又出增补版。本文称引徐氏词曲诗文，均见于 1989 年增补版，不另注明。其文章《视昔轩文》即在其中。树铮另有关于政治的《建国真诠》手抄本及《徐树铮电报稿》（中华书局 1962 年版），因无关于文学，故不在此合刊本中。

树铮之文，学习桐城又出乎桐城，因其积极参与军政大事，故文风因时地而生变化，非桐城古文可以拘束。如《上大元帅书》、《上段执政书》诸文，因重经世事功，而有战国纵横家之风，文辞犀利而铺张扬厉。如其《上大元帅书》，力劝袁世凯放弃做皇帝的美梦，要求袁氏下罪己诏，同时指出劝袁称帝的筹安会诸子，“今之良臣，古之民贼，孟子之言何其痛也”，批判之锋甚锐。政界如此，军队又如何呢？他直接剖明了当日北洋军已是“将骄卒惰，形同乌合”，“欲责以保国卫民，能乎不能”？文章扬弃了桐城文派那温柔敦厚、简练含蓄的隐约吞吐功夫，直陈利害之所在，辞旨剀切，与其经世致用的政治用心相通。据蒋复璁序，“洪宪帝制，（树铮）有《上大元帅书》痛切指陈，劝请取消。在项城（按：指袁世凯）迷梦之际，言人所不能言，尤为难得。”王树枬（晋卿）在其《故旧文存》中评云：“其《上大元帅书》，反复指陈，痛切事理。词婉而意直，言人所不敢言，运笔亦极尽屈曲郁盘之势。”所评甚是。

还有，树铮又把自己勤奋读书作文并写日记的优良传统，传给了徐家子孙，徐道邻在其父《怡经书屋记》一文中题注曰：“民国十年（1921），我们跟着父亲到上海亡命。他把我们弟兄安顿在新闸路武林里。一天他来了，带来两个十行本子来，嘱咐我们要每日写日记。他并且叫我磨墨，一方面提起笔来，就在我的本子上，写下这篇文章。……文章后面还附有‘日记宜忌’若干条。我自从那一天起，每天写日记，至今四十年了，还没有一次间断过。……从前母亲尚在时，我和她谈到这件事。她说：‘你父亲以前也是天天记日记的，自从留学日本回来以后，就不记了。他说：‘以后会有人替我记。’’”[5]写日记可以助文章，树铮这一良好写作习惯，已成徐氏家风。此非一介武夫之所为，乃文人学者良好积习之所致。

[5]《视昔轩遗稿》文二，载《徐树铮先生文集年谱合刊》，第39~40页。

在北洋军人中，小徐以能文著称。如辛亥革命后南北鏖兵之际，由北洋三杰之一的段祺瑞率前方四十二将领逼清帝退位的通电，虽由袁世凯授意，但具文出自树铮手笔。小徐之文，颇见功力而非凡响，于此可见一斑。

至于诗歌创作，其艺术又在文章之上。这可读其《兜乡阁诗》集来加以体味，前人以小徐之诗拟杜甫，具沉郁顿挫之美。这话有一定道理，但评价过高，并不全面。树铮乃军人政治家，年轻时不乏忧国忧民之心，解民倒悬、振兴中华是其理想，求治之心甚切。小徐性格朗爽果决，敢言人之不敢言，敢干别人不敢干之事，故其诗虽曾学杜，但因性情所致，诗风更近于苏（轼）陆（游），多直抒胸臆而豪气干云。如《三月十五夜泰安道中忆同社》云：“搀枪吐焰兵兆逼，伤哉民隐奚繇室？稍从接膝问疾苦，惶顾似雀遭风鹯。”学杜新乐府，为民请命，颇见悲痛。又《写照》云：“夜读《阴符》朝试剑，无情日月重徘徊。中年哀乐人间世，故国山川劫后灰。濁酒要留青眼在，天河谁挽素波回？东风万里催暖和，可有春华取次开！”欲挥利剑，披荆斩棘，清扫山川劫灰，令故国春华次第绽放。又《即席迭杉山韵》四首之三云："天定胜人人胜天，无以故步对年年。天下之大匹夫责，不自我后不我先。"天下兴亡，匹夫有责。留日时的小徐，是个富有理想的热血青年。"拔剑高歌斫地哀，忧时怀抱为谁开？"（《铃川道中》三首之二）怀才不遇，报国无门，引发悲鸣。又《枥下行》云"絷骥之四足，强与驽骀齐，……削足以就履，是谓范驰驱。……汗血会有时，筋力要夙储。无徒引悲嘶，忧戕神明躯。志以千里远，貌勿恒群殊。天山种苜蓿，待子骋良衢。谁能促羲驭，匿景西北隅。"以受困于庸夫之手的汗血千里马自喻，悲而不伤，喷发了一腔豪情壮志。又《雪行口占》云："自矜胆勇惯前驱，冰雪泥沙路有无。借得绿沈枪在握，何时匹马取单于！"企望立功边庭，报效祖国，何其壮哉！《江西舟中》云："天意茫茫未可知，摧残神物付群儿。悲来歌向酒边发，卧看山从窗罅移。并世英雄曾几辈？横流沧海不多时。澄清毕竟吾侪事，立马中原好护持。"以澄清天下为己任。当然，因其所持北洋正统的立场，树铮以武力统一中国的愿望难以实现。他在政治得意之时，神采飞扬，如1919年收复外蒙，树铮任西北筹边使兼西北边防军总司令，率师赴外蒙途中作《叨林蚤（早）发》云："冲寒自觉铁衣轻，莫负荒沙万里行。似月似霜唯马啸，疑云疑雨问鸡鸣。中原揽辔信孤愤，大海回澜作夜声。且促毡车趁遥曙，沉沉阊阖渐清明。"结合其《西北筹边计划大纲》一文来读，见其思理深沉，信心十足，似乎国家之统一清明即在眼前。而在其政治失意之时，他不垂头丧气，仍然不肯低下他那高傲的头颅。比如1920年7月直皖战争军败后，除段祺瑞通过通电下野外，徐树铮还被列为全国通缉要犯的第一名，他辗转逃亡，于1922年作《六月十五夜对月》（五首之五）云："购我头颅十万金，真能忌我亦知音。闭门大索喧严令，侧帽清游放醉吟。白日歌沉燕市筑，苍波梦引海舟琴。云天不尽缠绵意，敢负平生报国心！"豪情不衰，平生抱负，跃动于字里行间，颇为感人。

至于词的创作，因树铮擅拍曲，精通音律，音韵文辞，仔细推敲，故其词作，大多宫商谐协，音韵宛然，曲高调雅，自然流畅，其韵味追姜（白石）吴（文英）而自我成家。其文学观念中，似持传统诗庄词媚之见，诗示理想壮志，热情奔放；词却抒展性情，追随骚人雅士的婉约之风，委婉蕴藉而不避艳丽。如其《蝶恋花·岁暮有咏》之二："晓日流苏帘影碎，懒起梳头，镜里成憔悴。判更温馨添锦被，惊魂长是愁无寐。　酒可忘忧宜小醉，争奈金樽，都化歌边泪。斜倚熏笼偎暖意，朝寒悄悄侵红袂。"凛遵婉约词的艺术传统，怨而不怒，哀而不伤，具温婉含蓄之味。又《忆秦娥·高邮道中》之二云："《阳关》咽，鬟云松掩眉山叠。眉山叠，暗传心事，乍明乍灭。　秋灯洗研华堂月，春花赌酒红阑角。红阑角，待来迎汝，渡江桃叶。"行旅春风，男女之思，风调宛然。又《六丑》，序曰："石田翁画西山归棹图，姚石甫先生谪蜀，张松廖举以赠行。乙卯（1915）四月，先生孙姚叔节解元同客京师，出以属题。"说明此乃赠姚永概（叔节）的题画词。词云："正孤帆半卷，向十里，青山吹笛。送春未归，移舟先送客，客去春寂。怕说江南路，路旁丝柳，颤垂垂千尺。山程水驿牵行色，梦里惊波，瞿唐远谪。回头太湖遥隔，胜愁鬟七二，空际凝碧。　春归谁惜？恰浮家泛宅。怪底红飞早，难再觅。疏钟慢打云隙，遍孤山寺外，夕阳如泣。愁深浅，酒怀宽窄，都分付一翦吴淞腻染，娟花微湿。风飘去，莫问纵迹。待夜潮暗长还吹送，冲烟片席。"词用入声韵，犹如大钟鸣鼓叩击心胸，很有震撼力量。此词一出，报刊争载，一时京师纸贵。据徐道邻回忆："民国四年，我那时十岁。在报上看见这首词，很喜欢，几遍就背上口。在午饭的时候，就大声地背诵起来。可是报上没有标点。我把'路旁丝柳颤垂垂'读成一句，又把'愁深浅酒怀宽窄'读成平平仄仄上二下五的句子。父亲给我改正过来。这是我一生中，第一首背出来的词。"道邻后来弃政学文，成为作家，当与其家学修养有关。有关树铮词之艺术，当时林纾《畏庐续集》中有《徐又铮填词图记》云："呜呼，腔律之失传久，必谓词家当按箫填谱，则舍清真（周邦彦）尧章（姜白石）外，几乎不能词者。康伯可、柳耆卿声律至协，人又往往恶其鄙俗。故先辈尽有佳词，而笛家恒不之用。凡流传于教坊者，多稍通文字之乐工为之，复沓伧谬，而人人皆能上口，正以稍协律腔耳。……余嗜词而不知律：则日取南宋名家词一首熟读之，至千万遍，俾四声流出唇吻，无一字为梗。然后照词填字，即用拗字，亦顺吾牙齿，自以为私得之秘。乃不图吾友徐州徐又铮已先我得之。又铮尝填《白苧》，两用入声。余稍更为去声，而又铮终不之安，仍复为入声而止。余寻旧谱按之，果入声也。因叹古人善造腔，而后辈虽名出其上，仍无敢猝改，必逐字恪遵，遂亦逐字协律。余之自信，但遵词而不遵谱，此意固与又铮符合。又铮之年半于余年，所造宁有可量？旧作填词图赠之。”树铮精于声律，对于文学与音乐的关系，了然于心，其词作艺术，音调协律，宫商婉转，而情意缠绵，更在老宿林纾之上。故其词的创作，能在其诗文之上而传诵一时，非偶然也，当与其擅胜拍曲歌唱相关。树铮与当时昆曲名伶多有交流酬唱。如作于1924年的《寿楼春》序云：“春夜，偕叔明（按：姜忠奎字）携儿子审交（道邻）同集徐凌云宅。坐客徐静仁、俞振飞、项远村、馨吾兄弟、李旭堂、徐念萱，皆曲坛巨子。乐工数人，闲次以坐。当歌对酒，万情酣适。俛仰宇宙，诚不知何者可哀，何者可欣。彼牛栏马皂中，鸡虫得失，更复何预吾事？主人藏酿至美，客多健饮。余虽禁杯数岁，引满亦豪。因请以酒与曲，互角胜负。于是负者举爵，胜者抗喉，争唱迭和，乐而忘醉。夜漏三下，始勉抑余兴，坚订后约而罢。十来年朝野辛苦，尘俗满胸。今乃得此雅集，不可不有咏以为之记。……甲子二月树铮识。”所与游者，无一非曲坛之巨擘。得此雅集，忙里偷闲，尽兴而归，一扫其十年从政之郁积，而重现其文人词家之本色。当然，由于小徐戎马一生，影响其文学创作，故其词作之中，又不乏变调之美，时有直抒胸臆而豪雄天纵之风的展现。如其《解连环·闻歌》：“哀歌自成跌宕。却微闻笑我，归计辽旷。谁与唤，桃叶桃根，便轻趁东风，渡口双桨。燕子飞来，道花雨，一江春涨。更焚香，卷帘镇日，系舟不放。”《大酺·雨后凭栏》：“天涯多风雨，况倦销英气，易成哀乐。问身世能禁，几番欢笑？几番愁绝？”《念奴娇·笳》：“还想中夜哀歌，唾壶敲缺，胜怨填胸臆。空外流音，才睡浓，胡遽乌乌惊逼。商妇琵琶，阳陶觱篥，万感真横集。琱戈推枕，问君今日何日？”又与苏（轼）辛（弃疾）词风之刚健豪放有相近的一面。

总之，树铮因其军政而掩其文人面貌，但其文学创作，却远在一般世俗作家之上而颇生影响。1925 年孙中山先生在北京逝世，恰树铮放洋考察在法国巴黎，特专电寄挽联以资悼念，联云：“百年之政，孰若民生？何居乎：一言而得，一言而丧；十年以还，使无公在，更不知：几人称帝，几人称王！”据周游《扪虱谈》称，中山仙逝，举世哀悼，挽词极多，“而当时竟共推徐氏此联为第一”。问其所以，包括国民党政要胡汉民、汪精卫、张继诸人在内，“一致认为，徐之才气，横揽一切，远不可及”。树铮的文学才华，于此可见一斑。又康有为对徐树铮也有盖棺定论的评价。康氏助张勋复辟清帝，徐则辅段祺瑞马厂誓师而“三造共和”，兵进北京，一举粉碎了复辟美梦，康被通缉。康、徐二人明显是政治敌人。康有为不必故意为徐说好话。又康氏眼界很高，他能看上的人又有几个？但 1926 年初，康作挽词悼树铮云：“其雄略足以横一世；其霸气足以溢九州；其才兼乎文武；其识通乎新旧。既营内而拓外，翳杜断而房谋；又扬威乎域外，增学识于四州；其喑呜废前人，其洞视无全牛；其飞动高歌擅昆曲，其妩媚清词追周（邦彦）柳（永）。大盗竟杀猛士兮，无人起邦家殄瘁之愁！假生百年之前，为人龙而寡俦。哀乱世而内争兮，碎明月于九幽。”所言虽不无溢美之词，但评价之高，大致客观。“其才兼乎文武，”概其全貌；“其妩媚清词追周柳”，独推其词曲兼擅，近代词家并不多见。康氏此言颇具只眼卓识。因此，我们说徐树铮具文人面貌，乃是民国初期人们的共识，只是现代人们大多重白话诗文，因而已经把他遗忘，故旧话新说，特撰此文，以补文学史家之漏失。

克保晚节正气凛然吴佩孚

读现代史，人们身在其境，本该知之甚详而体会深刻；但又因入其中而不能出其外，常会局中迷途而难辨东西，这就有可能产生局限，出现观察盲点和认识误区。比如民国初期，人们分辨进步与反动、革命与反革命，常以孙中山及其同盟会、国民党为坐标，袁世凯及北洋军阀政府镇压孙中山及其盟友，就划入反革命阵营，以此，南方一片光明，北方则黑漆一团。而在 1927 ~ 1928 年国民党北伐成功之后，北洋军阀被扫进了历史的垃圾堆，这时国、共两党分裂，因此改为以国共斗争为坐标来画线，国民党政府从革命风向标陡然坠落到反革命泥坑中，关键就在其抛弃联共而走向反共的战线。这样说来，中国近现代的历史发展，犹如切西瓜那样一分为二的简单了，好人与坏人，敌人与朋友，一目了然。其实，历史现实是曲折复杂的，那种简单的二分法阐释，并不能真正解决问题。在学习与研究现代历史时，伦理先行，以意识形态作为衡量发展趋势的天平，就容易走向不顾事实而故意曲解历史的道路。比如对于北洋军阀其人其事，人们多有未加深究即一概骂倒者。如对北洋军阀中的吴佩孚和冯玉祥，冯氏于 1924 年末第二次直奉大战中，临阵倒戈，发动北京政变，组织国民军，推到了直系的北洋政府，

吴佩孚像

致使鏖战榆关的吴佩孚直军全线溃败。因此，吴对于冯仇恨不共戴天，必欲拔除这一眼中钉肉中刺，故于1926年不顾国民党北伐军的直接威胁，倾军北上，痛击冯氏国民军，南口一战，双方死伤惨重。冯玉祥在困境中，采取联苏联共之策，迅速重新武装，与南方的国民党北伐军南北夹击，终致吴氏直军一蹶不振，吴氏个人，转而流亡四川。而冯氏在"九一八"事变后，又迅速投身于抗日战争之中，为反抗侵略和维护中国领土主权而作出了积极的贡献。2003年，蒋铁生先生编著《冯玉祥年谱》，于此多加论述，这是应该的、正确的。但为了说明冯先生的进步与革命，却恣意贬低其敌吴佩孚，以资反衬，实在没有必要。如蒋铁生描写吴佩孚时明白地说："晚年到北平，与日本帝国主义勾结，后病死。"[1]这无异于暗中斥责吴佩孚失节做了汉奸，这与笔者所知的历史事实正好相反。如何全面评价吴佩孚，这不是一篇短文可以完成的任务，这里，我们仅就其晚节及其是怎样"病死"的做点辩正工作。这涉及历史人物民族大节的本质问题，不能不辩。

蒋铁生说吴佩孚晚年在北平，"与日本帝国主义勾结"，虽为捕风捉影，但的确有人说过，也算是事出有因吧。如曹汝霖（按：五四运动中被学生"火烧"的赵家楼主人）曾对陆宗舆说："人称他（按：指吴佩孚）伟大，我却看不起他。……后来吴佩孚因牙毒入脑身亡，还有人说被人谋害中毒，并称他不入租界为好汉。不知日本若允他练兵，他早已袍笏登场。他得保晚节，实拜一牙之赐也。"[2]曹氏贬吴，说"日本若允他练兵，他早已袍笏登场"，这纯属猜测与假设，并非真有其事，故曹也不得不承认吴氏终于"得保晚节"是历史事实。吴佩孚是直系军阀中的实力人物，自1926年被国民党北伐军和冯玉祥国民军南北夹击，彻底失败后，即避难入川，后抗战军兴，即力倡全民抗战，道经四川、甘肃、绥远，历尽艰辛险阻，终于在1932年2月1日，由包头乘车抵达北平。当时日本侵略者图谋在东北建立伪满洲国，推动华北"自治"而脱离中央。七七事变后，全民抗日战争拉开天幕，1937年

[1] 蒋铁生编著《冯玉祥年谱》，齐鲁书社，2003年，第231页。

[2] 曹汝霖《曹汝霖一生之回忆》，中国大百科全书出版社，2009年，第366页。

末中国首都南京沦陷后的第二天，日本占领军在北平成立了“中华民国临时政府”，下辖四省（河南、河北、山东、山西）二市（北平、天津），虽有王克敏、梁鸿志等出任汉奸傀儡，但日人总以为资格不够分量，因而积极在原北洋军阀顶级人物中物色。早在1928年，日本就为推动满蒙独立来控制东北及蒙古的广大中国领土，积极支持奉系军阀张作霖大肆扩张。但张作霖作为一个有血性的中国人，巧妙拒绝日人诱惑，结果于1928年6月4日专车抵沈阳皇姑屯时，被日军炸死。当时持反奉立场的孙宝琦（按：曾任国务总理）致其留学德国的儿子家书有云：“张作霖妄思耀兵国内，卒至身败名裂，为天下戮。自古英雄末路，往往如此，亦不足异。所异者：世界无不目伊（按：指张）受东邻（按：指日本）之羽翼，听东邻之指挥；不料为东邻之痛恶，乃至下此毒手，可证其（按：指张）对外强硬，不肯丧失主权，致见恶于彼族，此乃真正爱国之表现，盖棺可以论定矣。”[3]对于日本人推进满蒙独立脱离中国的阴谋，张作霖软磨硬拒，就是不认账。所以他曾对美国博士孟禄说：“可惜近来所得华府会议消息，日本人竟要求什么满蒙特权。满洲这个地方，竟有给人送礼的趋势，真是奇怪已极。满洲自有中国人是他的主人。”[4]他又骄傲地说：“日本人费莫大力气，要求二十一条，你问他在东三省得着什么了？他连一条也未实行得了啊。不是我吹，你们可以实地考察。”[5]故张之对手冯玉祥在日记中誉其“有一种蛮气，故日人尚怕他”。[6]在北洋军阀中，张作霖与日本最为接近，但是，一旦涉及国家主权和民族气节的根本问题时，他也并不糊涂。正因为他不甘于作日本侵略者的驯服工具和傀儡，才有皇姑屯事变的发生。北洋军阀中最接近日本的张大帅，尚能保持晚节，何况是皖系之段（祺瑞）、直系之曹（锟）、吴（佩孚）呢？这些北洋军阀能克保晚节，的确为中华民族爱国的优良传统增添了光彩的一笔。

20世纪30年代初，日本侵略者就积极活动，极尽威胁利诱之能事，企图在原北洋军阀顶级人物中物色其代理人，首先找到

[3] 吴相湘《民国人物列传》，下册，中国大百科全书出版社，2009年，第261－262页。

[4] 同上，第261页。

[5] 同上，第243页。

[6] 中国第二历史档案馆编《冯玉祥日记》，第三册，江苏古籍出版社，1992年，第727页。

了皖系领袖段祺瑞。段下台后，隐居天津，静耽禅悦，但日人却不让他安静。1930年秋，日本特务头子土肥原贤二就主动找上门来，说是日本拟全力支持段氏东山再起。重组政府，段氏敬谢不敏。“九一八”事变后，日人活动加剧。1932年2月的一天，有消息传来，说是土肥原准备以对付溥仪的手段来对付段。这样一来，段恐落入日人陷阱，自己又不甘心当汉奸傀儡，所以接受国民党蒋介石的建议，立即购票乘车南下，到南京时，蒋介石亲自迎接，在拜谒中山陵后即隐居上海。据曹汝霖回忆，当曹氏陪着蒋介石的代表钱新之到天津段府之后，向段祺瑞说明了“蒋先生希望合肥（按：段为合肥人）南下之意”，段氏“即说，我久没有南方去，好极了。你们给我预备飞机票，我没有什么行李，明天即可同行。新之说，那不必如此匆忙，我还要趁此看看朋友。合肥说，那么改为后天吧，要走即快走。……新之出来告我，段先生真爽快，又果断，使我又佩服又惊讶。我（按：即曹汝霖）说，段先生在此，心境可知”[7]。段祺瑞立即答应蒋氏要求，声明“明天即可同行”，其果断之行，当由于平素深思熟虑，因为他住在天津，早处日人的实力笼罩之下，终日惶惶，唯恐日人逼他出台做汉奸，故意接蒋的邀请，怕走漏消息，立即行动，南下京沪，使日人诱降落空而无所施其伎俩。1936年11月20日，段祺瑞病逝于上海寓所。其临终遗嘱有“八勿”以明志救国的主张，云：“余年已七十余，一朝怛化，揆诸生攸死归之理，一切无所萦怀。惟我瞻四方，戚国万里，民穷财尽，实所痛心。生平不为多言，往日徙薪曲突之谋，国人或不尽省。今则本识途之躯，为将死之鸣，愿国人静听而力行焉，则余虽死犹生，九泉瞑目矣。国虽危弱，必有复兴之望。复兴之道，亦至简单：勿以我见而轻启政争，勿空谈而不顾实践，勿兴不急之务而浪用民财，勿信过激之说而自摇邦本，讲外交者勿忘巩固国防，司教务者勿忘保存国粹，治家者勿弃固有之礼教，求学者勿鹜时尚之纷华。本此八勿，以应万有。所谓自力更生者在此，转弱为强者亦在此矣。余生平不事生产，后人宜体我乐道安贫之意，丧葬

[7] 曹汝霖《曹汝霖一生之回忆》，中国大百科全书出版社，2009年，第310页。

力崇节俭。敛以居士服，无以荤腥馈祭。此嘱。”[8]段氏遗嘱不符合走向现代化的世界潮流，但人之将死，其言也善。其盼望国家将来一洗昔日耻辱而走上“复兴之道”，还是情真意挚，有善可陈的。所称“瞻彼四方，感国万里”，其所忧思，即在列强环伺，日军图我万里江山，因此，“讲外交者勿忘巩固国防”，有实力才能保家卫国，维护国土完整和民族尊严。其拳拳中悃，溢于言外。段祺瑞临终遗嘱，盖棺论定，克保晚节。故当时民国政府致以国葬之殊荣，其国葬命令中有“殊勋硕望，薄海同钦”之敬语[9]。

失算于段祺瑞后，日人又把视线转向了直系军阀曹锟。曹锟虽是贿选总统，名声欠佳，但在民族大节方面，并不含糊。在“九一八”事变之后，曹锟就经常痛骂日本侵略。须知，当时曹锟在天津做寓公，权势全失，无拳无勇，天津又在日人的势力范围之中，说话一不小心，就可能招致无妄之灾。但曹锟却毫无惧色。这时，日人找上门来，希望他出山，建立一个以他为中心的政府。面对日人诱降，曹锟当面痛斥日军在我国东北和华北所犯下的滔天罪行，并且斩钉截铁地说：“就是每天喝粥，我也不会去为你们日本人办事。”事后，还告诫妻子儿女，要他们“一定要保持民族气节”[10]。女儿为曹氏念报，当读到了国民党军奋起抗击日寇，取得台儿庄大捷后，病重在床的曹锟，一跃而起，大叫：“我就不相信，咱们打不过那小日本。”[11]临终前，紧握女儿曹士英手，说：“台儿庄大胜之后，希望国军能乘势恢复失土，余虽不得见，亦可瞑目。”[12]言讫气绝，成为最后遗言。其凛然气节何如哉！于此可见，北洋军阀中皖、直、奉三系的领军人物，如段、曹、张氏诸人，晚节风义慨然而未可轻诋。而相形之下，直系军阀的二当家吴佩孚，其晚节更为悲壮激烈，尤可称颂而感人至深。

日人在诱降奉张、皖段、直曹三个顶级军阀失败后，就把直系军阀吴佩孚作为在北方最重要的诱降对象（按：在南方则以诱降汪精卫为主），其原因有三：一是与其他军阀相较，吴佩孚有能力，

[8] 李庆东《执政幕影——段祺瑞幕府》，岳麓书社，2001年，第46页。

[9] 李庆东《执政幕影——段祺瑞幕府》，岳麓书社，2001年，第237页。

[10] 张洪祥等著《布衣总统曹锟》，吉林文史出版社，1995年，第235页。

[11] 同上，第237页。

[12] 《大公报》（长沙版）1938年5月26日报道。

有才干，有气魄，敢言人之不敢言，敢干人所不能干之事，若他能为日本所用，则将派大用场，有收买之价值；二是吴佩孚军败之后，正处在落难无依时期，急需援助提携，因此有收买之机会；三是吴佩孚身陷北平，虎落平阳，处在日军的刀枪阴影笼罩之下，蝼蚁尚且贪生，况是人乎？谁不惜命？只要软硬兼施，恩威并用，日酋自信吴氏有被收买的可能，由他出任汉奸的领军人物，即可顺利推行亡我中华战略大计。

但是，这只是日人的“单相思”，吴佩孚面对威胁利诱，却不为所动。有关内容，1959年底在台编著的《吴佩孚先生集·传记》的记载颇详。当年洛阳巡帅幕府中人刘泗英先生回忆说，“九一八”事变后，“日人畏先生甚，欲以东北揖公（按：指吴佩孚），请其出主满洲，一切名号，惟公自择！公归至包头，即宣言拒见日人，日使馆数请约时会谈，皆遭拒绝，有日人与先生素识，请见不获，一日，乘先生午膳，门卫稍懈，乘间阑入，先生瞥见，即暗示左右应付，急走避。及溥仪出做满洲国傀儡，郑孝胥任总理，乃暗嘱其弟孝圣，与宗社党领袖某，邀先生宴叙于邱真人庙，席终，先生遽去，孝圣等不得一语，盖先生拒若辈于千里之外”[13]。后华北沦陷，日人即“以先生（按：指吴佩孚）为对象，多方劝诱出山，主持和议，却一方面假借先生名义，成立绥靖军事委员会，……日酋土肥原贤二，……曾一度谒先生，先生以置身虎口，欲以一观究竟中日战争胜负谁属？暂时不免虚与委蛇，藉延岁月，日人错误估计，以为计可得售，……伪造通电，发表谈话，有如洪宪前夕，群疑满腹，莫可究诘”[14]。“土肥原抵平，逼就伪职，并通电主和，先生坚持日本撤兵，后和谈，并须亲往重庆商得政府同意！僵持数日，迄不能决；日酋允先撤出北平，以为就职条件，至于武汉前线，必须先生就伪职后，亲往武汉缓冲，始能逐渐撤去。先生深滋不耐，乃允招待新闻记者，意图藉此表明抗日态度，以绝敌人妄念！……当日先生在北平什锦花园招待记者，语极简单，意谓‘恢复和平，必须全面的、平等的，惟平乃能和，和必基于平，故必须日本先撤兵，然后与重庆

[13] 赵恒惕主编，《吴佩孚先生集》编辑委员会编撰，《吴佩孚先生集·传记》下，第433页。

[14] 同上，第435页。

政府商谈全面和平'等语，一面令其秘书从大经君正确翻译为日语，先生并散发所著《大丈夫论》与各记者，遂遽退去。日人大惊，乃歪曲捏造错误翻译，并封锁外国记者消息，一时真相莫明，淆乱视听。殊事隔数日，马脚尽露，日酋土肥原自承失败，备受斥责，遂不惜重演皇姑屯一幕，故有十二月四日先生殉国之事。"[15]《吴佩孚先生集·传记》是多人合作而成，上述几段的作者是刘泗英，他是当年吴佩孚洛阳幕府中人，1939 年又奉重庆政府之命，潜入北平吴府，去看望被软禁的吴佩孚，是个亲历其境其事之人，所言自当可信。人们为什么要相信日伪汉奸散播的谣言，而不透过烟幕去看事实的真相呢？所谓吴佩孚晚年到北平，为的是"与日本帝国主义勾结"，纯是拉人下水的恶意中伤，作为学者，不该未加证实就信以为真并妄加议论。如果说到刘泗英是吴氏身边之人，后又随国民党撤退台湾以度晚年，其政治主场或有主观倾向性，那么且看大陆作者的具体描述。如王希亮在上世纪 90 年代撰写的《吴佩孚全传》，曾描绘吴佩孚在公开的中外记者招待会上智斗日酋的情况："1939 年 1 月 30 日，一百三十余名中外记者闻讯赶来，涌向什锦花园（按：指吴府所在地），……约定时间一到，吴佩孚在卫兵簇拥下（按：可证吴已失去自由）进入会场，……瞥了一眼放在案前的'讲话稿'（按：日伪代拟之讲稿），却不拿在手中，而是开口即席讲演了起来，这使坐在一侧的土肥原顿时身冒冷汗，紧张了起来，示意翻译们按约定行事。……吴佩孚突然话锋一转，面呈严肃，'通通通'讲出一席话来，使得土肥原心惊肉跳，脸色蜡黄！吴佩孚道：'恢复和平，必须是全面的、平等的！因为我们晓得："惟平乃能和，和必等于平！"本人认为今天要讲中日和平，惟有三个先决条件——吴佩孚不待土肥原醒过腔，干脆利落地把三个先决条件公之于众，分别是：第一，日本无条件地全面撤兵；第二，中华民国应保持领土和主权

[15] 赵恒惕主编，《吴佩孚先生集》编辑委员会编撰，《吴佩孚先生集·传记》下，1960 年，第 438 ~ 439 页。

《大丈夫论》

完整；第三，日本应以在重庆的国民政府为全面议和的交涉对象。吴佩孚讲完这三个先决条件，然后大声命令自己带来的翻译道；‘从秘书，把我的话翻译成日文，一字一句，断乎不容更改！’……有记者问‘我们方才接到一份讲话稿，是不是将军的讲稿?’……吴佩孚接过一位记者递过来的‘讲话稿’厉色声明道：‘这份稿是日本人炮制的，本人从来没有说过如此荒唐之语！’说罢，把讲话稿狠狠摔到地上，踩在脚下。……吴佩孚利用记者招待会，一下子戳穿了土肥原一伙散布的流言蜚语，粉碎了拉其下水的阴谋，也使土肥原等当众献丑。”[16]在中外记者招待会上，吴佩孚是富贵不能淫，威武不能屈，一身正气，忠贯日月，其慷慨陈词，掷地作金石声！有这样“与日本帝国主义”勾结的吗？吴佩孚一生防共“反赤”，立场不变，就是到了晚年，在劝蒋介石抗日的同时，还不忘提醒他将来的“防共”。他在给蒋的信中说：“关于外交方面，尤须加强运用，英美必不坐视日本亡我中国，将来攻东京者，必美军矣！（**按：超前预言，一语中的**）至于共产党，乘我抗日，已在华北坐大，日本早晚必败！蒋公对于共产党，必妥谋善后之策！”[17]吴佩孚有反共经历，因而大陆学者绝对不会为美化吴氏而故意捏造。由此可见，吴佩孚对日斗争，表现了一个中国人的爱国精神，这是众所公认的历史事实，历史学家笔记作者都有共识。如在台被国民党开除党籍的吴相湘，以注重史料之客观公允称，其《民国人物列传》下册中有《吴佩孚保全晚节》一文，记载了汪精卫北上劝降遭到可耻失败后，日本驻华派遣军总参谋长板垣征四郎不甘心失手，又派曾任吴氏顾问的冈野增次郎陪同往见吴氏，劝其出山，吴仍不为所动，后复函冈野婉拒云：“必须主权渐次规复，运掉始能期效。若弟承其名，不副其实，空张赤手，无裨人民，则大负初心。不但自毁其身，且陷两国于无可挽回之地，计亦足下所不韪也。辱叼厚爱，略述鄙怀，幸为一伸其意。”[18]拒当汉奸傀儡之意，跃然纸上。还有著名的民国报人高拜石《新编古春风楼琐记》，也撰有《死当其时——吴

[16] 王希亮《吴佩孚全传》，黑龙江人民出版社，2001年，第455－456页。

[17]《吴佩孚先生集·传记》下，第432页。

[18] 吴相湘《民国人物列传》下册，中国大百科全书出版社，2009年，第227页。

子玉克保晚节》一文[19]。可见，这是时人盖棺论定之评，是历史的共识。

[19] 吴佩孚，字子玉。见高拜石《新编古春风楼琐记》，第三册，作家出版社，2003年。

就因为拒与日本侵略者合作，软硬不吃，因此很快或直接或间接地招致了死亡的后果。事情始末如下。1939 年九十月间，吴氏因吃饺子，被一枚骨屑卡进了牙缝，牙床红肿，请日本医生伊东看病，伊东一到，不容分说为他拔牙，并在口腔中喷“消毒水”，不仅病没有好，反而引发咽喉红肿，茶饭难咽，另请德国医生就诊，劝吴到东交民巷德国医院看病治疗。但吴佩孚平生立有“三不”誓言，不进租界是其一，因此拒绝德医邀请。12 月4 日，疼痛加剧，这时，齐燮元（按：原江苏省督军）带了日本军医川本大佐连同军医处长石田驱车前来吴府，石田不由分说，撬开吴的口腔，不经老人及其家属同意，不施麻醉，立刻施行手术，据高拜石描述：“秩田（按：即石田）和助手二人、护士一人到来，草草一看，不待吴夫人同意，立刻施行手术，刀锋及肉，口中血溢如矢，吴惨呼‘哎呀’一声，气息便绝。”[20]家属见此，想与日人拼命，被齐燮元等阻拦，日军医护人员迅速离开。为一个小小牙疾而致命，日本军医是治病，抑或治人，大可怀疑。事实上，吴佩孚招致杀身之祸，是有其前因后果的，而绝非偶然之“牙疾”一语可了。吴大帅一生拒当汉奸傀儡，日本侵略者岂能饶他！故《传记》作者称日人“遂不惜皇姑屯一幕，故有十二月四日先生殉国之事”。辞虽揣测，但操斧伐柯，应离事实不远。

[20] 吴佩孚，字子玉。见高拜石《新编古春风楼琐记》，作家出版社，2003 年，北京版，第三册。第114 页。

吴佩孚克保晚节，凛然风义，死得悲壮，并非偶然，而是与其为人本性有关。日人情报工作无孔不入，他们对于吴佩孚的抗日爱国情结，早有调查了解，吴氏若不为日所用，必当致之死地，以除劲敌大患。如吴佩孚字子玉，名字的由来，就与历史上的抗倭斗争有关。据《吴佩孚先生年谱》，谓吴佩孚“生时父梦明乡贤戚继光至其家，继光字佩玉，因此佩为其名，以玉字之”。戚继光是明代著名的抗倭英雄。又云：“十六岁，……博通经史，尤重《春秋》大义，于关（羽）岳（飞）及戚继光御倭史实，最为钦仰。”[21]其御倭救国情结，自小培养而成。1919 年吴实任北洋军第三师长，在五四运动中，宣言支持学生运动，要求取消与日本签订的二十一条约，不承认日本在山东的占领及特权，他发通电指出，不与日直接谈判山东问题：“若直接交涉，是承认二十一条为有效也，……屈服日本之命令而交涉，是承认甘受日本之欢心，……国体扫地，人格丧失，更何以立国于世界?”[22]于此可见，他所受的中华传统教育，在他青少年时代，即灌输了《春秋》大义尊王攘夷的爱国精神和道德底线。因此，他当时上总统徐世昌电中说:“大好河山，任人宰割，稍有人心，谁无义愤!”[23]慷慨陈词，声色俱壮。吴佩孚本是秀才出身，善电报战，但内心若无抗日救国的情节，却也写不出如此情真意挚的恳切之言。1924 年，在吴氏开府洛阳的练兵时代，曾作《登蓬莱阁歌》为军歌，令数十万士兵高唱，其辞曰：“北望满洲，渤海中风浪大作！想当年，吉江辽沈，人民安乐。长白山前设藩篱，黑龙江畔列城郭。到而今倭寇任纵横，风云恶。 甲午役，土地削；甲辰役，主权弱，江山如故，夷族错落。何日奉命提锐旅，一战恢复旧河山！却归来，永作蓬山游，念弥陀。”此诗载吴佩孚《蓬莱诗草》卷上，末有刘泗英跋云：“按：此词即吴公驻节洛阳练兵时之军歌，以日本为假想敌，誓雪甲午之耻！‘七七’战起，翌年武汉撤守，泗英奉政府命，由渝北上谒先生，告以政府彻底抗战之决心。时汪精卫已出走，自河内发出艳电主和；先生首诘泗英：汪出主和，是否政府授意？泗英力证其妄。先生慨然曰：‘君居洛阳，曾目睹耳闻我练兵及军歌，余固夙主抗日者，特今日蒋公（按：指蒋介石）独负其责耳！余当力助其成，以完素志。’及先生于（民国）廿八年冬，不屈殉国！蒋公挽联有‘落日黯孤城，百折不回完壮志’之语，盖指此也。泗英谨志。”[24]由上所述，可见在上世纪一二十年代，吴佩孚在严酷现实的催发下，其抗日救国的思想，早已蟠结心胸，待机而发。刘泗英所言汪精卫出走投敌事，从反面激起吴之斗志。原来，1938 年底，汪精卫在日人唆使下，逃离重庆降日，在南京组织汪伪汉奸政权，他于

[21]《吴佩孚先生集·吴佩孚先生年谱》，第 201 页、203 页。

[22] 濑江浊物《吴佩孚正传》，见荣孟源、章伯锋主编《近代稗海》第五辑，第 637 页，四川人民出版社，1985 年。

[23]王希亮《吴佩孚全传》称引，第 84 也。

[24] 见台版《吴佩孚先生集·蓬莱诗草》卷上，第 177 页。

1939年5月22日致电吴佩孚劝降，并派亲信赵叔雍赴北平，面谈其“内除共祸，外应世界大势，……组织统一有力自由独立之政府”以附日的内容。吴佩孚拒见赵叔雍，于6月7日复电汪氏，力批其言之妄，有曰：“窃谓中华民国四万万民众，实为主体，民意趋归，果以抗战为然，则任何牺牲，均为弗计，……应战应和，自不能不以民意之向背为准绳也，……和平要领，则以保全国土恢复主权为唯一之主张。……弟委质国家，誓与国家生存同其命运，苟能山河无恙，自计已足。”拒降态度坚决。但日人与汪伪仍不死心，10月9日，汪氏再次发电诱吴投降。吴则提笔直接在汪氏电函封面上批云：“复公离重庆，失所凭依，如虎出山入木柙，无谋和之价值！果能再回重庆，通电往来可也。”话虽委婉，但语意甚明，直击汪伪要害，意谓自你率同党叛离重庆中央政府之后，已被国家和人民唾弃，斥其汉奸的无耻行径。但日与汪伪不甘认输，终于由汪亲赴北平，意欲约吴当面会谈，晓以利害，日方也允汪伪政权由汪主政，另由吴来主军，诱之以利，共享政权。但吴佩孚则想尽办法来刁难汪精卫，拒之门外，坚不与见。汪氏终于铩羽北平，自取其辱，狼狈而归，致令日本大为恼火[25]。于是日酋紧逼吴氏就范，要他与汪合作，但吴佩孚的回答掷地有声：“汪既提倡和平，今竟欲自建伪南京政府，可称捣乱分子，著名汉奸，我岂能与之合作！”[26]如此态度言辞，岂是晚年“与日本帝国主义勾结”者所能道！重庆《中央日报》所刊距吴之死仅二日，岂偶然哉，岂偶然哉！

吴佩孚死后，其友曾琦（慕韩）把吴氏于1932年书改岳飞《满江红》词以赠的条幅，裱好珍藏，公之于众，其跋语特别表彰了吴氏的抗日救国之志。吴氏所改《满江红》词云：“怒发冲冠，凭栏处，潇潇雨歇。抬望眼，仰天长啸，壮志激烈！三十功名尘与土，八千里路云和月，莫等闲白了少年头，空悲切！　甲午耻，犹未雪，国民恨，何时灭？驾长车踏破，三韩地缺。壮士饥餐岛夷肉，笑谈渴饮倭奴血。待从头收拾旧河山，朝天阙。”三韩地缺，指中原沦陷。吴氏原题为《满江红词书赠曾慕韩先

[25] 吴佩孚与汪精卫的电文往来，见《吴佩孚先生集·传记》下，第439~466页。

[26] 见重庆《中央日报》民国二十八年2月2日。按：此距吴氏遇害之日仅两天。

生》，曾氏附跋语云：“蓬莱吴子玉将军，昔曾叱咤风云，威震华夏，当其盛时，初不相识；及兵败入川，经西北而返旧都，乃由刘泗英、张伯伦诸友介绍，把臂谈天下事。时东北沦陷，国势愈危，将军抚髀兴叹，慷慨悲歌！尝亲书所改岳武穆《满江红》词见赠，易‘匈奴’为‘倭奴’，慨然有平戎之志！予读而壮之。迨寇陷燕京，时为所逼，矢志不挠，因以殉国！余自香港沦陷，转徙流离，屡濒于死，书画颇多散佚，独此则秘藏未失，履虎尾而蹈春冰，历岁寒而见松柏，将军之敢于书此，与余之敢于存此，各自秉其浩然之气。今虽幽明永隔，而精爽无间，裱而存之，其亦所以彰英雄之志节也夫！曾琦跋。”[27]

[27]《吴佩孚先生集·蓬莱诗草》，第185－186页。

对于东北沦丧，吴佩孚痛心疾首而日谋恢复。1932年2月1日甫抵北平，即见当时任华北军政长官的张学良，“先生一入座，即立问张曰：‘沈阳变起（按：指“九一八”事变），君何以不抵抗？’张艴然色变曰：‘有命令。’先生曰：‘君未知将在外，君命有所不受耶？’张语塞。……盖先生极欲挽回僵局，劝张反攻，以响应淞沪（抗战），收复东北。”[28]张学良为前奉系军阀张作霖之子，直、奉二次大战，吴、张原为宿敌。但这次会面，一来时过境迁，二是为共同抗日救国大计，吴佩孚一方面不留情面地直责张学良的不抵抗，一方面又主动表示愿出山助张，合作抗日以图恢复失土。此事也与南方的革命家思想家章太炎有关。章曾北上旧都，奔走于张、吴之间，希望二人精诚合作，以便开辟抗日的新局面，但张以政府命令婉拒。事后，章叹息云：“汉卿（按：张学良字汉卿）意志薄弱，蓬莱（指吴佩孚）孤峰独耸！余此行抗倭之所以无成也。”[29]伪满洲国成立时，吴佩孚又借章太炎的大手笔，发豕电痛斥溥仪叛国投敌，号召全国人民：“同仇敌忾，大张挞伐，对日本则为御侮之师。对窃据独立者，则申讨逆之义，庶见封土获全，邪谋消殂。……吴佩孚以退处之身，不能默尔，特申愚悃，惟望鉴裁！”[30]以上强烈刺激，对后来张学良发动西安事变以逼蒋共同抗日是有一定影响的。

[28]《吴佩孚先生集·传记》下，第432页。

[29]同上，第434页。

[30]同上，第433页。

综上所述，吴佩孚虽曾是北洋军阀中的头面人物，对内曾镇压工人运动，是“二七”惨案的幕后主使人，有其罪恶的一面。但在面对外侮之时，作为一个真正的中国人，却坚守传统道德底线，坚决抗敌而拒当汉奸傀儡，如孟子所说，是“富贵不能淫，贫贱不能移，威武不能屈”的大丈夫之所为[31]。这与汪精卫的叛国投敌汉奸行径之无耻，形成了鲜明的对比。吴佩孚的抗日救国之志，拳拳爱国之忠，终其一生而精贯日月。故吴氏遇难的噩耗传来，举国哀悼，当时的国民政府主席蒋介石唁电云：“溯自寇患凭陵，于兹八载。先生托志《春秋》，精忠许国，比岁以还，处境弥艰，劲节弥厉，虽暴敌肆其诱胁，群奸竭其簧鼓，迄复屹立如山，不移不屈，大义炳耀，海宇钦崇。先生之身虽逝，而其坚贞之气实足励兆民，流芳万古。”[32]蒋之与吴，昔日宿敌，兵戎相见于战场，吴氏于汀泗桥、贺胜桥、武昌大败后，流亡四川，蒋犹下命川军积极追捕，而防其死灰复燃。但“七七”事变后，抗日战争全面爆发，蒋、吴二人又捐弃前嫌而团结抗日，蒋介石的悼念之辞，并非应酬之虚言，而是蒋氏对于现实历史的真实认识与总结，他认为吴佩孚的一生，纵有千般不是，但其晚年，作为中华民族的一分子，处在日寇包围的困境之中，不畏威胁利诱，固守荦荦大节，坚守民族正义，发扬爱国精神，堪为中华志士之典型而永垂不朽。这是盖棺论定的历史评价。如果退一步说，蒋介石是反共领袖，他的话不一定可靠，那么请看接近共产党的冯玉祥将军的说法，吴遇难后，冯发唁电加以痛悼，云：“北平吴子玉先生家属礼鉴：子玉先生以微疾逝世，不胜痛悼。先生身居北平，坚拒敌伪诱迫，正气凛然，足垂矜式，特电奉唁，至希节哀。冯玉祥青印。”[33]言虽简短，但意与蒋电同，“凛然正气，足垂矜式”与蒋电中的“坚贞之气”、“流芳万古”并无不同。冯与蒋关系并不好，冯不会故意抄袭蒋氏之词。冯与吴也是北洋混战中的死敌，双方于昔日曾大动刀兵，欲置对手于死地而后快。如果吴氏略有“勾结日本帝国主义”的蛛丝马迹，冯氏会故意放过而作此高度评价吗？因此，冯氏唁电，也是根据历史事实而作的盖棺定论之言。再退一步，如果说冯氏曾是北洋军

[31]《孟子·滕文公》下。

[32]《吴佩孚先生集·追忆录》，第469页。

[33]中国第二历史档案馆编《冯玉祥日记》第五册，1939年12月9日载，江苏古籍出版社，1992年，第755页。

阀出身，其所言也不一定靠谱，那么请看中国共产党人的发言吧。董必武曾对吴佩孚作盖棺定论，说："吴佩孚虽然是一个军阀，他有两点却和其他的军阀截然不同，第一，他生平崇拜我国历史上伟大的人物关（羽）岳（飞），他在失败时也不出洋，不居租界自失。第二，吴氏做官数十年，统治过几省的地盘，带领过几十万大兵，他没有私蓄，也没有田产，有清廉名，比较他同时的那些军阀腰缠千百万，总算难能可贵。"[34]

综上所述，吴佩孚克保晚节，凛然正气，天日可表而流芳千古。只要是真正的中国人，无论其政治态度、意识形态如何对立，但对吴氏的抗日救国的爱国精神，总是一致肯定的，他们掉转彼此相向的枪口，团结起来，共同抵御外国侵略者，此《诗经》之所谓"兄弟阋于墙，外御其务（侮）"也。只要是有良心的中国人，都会这样做的。

[34] 王希亮《吴佩孚全传》称引，黑龙江人民出版社，2001年，第469页。

吴佩孚与孙中山、汪精卫、蒋介石的恩恩怨怨

对于旧政治家来说，没有固定的敌友，而只有利益之所在。作为北洋军阀中的直系军头，吴佩孚站在北洋政府的立场，与代表南方政权的国民党领袖孙中山、汪精卫与蒋介石，应该是站在敌对的立场。但是，政治是复杂的，因为利益所在的变化，吴与国民党领袖们的关系，也是动荡起伏而变化多端，很是好看。

一　与孙中山的关系

孙中山像

孙中山把民国大总统的宝座让给了袁世凯后，袁世凯很快就背叛了共和体制，改民国为帝制，过了几天皇帝瘾，却因此面众叛亲离，在1916年6月6日一命呜呼，于是北洋军阀统治中国，逐步形成了皖系、直系、奉系等大军阀的政权，为争夺中央政权而混战不休。于是，国在南方省份有的独立，有的成立自己的政权，来和北洋政府对抗。孙中山领导的国民党就以两广为根据地建立政权，准备北伐。1917年，皖系段祺瑞执掌北洋中央政府，下达武力统一中国而讨伐南方政权的军令。这时，吴佩孚奉派代理北洋军第

三师师长，率部进攻湖南，于1918年攻下岳阳、长沙、衡阳，一路势如破竹，对广东的孙中山政权，构成了直接严重的威胁。但此时，北洋中皖系与直系矛盾重重，吴佩孚第三师故意违抗段政府的军令，屯兵不前，与南方民党政府暗中和谈、媾和。并于1920年撤军回到北方。段祺瑞下令罢免曹锟、吴佩孚职务，直接爆发了直皖战争。这就大大减轻了孙中山及南方政权的压力。孙中山于1920年7月16日代表广东军政府发表通电声讨段祺瑞皖系政府，并赞扬吴佩孚说："吴师长佩孚，久驻南中，洞见症结，痛心国难，慷慨撤防，直奉诸军，为民请命，仗义执言，足见为国除奸，南北初无二致。"在通电中，孙中山主动与吴化敌为友，为的是共同打击北洋中央皖系段祺瑞政权。但在直皖战争后，这一目的达到了，而南北仍然未能统一。特别是在第一次直奉战争后，直系军阀掌控了北京的中央政府，于是情况迅速发生变化。孙中山曾多次派人做吴佩孚的工作，希望与他合作，以实现其三民主义建国理想。1922年6月6日，孙中山发表工兵宣言，主要是对直系而言："现在北方拥有重兵而操纵北京政权者，厥为直军；若直军诚意护法，则从此兵不血刃而国是可定。""直军诸将为表示诚意，服从护法起见，应首先将所部半数由政府改为工兵，以作停战条件；其余半数留待与全国军队同时以次改编。直军诸将如能履行此项条件，本大总统当立饬全国罢兵，恢复和平，共谋建设。"这一宣言，对曹、吴而发，商量国是，共谋南北和平统一。8月26日，曹、吴复电孙中山，多有赞同之意，曰："奉诵宣言，敬领宏情。曩在辛亥，改造民国，功成身退，天下敬之。护法之役，数载勤劳，今兹贯彻主张，但正其谊不谋其利。凡此盛德谦光，足资国人矜式。……其工兵计划，发展实业，亦属民国建设必有之图。锟等感于国步艰难，民生凋敝，深望海内贤豪捐除成见，共济时艰。倘承不弃，时惠教言。则谋国有老成，匪独一二人之幸也。"对孙氏创造民国及其护法革命，多有颂誉之言，对于工兵计划，亦表赞同。当年6月16日，陈炯明炮轰广州总统府，孙中山出走上海，于9月3日，复电曹吴予以赞赏，曰:“回环雒诵，良用钦迟。护法数载，卒荷赞同。……法统诚立，料纷自解，而国事真乃可为也，化兵为工之策，自信为今时救国不二法门。”而对于湖南赵恒惕等提倡的“联省自治”，孙与曹、吴同声反对。曹、吴于9月15日致电孙中山曰：“先生反对联省自治，锟等极表同情。……先生主张裁兵，然后建立工兵制，以收容被裁兵士。改良劳工待遇，以减少资本家与劳动者双方之争执，实属救国良法。”[1]但孙与直系合作之事，后被各路军阀政客挑拨破坏。经过第一次直奉战争后，直系掌控北京中央政府，情况迅速变化。孙中山曾多次派人做吴佩孚的工作，希望与他联合，但吴氏予以拒绝，并且开始了直系军阀以武力统一中国的政策，日渐加大了对于南方政权的压力。据童钧梁《吴佩孚传记》记载，孙中山“初欲联先生以为己助，及事不成，乃转而结张（作霖）段（祺瑞）以反直，使先生多一敌人”。1923年10月2日，孙中山派遣前清第六镇统制徐绍桢为特使，赴洛阳拜访吴佩孚，因徐是军中前辈，对民国颇多贡献，所以吴氏热情接待，徐对吴介绍孙中山，说：“中山无中国政治家惯用之权谋术数，不修饰外表，不追求财利，而有超越中国人之习性，是彼之长；至于熏染习俗而操纵群伦，吞吐清浊以颠倒英雄，则彼无此伎俩，是其所短。……中山为一理想家而非实际家，用思想以求征服中国，或有其可能性，至于实力的征服，则不可期待于彼，此所以屡派汪兆铭、张继、陈中孚等访张作霖、段祺瑞、卢永祥，以讲求一种妥协政策之原因也。……彼着眼于实际之政局，往往权衡利害以谋打开局面，特瞩目于夙负中原威望直隶派核心之吴将军，实非一朝一夕之故。”在徐绍桢拜访之前，孙中山曾派陈中孚见吴，因不得要领，故有徐之说辞。吴的答辞虽然客气，但直揭吴、孙二人理想观念之异同，他说：“吾观孙先生过去之经历，虽可认为一伟大人物，然彼之知识与言论，与其谓为中国之固有，毋宁称为祖述泰西之为愈，彼不捃摭我国数千年来蓄聚之文物，在传统的根抵之上，施以适应时地人之建设，乃骤然揭櫫三民主义而拟施于有基础之中国，其不能即时实行固

[1] 吴相湘《民国人物列传》下，中国大百科出版社，2009年，第211～212页。

宜。彼所理想之主义，迄于今日，尚未见有任何寄与于国利民福。目前干戈之扰俍，苍生之困厄，岂非数倍于彼所视为腐烂而成打倒对象之前清末叶政府耶？孙先生一出，精神的或实际政治的，果有何物以裨补中国乎？不独此也，彼愈求成功，为敷衍一时计，从来不问其对手为何人，只有乞助于妥协一途；甚至联络日本，因无结果乃转而欲利用俄国，不图反为俄国所利用。……彼不求传统之药方，而强用辛辣强烈之俄国猛剂，其失亦甚。孙先生联结俄国共产党，冀利用其学说组织，以谋自己事功之顺利，……其纯为理想彰彰明甚。夫鼓动革命风潮，一时虽不免于破坏一切传统，然苟无一贯不变之范畴及信念，则危险随处潜伏。……孙先生提倡之三民主义，即民族主义、民权主义、民生主义，若单以主义而论，无一非适切之主张，三民主义，由一面观之，虽为政治之题目，然概括而言，毕竟为权利之主张，若一面念及义务附随权利之真理时，则不可不考虑及于实行义务之训练方法。若徒唱权利以饵民，而不关心于义务训练，则作为一个实际政治家，势必至使人民趋利，大局非土崩瓦解不止。……余信政治之要谛，在于道德，而孙先生似认政治为一种技术。……故不能与孙先生共同行动。……吾二人在根本观念已距离甚远，故不愿从命。”

孙中山特使与吴佩孚的一席对话，彼此说的都是真心话。徐绍桢所说的孙中山，有优点，也有不足，既是徐的认识，实际上也是孙中山的自我评价。孙为其三民主义之理想在中国的实现，不遗余力，有时甚至是不讲手段，纵横捭阖，敌友难分。如为了护国护法，孙借助西南军阀建立南方军政府以抗北洋中央政府，但桂系军阀陆荣廷、滇系军阀唐继尧、粤军陈炯明等，均为争地盘，而非为革命，依靠他们支持革命，实为幻想。又如吴佩孚所批评的，北洋军阀政府中，皖系段祺瑞、奉系张作霖，都是广东军政府的重要敌人，阻碍孙通过北伐来实现中国统一的计划，皖段、奉张与直吴，只有程度之不同，并无本质的差别。但在联吴失败之后，孙立刻改变其统一战线的方向，变联直吴为倒直吴，而派使者多方奔走，通过与皖段智囊徐树铮，与皖系军阀大头目段祺瑞合作；又派出汪精卫等特使到东北见张作霖，与奉张结盟；这样在1924年直系统治北洋政府时，结成了南方的孙中山与北方皖系段祺瑞、东北奉军张作霖的三角同盟，矛头指向直系，特别是吴佩孚。不到一年，孙、吴立即化友为敌，而与昔日敌人皖段、奉张化敌为友。据王希亮《吴佩孚全传》载，吴佩孚知道后，同时就放出狠话："倘若孙氏率领所谓北伐军北伐，佩孚当听其自便；如果彼方宣战，佩孚将当仁不让，率众对抗之！"孙中山为实现其革命目标，手段并不怎么高明。吴佩孚的批评是有一定历史事实根据的，其中包括争取虎伺中国大地的日本帝国主义来支持中国革命，更是与虎谋皮，明显是幻想，当然逃脱不了失败的命运。而吴佩孚则一贯对日本侵华野心加以揭露，积极筹集抗日力量。其洛阳练兵时的军歌《登蓬莱阁歌》有曰："长白山前设藩篱，黑龙江畔列城部。到而今倭寇任纵横，风云恶。甲午役，土地削；甲辰役，主权辱，江山如故，夷族错落。何日奉命提锐旅，一战恢复旧山河。"在对内关系上，吴氏多以传统道德教化为本的迂腐之论；但在对外方面，对付帝国主义侵略，立场一贯，维护中华主权意识非常强烈，对日本灭我中华之野心，洞若观火。包括对于苏俄的认识，可说是具有超前意识，最近苏联档案的解密，说明了斯大林及其操纵下的共产国际在中国的所作所为，并非大公无私地解放全人类，而是有其控制中国政府、夺取在华重大权益的野心。吴佩孚对孙中山的联苏政策加以抨击，不幸而言中。但孙、吴比较，总的说来，孙有主义、有理想，可资号召全国人民，留下"革命尚未成功，同志仍须努力"的遗言，其革命精神成为中华民族宝贵的文化财富，永远滋润神州大地，所以至今海峡两岸的国共两党，仍然尊为国父。中山先生的革命事业虽未成功，但其精神不朽，薪尽火传。而吴佩孚呢？他治国安邦，一贯借助于传统的旧道德，在军阀混战时，提倡什么"三纲"、"五伦"与"八德"，要求人民不要"越礼犯分"，这对军阀的大刀枪炮，无疑更是异想天开的幻想。直吴治军严明，其军队的战斗力，在当时的军阀队伍中算是一流的；但缺乏革命理想及其理论指导，只讲儒家忠义和三纲五常之旧道德，能感化人民、感化军头吗？孙、吴二人都有幻想，但幻想有所不同。吴的思想之迂腐固执，是其失败的一个重原因。

但在吴佩孚晚年落难巴蜀之时，川中革命元勋尹昌衡告诉吴，说他一生中最佩服的有三人：一为孙中山，二为袁世凯，三是吴佩孚。吴当即曰答说："孙有缔造民国之功，若袁则事清叛清，事民国复叛民国，乃国家之罪人，不足取法。"吴作为北洋军人，批判了北洋派系的开创者袁世凯，而歌颂孙中山的"缔造民国之功"，这是他在晚年痛定思痛之后对孙的客观历史评价，可证其认识已有所进步与变化。

二　与汪精卫的关系

孙中山改组国民党后，于1925年逝世，于是国民党上层，蒋（介石）汪（精卫）便开始争权夺利。汪争了党权，而蒋夺到军权，上世纪20年代后期二人还是平分秋色。但是，枪杆子里出政权，作为黄埔军校校长、北伐军总司令的蒋介石，棋高一着，终于依靠其兵权之助，很快又夺了党权与政权，汪虽不满，却也无可奈何。一直到汪精卫叛国投敌的1938年底，汪只能屈居蒋下，成了国民党的第二号领袖人物，但其实权已失。

说起汪精卫，并非等闲人物。汪精卫（1883～1944），原名兆铭，字季新，笔名精卫，因文章影响大，后以笔名行世。生于广东三水县，在珠江三角洲的佛山地区。身世清寒，"幼好读，尤好新书及小说家言"[2]，受新文化的影响甚多，中秀才后，受聘广东水师提督李准的家庭教师，以解家中经济燃眉之急。1904年，考取留日法政速成科官费生，在留日学生中，参加同盟会，曾代替章太炎主编《民报》。其思想激进，甚至不听孙中山和黄兴的劝阻，冒险赴北京暗杀清廷摄政王载沣，失败被俘，入狱几死，以诗明志，曰："慷慨歌燕市，从容作楚囚。引刀成一快，

[2] 闻少华《汪精卫传》，吉林文史出版社，1988年，第3页。

不负少年头。”“留得心魂在，残躯付劫灰。青磷光不灭，夜夜照燕台。”(《被逮口占》) 其慷慨高歌，以死铭志，迅速传诵神州大地，不仅见其文辞才华，更见其青年英雄面貌。辛亥革命出狱后，逐渐成为孙中山的重要助手。孙中山在北京临终的总理遗嘱，由孙口述，笔录则汪，可见孙中山对他的信任，他后来曾一度居于国民党最高领袖之位，大概与孙中山的信任有关。但是，人是复杂变化的，昔日最激进的革命者，变节背叛革命者自有人在。如汪精卫在抗战中叛国投敌成了大汉奸头目，领导汉奸组成伪政权与中国人民相对抗，震撼了世界，昔日如学者刘师培之变节投清，与汪相较，则是小巫见大巫而不可同日而语了。

汪精卫像

20 年代，吴佩孚对汪精卫的大名，当然是早有所闻，但二人并未谋面。汪的面貌，还未暴露，作为国民党党魁，虽然站在吴的敌对面，但吴对他并未加抨击痛斥。即使汪精卫作为孙中山特使，赴东北奉天游说奉系军阀张作霖，与孙中山、段祺瑞共组反直系北京政府的三角同盟时，吴佩孚了如指掌，早有防备，却对汪精卫个人，并无任何批评。但当历史进入了 30 年代，形势大变。自 1931 年“九一八”事变后，东北沦陷；1932 年初，日本侵略者变本加厉，又成立了伪满洲国。接着日军铁蹄，蹂躏华北，终于在 1937 年爆发了“七七”卢沟桥事变，抗日战争全面爆发。为了灭我中华，日本侵略者积极采取用中国人打中国人的办法，培植汉奸，来实现其亡我中华的野心。在国民党上层，日本人找的对象，先是曾任北洋政府总理的唐绍仪，故有南唐北吴（佩孚）合作之议，唐被军统刺杀后，日伪目标盯上的就是汪精卫；而在昔日北洋军阀中，先找段祺瑞、曹锟失败，于是注目于困住北平的吴佩孚。但吴以各种方式拒绝当汉奸。并在 1939 年初，举办中外记者招待会，在公开场合挫败日本特务头子土肥原贤二诱逼其“出山”当汉奸的阴谋。

但日、伪并不甘心失败，日本仍然提出，中国的汉奸伪政权，由南方的汪精卫主政，由北方的吴佩孚主军。汪精卫为此专门北上，到北平要求与吴佩孚见面，会谈“汪吴合作”的问题。为达目的，日伪不惜手段，汪精卫使出了浑身解数，书信、电报、信使往来，但吴佩孚软磨硬顶，就是油盐不进。1939 年四五月份，汪精卫曾派人赴北平，试探吴的想法，吴明白表态予以拒绝，说：“在日人扶持之下即言救国，实亡国也，我绝不与之同恶相济!”6 月 22 日，汪氏亲赴北平，谋与吴氏见面会商“汪吴合作”大计，一时传媒谣言四起，吴即对报界公开宣布：“吾与汪先生皆中国人也，如商国是，当相见于中国人住所。出没日本人宅中，且为日军之参谋长，何以使国人释然吾辈？万一共语一堂，日军中提出何项要求，向吾两人劫盟，又将何以向处？兹事未必即有，而亦不敢决其必无，经加考虑，与其遗悔将来，受国人指责，不如不应汪先生招，任其开罪，斯亦两全之策也。”汪氏于是把见面地点改在昔日北洋政府外交总长顾维钧宅，但吴以“在外面晤谈不方便”为由加以拒绝，并提出邀汪“来敝舍会晤”的要求，汪精卫因怕日本主子生疑，不敢答应。这样，“汪吴会面”就因一个地点的枝节问题告吹，于此可窥吴氏拒当汉奸、批判汪氏的态度。事后，汪不死心，又派人劝驾，吴立即翻脸予以痛斥：“谁跟汪精卫合作，这个人一定下贱!”[3]汪伪的阴谋彻底破产。

[3] 王希亮《吴佩孚全传》，黑龙江人民出版社，2001 年，第 466 页。

在台版《吴佩孚先生传记下》保存了 1939 年间吴佩孚与汪精卫往返的书信电文，颇有历史参考价值，很能说明吴对汪的批判态度，二人在民族大义问题上，形成了鲜明的反差。现把其函件电文节录如下以供参考。

1939 年 5 月 22 日汪精卫致吴佩孚函电，大意谓抗战必亡，必须与日“恢复和平”云云：“中日两国为敌则两败俱伤，为友则共同发达，其理至明，不幸数十年来纠纷胶结，郁积至于今日，遂败坏决裂一至于此，欲谋收拾，且引之入于正轨，……舍此实更无他道也。……铭自腊之末发表艳电，……去国之际，再三呼吁，以期重庆当局之最后觉悟，今此望已绝，不得不易地奔走，……现在国难日深，而国际危难，又日趋紧迫，非恢复和平，无以内除共祸，外应世界大势，非组织统一有力自由独立之政府，无以奠定和平。公老成谋国，如有所示，极愿承教。”

收到汪精卫信后，经过深思熟虑，吴佩孚于 6 月 7 日作书回复，大意谓中日关系之破坏，中国抗战之爆发，罪在日本帝国亡我中华之野心，而非蒋介石所领导的重庆国民党政府，是非应该分清。吴氏并明白表明了自己的立场与态度，说：“吾国自甲午熸师，庚子喋血，迄于‘九一八’事变，隐忍依违，专以不滋生事端为无上自全之策，敷衍因循，正如痈疡附身，终归一溃，而又内外情形复杂，因风纵火，……国民党不过适逢其会，傥亦国运有以致之，不必尽在人也。……窃谓中华民国四万万民众，实为主体，民意趋归，果以抗战为然，则任何牺牲，均可弗计，……和与战同一为民，则应战应和，自不能不以民意之向背为准绳也。弟分属军人，昔亦误以武力为万能，经体察国情，默观世界大势，……一以政治之原理权衡其际，盖憬然经国之略，初不必尽恃于藉疆场之决胜也。故自卢沟桥变起，兀坐故都，本所自信，日以启导和平为事，和平要领，则以保全国土恢复主权为唯一之主张。……弟委质国家，誓与国家生存同其命运，苟能山河无羔，自计已足。”

按：在这一回合中，汪以“恢复和平”为言，但所谓“和平”云者，实向日侵略军屈膝乞求，如不纳入日人“东亚共荣圈”而甘当亡国奴，能有“和平”的机会吗？日军继续把战火推向了全中国，就是一个证明。又汪氏信中表明欲抛弃重庆方面，而另“组织统一有力自由独立之政府”，所称“自由独立”哪儿来呢？莫非依靠日本侵略者的恩赐，日人岂能轻易给予中国人以自由独立？即使是甘当亡国奴的汉奸，也不可能有真正的“自由独立”。试想，汪为中国汉奸大首领，表面与日酋地位平等，但他赴北平欲与吴佩孚会谈，就因见面地点问题而搁浅，如果汪氏真是自由独立，又何惧日人猜疑，而不敢进入吴府谈判呢？陶希圣《汪记舞台内幕》记汪投敌后的心理变化："其始也觉日人之易与，其继也觉日人之可亲，其终也始发现日人之可畏，而已晚矣；则亦惟有顺从之惟恐不及，极其所至，不用考虑只以日人之结论，不复念其所以达此结论之理论与理由。"汪当汉奸，又何来自由独立呢？连起码的人格尊严也丧失殆尽。其成立之"政府组织"，当然就是不折不扣的为日寇卖命的汉奸政权了，岂能达到如吴佩孚所要求的，"保全国土，恢复主权"？汪氏骗人的说辞，吴氏岂会轻易上当？当然，由于初次书信来往，故双方措辞较为委婉，但吴之态度与主张，则无改其一贯之立场，和与战应以"民意趋归"为主，当"以民意之向背为准绳"，奋起抗战，维护主权，虽"任何牺牲，均可弗计"，表明了自己抗战到底的爱国精神与牺牲决心。"誓与国家生存同其命运"，铮铮誓言，掷地有声；与汪氏俯首日寇而乞求"和平"，一爱国，一卖国，形成强烈对比。

10 月 9 日，汪氏再次致函于吴，大意是抛弃重庆国民党中央政府，并劝吴佩孚加入其准备重组的"国民政府"，暗示蒋介石作为"军事当局宜引咎辞职"，虚上位以待吴将军，以便于汪吴之合作。信函有云："公尝与国民革命军为旗鼓之周旋，……对国民政府始终抗节，天下共见。……继而念及国民政府统一中国，于今已十余年矣，卢沟桥事变以来，军事挫败，和平运动随之以起，不惟国民党人力持恢复，以收拾时局，即国民党外之人，平日不满于国民党，……至今日而拥护之热，不下于国民党人。……为今之计，国民政府急须恢复，以当收拾时局之大任，林主席地位，在法律明文规定'不负实际政治责任'，故军事当局宜引咎辞职，行政机构宜改组。……铭窃愿公以一忠字对民国，以一侠字对国民政府，则公之风节必昭映宇宙，而旋转乾坤之功业，亦必成于公手。"

吴在汪函封面亲笔批曰："复公离重庆，失所凭依；如虎出山入柙，无谋和之价值！果能再回重庆，通电往来可也。"不久即复信致汪以作答。其信大意谓抗战中不宜"惟军事当局是问"，政府也有责任，反对大战中临时换将。同时，又指出汪精卫另组政府与重庆中央相对立，实属非法，不仅表明不入汪彀中的坚定立场，同时又明确指斥汪氏成立汉奸伪政府是非法的，与民意相背悖。信中有云：“公以此次之变，主席不负实际政治责任，军事当局，宜引咎辞职。……曩函曾以国民党不过适逢其会，初不必有所归咎，然若作法理上之讨论，抗战基于政府之政策，且国以党治为帜，今因军事之挫败，惟军事当局是问，似不免稍失其平，愿公持宽大之论，藉免内滋不和，外复示人以间，大难未夷，尤以共相谅解为宜也。……公以国民政府当收拾时局大任，则于法律方面，即不能同时有两政府之存在，万一外内未经协调，和议已臻成熟，一方即组织政府，而重庆之政府依然健在，听之则属非法，或致有碍和约之履行，……自接大札，关于此节考虑数四，深恐遂如所料，诚国家不幸中之尤不幸矣！……公诚于主权领土之保全，悉得其把握，于弟所鰓鰓过虑者，并得确实解决之法，不至重生枝节，则其余一切悉可迎刃而解，不烦计矣。”当日汪使陈中孚怂恿吴与汪合作，吴拍案怒喝曰：“谁同汪合作，这人就是下贱。”并曾手书文天祥《正气歌》托转汪氏以羞之。[4]

[4] 见重庆《中央日报》，民国二十八年10月20日报道。

按：日伪计划，汪吴合作，汪主政而吴主军，故汪函提到重新组织国民政府（实即汪伪政权），一定请吴支持。吴佩孚曾与国民党北伐军作战，但此“国民政府”已非昔日敌对之政府，而是汪吴合作之新国民政府。并且，汪氏一再排斥蒋介石的参与，说明“军事当局宜当引咎辞职”，这样才能空出最高的主军位置以待吴氏。这封信实施的是甜言蜜语以诱君入瓮之计，但被吴佩孚一眼洞穿。吴回信中，直截了当地指出，抗战烽火正炽，不宜临阵置换将帅。蒋介石虽有责任，但政府国策也有问题，国民党以党治国，汪曾是行政院长，长期主党主政，岂能无责任乎？因此，“惟军事当局是问”，是不公正的，国人内部互斗，能不利于外敌乎？在信中，吴氏从民族大义出发，与蒋介石化敌为友，实际上是向汪表明了自己继续支持蒋介石领导全国军民抗战，而绝不会在国难当头，对蒋落井下石，去当什么汪伪政权的主军人物。当然，自从吴氏战败退出政坛十几年后，吴的确有心复出，以一展抱负襟怀，但“九一八”事变后，他想象的是配合张学良东北军，建立抗日盟军，提锐旅一举收复华北及东北的沦陷国土。驰骋于抗日战场，汪伪岂能容忍？而对于汪氏重组国民政府，实即汉奸伪政权的问题，吴同样严加拒绝，明确指出汪氏脱离重庆中央政府，在南京另立中央，是违法的，违背了国人的意志，中国人打中国人，渔翁取利的只能是日本侵略者，这是“国家不幸中之尤不幸矣”。这一严重后果，吴佩孚不幸言中，尤增中华民族之不幸！总之，与汪氏卖国求荣的汉奸立场相反，吴强调维护中国“领土主权之保全”的民族尊严，二人主张与立场，似水火不相容，岂能合作！后来汉奸梁鸿志向汪问及与吴谈判事宜，汪自认彻底失败而自取其辱。吴曾在汪来函封面亲笔批复，曰：“复公离重庆，失所凭依；如虎出山入柙，无谋和之价值。”既然汪入日寇樊笼，成了一介毫无价值的汉奸傀儡，主子要你怎么动就怎么动，这又如何来保证中国“领土主权之保全”呢？吴提这一条件作为双方合作基础，理由堂堂正正，直击汪伪要害，此汪伪之所以自取其辱而铩羽南遁也。据重庆《中央日报》1939年12月2日报道，吴在死前不久，公开宣称：“汪既提倡和平，今竟欲自建伪南京政府，可称捣乱分子，著名汉奸，我岂能与之合作?”

总之，汪、吴二人在抗战中的言行相较：吴佩孚原是北洋直系杀人无数的军阀，但败后退出政坛，并在抗日战争中一再拒日诱降，坚守春秋大义的传统道德底线，克保晚节而风义凛然，这是从黑暗走向光明的英雄之举；反观汪精卫，则从激进的革命青年，因权欲膨胀，野心勃发，在抗战中丧失民族气节，沦为叛国投敌的汉奸傀儡，被钉在历史的耻辱柱上，这是从光明坠入黑暗。汪、吴二人，一个坠落，一个进步，孰高孰低，盖棺论定，历史自有公正的评价。

三　与蒋介石的关系

蒋介石像

汪精卫在1939年10月9日致函吴佩孚称："公尝与国民革命军为旗鼓之周旋，……公对国民政府始终抗节，天下共见。"在国共两党合作北伐的过程中，吴佩孚的直军是北洋军中对抗北伐军的主力，而当时北伐军的总司令正是蒋介石。以此，蒋、吴二氏曾是战场上刀兵相见的敌人。其实早在北伐战争前，蒋介石曾奉孙中山之命，护送皖系军阀徐树铮一路从广州到桂林大本营，蒋一度消极，徐树铮即认真致信孙中山，建议孙重用蒋。于此可见蒋徐颇有关系，蒋与皖系军阀曾套近乎，而当时直皖二系军阀正准备大战一场。这说明蒋介石支持孙中山先生与皖段、奉张建立三角联盟以共同反直的立场，早就与吴佩孚的直系军阀站在敌对的立场。在北伐战场上，两军搏杀，吴佩孚只知有蒋，而不问汪，因为蒋是国民政府中负责的"军事当局"——北伐军总司令。吴于汀泗桥、贺胜桥、武汉三镇兵败后，节节败退，落难入川，在川军将领杨森、邓锡侯、范绍增、刘存厚等的庇护下，喘了一口气，但蒋介石对吴佩孚又气又恨，视为心腹之患，根本就不让吴苟延喘息。蒋一面电斥杨森等，一面以南京国民政府名义对吴佩孚发出通缉令，并严令川中地方军阀协助缉拿，必欲除之而后快。南京电令曰："川乱靡治，蜀民犹苦，迭令讨杨锄吴，冀除死灰，免贻川祸。"[5]弄得吴很紧张，赶快发表声明，曰："佩孚息影蜀中久矣，理乱不闻，……国事惟望诸公领导，国民好自为之，佩孚得为太平之民足矣。特此声明，诸位昭察。"[6]话虽如此，但吴佩孚已在川中乱局中又成了漩涡中心，蒋介石岂能饶他？在被蒋氏一路追杀的过

[5] 王希亮《吴佩孚全传》，黑龙江人民出版社，2001年，第413页。

[6] 同上第418页。

程中，吴佩孚反思自己、旁观四方，故有诗曰："我昔屠刀未放下，气吞七雄小五霸。宁知世事不可为，则愎自用遭人骂。"[7]1927年4月22日，是吴的五十四岁生日，在落难之际，他借酒兴即席赋七律一首，曰："民国军人皆紫袍，为何不与民分劳？玉林饮尽千家血，红烛烧残万姓膏。天泪落时人泪落，歌声高处哭声高。逢人都道人生苦，苦害生灵是尔曹。"[8]于此见诗人反省，身临其境，感情真切，体会深刻。取高官紫袍之"民国军人"，把人民的血汗当酒喝，又何止吴佩孚一人呢？蒋介石等新军阀，又何尝不然！吴佩孚的自我反省，可能更多的是把矛头直接指向了蒋介石这个北伐军总司令，自1927年"四一二"大屠杀共产党人后，蒋即迅速正蹿红，并在宁汉对立中取得了对汪精卫的绝对优势，成为国民党中的头号领袖，实权在握，说一不二，如果任蒋追杀，则吴佩孚将很难存活。可就在这关键时刻，有两件惊天大事发生，形势陡变，令蒋自顾不暇，因而让吴氏在川中长长地喘了一口气，终于又活转过来。这两件大事，一是1930年爆发的蒋（介石）冯（玉祥）阎（锡山）中原大战，蒋使尽收买分化浑身解数，才打胜了这一内战；一是1931年"九一八"事变后，日本侵略军占领了我国东北，军锋又直逼华北，蒋在抗日与否的关键时刻，犹豫不决，自顾不暇，因此只能放吴一马，令其自谋生路。"九一八"后，1932年"一·二八"十九路军坚决抵抗日军对上海的大规模进攻，蒋的对日态度，从不抵抗的妥协路线，逐渐转向了抗战救国的立场，这与吴佩孚的一贯立场相合拍。因此，从内战转向外战，从团结抗日的共同立场出发，蒋、吴又产生了合作的转机。这样，经历了抗日战争炮火的洗礼，蒋、吴二人，从内战死敌的立场，转化为同一抗日战壕中的战友。时间的流逝，化解了人们的恩怨情仇，政治上没有固定不变的敌友，有的是利益关键之所在。据台版《吴佩孚先生传》载，"九一八"事变后，吴佩孚"彻夜不寐，分电各方，力主抵抗"，一面"兼程北上，……以期团结御侮"。1932年后，栖身北平，曾欲与张学良合作抗日，提师出关，收复沦陷之东北。但

[7] 吴佩孚《蓬莱诗草·万县西山放歌》。

[8] 王希亮《吴佩孚全传》，第395页。此诗不见于《蓬莱诗草》，可补遗。

张予以拒绝，故吴曾批评张氏，说他是不忠（于国家）不孝（不为其父张作霖报仇）。1932年夏天，蒋介石特派其实业部长孔祥熙，持其亲笔信来平见吴，备致慰问，并赠十万元以解吴氏生活之困。蒋准备每月赠款救济，吴婉拒，但吴接受张学良每月八千元赠款，其实是蒋所同意的，于此见蒋吴二人关系已趋和缓。不久，“蒋公北上与先生相见于北平外交大楼，即席畅谈，遂成莫逆”。“莫逆”云者，可能言过其实，但蒋、吴二人，在外侮面前，一笑泯恩仇，从此订交，则是事实。后来，日伪企图在华北及中国大地组织汉奸伪政府，运动吴佩孚出来当傀儡，令蒋介石很不放心，密电谓吴，曰：“不要议和，保持晚节。”日人索此密电，吴氏坚拒不给。自1936年西安事变后，国共合作抗日，蒋介石抗日立场趋于坚定，并接受军事家蒋万里（方震）以空间换时间的长期抗战方略，积极布置。故曾委托孔祥熙密函致吴，询其动静起居及“救国大计”，孔于1938年12月8日托刘泗英秘密赴平致吴密函曰：“前年弟因华北环境复杂，日趋恶劣，曾托谭君敦请尊驾南来，共商国事，不意去春弟奉使海外。……托人辗转致意，未知能达清听否？迩来道路流传奸人妄思假借名义，以资号召，遂致愚氓揣疑，谣诼繁兴，弟及中枢诸同仁（按：主要指蒋介石）深知先生正气凛然，不可侵犯，惟念居处困难，辄为悬念不已！昨朱骝先兄过访，报告先生来电，并由报章得悉先生热诚爱国，力主正义，其不屈不挠之精神，非惟同仁心折，尤为中外钦仰！所虑者，华北环境恶劣，先生对于此间真象恐未洞悉，……适晤刘君泗英，知其曾隶麾下，关怀亦甚殷切，且愿间道北上，亲谒阶前，特托代为奉候，并将此间一切情形详细面陈。素稔先生精忠贯日，肝胆照人，对于救国大计，有何高见，即祈赐予指导，俾作南针！”吴佩孚一见从重庆来的刘泗英，立即询问汪精卫出逃后的河内艳电，“是否蒋公授意”。泗英力证其伪，“汪之出走，确系私奔，绝非蒋公所预知！盖蒋公主张作战到底，绝不中途妥协。”经刘氏解释，吴对蒋才放心，同时当场表态，曰：“烦寄语西南袍泽，拥护蒋公，抗战到底，一洗当年内战耻辱！须知余与蒋公虽属二人，而对国家责任，原无二致，假令当年余能统一中国，则对日抗战，即由我负责，今日则当由蒋公负责，其责一也；余当竭其力之所能至，以助蒋公成功，西南袍泽亦犹助余之成功，其义一也。”所称“西南袍泽”，即指昔日川军中助吴之诸将领，希望他们如拥吴一样，积极拥蒋抗日。1939 年 1 月 10 日，吴亲笔复函孔祥熙，托刘南下，秘密转致，信曰：“庸之仁兄惠鉴：泗英间关万里，赍到手书，面述尊旨，慰甚！唯刚柔相济，古有明训，似相反而实相成，我兄公忠体国，计当出此 。弟处境安如泰山，应付绰有余裕，请释远虑。一切详情，统由泗英面达，惟照不既，此颂筹安！弟吴佩孚手启，一月十日。”又书太公语录作为此信注解，曰：“纯刚纯强，其国必亡；纯柔纯弱，其国必削；能柔能刚，其国乃昌。”刘临别前，又面嘱三事面陈于蒋，曰：一修明内政，二适用外交，三严防共党。又详为剖析，谓自政府迁渝，贪污敛迹，尚须彻底肃清，以收人心（按：这点直击国民党政治要害，后来蒋之败亡，即与蒋政权内部贪腐成风的“五子登科”有关）。关于外交方面，尤须加强运用，英美必不坐视日本亡我中国，将来攻东京者，必美军矣！（按：在 1941 年太平洋战争爆发前，吴氏研究国际形势及其错综复杂的纵横关系，可谓具有惊人的超前预见性，令人叹服！）至于共党乘我抗日，已在华北坐大，日本早晚必败，蒋公对于共党，必妥谋善后之策！刘泗英临行，吴氏更吟一绝以赠，曰：“飒飒西风里，秋声动地哀。斯民何所恃？端仗大英才。”（《蓬莱诗草·送泗英还蜀》）吴诗中所称“大英才”，即指蒋介石，希望蒋能实际负起领导全国人民抗战的伟大责任。期望之殷，也正见其所责之深重也。可见面对日寇强敌，蒋吴二人，宿怨冰释，遵古贤训，如兄如弟，共御外侮，敌忾同仇，而义薄云天。

为报全国人民关心，吴佩孚在生命的最后一年做了两件大快人心事，一是于 1939 年年初，在北平召开中外记者招待会，公开揭露日本大特务头子土肥原贤二的阴谋，发表拒降的三原则，令日酋诱降计划破产，土肥原铩羽而归；一是拒绝与汪精卫大汉奸见面会谈，令汪精卫自取其辱。但是，吴佩孚坐困在日军包围的环境中，危机四伏，1939 年 12 月 4 日，日占领军的特务头子川本大佐率领日军医处长石田等至吴宅什锦花园，强行为吴氏治疗牙齿微疾，连麻醉药也不用，手术刀一进口腔，立刻血喷如泉而毙命。是正常病亡，抑或报复杀害？呜呼哀哉！总之，吴佩孚在生命终点上，闪耀了爱我中华的气节光辉，最终为此付出了生命的代价。

吴佩孚死，蒋介石在重庆即以国民政府主席身份拍发唁电通告世界，唁电曰："顷闻子玉先生因患牙疾，竟致不起，噩耗传来，殊深怆悼。渊自寇患凭陵，于兹八载（按：自 1931 年"九·一八"事变起，迄 1939 年底吴死）。先生托志《春秋》，精忠许国，比岁以还，处境弥艰，劲节弥厉，虽暴敌肆其诱胁，群奸竭其簧鼓，迄复屹立如山，不移不屈。大义炳耀，海宇钦崇。先生之身虽逝，而其坚贞之气实足励兆民，流芳万古。"1940 年 1 月 21 日殡葬公祭之日，蒋介石又在重庆参加追悼大会，并以中国国民党总裁身份，发表祭文，曰："翳维先生，远慕关岳。砥砺廉隅，持躬慎悫。部勒谨严，临淮最卓。微言大义，夙昔钻研。出处之际，审择靡愆。为民为国，荣利可蠲。舆人讴诵，夫岂偶然！子瑜神交，春明倾盖。欢若平生，轻裘缓带。其气冲霄，其言正大（按：此指 1932 年蒋、吴二人于北平外交大楼相见畅谈然后相知结交之情景）。谓此砥柱，中流攸赖。姜桂之性，老而弥芳。身处危境，心系中央。无屈威武，屡斥鸱张，苦心支持，艰险备尝。国步未平，方资雄略。胡不憖遗。仃云遥落。陈迹难寻，清言如昨。还我山河，九京可作。尚飨。"

抗战胜利后的 1946 年 12 月 15 日，蒋介石又以国民政府主席身份，派北平市长何思源赴拈花寺参加公祭吴佩孚的活动，并宣读蒋氏祭文，曰："蓬莱古郡，实生异人，蜚声中外，良非无因。溯公少时，肆业黉序，学剑学书，允文允武。四方多故，慨然澄清。请缨投笔，久典甲兵。归隐旧京，功成身退，书画怡情，遵时养晦。天祸中国，日寇侵凌。偶撄牙疾，遂殒大星。不为势屈，不为利诱，大节坚贞，洵堪不朽。玉泉山侧，瘗公之灵，穹宫幽邃，万古长扃。尚飨。”同时，蒋又以恭楷大字，亲书“正气常存”匾额以赠吴氏遗属。

又据1939年12月29日的重庆《中央日报》载，12月28日，山东旅陕同乡会在西安为吴佩孚举行公祭追悼会，蒋委员长也致送挽联曰：“三呼渡河，宗泽壮心原未已；一歌见节，文山正气自常存”（按：吴健在时，曾拒见汪精卫，并亲书文天祥《正气歌》以羞汪逆）。

蒋、吴二人昔敌化友，由于形势，兄弟御侮，一忾同仇，成为近现代中国政坛之美谈。吴佩孚治政治军，口称关岳而读书不化，是旧军人的做派，与现代军人相距甚远，但其坚持传统道德底线的民族大义，辉耀千秋，作为中华儿女，又岂可须臾或忘！

“三不”“四戒”吴将军

吴佩孚是一个军阀，在战场上如狼似虎，其前线部队后面有督战队，后退者斩，以此伤亡无数。但在平时，他却是一个坚守传统旧道德的人士。在台版《吴佩孚先生传记》中，作者多处叙其“三不主义”或“四不主义”，连昔日亦敌亦友的山西军阀阎锡山，也为《吴佩孚先生集》题词，有“三不主义”之誉，就是一个证明。如《传记》上李满康曰：“民初风气极坏，北洋政府借外债以自肥，官僚、政客、军阀，以外国及租界为逋逃薮，先生目击痛恨，常以三不主义自励，即‘不借外债’、‘不逃外国’、‘不住租界’，虽在极端颠危之际，守此不渝。”其实，提倡几“不”主义，是民初许多政客、军阀的一种时髦风气。辛亥革命后，革命的胜利果实被袁世凯独吞后，其强力统治表面稳固，革命党内的许多人陷入思想混乱，有人提倡兴办实业以救国；有的提倡议会斗争以期重新夺权；有的则提倡“革命军兴，革命党消”的口号；有人则表面态度超然，如汪精卫、吴稚晖等国民党元老等，组织“进德会”，提倡什么“六不主义”、“八不主义”，标榜什么“不作官吏”、“不吸烟”、“不纳妾”等等[1]。甚至连搞前清复辟的张辫帅（勋）也说：“我姓张的不做总统，不做总理和总长。”[2]他们提倡几“不”，不过是消极颓废后自我标榜的骗人把戏，岂能真正实行？如汪精卫，作为国民党中的第二号人位，还嫌官不够大，没有大权独揽，他何时离开官场呢？他们口中念念有词的几“不”，大都是作秀，从未认真实行过。而吴佩

[1] 闻少华《汪精卫传》，吉林文史出版社，1988 年，第 33～34 页。

[2] 张鸣《武夫当权》，陕西人民出版社，2008 年。

孚则不然。他是言必行行必果，一生遵行而不违誓言。但所称“三不主义”，时有不同说法，《传记》下张伯伦曰：“（吴）在自律方面，则以‘不驻租界；不积私财；不借外债’之三不主义昭示国人，欲以有所不为，拥护国家领土主权之完整，虽颠沛流离，丝毫不变，真是富贵不淫、贫贱不移、威武不屈，古之所谓大丈夫者，先生有焉。”则把先前“不逃外国”换成了“不积私财”。而吴氏在第二次直奉大战中惨败南遁时在天津，人劝其入租界自保，吴氏拒绝，曰：“我生有不三：不投降，不住租界，不逃外国。”则又把“不借外债”易为“不投降”。而杨圻（云史）《哭孚威上将军》五律四十首中有诗曰：“谈笑挥强敌，将军绕指钢。自全惟气节，无欲便坚刚。虎口完三戒，人心恃一匡。盖棺今定论，舆榇太心伤。”所叙为山海关兵败后的情况，所谓“虎口完三戒”，即拒绝逃入天津租界以自保的行为，杨云史诗后自注曰：“公自立三戒：一不作总统总理，二不主借外债，三失败后不居外国托庇租界。世所称‘三不主义者’此也。公在洛时，愤人欲时病贪污而发以自戒者，警人公重信义，言行不二，一言出口，终身守之，平生三戒，没齿弗逾。世或讹其一为‘不纳妾’，非也。公之三戒，言具宏旨，非关小德。”[3]杨是吴佩孚的机要秘书，几十年生死与共的挚友，他所说的，应该是可信的。世所传“不纳妾”是吴佩孚的“三不”之一，这未免曲解了吴氏本人。吴佩孚一生不好色，元配夫人王氏早死。其继室李氏，无子女。故吴母以“不孝有三，无后为大”为理由，强迫吴纳张佩兰为妾。李氏亡故后，吴与张夫人共同生活几十年，但因张夫人无子女，逼丈夫纳其侍婢小桃为妾。吴虽不好女色，不荒淫无耻，但不纳妾并非现实。杨云史的解释，则把吴氏的“三不”，从“不纳妾”的私人生活方面，引向了事关国家大局的根本宏旨。真正知吴者，云史者也！

[3] 杨圻《江山万里楼诗词钞》，上海古籍出版社，2007年，483页。

吴佩孚所立“三不”之戒，的确是一生信誓自守，从不破戒。如第二次直奉战争败后，人劝其逃入天津租界，既保平安，又可图东山再起，当时日本驻天津总领事吉田氏奉日政府之命，请吴入日租界避难，但吴回答说："战败而逃入外国租界，偷安一时，实与余平生主张相反，且有辱国家体面，尤为余所不取。纵令余不幸玉碎于此地，亦毫无托庇租界瓦全之心。"吴氏坚决拒绝，历尽千万艰险而南下。在 1926 年后被国民党北伐军击败，主力残灭，败入四川，驻在奉节县白帝城时，日本第一外遣舰队司令荒城二郎少将、海军驻沪特务机关长佐藤秀大佐，率将佐十五六人，由宜昌乘小型兵舰来访，其实是代表日本政府，表示愿意借款一百万元，赠步枪十万支，小炮五百门，机关枪二千挺，连同弹药，一并由小型兵舰运入川境交付，以助吴佩孚东山再起。吴氏对此洞若观火，明白是日人的挑拨分化阴谋，使中国内斗不已，自化脓血而亡，因而坚决拒绝，回答说："过去有枪，何止十万，有钱何止百万，尚且一败涂地，可见成败与款械无关。如余要借外债，引外援，何必今日？中国事中国人自了，盛意所不敢承。"其实早在吴氏直军击皖败奉的全盛时期，苏联认为有机会涉足中国，于是派越飞等与吴联系，愿助枪械钱款，助其统一中国。当日苏联特使越飞向吴提出，要求吴氏保护苏联在我国东北及占领外蒙的利益[4]。但吴明白援助背后是干涉中国内政，谋取其在华利益，吃人的口软，拿人的手短，以后麻烦多多，因据其"三不主义"，凛然拒之。于是苏联转向国民党，把军火运到广州，帮孙中山组织黄埔军校及北伐军。宁肯把成功机会转让，也不肯有借外援来打江山之心。可见其言行 一贯，一诺千金。如李满康《吴佩孚先生传记初稿前半部既成感赋二十韵》言："翻忆孚威异时流，义持三不死无怼。屹立蓬莱第一峰，浩然元气塞天地。"诗下李氏自注曰："孚威将军以不借外债、不逃外国、不住租界自誓。"韦仲凤也有诗曰："共工早识天下亡，三不合称大丈夫。"[5]这说明吴氏"三不主义"涉及的是国家大局、民族大义的气节问题。另据毕泽宇先生于 1955 年 3 月 31 日在台北召开的纪念吴佩孚八旬冥诞座谈会上发言提到，在吴氏的武汉复出时代，"英国政府愿借两千万金镑给吴先生，吴先生说'张英华每月负责筹饷三千万元，如再不够发饷，就把中国出卖完

[4] 李洁《文武北洋》，广西师范大学出版社，2004 年，第 159 页。

[5]《校录吴蓬莱诗草及年谱以后》。

了，也无办法！’其坚拒不要钱如此”。当时人称吴氏反日而亲英美，但他对借英外债，同样实践其“三不主义”而不含糊。

不过，有人认为所谓“三不”、“四不”，是在作秀，根据陈玉玑译《吴佩孚与英美》[6]，指出：“在北伐军进逼武汉之际，吴佩孚也曾多次通过各种途径向英美求援助，其卑躬屈膝与其他军阀并无二致。”[7]这事大概不假。吴佩孚是个集团，决策的不仅是吴氏一个人，他还有其参谋、政处等各部智囊，如张其锽、白坚武、杨云史诸人。如杨云史，老家被日军抢劫后烧毁，但他曾在前清时作过驻新加坡的南洋总领事，与英美政府打过许多交道，因而对英美较为友好，其反日亲英美的态度，对吴佩孚可能有一定的影响。在北伐军围攻武汉的危急时刻，力劝吴氏向英美救援以谋生路，这完全是可能的。不过最后的事实是，吴与英美并没有真正合作，英美也没有施大力加以救援，以致吴佩孚兵败如山倒，主力被歼。为什么会这样呢？那可能是英美开出来的援助条件太过苛刻，有伤国体主权，令吴不能接受。如果吴为一己之生存，随意出卖国家主权和根本利益，英美能不施以援手吗？事情不成功，正可见吴佩孚不同于一般的军阀之处。一个人为了某种目的，短暂一两次作秀，是可能的；但一辈子作秀，特别是多次在生死关口“作秀”，则很难想象。比如吴佩孚因牙疾微恙为日医暗害，病情严重时，德国医生史蒂福斯来诊，“谓尚可治疗，但必须赴东交民巷医院施手术，先生云：东交民巷等于租界，我不能往。并告其夫人（张佩兰）曰：‘万勿趁我昏迷时，送往东交民巷，如违反我三不主义，非夫妇也。’病七日而益剧，十二月四日午后三时，由中国方面之齐燮元（按：时任伪京津地区警备司令）、符定一，日本方面之川本（按：特务机关长）与日本驻军军医处长石田等四人密议于其会客室内，遽行上楼至先生卧室，强施手术，伤及喉管，因而致死。”（见台版《传记》）吴为什么在临死前还要继续作秀？实践是检验真理的标准，吴氏一生作秀的说法，是很难说通的。最多只能说，早先有几分作秀味道，但后来在复杂的社会动荡中，明白了其“三不”、“四不”与人格、气节

[6]《近代史资料》1983 年 2 期。

[7] 张鸣《武夫当权——军阀集团的游戏规则》，陕西人民出版社，2008 年，第 71 页。

的本质联系后，为维护民族尊严而贯彻一生。这是不容易做到的，即在今天，也有一定的借鉴意义。当然，与洋人打交道，在今天是寻常事，不能像吴佩孚那么僵化处理，但打交道时应有自己的立场，国格、人格还是要注意保持的。

作为政治口号或自我标榜，吴佩孚的几“不”提法，时有变换，根据具体场合而灵活运用。但在事关民族大义的气节根本问题上，则立场坚定，拒当汉奸，一以贯之。因此，“三不”有时变为“四戒”，甚至是“五不”的自律，如张鸣《武夫当权》所说，吴氏“为了标榜自己爱国清正，不惜喊出‘不做督军，不住租界，不结外人，不借外债，不敛钱’的五大自律。”提法虽略有增减变化，但其本质立场并无转移变化。据李家鼒（筱和）《蓬莱纪胜》曰：“先生退居北平时，自撰一联，下署‘四不老人’，文曰：‘得意时清白乃心，不怕死，不积金钱，饮酒赋诗，犹是书生本色；失败后倔强到底，不出洋，不入租界，灌园抱瓮，真个解甲归田。’”联语是其形象之自我写照，只称“四不”，并无“不纳妾”之言，于此可见杨云史称其“三不”，不关私事而见“宏旨”之说，是有根据的。人们可以在吴氏“三不”、“四戒”或“五不”自律中，见其人格真言。

洛阳继光楼与福州戚继光祠

民国十一年（1922）五月，第一次直奉战争结束，直军大获全胜、奉军退出关内。当时曹锟要吴率军屯小站，以便拱卫京师。但吴为避忌，仍回其洛阳根据地，担任直鲁豫巡阅使。其巡署位于洛阳西官北邙山南、伊水东岸。民国十二年（1923），又在其巡署南面，相传为唐代老窖之大穴居遗址之上，建造了一座颇为壮观的西式砖瓦楼房，房间近二十室，以作招待四方宾客之用，名之曰“继光楼”。楼成之后，吴佩孚亲自书写了一付对联挂在楹间，联语曰：“得志当为天下雨，论交须有古人风。”所写颇为得体，有战国四公子广纳天下宾客之风，言外有得意之色。据其《年谱》记载，对于“继光楼”的命名，吴佩孚也颇能炒作而自道其深刻含义有五：

福州戚继光祠

一，吴氏原为山东蓬莱人，蓬莱故乡在明代时出了抗倭名将戚继光。吴出生时，其父梦乡贤戚继光降临其舍，而戚继光字佩五，因此“佩”为名，而以“玉”

字之，故吴佩孚，字子玉。吴氏自己也说，“余景慕其人而欲其余光”，以扫平倭寇、抵抗日本侵略、恢复中华为己任；

二，“中国先有辛亥之革命，汉族得以光复故土，虽标榜五族一家，然内乱频仍，尚未有开国之治绩，余愿继其后，以完成光大旧邦之伟业”；

三，崇拜汉光武而欲继光其恢复汉室之事业，“振臂一呼，终存将坠之汉业”；

四，“中国之事，好人不能办，恶人更不能办，惟体‘公明正大’四字之人，始可与谈时务。中国历史治国之能臣如霍光、司马光，可称模范的人物而为余所私淑者也”；

五，“离曹则无吴，离洛则无保，吾愿以曹吴一家而当国家之难局，保定有曹家之光园，余为曹家之嫡系，此楼如此定名，取继保定光园之义。”

戚继光雕像

海不扬波牌匾

按：以上前四点，见其堂堂正正之理想与志气，而最后一点，则是对于提携者曹锟个人的政治表白，表明自己没有取而代之的政治野心，以便维系直系的内部团结。当时在曹锟周围，忌吴者不乏其人，故吴有此表白，以见其良若用心。但继承戚继光的抗战爱国精神，抵抗日本侵略，是其主要之点。中日甲午战争时，吴还是二十出头的青年，日军进犯威海蓬莱，蓬莱阁原有“海不扬波”四个大字的匾额，日军炮击，“不”字毁落，当时青年吴佩孚就以为天下从此多事，“慨然矢报仇雪耻之志”。以此，他一生敬佩乡贤戚继光。民国十四年（1925），福建省福州市重修戚继光祠，题曰“戚武毅公祠”。时吴驻武汉，亲为题写匾额对联，间关万里，辗转运至福州祠中。其匾额联语皆为黑底金字，以狂草之体书之，笔力雄劲。匾书“吾将私淑”四个大字；对联则曰：“雪国耻在四万年前，公不愧曰武；继兵法于十三篇后，吾曾读其书。”上款题民国十四年某月日，下款题“蓬莱吴佩孚拜书”。无论其书法或联语妙章皆可见吴佩孚虽败不馁的雄豪气概。抗战期间的民国三十一年（1942）秋，时甫游福州，见此匾额联语，有似曾相识之感，于是他详细询问守祠人陈某，才猛然想起了民国十四年（1925）在武汉时，曾亲见民众抬此匾联游行，军乐队吹奏于前，军人列队于后，匾联皆披红挂彩，非常热闹。可见吴佩孚对福州城南戚继光祠匾联之作的重视。

但是，福州在抗战中曾一度沦陷于日军之手。戚继光抗倭之事，日人无不知之。因此，如果日军一旦发现有戚继光祠及其匾联的存在，必然要加以捣毁破坏。而福州的戚继光祠，却在民众运用智慧加以保护的情况下，幸运地保存了下来。1942 年秋，时绵甫曾小住福州，亲见戚继光祠的存在。时氏写有《吴佩孚私淑戚继光》一文，引用当时的守祠人陈某的叙述，曰：“当风声鹤唳之际，本祠各董事均走避四散，余于情急无计中，乃求教于左邻白塔寺方丈圆瑛志法师，彼合掌当胸曰：善哉！善哉！惟有仗佛法无边以救此厄耳！乃告余以如此如此。于是乃赁夜雇工布置，凡纪念品能移动者均密藏他处，神座碑匾等则饰以道场之外装，并恭请圆瑛老法师主持场面。次日黄昏，果有敌军搜索队蜂拥而至，声势汹汹，若将择人而噬者！及瞥见香烟缭绕，铙鼓喧阗，僧众朗诵佛号，诚敬万状！敌酋亦为之错愕。当即下令排队敬礼，盖正中供奉三世佛像，俨若大雄宝殿，妙相庄，气慑胡虏焉！继有一通译者发问：‘做何种法事？’当由知客僧答以为‘祈祷世界和平法会’，现有门道匾牌写明为证，……再问：“可有何物为凭？”则随手取案上捐簿一本，内载法会缘起，及人名钱物等。经彼辈翻阅一过，相顾无言，但仍四散搜索，东敲西摸，良久见无异状，乃呼啸而去。”（见台版《吴佩孚先生集·追忆录》）听前人言，此祠建于明嘉靖末年，是福州人为纪念戚继光平倭大功，建祠报德，于民国十四年重修，并请继光楼主人吴佩孚书写匾额与楹联，以增光宠。洛阳继光楼与福州戚继光祠，双璧联辉，见中华民族之浩然正气。

漫议吴佩孚《蓬莱诗草》

我们在介绍皖系军阀徐树铮时曾说，北洋军阀中有两个秀才，是文武兼备之人，除小徐外，另一个即是坐直系军阀第二把交椅的吴佩孚。吴佩孚（1874～1939），字子玉，山东蓬莱人。出身于小商贩家庭，年轻时家境困窘，无法正常上学，因此不得不入营混粮充当学兵。但可贵的是，他能在兵暇之时，用心读书，以此诗文益进，并在光绪二十二年（1896）考中秀才，循此而粗通经史，喜读《易》及《春秋左传》，为其日后的文学绘画创作，作了初步的学识铺垫。清末，入开平武备学堂，后毕业于保定测绘学堂。民国以后，在曹锟的赏识提拔下，军职迅速上升，由旅长、师长、直鲁豫巡阅副使、两湖及直鲁豫巡阅使、孚威将军陆军上将，开府洛阳，成为直系军阀曹锟之下说一不二的实力人物。当1924年4月吴氏五十大寿之时，中外名士云集洛阳，济济一堂称颂南山，当时康有为也到场，并书赠吴对联曰：

牧野鹰扬，百岁勋名才半纪；
洛阳虎视，八方风雨会中州。

虽为溢美之词，但却从文学形象上写出了吴佩孚昔日的声势与威风。也是在这一巅峰之年，即1924年9月8日，吴佩孚作为北洋军阀中的一代枭雄，荣登美国《时代》杂志封面，成为世界名人。其实，早在1922年8月19日，苏联特使越飞到中国来物色合作人物，经中共创始人之一的李大钊介绍和陪同，首选并非孙中山，而是实力人物吴佩孚，当时越飞致信称颂吴氏曰：“我们都怀着特别关注和同情的心情注视着您，您善于将哲学家的深思熟虑和政治家的老练果敢以及天才的军事战略的智慧集于一身。”[1]苏联人只是在吴佩孚拒绝合作之后，才转而与南方的民党领袖孙中山合作。苏联人所看中的吴佩孚，不仅是其军事才能，更与其文武兼备的深邃哲学智慧有关。当时上海英文《密勒氏评论》主编美国人鲍威尔曾多次采访吴佩孚，他也认为在军阀混战中，“吴佩孚比其他任何人更有可能统一中国，……比起别的军阀来，他受的教育要好得多，是得过功名的前清秀才”[2]。而1924年9月8日的美国《时代》周刊，在介绍吴佩孚时也说：“他不仅仅是一位军事天才，还精通文化、科学和文学。他学习很刻苦，近来他开始学习英语，聘请了一位家庭教师。”[3]美国人眼中的吴佩孚，同样是文武兼备的人物，而非仅是打打杀杀的一介武夫。文化、文学和艺术，对于吴佩孚来说，同样是其生命的重要组成部分。在吴佩孚幕府之中，他就招揽了许多文人骚客做幕僚，如其洛阳幕府的秘书长张其锽（字子武），广西临桂（今桂林）人。光绪甲辰（1904）科殿试中二甲进士，“生平勤于为学，聚书数十万卷。百家艺术，靡不综究。伟怀闳识，名理无遗。文章通雅，俯视近代”。尤精先秦诸子之墨学，著《墨经通解》《小取篇觏注》诸作。他去世后，诗文多散佚，瞿宣颖掇拾遗文，编为《独志堂丛稿》一卷。张其锽天性嗜书，虽军书旁午，但仍手不释卷，未尝一日废文字。他与夫人潘顺卿（字柔君），伉俪情深，颇多酬唱之诗，如张和诗云：“湖海飘摇又一年，相思两地尚依然。壮心自笑成何事？惭愧佳人寄锦笺。珍重新诗附远书，灯前一读一踌躇。泪痕沾透回文锦，寄返妆台辨得无！”可谓情真意挚。又吴佩孚五十大寿时，

《时代周刊》封面

[1] 李辉《封面中国——美国〈时代〉周刊讲述的中国故事（1923～1946年）》称引，东方出版社，2007年，第22页。

[2] 同上，第22页。

[3] 同上，第23页。

张有五律贺诗二首，其二云："洛下花如锦，开轩值令辰。知非还折节，学《易》每书绅。自是回天手，无惭后乐身。更看归马日，称兕九州春。"[4]虽非一流诗人，但温文尔雅，可见其文才。

[4] 1959年台湾吴佩孚先生集编纂委员会编《吴佩孚先生集·追忆录》载张森《吴佩孚与张其锽》称引，第502页、498页。

又如吴氏幕府另一秘书长杨圻（1875～1941），字云史，又字野王。江苏常熟人。出身官宦名门。少与汪荣宝、何震彝、翁之润以文章齐名，号江南四公子。[5]光绪二十八年（1902）应顺天乡试，中南元，其诗名动一时。他在1922年八月应吴佩孚邀入幕，不久任秘书长，颇为吴氏信任。但是，吴对云史的诗词才华，更为赏识，经常在公务之暇，诗酒酬唱，酒酣耳热之际，切磋文学，谈论书画，成为吴氏幕府一件盛事。杨圻《江山万里楼诗词钞》，即由吴氏出资交中华书局1926年刊行。今人马卫中、潘虹重加校勘增补，2003年由上海古籍出版社出版，堪称完备。详读杨氏《江山万里楼诗词钞》，知吴氏于杨，不仅是府主上司，更是文学同道，知情挚友。杨圻年轻时即以《檀青引（附檀青传）》一曲名动诗坛，"江都三月看琼花，宝马香轮十万家。一代兴亡天宝曲，几分春色玉钩斜"，开篇绘声绘色，引人入胜，把读者带入到国家兴亡的无限感慨境地之中。当时诗人易顺鼎说："煌煌巨制，包罗一代掌故，可作咸丰外传读。《长恨歌》、《永和宫词》并此鼎足而三，称之诗史，洵无愧色。"评价之高，令人咋舌。但读杨圻后来所作《天山曲》、《长平公主曲》诸七言歌行，诗人探讨清朝灭亡原因，感慨良多而启迪至深，易氏之评，诗人当之"洵无愧色"。如果说在吴幕中，张其锽主要以政治家面目出现，蒋方震（百里）主要以军事家面目出现，则杨圻主要以文学艺术家的面目出现。在近现代传统诗歌创作中，流行的是学宋诗的同光体，如陈三立、沈曾植、陈衍、郑孝胥等；与之对抗的是"诗界革命"派，如黄遵宪、康有为、梁启超等为代表；而杨圻的《江山万里楼诗》，则独立于二派之外，拔戟自成一队，学唐诗李、杜、元、白、李商隐杜牧晚唐诗，于清新流畅之中，又不失蕴藉委婉，直抒性情又能醇厚有味，确是近代传统诗坛的奇

[5] 钱基博《现代中国文学史》东方出版社，2008年。

葩，洵为近现代创作古诗的一流诗人而无愧色。有关杨圻与吴佩孚的诗词交游，当另文叙述，此不赘言。试想，以吴佩孚之秀才家底，成名后又能好学不倦，幕府身边又多文人骚客，政务之暇，诗酒酬唱，相并切磋，他当然不同于其他北洋武夫，而自有其“儒将”之文学风雅，这是个性爱好所致，也是环境浸染使然。主客观因素的因缘际会，造就了略有文采的吴大帅。

据台湾出版的《吴佩孚先生集·传记》，李满康在《传记》中介绍说，吴佩孚“其思想亦脱胎于儒家，除诗文以外，又旁治《易经》、《春秋》，及开府洛阳，始习绘事，以画竹为主，取其四季苍绿，象征永久之生机，晚年之研究，则旁及老佛之道。前后著述有《循分新书》、《春秋正义》、《易经新解》、《正一道诠》、《明德讲义》、《日食参考说》，由他人辑录者，有《蓬莱诗草》、《蓬莱讲话录》等”。“先生为儒士出身，故关于重要文稿，皆亲自执笔。”“先生夙好吟诗，早年之作，今不得而见，至际会风云，目击世变之亟，颇多伤时之什，尤愤日人之蛮横，故篇章每排日之词句，后以势位日隆，深恐招怨邻邦，乃将过激之诗章稍从集中删去而另刊新本。晚年事功蹉跌，似以反省之功夫，故亦托志以言诗。”[6]今传台湾版《吴佩孚先生集》中，著述只收《循分新书》、《正一道诠》、《明德讲义》、《蓬莱讲话录》和《蓬莱诗草》，余者有待搜集。如1939年在北平家中召开中外记者招待会上揭穿日伪诱降阴谋时曾向记者散发所著《大丈夫论》，阐扬中华民族气节，今已散佚。

[6] 《吴佩孚先生集·传记上》，赵恒惕等编，台北大中书局，1960年，第268页。

由于传统儒家思想影响，吴佩孚的论著文章大多充满道德说教味道，这与其政治家的身份相符。但是传统道德观念如春秋大义、夷夏之辨等，却构成了吴氏的道德底线，形成了一道民族气节防线，帮他晚年在日伪势力的威胁利诱下，能够不为所动，坚持一个中国人的凛然民族正气，终于完美地克保晚节，成为民族楷模。在那风雨如磐的1939年逝世后，当时国民政府主席蒋中正（介石）发来唁电云：“先生托志《春秋》，精忠许国，比岁以还，处境弥艰，劲节弥厉，虽暴敌肆其诱胁，群奸竭其簧鼓，迄复屹立如山，不移不屈。大义炳耀，海宇钦崇，先生之身虽逝，而其坚贞之气实足励兆民，流芳万古。”[7]因此，吴氏文章提倡岳飞尊王攘夷“精忠报国”的民族精神，在日寇侵略的严峻时刻，还是值得肯定的。他又经常在讲演中提倡官吏要廉洁，比如1932年2月18日他在北京山东同乡会演讲时，严厉批判民国吏治的贪腐之风，曰：“民国以来，达官贵人，万般贪婪，侵吞公款，存放外国银行。或纳妾满前，狂嫖狂赌，任意挥霍。自甘暴弃，举国上下，唯利是图，恬不为非，是去廉洁远矣！”[8]所言实事求是，针针见血而切中时弊，颇有参考借鉴价值，而并非一无是处。

[7] 《吴佩孚学生集·传记上》，1959年，第496页。

[8] 吴佩孚《北京山东同乡会讲演词》，载《吴佩孚先生集》，第166页。

不过比较而言，吴佩孚的诗比文好，艺术上虽非上乘佳作，但却写得像模像样，合乎传统旧诗风味。经人收集整理，今见存者有《蓬莱诗草》上、下卷，有台湾1959年刊行版。《诗草》前有陈廷杰序，高度评价吴诗，曰：“蓬莱上将军与武毅（按：指明代抗倭名将戚继光）同里闬，后三百年继踵云兴，勋名事业，早已照耀寰宇，其平日服膺忠武（按：指宋代抗金名将岳飞），并与关壮谬（按：三国蜀汉名将关羽）奉为师表，高风亮节，不下刚直，故其诗书画，皆上干苍旻，下撼山岳，挺然劲气，亦不屑于古作者之林，而别有自见。寄川两载，乞书画者门限几穿，偶和墨写竹，必系以诗。……呜呼！世因钦崇将军，遂并其吉光片羽亦宝之如连城照乘，于是亦足以验人心矣。”该序作于吴佩孚死前1939年的3月。因抗战军兴，中国危亡牵动世界，故陈氏之序，评论《蓬莱诗草》，正是“功夫在诗外”，揭出吴诗的民族之魂，而非斤斤拘泥于诗艺也。

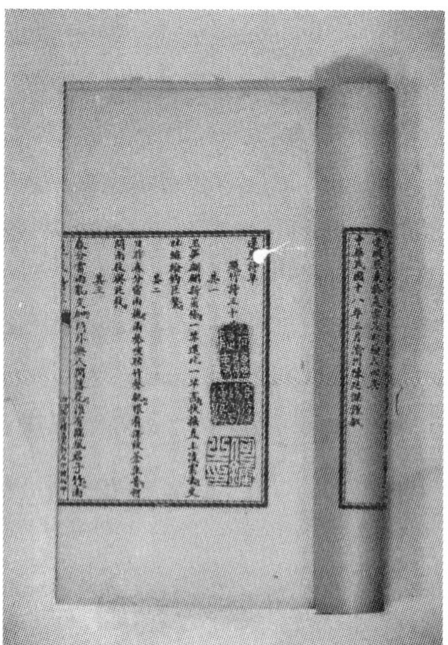

《蓬莱诗草》

吴佩孚早年之诗，不见于集。见于《蓬莱诗草》纪年较早之诗，有作于1918年的《感时》及《回防途次》诸诗。当年吴佩孚率北洋军第三师南下，一路势如破竹，驻军衡阳，为形势计，暗与南方民党政府议和。为促使吴佩孚南攻两广，消灭孙中山领导的民党政府，皖系军阀段祺瑞派其军师徐树铮南下湖南，亲到衡阳前线劝说吴佩孚发兵南征两广。为了拉拢吴，除由北洋政府赐吴“孚威将军”称号以外，徐树铮还投吴之所好，作《衡州谣赠吴子玉》诗，时间是1918年五月。诗中有句云：“吴公何人吾不知，但盼将军自天下。……斩馘追奔降贷死，吴公之来为民福。马前瞻拜识公貌，恂恂乃作儒者服。闾巷无复夜叩门，军令如山静不纷。……吴公爱民如爱军，与爱赤子同殷勤。……笔千管，墨万锭，看公临池发逸兴。香一缕，酒盈卮，时复弹琴自咏诗。……”[9]极力谀颂吴佩孚，从感情上加以拉拢，以便实现皖段北洋政府武力统一中国的目的。但从另一侧面来看，也证明吴佩孚是个“儒将”，“时复弹琴自咏诗”，吴氏喜欢附庸风雅，吟咏歌诗，则是事实。如若不然，则徐树铮心性何等高傲，面对胸无文墨的一介武夫，他又何必作诗以赠而多此一举呢？

[9] 徐道邻编述、徐樱增补《徐树铮先生文集年谱合刊·视昔轩遗稿·兜香阁诗二》，台湾商务印书馆发行，1989年增补版，第84页。

《蓬莱诗草》开篇即是《登蓬莱阁歌》。这不是吴氏最早的诗歌作品，为什么以它开篇呢？其中必有深意：一是吴佩孚自以为得意之作，一是它影响很大。《登蓬莱阁歌》是在20世纪20年代初他作为直鲁豫巡阅副使驻节洛阳时的练兵军歌，以日本侵略者为假想敌，誓雪甲午国耻，以图恢复故国美丽河山。详见《克保晚节凛然正气吴佩孚》一文，此不赘述。因是练兵时广大将士所唱军歌，故直抒胸臆，明白痛快，以激励士气，艺术工拙可以不计，重在“诗外功夫”，其爱国激情义薄云天而感天动地。这为吴佩孚的文学生涯，开篇即能直入主题而奔走正道。

比较言之，在北洋军阀中，吴佩孚是头脑较为清醒的一个，他有自己的理想抱负。因此，面对外侮之难，亡国无日的民族危亡，表现强烈的抗击外侮和保家卫国的爱国激情，是其《蓬莱诗草》的重要内容。其《书感》诗云：“黄族应享黄海权，亚人应种亚洲田；中东果是同盟约，未许欧西占霸权。”这是对于德国强占我国山东胶州湾的抗议和批判，也是对西方欧美帝国主义侵略中国的警告。对于直接威胁中国的日本军国主义，吴氏视为头号敌人。1932 年日军侵入我国热河省，吴氏作《感时六首》之诗，有云："热河毕竟战端开，十万貔貅压境来。可笑倭人太多事，古来争战几人回?"（其三）"良辰美景是花朝，得意春风似剪刀。惨淡辽云重复起，同声东哭海天潮。"（其四）面对强寇国耻，一味委屈求和或走投降路线，吴氏认为都是没有出路的；想要依靠国联干涉，乞求西方列强的保护，更是幻想："欲雪国仇无别策，还期我武在维扬。"（其二）只有自强自立，自尊自爱，坚决抗击侵略者，才是真正的救国之路，故其诗云："维持正义费平章，公理何能抑暴强？只有大家齐抵御，黄龙直捣是扶桑。"（其六）作《感时六首》时，吴佩孚回到北平，已被日伪势力团团围困，威胁利诱，无所不用其极。但吴佩孚一直坚守民族气节而不为所动。当时日军占领我国东北之后，于 1932 年 1 月 28 日又进攻上海，遭到十九路军的坚决抵抗，淞沪抗战爆发。是年日军又窥视热河省，其侵略野心，正在迅速膨胀。而蒋介石领导的国民党中央政府，却在日军咄咄逼人的侵略形势下，一再采取"攘外必先安内"的错误政策，步步退让，委屈求和，并寄希望于国联中西方列强的干预。其实，日本帝国主义早已看穿西方列强的伎俩，根本就不把国联的调查当回事。翌年，甚至干脆宣布退出国联，看中国的南京中央政府还有什么手段。但是，当局者迷，蒋介石对内强梁，对日妥协，让国人痛心疾首。这与吴佩孚这"旁观者清"的思考，大相乘悖。但手中无权，只能诗以言志，故有《感时六首》之作，一方面矛头直指日本侵略者，另一方面对蒋介石进谏，望其认清形势，丢弃幻想，加强国防，以便积极抗战，收复失土。对于国家前途和形势认识，他比"唯我一人"的蒋介石要清醒得多，这大多缘于他的民族节概和爱国思想。故其《游龙门答张敬舆先生》诗云："龙泉剑斩血汪洋，万里直趋黄海黄。大禹神功何其大，海隅一气贯扶桑。""大禹"指中国，"扶桑"指海隅之日本。意谓中华巨龙一旦醒来腾飞，区区日寇又何足道哉！

就是在 1932 年，吴佩孚曾手书岳飞《满江红》词以赠曾琦先生，曾琦于条幅后有长篇跋语，说明作者及收藏者之志。详见《克保晚节凛然正气吴佩孚》一文，此不赘言。吴氏对岳飞原作，根据形势需要，明显有几处改动："靖康耻"改为"甲午耻"，"臣子恨"改为"国民恨"，"贺兰山缺"改为"三韩地缺"，"胡虏肉"改为"倭奴肉"。所改词句，莫不针对时局，有为而发，而目标明确。须知，当时吴氏已寄寓北平，落在日本势力控制之中。但作为爱国志士，仍是敢作敢为而勇于担当。

还在他返回北平不久的1932年初春，张学良来拜访吴佩孚，吴即兴赋诗《赠张汉卿》曰:"棋枰未定输全局，宇宙犹存待罪身；醇酒妇人终气短，千秋谁谅信陵君。"他以子侄晚辈待张学良，直吐肺腑之言，批评张氏在"九一八"事变中一枪不发，率几十万东北军退入关内，致使东北沦入日寇之手。但是诗人指出，"醇酒妇人"的自暴自弃，终非英雄所为，并衷心希望张学良重新振作起来，投入抗日战争之中，以图自赎自救。当吴佩孚入北平前在包头时，天津《大公报》记者来采访，询问吴氏对于时局的意见，吴佩孚手书"和内攘外"四字，并对其幕僚刘泗英说:"回平后，任何日本人概不接见。"[10]后入北平，在1932年2月1日，刚与张学良见面，即"首诘不抵抗之非，并谓不怕死为军人最大力量，学良窘甚"[11]。在《传记》中，刘泗英为其写《息影北平》一节，曾描绘吴回拜张学良时，一入座即问张曰："辽沈事变，君为何不抵抗？张艴然变色曰：有命令。先生曰：君未知'将在外，君命有所不受'耶？张语塞。""盖先生极欲挽回僵局，劝张反攻，以响应淞沪，收复东北"。不久，又邀南方章太炎先生来平，共劝张学良兴兵抗日，以图恢复。惜张受制他人，事未果。章氏以"抗日无功，废然南归，临行榜公（按：指吴）门首'元敬再生'，并语公左右曰：'汉卿意志薄弱，蓬莱孤峰独耸。'"[12]当然，吴、章二人并不清楚昔日张学良蒙受骂名的苦衷，但其《赠张汉卿》诗，直谓"棋枰未定输全局"，这是在努力激发张少帅的抗日信心与决心，"醇酒妇人"般的颓废，于事何补？此诗可谓责之严而爱之弥深。吴氏即使是处在兵败入川的困境之中，仍然不忘国仇家恨，其《入

[10]《吴佩孚先生年谱》"1931年"记载，台版《吴佩孚先生集·年谱》，第256页。

[11] 见《年谱》，第257页。

[12]《吴佩孚先生传·传记》，第432页。

蜀》诗曰："曾统貔貅百万兵，时衰蜀道苦长征。疏狂竟误英雄业，患难偏增伉俪情。楚帐悲歌骓不逝，巫云凄咽雁孤鸣。匈奴未灭家何在？望断秋风白帝城！"三国时蜀汉刘备伐吴兵败，在白帝城托孤。此时秋风孤雁，愈增其苍凉悲慨。但吴氏在悲愤中却发出了"匈奴未灭家何在"的恸哭，其抗日救国之情，早已超越一己事业成败之私念，而直为国家民族大公的号角呐喊。

1939年去世之前，吴佩孚新年有感，提笔作《春感》九首：

嫣红姹紫正芳菲，过眼繁华是耶非？
指点旧时歌舞地，楼台胜迹认依稀。（其二）

踏过山隈又水隈，几回瞻眺几徘徊。
江南正是好风景，处处偏多劫后灰。（其三）

连天烽火偎离居，何处春风到草庐？
景物不殊人事改，临流顾影羡游鱼。（其四）

载酒看花兴未慵，韶光又是隔年逢。
只怜烽火连江左，愁听寒山寺里钟。（其七）

欲将诗酒遣良时，遥望南天泪已垂。
一语寄君应努力，满盘棋局仗谁支！（其八）

新春伊始，该是万象更新，草木欣荣。但当时北平，已沦敌手，"景物不改人事殊"，对于一个昔日威震四方的上将军，却是坐困围城而无力回天。"嫣红姹紫正芳菲，过眼繁华是耶非"？只能坐下重加思想考量，国家与民族的危亡，是当时老将军挥之不去的心头之痛。1937卢沟桥事件之后，中国全面抗战爆发，日本侵略军又在中国长江中下游悍然发动攻势，中国淞沪抗战失败，1937年底，日军又攻陷中国首都南京，屠杀军民三十万，制造了震惊世界的南京惨案。1938年新春之后，日侵略军的铁蹄又冲向长江中游的重镇武汉。长江流域的大片国土相继沦丧，故吴诗有"江南正是好风景，处处偏多劫后灰"，"只怜烽火连江左，愁听寒山寺里钟"之句，堪称实录。国家危急，民族苦难，令诗人无心诗酒遣兴，他睁开泪眼遥望南天，大声呼喊："一语寄君应努力，满盘棋局仗谁支！"岂能自甘失败！只要全国努力，"楚虽三户，亡秦者楚"，中国之大，岂是"三户"可比？只要大家团结抗日，战到最后，必定会获得最终的胜利，试看中日战争的棋枰输赢，胜利的天秤一定属于中国。写《感春》九首，虽非绝笔，但却道出了吴佩孚的心声。其诗之后曾有其友人燕生跋语曰："吴子玉先生去岁殉国北平，盖棺论定，志节皎然。平生雅好吟咏，书画亦刚劲如其人，世有得其寸缣尺素者，视若拱璧。其故交张伯伦，九年前曾随先生由川出发，经甘、青、宁、绥、晋、察六省，历十阅月而至北平，备极艰苦。去夏因关怀先生动定，复由川而滇，遵海北上，间关万里，赴平访晤，因而得与先生诀别，亦可谓患难之交矣。先生殉国前，著有《春感》七绝九首，倦怀国事，寓意深厚，殆为其绝笔欤！"此跋作于1940年，"去岁"可证。所称《春感》为吴氏"绝笔"，不确，吴氏另有《为张伯伦题山水画扇》诗，作于1939年冬，此或为其绝笔之作。但此跋谓吴氏《春感》诗，"倦怀国事，寓意深厚"，直揭诗人心境，可谓一语中的。抵御外侮，震醒睡狮，大吼一声，维我主权而保持中华领土完整，吴佩孚作为军人，是其终生志愿。早在民国初年，当时他只是一名中级军官，但他写《怀古》二首，表明自己的思想与诉求，曰：

撼山容易撼山难，军号岳家策万全。
炎宋再兴无上策，朱仙一战定中原。
黄龙捣去臣心愿，金字牌来士胆寒。
无限风波无限恨，可怜二圣不归还！（《岳武穆》）

攘外筹边谁与俦？美公粤海整貔貅。
军威大振东南土，外寇潜侵吴越州。
圣断误听多士子，国权丧失几春秋！
后生愿继先生志，军事从今着力修。（《林则徐》）

作为军人，吴佩孚用心读史，牢记历史教训。"金字牌来士胆寒”，“国权丧失几春秋”的黑暗年代，汉奸、投降派是最可耻者，丢失中国的是这些内部的蛀虫。“黄龙捣去臣心愿”，“军威大振东南土”，后生愿继先贤志，重新振作，整军经武，为保卫中华而战。在《怀古》二首中，吴氏借古讽今，喊出了自己的心声与理想。

作为一个北洋军人，不仅有其对外的一面，而且还有其对内的一面，也就是说，在诗中表达出统一中国的志向。其《初至黄州走笔示云史》曰：“为谋统一十余秋，叹息时人不转头；赢得扁舟堪泛宅，飘然击楫下黄州。”此诗作于 1922 年，当时杨圻（字云史）从江东来归军幕，成为吴氏倚重的诗友幕僚。“统一”中国的理想，无时不蠕据胸中。其实，他早在 1918 年就写有《感时》诗，表明自己对于当时南北和战时局的看法，曰：“何事连年苦斗争，夏来春尽倍怆神。龙蛇起陆河山裂，虮虱从生甲胄腥。劫灰四封中外困，杀声一震地天惊。谋和幸有名贤者，代表人间第一声。”当时吴佩孚代理北洋军精锐第三师师长，统兵南征湖南，作为北洋大将，却唱出了关心民生疾苦的歌吟，“龙蛇起陆河山裂，虮虱从生甲胄腥”，这是在与北洋皖段中央政府唱反调，而主张南北和议以谋统一。但就在这时，段祺瑞派其军师徐树铮南下督战，并给吴佩孚加官晋爵的许愿，促其迅速南下广东消灭孙中山的民党政府。吴则依违应付而采取“拖”字诀，据其《年谱》载：“（1918 年）八月廿七日，先生（按：指吴佩孚）率在湘前线将士通电主和，极谏北京政府，电文有‘戍防湘南，为期两载，罢战言和，南北一家，对外不能争主权，对内宁忍设防线?’等语。”[13]公开电告全国人民，表明自己的立场与态度。1920 年不顾北洋皖段中央政府反对与威胁，坚决付之行动，并于 5 月 22 日开始把第三师北撤中原，即使北洋中央罢其职务也在所不顾，其心志在其《回防途次》诗中有形象的描绘：

[13]《吴佩孚先生年谱》1918 年记载，第 216 页。

> 行行重行行，曰归复曰归。江南草木长，众鸟亦飞飞。忆昔赴戎机，长途雨雪霏。整旅来湘浦，万里振天威。执意辇毂下，妖孽乱京畿。虺蛇思吞象，投鞭欲断淝。我今定归

期，天下一戎衣。舳舻连千里，旌旗蔽四围。春满潇湘路，杨柳正依依。和风送归鸟，绿草映晴晖。少年惜春华，胜日斗芳菲。来路作归程，风景仍依稀。周公徂东山，忧谗亦畏讥。军中名将老，江上昔人非。建树须及时，动静宜见几。何日摧狂虏，发扬见国威。不问个人瘦，惟期天下肥。丈夫贵兼济，功德乃巍巍。江上送归舟，风急不停挥。得遂击楫志，青史有光辉。春日雁北向，万里动芳徽。鸿渐磐石愿，衎衎不啼饥。止戈以为武，烽烟思郊圻。同仇复同仇，归愿莫相违。

夸张之辞，诗人不免。但全诗所叙，大多合乎实际。当时的中国，正受列强欺侮，作为第一次世界大战的战胜国，却无法在巴黎和会上维护国家利益，而必须把德国在华侵占我国山东胶东半岛的权益转让给日本，因而山东危急。这就引发了五四运动，当时，正在湖南前线的吴佩孚首先通电全国，请罢免曹（汝霖）陆（宗舆）章（宗祥），惩办卖国贼，公开声援爱国的学生运动，以此声名鹊起。他曾给当时的总统徐世昌发表通电，声援五四爱国学生运动，电曰：

大好河山，任人宰割，稍有人心，谁无义愤？学生激于爱国热忱，而奔走呼号，前仆后继，以莛击钟，以卵击石，既非为权利热衷，又非为结党钓誉，其心可悯，其志可嘉，其情又可原，……如必以直言者为有罪，讲演者被逮捕，则是扬汤止沸，势必全国骚然。……仰恳我大总统以国本为念，以民心为怀，一面释放学生，以培养士气；一面促开国民大会，宣示外交得失缘由，共维时艰。全国一致力争，收回青岛。以平民气，救国危亡，时机危逼，一发千钧。

通电还表示，自己愿意移师山东，带头抵抗日本侵略军，以便团结国人，共御外敌。[14]秀才通电，可称绝妙好辞，一石激起了千重浪，在当时影响很大，吴佩孚当时因此获得了“爱国”将军的称号。诗文双星，相互辉映，形象地描绘了处于上升时期的军政

[14] 王希亮《吴佩孚全传》，黑龙江人民出版社，2001年，第84～85页。

新星吴佩孚。

但曾几何时，当吴佩孚跃升为直系军阀中的实力人物而有力问政之时，却又重蹈段祺瑞武力统一迷梦的覆辙，穷兵黩武，一时生民涂炭，终于走向失败。不过，我们不能因此说他昔日诗文是虚伪与矫情的作秀，所谓此一时彼一时也。我们不能否认，吴佩孚昔日作为一颗冉冉上升的军政新星，没有一点作秀的味道，但这不是主要的。我们应该承认，通观吴佩孚的一生，他的政治品格不同于其他的军阀。即使在他战败之时，其政敌段祺瑞还是评价他说："子玉人格还好，因所戴非人，致遭失败。"[15]1924 年第二次直奉战争中与冯玉祥同在北京倒戈的胡景翼，他是吴佩孚的死敌，但连他也称："吴不怕死，不要钱，其人格我等当推崇。"[16]这是胡氏对报界的公开谈话，当无戏言。在上世纪 20 年代初，共产党的创始人之一李大钊曾往保定拜访过吴佩孚，试探他与苏联合作的可能性，事后曾对胡适说过："吴佩孚甚可敬，他的品格甚高，只是政治手腕稍微差一点。"[17]在其晚年，吴佩孚在日军屠刀悬顶之时，贫贱不移，威武不屈，克何晚节，风义凛然，这是习惯于作秀炒作者所无法实践的。

当然，在戎马倥偬的政务余暇，作为诗人，吴佩孚另有其淡定从容闲暇之态，徜徉于山光水色之间，而自有面貌。

水满长江酒满卮，春山如笑语如诗。
东风吹绿黄州岸，自起开窗画竹枝。（《画竹示云史》）

烟雨连江春水来，扁舟无事只衔杯。
吴头楚雨三千里，卷上风帘看一回。（《赤壁舟中》）

青青山前芦蕨肥，洞庭湖里鹧鸪飞。
春风春雨无穷尽，帝女仙人何处归？（《洞庭春望》）

春日遥看五色光，红红绿绿气芬芳。
迁乔好鸟枝头语，拾翠佳人野外忙。
过雨杏花滋秀润，随风柳絮舞颠狂。
昔贤曾把分阴惜，秉烛夜游醉羽觞。（《春日有感》）

[15] 无聊子《北京政变记》，见荣孟源、章伯锋《近代稗海》第五辑，四川人民出版社，1985 年，第 3 页。

[16] 同上，第 407 页。

[17] 李洁《文武北洋》，广西师范大学出版社，2004 年，第 352 页。

千迭云山一径通，岩花溪树间青红。

何人巾履穿林出，绝似天台访隐踪。（《为伯伦题山水画扇》）

在困境中，居然仍有飘飘林泉之气，这就有异于当时军人中颇为流行的“丘八诗”，而见骚客之致。

在《蓬莱诗草》中，专门有一卷吟竹诗，也颇有特色，当另文叙述。

吴佩孚咏竹咏梅诗画艺术

作为诗人，吴佩孚当属二三流后人物，但他对诗、书、画、诸多艺术的关注，一是附庸风雅；二是修身养性，以期在军政之暇劳逸结合；三是抒情言志，表达胸襟怀抱及其人格气节。因此，阅读吴诗应重“功夫在诗外”，而不必斤斤计较其具体的艺术得失。如其咏竹诗画，即是典型之例。1924 年第二次直奉战争前夕的9 月25 日，当时的北洋政府总理颜惠庆宴请日本公使芳泽谦吉，为防止或力求减少日本对奉军张作霖的支持，吴佩孚借机晤谈芳泽公使，以作最后的外交努力。当时吴以自己的咏竹诗为例阐述对于中日双方关系的希望，曰：“余鉴于我国东北地方与日属朝鲜接壤，情势甚为密切，此次行军，特望中日双方，在善意谅解之下，进行各项交涉而无或误。余本为一介武夫，未娴外交辞令，但关于是非曲直之判断，单刀直入，不达其真穷不止。余天性好竹，盖竹者清品一贯，如人之虚心坦怀，能容一切，可称君子之量，四季苍苍而不变色，似达人之克保晚节。余咏竹之诗颇多，先年在湘鄂之日，曾发表咏竹诗数十首，今试诵其一首以尘清听：‘天下谁人识此君？亭亭直直势凌云。传神曾借东坡笔，撼阵犹如武穆军。老干纵横瞻气象，迎风摇曳动星文。岁寒百卉都凋零，始信此君迥不群。’余自数年前又亲绘事，以画竹为主，藉作养心之资。本夕会晤芳泽公使，特语及竹者，不外举竹之优点，藉体验竹之特性以表露余之心情，且誓欲诚意以当中日两国交涉之中心，藉表不挟一点虚伪之私衷而已。”（见台版

《吴佩孚先生集·吴佩孚先生传记》）当然，在日本侵略中国之基本国策既定之后，吴氏之言，对牛弹琴，根本不起作用，但却鲜明表达了其维护国家领土完整与高扬民族气节的明确立场与态度，同时又见其喜竹诗画与其“以资养心”的丰富文化内涵密切相关。

吴佩孚《蓬莱诗集》下卷，除二首咏梅诗外，其余数十首皆为咏竹诗，于此可见其艺术兴趣之所在。下卷开篇为《写竹述怀》，诗曰：

我从去年离帝京，罢战谪居在湘滨。
潇湘多竹甲天下，风晴雨雪各具形。
我今感时学写竹，叹息时局多棘荆。
尽日写竹消块垒，酒后搦管任纵横。
写尽胸中不平事，写出胸中磊落之光明！
胸有成竹腕底运，下笔春蚕食叶声。
斯须千竿万竿出，一洗尘嚣满座清！
关岳夙秉春秋节，韩范胸罗百万兵。
符节运筹严号令，丹青竹帛独立名。
百炼此身成铁汉，南征砥柱一身擎。
燕雀安知鸿鹄志，冲破秋空一点晴。
恨不渴饮东瀛水，策马昆仑顶上行。
昂头天外飞巨眼，左倾太乙各长庚。
人生富贵竹头露，成败兴亡棋一枰。

这首七言古诗，是在其画竹图上的题画诗。诗学李白，既针对现实而直抒胸臆，又慷慨浪漫豪情满怀而绘其鸿鹄之志。据诗“我从去年离帝京，罢战谪居在湘滨”句，当是1919年率北洋第三师屯驻衡阳时作。当时北洋政府军在皖系段祺瑞及其安福系政府的控制下，决心武力扫荡南方民党政府，以达其武力统一中国的目的。吴率第三师攻占衡阳，南方民军不支，已呈败势，此时如果吴军再进一步南下两广，民党政府可能不保。但在这一国运兴亡的关键时刻，吴佩孚率军坚决抵制皖段北洋政府的战略计划，暗中与南方停战议和，以免南北生民涂炭之灾。这出于皖段政府的意料之外，其内战总攻略终于崩溃。以此，吴氏在《写竹述怀》中即以诗画言志，“写尽胸中不平事，写出胸中磊落之光明”，在当时的北洋军阀中独树一帜。如果当时吴军继续南下，则可能就没有南方国民政府的北伐胜利。故吴诗言己胸怀“光明磊落”，并非虚言。对于皖段北洋政府的内战政策，吴氏出于诸多复杂的考虑，早致不满，他在《竹德赞》诗中就慨叹曰：“两度出师西南征，错乱参差总不平。”在南北交战中，他心里不安，难有太平。其《为刘叟痴题画竹》更明确点出：“潇湘万竹动高秋，叶战西风气自遒。大陆何分南北界，惊涛长咽古今愁。同根岂效萁煎豆，交干不妨箸借筹。只要立身坚有节，任他霜雪压枝头。”南北人民一家，何须萁豆相煎？在吴氏咏竹诗中，人竹合一，不知何为竹节，何为人之气节，“任他霜雪压枝头”，不管皖段政府压力多大，威胁利诱，通缉罢官，他都在所不顾。在咏竹诗中，正见其为人之倔强品格。他和段祺瑞闹翻并且兵戎相见，最后推翻皖段安福系政府，并非偶然。如果段祺瑞能早一点读到这“吴小鬼”（按：段以北洋元老自居，目中无人，故视吴佩孚为“小鬼”一个）的咏竹诗，或许不至于那么冲动鲁莽以至失败。

即使是在兵败入川避难之时，吴佩孚也不忘画竹及其咏竹诗之作。1927 年入川后，曾作《题竹诗》三十首，可见咏竹画竹，已成其生活之所需，在艺术之竹中见其生命活力。现选若干首以供吟诵：

> 玉笋翩翩新茁条，一竿还比一竿高。扶摇直上凌云去，更吐丝纶钓巨鳌。
>
> 日昨春分雷雨施，雨声喧聒竹声驰。眼看泽被苍生普，何问南枝与北枝？
>
> 老干亭亭插碧霄，枝如戈戟叶如刀。呼号风雨声悲壮，俯仰乾坤影动摇。春来秋去瞻气象，东渐西被放光毫。但凭劲节根深固，那怕翻腾大陆潮。

凌云志节独轩昂，节凛春秋孰敢当？万顷波涛声怒吼，弥天旌旆势飞扬。菖蒲下拜惟我尊，襟袂高挥肯让王？众芳一扫都摇落，共评此君太倔强。

森森大竹浩无边，干老心虚骨节坚。凤尾长拖含宿雨，龙须轻拂带朝烟。参天直拥皋繇彗，拔地横抽祖逖鞭。此处从来风景好，微君谁复与周旋！

万竿大竹尽通灵，吐气如虹贯日星。老干参天标劲节，修筠拂水荡浮萍。阴浓夏日俗能脱，叶战秋风势不停。岁暮凌霜复傲雪，此君终久不凋零。（按：题曰“大竹”）

路绕梁山匹马迟，两旁修竹绿漪漪。秋风叶战涛声涌，夏日阴浓俗气医。雅爱冬寒枝冒雪，正当春暖凤来仪。四时美景天然凑，说与傍人浑不知。（按：题曰“四季竹”）

大竹参天蓄势雄，心虚节劲气如虹。岁寒未减屈伸意，雷动还惊造化工。斜对月华零露冷，长舒凤尾漾晴空。苍生普得王师雨，碧草偃随君子风。匝地阴浓赤日淡，侵晨色霁绿烟笼。波涛突起如奔马，云水无边有戏鸿。枝叶纷披金翡翠，雪花覆冒玉玲珑。一年好景君须记，孰若此君识变通。

以上所选若干，见其咏竹诗之一斑。“众芳一扫都摇落，共讶此君太倔强”，写竹即是写人，如吴氏自画像一般。吴佩孚熟读唐诗，于李（白）杜（甫）诗尤熟。故诗中多有借用李杜诗境诗意之处。如“呼号风雨声悲壮，俯仰乾坤影动摇”句，直接化用杜诗《阁夜》：“五更鼓角声悲壮，三峡星河影动摇。”其咏竹诗，直目所见，触景生情，兴起笔追，多用白描而少用典实，以此情真意挚，明白流畅。但积实过浓，而乏空灵之境，是其弊也。其风格与其军人生涯相关，大多直抒胸臆的慷慨高歌而豪情满怀，时有浪漫丰富之想象，但是缺少委婉含蓄之趣；不过或有清新朗吟之作，如其写“四季竹”一首：“雅爱冬寒枝冒雪，正当春暖凤来仪。四时美景天然凑，说与旁人浑不知。”人竹合一而宛然天成，非常自然。这大概与其情兼师友的老诗人杨圻（云史）的交游有关。1921 年 8 月，吴佩孚新组幕府，诚聘杨氏加盟。据陈国安《杨圻年表》载：“先生（杨圻）因其刚正磊落，遂为幕友，但声明不入仕途。在军幕初任机要处长，后任秘书长。”[1]从此，杨与吴氏结一段生死交情。杨是近现代中国诗坛的唐诗派领军人物，在其影响下，吴诗染有唐风，亦属自然。有关吴、杨文学交游，当另文叙述，此不赘言。

吴氏不仅喜咏竹，同时又善画竹。杨圻《阁夜》诗云：“平生第一清狂事，题满英雄画竹诗。”杨自注曰：“玉帅善墨竹，为题长句。”[2]钟伯毅《吴子玉将军挽词》，以诗代言，颂吴有云：“更有凌云万竿竹，留与人间拜画师。”[3]既使在失败落难时，吴也不忘画竹，如其《示云史》诗云：“水满长江满酒卮，春山如笑语如诗。东风吹绿黄州岸，自起开窗画竹枝。”当时向吴氏要其竹画以资留念者颇多。据高拜石《死当其时——吴子玉克保晚节》文载：“吴佩孚好画竹，最初学于蒋罗宾，兴起提笔，只画竹的杆子，由蒋替他添上枝叶，以后涉猎稍广，便由自己挥洒。他是对景作画，分枝攒叶，每失之过浓，谑者诮为‘扫帚竹’，他却不理会；又喜欢自己题诗：辄作‘鼓公画梅我画竹，此友千秋思不足’句。晚年栖栖惶惶之中，画兴却不稍减，在四川画的尤多，大竹的芝兰堂里，一张长案，经常为人作画。”[4]吴在四川大竹县时，曾作一帧丈二巨幅墨竹。这幅画在战乱中失而复得，是由吴的幕僚张佐庭抢救保存了下来，后来章太炎先生来京与吴晤谈，吴感时伤物就请章为此画题诗纪念。章欣然同意，题一首七言古风，中有句云：“浮筠劲节意抖擞，正气干云可千尺”，“欲缚篔筜作大帚，一扫区宇净氛垢”。对吴画意，大作赞颂，也见吴、章二人共同为抗日救国而奔走的苦心经营。其时在 1932 年 3 月，地点在北平。张佐庭很喜欢这幅画，吴慨然赠之。张佐庭与吴为山东蓬莱同乡，又是同学、同榜秀才，以此入吴幕作文秘工作。二人感情颇深，故吴有此赠。张也果然不负吴之好意，吴亡后居寺庙，天天对此画喃喃唸诵章氏所题诗句，直到老死。吴眷顾张，张不负吴，也是一段文坛佳话。

[1] 杨圻《江山万里诗词钞》，上海古籍出版社，2007 年，第 717 页。

[2] 杨圻《江山万里楼钞》卷十。

[3] 见台版《吴佩孚先生集》所附《追忆录·挽诗》。

[4] 高拜石《古春风楼琐记》第三册，作家出版社，2003 年。

除善画竹外，吴氏兼攻梅花，但这已是晚年之事。据杨圻《哭孚威上将军》五律四十首有句称吴氏“画梅师造化，学佛到平安”（《元二十二》），诗后自注曰：“壬申季春，园中海棠盛开，公约太炎先生及余，痛饮花下。是日欢甚，曰：‘今而知隐居之乐也。’公善画竹，而未尝学梅。见圻所作，爱之，因问画梅之法。天资绝人，略经指说，期月大成，自是工梅。”壬申为1932年，可证是晚年在北平时开始向其幕僚杨圻学画梅。吴诗有谓“入冬辄与云史画梅消遣”之题，可证其画梅之勤，终于工夫不负人，而有小成。在中国传统文化中，梅、竹均在四君子之列，皆为品格高尚之文化象征。因此，吴氏由善竹而兼喜梅，形之画中，咏之笔端，也属自然之事。《蓬莱诗集》有吴氏《咏梅》诗云：“此君根骨本来清，寂寞空山更有情。修到梅花尚多事，为谁辛苦去调羹！”（按：《尚书·说命下》殷高宗命傅说作相，有“若作和羹，惟尔盐梅”之言，意谓盐咸梅酸，皆为调和羹汤不可少之作料）。吴持“为谁辛苦去调羹”，正见吴氏以经邦治国的宰相之材自居。吴氏又有《寒溪寺偕方严云史看梅花二首》之二曰：“折得梅花香满衣，溪云山雨送将归。一簑一笠临皋去，十里春江明翠微。”诗境如画，清新可诵。吴氏又有《画梅》诗曰：“盈虚消长凭谁窥，数点梅花微露几。鹊噪偏惊蝴蝶梦，雪深惯压虬龙枝。骑驴孰觅襄阳迹，对鹤我吟和靖诗。指日神州看鼎沸，和羹用汝有为时。”既咏梅，又咏人，实为感时入世之作。又其《题画梅》云：“世乱他乡见写梅，纵横妙墨起风雷。孤标不受金铃护，万萼何关腊鼓催。干老犹龙嘘气旺，枝高有脚带春回。峥嵘头角非凡品，压倒群芳独占魁。”如诗如画，自也可歌可诵。这也说明，诗、画同源，二者相互影响，并促其艺术发展。

平生风谊兼师友

——吴佩孚与杨云史

在吴佩孚军幕中，与吴关系最近的有其生死之交张其锽等幕僚，但这是从政治、军事关系上来说的；若是从其生活挚友来说，论“平生风谊（义）兼师友”者，则当以杨云史（圻）为典型。据陈国安《杨圻年表》[1]1921 年载，“八月，吴佩孚时援川湘军事结束，新组幕府，先生因其刚正磊落，遂为幕友，但，声明不入仕途。在军幕初任机要处长，后任秘书长”。杨圻《哭孚威上将军》即云：“凉秋辛酉岁，仗剑洛阳宫。东井人间聚，嵩高天下中。怜才必知己，从一贵能终。二十年来事，欷歔白发翁。”自注曰：“庚申圻入洛阳军幕，时援川湘军事结束，新组幕府。以公（按：指吴佩孚）刚正磊落，遂怀从一而终之志，声明不入仕途，但为幕友也。”时吴佩孚在直皖之战中大获全胜，任两湖巡阅使，急需人才，杨圻同年潘毓桂向吴氏推荐了杨，于是吴氏诚聘杨圻，礼延入幕。但杨入幕之前声明，只为幕友做事，不为做官而来，以便保持读书人的人格自尊。这与俗世仕途大相径庭。但吴佩孚能理解杨云史的心情，并在其实际相处中予以尊重。故杨氏《幕中杂诗》描绘二人关系云：“幕府非为吏，将军重读书。还从休暇日，文酒赏清虚。”

有关杨圻（字云史）其人生平仕履及其文学成就，另参《江东独步杨云史》一文，此不赘述。军政余暇之时，吴佩孚平生喜欢诗酒唱和，书画自娱；或是登山涉水，欣赏烟霞；或在园

[1] 杨圻《江山万里楼诗词钞》所附，上海古籍出版社，2003 年。

中品茗赏花，流连光景，这类生活都少不了杨圻这个江东“少年君子老诗人”。这只要详读吴氏《蓬莱诗集》及杨圻《江山万里楼诗词钞》即可明白。吴氏《蓬莱诗集》中有《初至黄州走笔示云史》、《赤壁春望书示云史》、《除夕示云史》、《寒溪寺偕方严云史看梅花二首》、《画竹示云史》、《入冬辄与云史画梅消遣会云史生日索画竹赠四绝句为寿》诸诗。而在杨圻《江山万里楼诗词钞》中，与吴酬唱或专为吴作之诗，更是不下数十、百首之多。于此可见吴杨二人生活及文学关系之密切。杨氏中晚年后，随侍吴佩孚近二十年，二人早订生死情谊。

云史甫入吴氏军幕，即以诗谏，其《吴将军自宜昌见招遂西行》云：“将军如有意，第一是苍生。”期望吴氏以百姓民生为重。杨氏入幕从军，并非一般诗酒朋友，而是怀有关怀苍生的济世壮志的目标。又如其《辛酉冬游洛阳入孚威上将军幕赋呈》曰：

> 嵩高峻极耸双峰，万壑千岩尽附庸。
> 四塞河山横落日，二崤风雨过登封。
> 中原人物归羊祜，南国衣冠愧士龙。
> 伊洛涧瀍同入海，万流虽细得朝宗。

期望吴佩孚氏作西晋开国功臣羊祜一般的人物，为统一中国早作准备。这并非谀颂之辞。在上世纪20年代初期，由于吴佩孚一方面发通电支持五四运动，反对投降卖国条约；一面在政治军事上一举击败北洋元老皖系段祺瑞及东北奉军张作霖，一时声誉日隆，中、外人士大多认为吴氏是最有可能统一中国的人物。苏联及共产国际在大力支持孙中山两广政府之前，首先是通过关系找到吴佩孚，希望吴接受苏联支持的条件，即在吴统一中国之后，建立一个受苏及共产国际控制的中国政府，但被吴佩孚一口拒绝。事后，李大钊曾对胡适发表见吴的感想说：“吴佩孚甚可敬，他的品格甚高，只是政治手腕稍差一点。”[2]苏联在找吴佩孚合作失败后，然后才转头去找了南方的孙中山，把苏联军火船开进了

[2] 李洁《失去了的灰墙——李大钊殉难地寻觅记》，载《文武北洋》，广西师范大学出版社，2004年，第352页。

广州黄浦，建立了黄浦军校，于是才有了今后国民党北伐军的胜利。不仅是苏联人看准了吴佩孚，西方英美人也是认为吴佩孚最有可能统一中国。上世纪 20 年代上海英文《密勒氏评论报》主编、美国人鲍威尔（John Powel）曾多次访问吴佩孚，他说，“在这一混乱阶段，吴佩孚比其他任何人更有可能统一中国”[3]。1924 年 9 月 8 日，吴佩孚登上了美国《时代》杂志的封面，成了世界级的风云人物。就在这个时代，杨云史和大家一样，期望吴佩孚统一中国，是出于内心至诚，而不是一般世俗诗酒酬唱的虚伪吹捧。

[3] 李辉《封面中国》，东方出版社，2007 年，第 22 页。

在诗歌及绘画方面，杨圻是吴佩孚的师友。吴氏原是画竹不画梅，后来画梅，是向杨学的，参见本书《吴佩孚咏竹咏梅诗画艺术》一文。人或云，吴佩孚的诗是杨圻代笔的。这是误解。在杨入吴幕之前，吴早有诗，以《蓬莱诗集》中作于 1918 年的《感时》诗，1920 年 5 月 22 日自衡阳撤军北归途中，作《回防途次》等等，大多颇有章法，而气盛言宜。吴氏秀才出身，吟诗作文，并非他人代笔，这是可以肯定的。以吴佩孚之傲兀倔强个性，也不可能要求他人代笔而空取诗名。但杨圻早年就有“江南四公子”之美称（其余三人为元和汪崇宝衮甫，江都何震彝鬯威，同县翁泽芝玉润），诗名早著，是我国近现代诗坛中能够抗衡同光体宋诗派的唐诗派领军人物。因此，吴佩孚在诗歌创作欣赏方面，向杨请益并加雅正润色，当属可能之事。后来杨、吴颇多唱和之诗，吴氏《蓬莱诗集》风格艺术，日受杨诗熏陶影响，渐染唐风，也属自然。

但可贵的是，在诗画艺术之外，吴杨二人感情日深，可谓生死不渝。杨之视吴为能统一中国的儒将，而非一代军阀枭雄；吴之视杨，为品格高尚的挚友谋士，而非一般僚属。总之，二人表面有府主与幕僚的上下级关系，但实际却是相知甚深的生死之交。对于杨诗，吴佩孚很欣赏。在军旅中，他担心戎马倥偬，杨之诗稿可能散佚，因此出资助其刊刻出版，并亲自为杨撰写《江山万里楼诗序》，曰：“吾友云史，江东之秀，佐余戎幕，四年于兹，暇出示诗词一箧，置之案头者三月。气体魄力，直追盛唐，其磅礴郁积，盖皆出乎至性至情者也。是以忧时念乱爱国之言，时时流溢。……诗清真雅正，自成大家。五言卓绝，尤称独步，近人无与比肩。亟宜流播海内以药时病，以挽士风。余故表而出之，序而刊之。”评价很高，不仅在其诗艺，更重其诗外之旨。此序作于甲子（1924 年）6 月之洛阳军次。后来吴氏兵败之后，历尽千辛万苦，入川避难，又途经西北回到旧都北平，杨圻始终相伴。吴杨二人情谊更为深厚，终成生死挚友。1936 年秋，上海小报刊登新闻，诬杨圻私纳富家遗孀，兼在沪贩运毒品，因此获数十万巨财。杨圻自认清高，不屑与辩。但吴佩孚读后，怒火中烧，立即花钱登报，替杨辩诬，此文为吴之亲笔文字。文长不能尽录，只能摘其要者以供观览，如：“按云史学优品端，淡泊明志，公忠正大，念不及私，康南海谓有古名臣风度，而惜其生不逢时；至其文学优长，犹余事耳。昔虽久襄机要，倚界深资，而品节自高，未尝一为官吏，即各省军政首领致送馈赠，皆以幕府不宜结交诸侯为辞，一概谢绝，以迄解职，未受报酬；几经颠沛，欠薪累累，非惟一钱不名，抑且债台高筑，衡之当代，实难其俦。……云史与交游共事，纯以道义相契，非以利禄为谋。……今该报乃以无耻龌龊之事，加诸守身如玉之人，尤其纳奔妇、贩白面各节，稍知自爱者所不屑为，乃以云史之介而为之乎？余今特为之证明，其内眷与内人往来素密，琐屑相闻，最近两载，有如家人，除侧室狄美南夫人外，并无第二人，其境况则捉襟见肘，境其屡空，何来与奔妇数十万之事？在北方，迄未南返，何有在沪经营毒物之事？总之，云史昔在洛汉，苟欲富贵，易如拾芥，然其门如市，其心如水，是不为也，非不能也！而纳人嫠妇，贩卖毒品，丧检败行以谋之乎？该报所载，实属毫无影响；毁谤端人，殊堪痛惜！余交云史十余年矣，知之最深，敬之至切，诚恐杯蛇市虎，淆乱听闻，特为宣布生平，证明剖白，世之论云史者，可以知其为人矣！”[4]辨证之文，不仅证据凿凿，令人信服；而且激情涌于笔端，令人为之感动。吴杨二人之感情，

[4] 见高拜石《根夷颂——杨云史江东独步》，载《古春风楼琐记》第二册，作家出版社，2003 年，第 146 页。

早已超越一般朋友，敬视若家人一般，知根知底，一切无所不言矣。

杨圻之于吴佩孚，更是患难之友，生死不渝。他对吴有犯颜直谏之言，李猷《杨圻传》载，民国十五六年时，吴佩孚屯军武汉，“幕友张其锽有决江之谋，为圻力阻。……圻率然曰：‘决江灌敌乎？……此闸倘决，咸宁七邑皆没，七县之民近千万，敌卒只四千，以四千之敌，而断送七县之人命，毋乃太忍乎！……两方构兵，皆曰救民，今我不救而翻戕民，天下将无恕之者也。”吴纳其谏，自甘败亡，而杨氏始终相随相伴而无离弃之心。吴败于北伐军之手，遁河南，杨有诗《十一月初七余由汉至郑州而吴将军亦由洛至……赋慰将军》曰：“慷慨孤忠泪，崎岖百战功。人心洗兵马，天意厄英雄。一雁长云外，千山落日中。愿言从患难，风雪入鸡公（按：鸡公山在豫鄂交界处）。”时吴佩孚被困鸡公山上，饥寒交迫，极其危险，但杨仍不离不弃。吴氏《初至黄州走笔示云史》自注：“时僚幕星散，惟圻侍左右而已。”于此可见杨之为人。杨和吴《初至黄州呈吴将军》诗有明确表态：“愿共英雄同患难，不须妻子问平安。”其《郑州赠黄参议》又云：“艰难犹恋主，歌哭一登台。”越是艰难，越见其忠义之心。古人有云：疾风知劲草，板荡见忠臣。吴佩孚于1924年秋第二次直奉战争初尝失败滋味时，僚幕星散，各奔前程，但杨圻却在落难海船之中，写下了纪实之诗《榆关纪痛诗》十首，时“十月二十四日黄海舟中作。”诗有长序，叙直奉二次大战缘由经过，犹如诗史一般。如：“车东接晓昏，飞挽动幽州，一雁下秋塞，千人登戍楼。连樯天尽处，万幕月当头。风定旌旗肃，山寒水急流。”描绘两军战前，情景如画。又如“执鞭吾所愿，长揖事英雄”，“前军当劲敌，大盗劫神京”，“班师万家哭，功败更成名”。概述战事历程，一一亲自经历，当然，所谓“大盗劫神京”，指冯玉祥军倒戈回京拘囚总统曹锟一事。诗人是站在吴佩孚立场来说话的，诗序谓冯玉祥国民军驱清逊帝溥仪出宫，“意尤在得皇室财宝”。历史证明，这是道听途说的不实之词。如果冯玉祥将军真的把故宫财宝据为己有，为什么后来能征善战的西北军会以贫穷缺乏军饷枪炮而失败呢？可见杨圻“诗史”之誉，也有其立场视野局限，但却也说明了他对吴佩孚生死与共的真挚情谊。

1939 年底，吴佩孚因不屈于日本侵略者而惨烈死于故都北平。杨圻时在香港，立即作《哭孚威上将军》五律四十首。吴佩孚军衔是陆军上将孚威将军，故云。该诗描绘吴佩孚其人其事，堪称诗史，也可说是以吴氏为中心的北洋军政活动的形象历史画卷。现录若干首以为典型。“征南杜元凯，一鼓下川湘。欲致共和治，何分南北强。讴歌闻梦泽，兵马在衡阳。满腹踌躇志，威名震八方。”“按剑诸侯惧，风光满洛城。建牙尊外阃，假钺事专征。虎视豺狼气，鹰扬燕雀声。敦诗能说礼，大将必书生。”“八月刀镮冷，驱兵山海关。横麾三十万，鼓角满秋山。薄海讴歌起，深宫鸟雀闲。勋名颓九仞，来日大艰难。”“南口班师日，江头铁锁开。洞庭秋水盛，百粤异军来（按：指北伐军）。裘带投壶客（按：指江浙五省联军统帅孙传芳，原为吴之部属），风流亦可衷。”［杨自注曰：“丙寅（按：1926 年）武汉会师，是秋公方督师河北，南口方下，即日回师归汉。岳州已失，战于汀泗桥，孙馨远坐视，遂致败绩”。］“白帝英雄气，荒荒云出门。万方皆跃马，一寺独闻猿。鸟鼠秋相警，风波势欲吞。孤城如斗大，西顾太销魂。”“出郊林壑美，飞盖簇晴晖。一寺杏花发，数峰清雨微。围城幽事少，战地故人稀。举目山河异，登临泪沾衣。”［杨自注曰：“癸酉（按：1933 年）仲春，寇氛正恶。一夕微雨，公与夫人夜约圻夫妇，明日同游西山大觉寺看杏花，明晨晴霁，杏林二十里，花气清润。赋诗摄影，公意甚欢。登其寺楼，可望东陵南口诸峰，风景不殊，怆然出涕。”］“静夜自花发，池台光气微。湿云如雨露，幽草亦芳菲。清昼欲明眼，天香方染衣。故京行乐地，归咏共忘机。”（杨自注曰：“公有著述，必招往商略。或遣僮送示，凡游赏必招圻陪从。瀛台看牡丹，终雪轩看太平花，皆同赋诗焉。”）“武德钦关岳，精忠誓执戈。大防身作则，窃比意如何。举国和戎论，孤城正气歌。生能迟十载，还我旧山河。”（杨自注曰：“平生慕关岳为人，尝以自比。熟精《周易》、《春秋》，频年著《春秋浅解》，提倡五伦八德，尊攘大防。”）“胡骑昏城阙，渔阳尽战壕。燕人惟马骨，秦人似牛毛。夜气黄河冷，秋天太白高。吾谋宁不用，寤寐敢辞劳？”［杨自注曰：“丁丑（按：1937年）七七，芦桥祸作，北平沦陷。公平生戒入租界，外地僚友，劝避津门，不许。屹然不动，谓圻曰：‘苟有非礼，有死而已。’”］“谈笑挥强敌，将军绕指钢。自全惟气节，无欲便坚刚。虎口完三戒，人心恃一匡。盖棺今定论，舆榇太心伤。”（杨自注曰：“公为北方人心所归，居平七年，各方皆思慕拥戴之。公不屈不挠，不为所动。公自立三戒；一不作总统、总理；二不借外债；三失败不居外国，托庇租界。世所称三不主义者也。公在洛时，愤人欲时病贪污，而发以自戒者警人。公重信义，言行不二，一言出口，终身守之，平生三戒，没齿弗渝。世或讹其一为不纳妾，非也。公之三戒，言具宏旨，非关小德。”）“晨兴闻巷哭，万口武侯亡。微疾传疑信，吞声共激昂。如公宜血食，哀我竟心丧。一恸沧波逝，招魂接大荒。”“万古云霄气，君侯姓氏垂。平生感知己，吾道复何之！八表留心史，千秋读泪碑。久要同患难，何以解怀思！”［杨自注曰：“余于民九（按：此杨氏误记，应为民十之年）入幕，至今二十年。从谏如流，恩义久而弥厚，得主如此，此生不虚矣。”］[5]吴、杨二人诗文酬唱，正可见二人交谊由浅入深，最终成为生死不渝的一对至情至性的知交挚友。在见钱眼开、争权夺利而时风浇薄的俗世中，今日仍有一定现实的借鉴意义。

[5] 诗载杨圻《江山万里楼诗词钞》集外诗，上海古籍出版社，2007年，第476～484页。

江东独步杨云史

——读《江山万里楼诗词钞》

清末民初，杨圻虽曾中举做个部属郎官，而政治事业却未有所成，几乎不能引起人们的注意；但若论其诗词旧文学，则在当日诗坛，独树一帜，应说是在近现代文坛中不能不提到的一个人物。

杨圻（1875～1941），原名朝庆，更名鉴莹，后又改名圻，字云史，号野王。江苏常熟人。出身于江南世家。父崇伊，字莘伯，光绪进士，入翰林院任编修，改任御史，外放汉中知府，权陕西兵备道。杨崇伊在御史任上，曾讦告弹劾康梁及谭嗣同等戊戌变法之士，因而在我国近代史上留下了恶名。杨圻的元配夫人李国香，是李鸿章孙女，外务部侍郎李经方长女，也是个善于诗词的女才子，在家与夫诗词唱和，著《饮露词》，见其闺阁之乐。因为家学传统，杨圻所受传统教育相当严格，加以资质颖悟，天分很高，因此年轻时即以文学名动一时，与元和（今杭州）汪荣宝（衮甫）、江都（今扬州）何震彝（鬯威）、常熟翁泽芝（玉润）并称“江南四公子”。光绪二十八年（1902）应顺天乡试，以南元高第中举。曾任户部及邮传部郎中，又

杨圻像

被外务部派任驻新加坡的南洋领事，曾经营橡胶园种植业失败，民国建立后解职家居，直到1919年。晚年则是为人幕僚的军幕时期及避难时期，先入江西督军陈光远幕，因政见观念不合，于1921年转投吴佩孚洛阳军幕。在长期的吴幕生活中，杨吴二人交谊由浅入深，终成生死不渝的挚友。七七卢沟桥事变爆发后，避难南下，最后因穷困潦倒而病死于香港。

杨圻生平事迹，表面平静无波，但其内心世界却是暗潮涌动。他曾以前朝遗老自居，如其《山海关兵败后间关至沪……对影闻声凄然出涕》诗曰："繁华转眼逐香尘，旧恨何如百感新？昨夜故宫仙掌冷，千门明月更无人。"诗作于1924年，对冯玉祥国民军驱逐清废帝溥仪出宫耿耿于怀。杨圻耻事新贵，不肯在民国为官，一方面与其前朝遗老意识有关，一方面又因痛恨改事新朝官吏的贪腐成风。不过，他与企图复辟前清帝制的张勋不同，杨圻并不参加具体的复辟活动。他在南洋领事任上，作为清朝官员，原有取缔海外华侨革命活动的任务，但他对当时的民党领袖孙中山，却不仅未加镇压迫害，反而是暗中加以护持救援。据李猷《杨圻传》载："先是圻任领事时（按：杨任南洋领事为1908至1911年），清粤督派刺客至星（按：即新加坡）以领事馆为庇，其时国父（按：孙中山）适居领馆毗邻，刺客将伺机谋刺。圻诇知其谋，乃密告刺客，设事故发生，汝难逃脱，我为领事，亦必有知情纵容之罪，竟遏其谋。一面通知田桐转请国父出入注意。然圻以领事为清官吏，终未谒国父。事载陆丹林《革命史录》。"[1]他后来站在吴佩孚立场，痛恨冯玉祥的倒戈，视其国民军为赤化赤祸，因冯受苏联及共产国际支持，又同时反对共产党。但在抗战初起时，他困居北平，受制日军，日人为通过他拉吴佩孚下水当汉奸傀儡，逼他表态，询问其对中日事件之感想，圻对曰："余无感想。余为中国人，只知爱国。"（同上）凛然正气对敌酋，表现了一个爱国者的民族气节。"九一八"事变后东北沦陷，他曾撰写《打开说亮话》一文，"劝各党各军合力抗日者也"。又说："今四海焦土，万民浴血，牺牲生命而无一怨言，我家区区财产

[1] 见《江山万里楼诗词钞》附录二，上海古籍出版社，2007年，第689页。

何足道!”[2]只要是中国人，就应人不分党派，地无分南北，奋起杀敌，共同抗日。有鉴于此，他对中国共产党，从反对“赤化”的批判，转为讴歌八路军领袖朱（德）毛（泽东），有诗为证，其《雁门军歌》曰：“斜月西飞渡燕门，枕戈万幕照黄昏。明朝北向弯弓去，三晋云山接五原。”诗作于抗战军兴之时，诗有序云：“自丁丑中秋，雁门失守，寇遂入晋。第八路军抗战年半，寇终不得逞。作军歌谱，以今乐，以赠晋北朱、毛两将军。”还有对于国民党领袖蒋介石，蒋与吴佩孚这个直系军阀，在北伐战争时期是死敌，吴佩孚兵败入川后，蒋仍令四川地方军阀加以追击搜捕，欲置之于死地而后快。但抗战军兴以后，情况改变，为了共同抗日，蒋、吴和好。杨圻站在吴佩孚的立场，同样从仇视蒋介石，转化为讴歌其“人无分老幼，地不分南北，皆有守土抗战之责”的号召，并在临死前，拖着沉重的病躯，在香港集汉代焦氏《易林》句，写成长篇《攘夷颂》一百三十八句，颂前有长序千余言，指出蒋氏领导全国抗战，虽经艰难苦难，但前途光明，中国必胜，以此坚定国人抗战决心。序曰：“盖华夏神胄也，中土大器也，未有承运无本，功德不纪，而以鸡鸣狗盗奄有区宇者也。”又曰：“如秦皇、隋文、魏武、萧梁，有其雄才大略，不知爱民务德，则犹鼎折悚覆，大命立倾……尔（按：指日本侵略者）乃轻浅躁妄，屠杀焚劫，妄蓄开疆辟土之谋，而为残杀掠夺之事，丑德恶性，暴露全球，君子于以知其微矣！……乃欲羁九有之业，膺神明之祚，胡命不辰，天夺其魄。”其观察深刻，体会入微，在日军全盛之日，早已超前性地指出日寇必

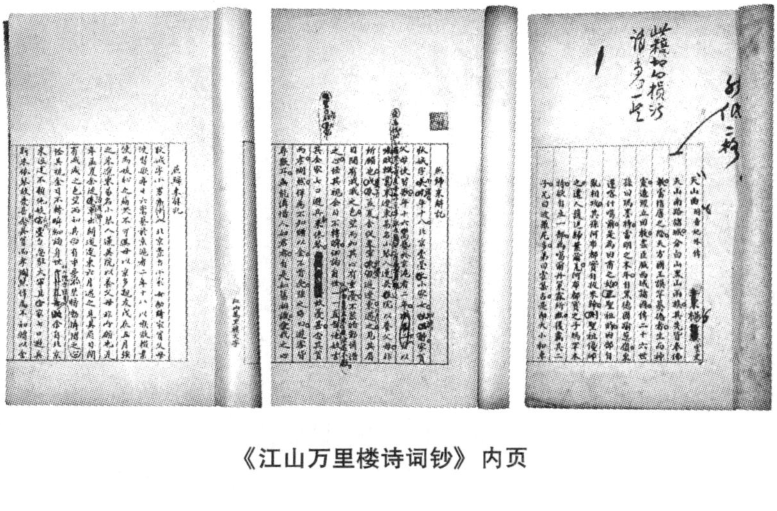

《江山万里楼诗词钞》内页

[2] 杨圻《纪石花林之被焚》诗序，见《江山万里楼诗词钞·集外诗》。

败、中国必胜的前途。其感情真挚朴实，具史诗般的震撼人心之气魄，而根本看不到一个垂亡老人的丝毫衰微颓唐之气。杨氏与蒋，同样是为了共同抗日的目的，“兄弟阋墙，外御其侮”，一笑泯恩仇而化敌为友，成了同一战壕的战友，而见其民族大义。在日寇这个共同敌人面前，杨圻既歌颂八路军的朱（德）毛（泽东），同时又讴歌蒋介石领导抗战，在民族大节面前，还有什么恩怨矛盾不能克服化解的呢？于此可见外貌恂恂儒者的杨圻，实际上胸襟宽广，是个挺直了中华民族脊梁的铮铮硬汉。

对于人民，杨诗表现了对于民生疾苦的真切关怀与同情。如《见近人画细腰出浴仕女肥瘦各一为题两绝》：“可怜如此丹青手，不画流民画贵妃”，“东南民力千钱米，莫写宫中饿死人”。这并非徒托空言，而是有其爱国救民的实际行动的。如1926年，吴佩孚军退武昌，与北伐军对峙，时北伐军某师据洪山，俯击武昌城。吴的军师智囊张其锽（子武）向吴献“决江之谋”，即决江堤闸以遏敌势。杨得知后，正色对吴氏曰：“此闸倘决，咸宁七县皆淹没。七县之民近千万，敌卒只四千，以四千之敌，而断送七县之人命，毋乃太残忍乎？……两方树帜举兵，皆称救民。我不救民，而翻戕民，则天下之人将无恕之者也。”[3]堂堂正正之言，拳拳爱民之心，终于打动了吴佩孚，宁肯自己失败，也不做戕民自保的缺德事。于此可见，杨圻虽是一介书生，但在关键时刻，却能挺身而出，终显本色。谁能说杨圻只是一个复古保守的遗老诗人呢？现实中人的世界观是复杂的，不能以偏概全，而应是多层次多角度地在历史动态发展中加以考察，才能真正理解一个诗人的复杂而丰富的内心世界。

[3] 陈灨一《杨云史先生家传》，见同上，第695～696页。

杨圻诗词刊本，有由吴佩孚出资刊印于1926年的中华书局本《江山万里楼诗钞》十三卷，词四卷。但这个本子，作品最晚的写于1926年。1926年后的作品甚多，1941年七月杨圻在香港骑鹤仙去，其妾狄美男携其《江山万里楼续稿》四册与五子贞祚走重庆，未几狄死，其续稿散佚不知所存。但其续作，已零星见诸报刊或抄本，如1946年连载于《青鹤》杂志四卷五期至四卷二十三期的《江山万里楼诗选》，又有1947年陈文钟抄本《杨云史先生侨港诗文钞》等。今人马卫中、潘虹多方搜集校刊整理为《江山万里楼诗词钞》，由上海古籍出版社于2003年出版，是目前可见的最为完备的本子，可资参阅。

杨圻是近代知名诗人，而不是诗论家。但其论诗，自有主张，故能于近代诗坛主流宋诗派及“诗界革命”派外，另辟蹊径，独树唐晋而拔帜自成一队。其《二月初五晨起吴公游牛头湾马桥村……纪实事也》题下自注曰：“和诗次韵，为宋人恶习，唐贤无和韵者。圻平生未尝为之。”其《寿孙师郑》诗题下自注：“平生不喜酬作，尤不作寿诗，以师郑坚索，偶破例为之。”杨圻虽然不能完全贯彻自己的这一主张，集中多有应酬之作，可见世俗坚冰难以突破，但说明他已认识到诗歌表达真性情的重要。其《与钱仲联教授论诗书》，集中体现了这一诗学思想，如曰：“自北宋已来，咸好用事，近人变本，竟成事用，遂至离诗而言诗，晦涩噍杀，相习成风。不独诗格卑下，而人心国运，亦于此可觇矣。……康南海（按：指康有为）目近代作风为珠钻美人，殊无真色；又目为死诗，为事类韵编。……（仆）平生不喜伪字，诗既不美，尤恶珠钻。尚能不作事类韵编，我行我素，不计工拙，存一真我耳。”这是针对当日执诗坛牛耳的宋诗派（或称江西派）弊端有为而发，是有一定现实针对性的。要求诗中有人，“存一真我”而见其至情至性，这是有道理的。当然，当日宋诗派也另具优势，但在这里，暂不讨论。诗离不了学问之理性，但学问并不是诗。诗中学问太多，为什么不写考据论文而要非要用诗表达呢？这是杨圻的认识和感受。杨圻的诗词创作，一生遵循这一路线走到底而无怨无悔。所以宋诗派的诗坛元老对其《江山万里楼诗》，评价不高甚至不予置评，如陈衍编《近代诗选》，卷帙巨大，但偏偏不录杨诗。于此可见其审美意趣的巨大差别。但杨圻仍是我行我素，走自己的路，诗见真我而自成大家。

在《江山万里楼诗词钞》中，按照诗人自编目录，“甲午迄丙午曰《少年集》。甲午是公元1894年，诗人二十岁（按：指虚岁，下同），丙午是公元1906年，诗人已三十二岁。但翻阅作品，今集中最早见的是其《檀青引》诗，作于光绪二十三年丁酉岁（1897年），诗人二十三岁。据此推测，对于自己年轻时的作品，诗人因其不成熟而有所删落。但其《檀青引》一诗，不仅不幼稚，而且以其顽艳凄然之风，抒感时哀世之旨，婉而多讽，醞藉有味，文采斐然而见其少年心性，以此而名动诗坛。其歌行诗艺，仿效中唐元（稹）白（居易）长庆体，如《连昌宫词》、《长恨歌》、《琵琶行》之类，又借鉴了清初“梅村体”，但却内容充实，具时代气息，以情驭文而辞彩绚烂，感动了天下士子。诗写咸、同年间内庭供奉昆曲第一名伶蒋檀青由盛转衰的一段人生经历，其得意时想起了“北海当年侍至尊”的情景：“太行北尽仙园起，灵台缥缈五云里。……妆楼明镜云中落，别殿笙歌画里来。”“三山清月照瑶台，夹道珠灯拥夜来。一曲吴歌调凤琯，后庭玉树报花开。……太液春寒召管弦，官家小宴杏花天。昭阳宫里春如海，五鼓初传燕子笺。……南府新声妒野狐，升平独赐龟年俸。”而沦落之时，却别是一翻景象：“玉泉山下少人行，琼岛春阴水木清。独有渔翁斜月里，隔墙吹笛到天明。繁华事散堪悲恸，玉辇清游忆陪从。明年重过功德坊，梨花落尽柳如梦。……檀板红牙今落魄，寻常风月最销魂。”此诗不仅写个人得失，世态炎凉，更是写出了一代兴亡的历史。当时著名诗人易顺鼎曰：“煌煌巨制，包罗一代掌故，可作咸丰外传读。《长恨歌》、《永和宫词》并此鼎足而三，称之诗史，洵无愧色。……张长沙（按：指张百熙）谓‘江东独步’，良非虚誉。”又曰：“清圆妩媚，绝代风华，梅村再世。”“情词哀乱，音节凄凉，令人低徊欲绝。”于此可见杨圻才华，年轻人一出手，即京师纸贵而一举成名。后来，诗人继此续写许多长篇七言歌行古诗，如《金谷园曲》、《天山曲》、《长平公主曲》等，无不名动一时，竟相传唱，艺术日趋成熟，当日谓其“江东独步”，不以为过。每首诗前都写有长序，说明写作缘起、创作经过及其体悟反思，故易顺鼎称之为“诗史”——即一代生活的形象历史画卷。如《天山曲》诗数千字，借香妃故事，写历史兴亡，自有七古以来，无此鸿篇巨制。诗开篇曰：“玉门风雪拂云鬟，一曲刀环破虏还。上将功勋开朔漠，美人幽怨念家山。盛朝甲子贞元颂，八表澄清车书统。圣明天子太平年，瀚海乌梁修朝贡。”颂乾隆十大武功，开疆拓土，神采飞扬，暗讽清末民初乱世，军阀混战，而列强环伺，古今治乱形成了鲜明的反差，其悯时忧世之心，跃然于诗外矣。其诗或声大力宏，或苍凉哀怨，或一唱三叹而扣人心弦，或缠绵悱恻而令人低徊长叹。故吴焘有跋语评其“以文作诗，以诗作史。气体如长江大河，音节如鹃啼猿啸。明丽则秋水为神，情韵则行云无迹，一气贯注。……以龙门（按：指司马迁）之史笔，太白之仙才，少陵之学力，温李之藻艳，合为一冶，自成大家。复取摩诘（按：指王维）画中之神，以写湘灵弦外之怨，当使白傅、梅村，一齐拜倒，绝代江山，夫岂过誉?”溢美之词在所难免，但是操斧伐柯，取则不远，所言大致不差。七言歌行古诗，成了杨圻影响很大的诗体。后来如樊增祥《彩云曲》《后彩云曲》、王国维、张鹏一等的《颐和园词》，大多受杨圻《檀青引》影响而争先辉映，引领了近代旧诗坛中仿长庆体的诗歌潮流。

但比较而言，杨圻于五言尤下工夫，如杨士骧《江山万里楼诗钞跋言》所称，谓其“语必惊人，言皆有物，诗格一变矣。清雄典雅，直逼唐人，五言尤多名句”。钱仲联《近百年诗坛点将录》亦比之为“天立星双枪将董平”，评其诗为“近代学唐而堂庑最大者”。公认杨是近现代唐音的领军人物。如年轻时的诗作《剑池铺投宿》：“隔水寻径归，幽花开涧中，月明敲茅屋，犬吠春山空。”明显仿效王维。但如《洋县谢家山谢处士舍留别》：“野屋峰间筑，梯田天半横。隔云闻水落，过雨见人耕。乱后知何世，闲中过一生。为烧菰米饭，邀我说神京。”“清江流绝壁，一曲抱村斜。老去犹能饮，春来遍是花。山光明酒店，雨色入贫家。不到襄阳市，庸知换物华?”明显摆落模仿痕迹，而渐入化境，具唐音风神矣。又如“暮潮生细雨，绝壁起闲云”（《京口遇范肯堂先生》）、“边楼两行雁，夜雨万重山”（《寄秦中故人》）、“春色烽烟里，江流雨雪中”（《江楼约子才饮》）、“暮潮吞短笛，江草带孤舟”（《雨中登京口城楼》）、“小县春偏早，今年花更肥”（《得幼儿丰祚贞祚家书》）、“梅枝寒带雨，山色晓生春”（《岁暮回里早春又入洛》）等，名句尤多，而无不情景交融，如诗如画，音调响亮，早已刊落仿唐之迹，而自臻高境。说杨圻专唱唐音，不是说他只学摩诘（王维），实际上，他早年从晚唐温（庭筠）、李（商隐）入手，惊艳才华，轰动世人。但壮年后人生阅历加深，学王（维）孟（浩然）而得其韵味；羡李白而与之有古今对话，见其《浔阳梦李白》诗附记，诗有“宁知李太白，乃识杨圻名。吾从子美后，而闻謦欬声”之句，记中李白谓诗人曰：“我知君诗，君与我语，何古今为?”故杨诗有浪漫气息浓厚而神采飞扬者；学杜甫则见其拳拳忠义爱国之心，如其《谒杜子美墓》诗曰：“邈矣开元事，悲哉契稷臣。艰难生乱世，忠厚作诗人。得意洗兵马，输公及见身。壮年夸献赋，今古一伤神。”“公诗学者众，几辈似公诗？天性皆文字，平生但乱离。于今多寇盗，嗟我亦岖崎。独立情何极，青山满偃师。”题下自注曰：“偃师县北五里首阳山下。”杨圻在军阀混战中漂泊大半生，抗战中老家石花林被日寇焚劫为墟，故诗步老杜后尘，故其《书工部集》诗曰：“哀歌答君国，异代不同时。宇宙何多艰，风流我所师。”缅怀杜甫，得杜诗忠义爱国之髓及其现实精神。同时，杨圻又着眼于白居易诗，其《香山吊白太傅墓》曰：“九老香山尚有堂，风流儒雅总堪伤。诗人际遇今何世，肠断江东杨野王。”凭吊白傅，学其新乐府的现实精神，而多悯时伤世同情人民疾苦之篇。如《农夫》曰：“乱余民益枯，兵后国益虚。能吏千百来，聚敛尽锱铢。崇朝得百万，笑谓财赋区。东菑有农父，辍耕泣田隅。告余官如篦，不如盗如梳。……天下在民心，况当建国初。愿以贡当道，慎勿嗔言迂。”得白诗现实关怀之心。又其《独归叹》，写战乱中诗人憔悴奔波的困窘，曰：“黄河春色来，游子惊异乡。久困郑虢间，令我鬓发苍。愁病攻其短，谋略惭有匡。中原生芳草，战马杂牛羊。忽哀江南春，军中忆草堂。长揖辞豫州，东归道阻长。……徘徊明镜前，夙昔耀新妆。于物亦可爱，一一摧肝肠。……我生重贫贱，所失悲糟糠。常惧富贵至，富贵悲莫当。忆昔出门时，携手登河梁。同出不同归，思君入膏肓。谁其伴君子，慰此门户伤。生还意转苦，不如死战场。”师杜《羌村三首》，但物是人非，夫妻人鬼两隔，其悲何如而痛断肝肠，以诗人一己之亲历，写人间战乱之苦难，真诗史也。诗写衰乱之世，其声哀婉慷慨，有似古人，不期而然。

杨诗另一影响较大的是他的悼亡及艳遇之诗。杨圻如吴佩孚所说，是个“少年公子老诗人”，至情至性，贯其一生。因此，其诗于男女情爱方面，所写尤多，因此以“风流小杜”之名而流播人口。但应予说明的是，杨圻于婚姻，虽多次结婚，但皆为两情相悦，彼此倾慕，而绝无虚假之心。其元配夫人李国香（字道清），李鸿章孙女，生于名门，慧通诗词文翰，《江山万里楼诗词钞》后附录李国香《饮露词》，杨圻有序曰：“嗟乎！月圆则蚀，花好则落，于是乎我夫人死矣。……夫人以光绪庚子正月卒于京师，尝忆夜饮归来，春雨满衣，夫人亲为我易之。剪烛花掷地，布棋局曰：‘当与君遣此无事之时。’因赋《菩萨蛮·博山香定烟丝直》一阕。乙未初秋，夜宿西湖之曲院，月出波上，清露有声，藕香徐来，夫人喜，推枕而起，赋‘水榭烧香云满天’一阕，又《菩萨蛮》一阕。……由今思之，真事已成陈迹，坠欢不可复拾。开卷展诵，人亡声存。五衷恻怛，不能已已。且夫人容端庄，性凝重，不类其文，无夭理。”少年夫妻，情真意笃而无端夭折，能无痛乎！直到李夫人死后十年，杨圻有《八声甘州》词一阕加悼念，其序曰：“己酉正月二十九，梦得句‘闲杀流莺外，雨榭风楼’。是日为亡妇道清忌日。日月如流，忽忽十年矣。倚《甘州》一阕。”词曰：“一回头往事总悠悠，闲来费追求。算眼穿肠断，花开花落，十度春休。故国春寒万里，昨夜五更头。闲杀流莺外，雨榭风楼。□□□旧日潘郎踪迹，问人间消息，依旧飘流。只年年寒食，海上寄遥愁，正伤心单衣试酒，看铜街歌舞不知愁。家何在，怕听归去，又怕淹留。”时人评曰：“深情绝世，哀曲感人，读之黯然。”

1903年，杨在京师又娶继室徐檀，字霞客，也是一个大家闺秀，是前护理漕运总督广东按察使徐仁山（文达）之女。二人共同生活了二十余年，夫妻感情甚笃。南渡南洋，北寄洛阳，或家江南，徐氏大多陪伴夫君度过艰难日子，最后霞客于1925年卒于江汉军幕。霞客生前，夫妻唱和，其乐何如。杨有诗《霞客绮年时有端丽之誉，既归余，京师王妃贵妇争交欢之，今虽老，我固及其姣且好，昔人誉妻语也。书题二十年前为新妇时照片》：“骑鹤扬州漫自夸，风流何逊昔为家。自媒早已疑温峤，誉妇曾闻必丽华。为我画眉调彩笔，凭君索笑种梅花。廿年飘泊今何世？不问琴书问酒茶。”又《题霞客昔年宫装鞓红午卧图》曰：“云鬓星眸入画身，少年夫妇太平春。儿孙不识朱颜老，笑指含章殿里人。”可惜时间流逝，好景不长，而赋悼亡，徐夫人死于探亲军幕之中。杨有《悼亡诗》十余首，诗有序曰：“霞客夫人于三月来岳阳视余疾，八月染疫，晦日卒。殓毕，余即从吴公起义军江汉。戎马之间，悼痛弥甚，私谥曰怀夫人，撰《谥妻记》。”现录其首、尾二首以见其情深如海，诗曰：“楼船江下气如云，永诀声凄不忍闻。戎马书生真薄幸，盖棺明日便从军。”（杨氏自注：“七省联盟拥戴吴公再起。夫人晦日卒，九月初二大殓，初三余从吴公行。盖棺而别，殆非人境。”）又：“岂有秦嘉赋悼亡，漫云荀令已伤神。求凰绝调休重理，此曲闻之我断肠。”凄然欲绝，有过潘安悼亡。后其《悼亡诗》与其《谥妻记》，合刊为《云史悼亡五种》，可见杨氏于夫妻衷情，终生铭刻，以资纪念。

杨圻中年丧妇，悲痛之际，正处于感情空缺时期，这时在他的生活中又闯进了一个女人，她就是当时江汉名妓陈美美。杨陈恋情，在文坛掀起波澜，誉之者称其“风流小杜（牧）”，贬之以维护名教者则斥之为“娼门才子”，评价绝然相反。其实，在清末民初已来，醇酒美女，几乎与文人才子不脱关系，当日诗坛风气如此，杨圻也不能免俗。杨有唐风，召妓诗酒酬唱，事很普通。但与陈美美，却是一见钟情而坠入情海之中。杨有《赠陈美美校书》，序曰："美美，越之诸暨人。深情玉貌，接之温温。自言所遇艰苦，再坠平康，缅诉身世，令我意消。丙寅客汉皋军次，上元之夕，张饮酒楼，坐客逾百人。群绳其美，乃召之来。他日向余求诗，为赋四绝。"所谓"校书"，对于女性而言，指妓女群中文化水平较高层次者。诗曰："苎萝山下水流花，郎忧从军妾浣纱。君问前身歌舞地，馆娃台殿是侬家。""五铢衣薄试东风，楼馆飞惊舞袖红。艳色如卿犹未嫁，三千粉黛入吴宫。""自言不解说相思，今日逢君怨见迟。生长苎萝山色里，还从苏小问西施。""皓齿明眸怨未休，共怜身世不胜愁。独眠人睡无消息，一夜春风吹画楼。"后又有《美美请画红梅屏幛春雨彻夜为绘四幅兼题八绝句》诗，有句云："云护屏山吹雨丝，玉人相并弄胭脂。江郎彩笔狂犹昔，画了长眉画折枝。""睡醒罗浮三两枝，看花最好未开时。总数堪折不须折，留与东风好护持。""春来心事惜芳菲，花满江城酒满衣。一自新诗传万口，家家红粉说杨圻。""湖海元龙万里身，掉头四顾出风尘。近来英气消磨尽，只画梅花赠美人。"如其《留别美美》，杨自注曰："八月望日陷敌中作"。序曰："去岁从义军起江夏，军事繁赜，值丧耦寡欢，眠食俱废，悒悒若失。今春（按：指1926年）美美侍我晨夕，得二百日，疗愁劝酒，亦足为欢，无裨离仳之悲，稍解羁旅之苦，是可念也。今别矣，能无黯然乎？重来崔护，未必桃花，从此萧郎，顿成陌路。美兮美兮，幸善自爱，毋念薄幸司勋为也。"诗中有"年来海内尽知卿，惭愧风流小杜名。醉不成欢行不得，画楼秋雨到天明"之句。其他如《折柳曲》、《踯躅词》、《无题》、《三月半阿美席上有感》、《杂诗四首》、《沉醉》、《滨行阿美再索画梅为题四绝 》诸诗，无不为美美而作。如"美人一去风光晚，啼乱黄莺春不知"（《折柳曲》）、"半夜入门人已醉，手扶花影下雕鞍"（《踯躅词》）、"我醉欲眠君莫去，满楼江月不开门"、"不脱江南名士气，玉人纤手煮云团"（《无题》）、"幸有玉人同在客，为怜游子已无家"（《三月半阿美席上有感》）、"何因软语甜如蜜，皓齿无声嚼荔枝"（《清夏休沐日小饮赠阿美》）、"醉倒玉人推不醒，醒来公子已凋冰”（《杂诗四首》）、“平生热泪黄金价，只赠英雄与美人”、“枉负才名倾粉黛，风流两字太魂销”、“罗浮以外非春色，从此杨圻不画梅”（《滨行阿美再索画梅为题四绝》），句句香艳入骨，动人心魄。但与一般的世俗艳诗不同，杨圻赠阿美的情爱诗，“乐而不淫，哀而不伤”，情真义厚，两情欢悦，互说相思而慰藉彼此受伤滴血的灵魂，这能说是“娼门才子”的戏弄人生吗？这类艳遇情爱之诗，风流不减杜牧，温婉堪比温李，而情真之处，过于元稹《会真诗》多矣！据高拜石《攘夷颂——杨云史江东独步》载，“自从徐夫人死后，云史钟情美美，趣闻颇多，垂老言情，更饶绮思；美美固也不俗，吴秀才（按：指吴佩孚）败衄之后，栖栖皇皇，杨也频年颠沛，无力迎美。……旋美美嫁给一吴姓画士，杨也纳狄美南（男）为篷室（妾，姨太太）。三四年后，回到上海，那时美美适赋仳离，踪迹到杨的寓所，狄美南（男）款待殷勤，二人相见之下，人面桃花，俱各无恙，而飘零细诉，无限伤感。”[4]这就为近现代文坛，留下了一段情挚意真的风流佳话。

[4] 高拜石《新编古春风楼琐记》第二册，作家出版社，2003年，第144页。

其妾狄美男，诗人也一样钟爱。其《辽海清明有感》序曰：“梅花开时，姬人狄小男坚劝还江南，以金尽不果，许以二月南下看花。暮暮之初，家山花事正繁，思乞假一月扫墓春游。复以久客无力成行，塞上清明，虚度佳节，相与感叹，好春红袖，孤负奈何！”于此可见其对狄美男的感情，“好春红袖，孤负奈何，”情溢于辞。《四月十四即宿园中入夕月出湖上小男（按：即狄美男）移茶石栏》有句曰：“莫辞红袖冷，共此玉壶清。”夫妻共品春茶，伉俪情深。并不以姬妾卑贱而轻之。据陈国安《杨圻年表》载，1937年卢沟桥事变后，“遣姬人狄美男阻吴佩孚出任傀儡”，其事关系国家兴衰，何其重要，一方面可见狄美男机智胆识不让须眉，另一方面见诗人对其信任倚重。又，美男在香港服侍陪伴老病的杨圻，并在其死后而香港即将沦陷时，携杨圻《江山万里楼诗词钞续集》手稿，间关万里而北上重庆，不久即卒。据高拜石言，“狄美男在料理（杨圻）殡葬后，也仰药以殉”。虽事出传闻，但可证杨之于狄，一样爱挚情深，并无一点虚伪之态。

杨圻一生曾与多位美丽女性发生关系，每一次都是真心的爱，爱得死法活来，这才是一位至情至性的杰出诗人。

《冯玉祥日记》中的吴佩孚

在北洋军中，有两个最为能征惯战的骁将，一是吴佩孚，一是冯玉祥。吴、冯二人所率领的部队，堪称直军中的劲旅。吴氏依靠北洋陆军中最精锐的第三师起家。由于吴的整顿治理，第三师南征北战，东征西讨，在 1924 年底第二次直奉大战前，号称战无不胜，攻无不克。师长吴佩孚循次从第三师师长，升至直鲁豫巡阅使，但仍兼任师长位置不放手，可见这支部队对吴的重要，简直成了吴系直军中的禁卫军，以此强大实力威慑他军，谁敢不服呢？但是，直系内部，真有不服者，这就是冯玉祥。冯氏原为第十六混成旅旅长，后扩编为第十一师师长，冯治军严明军纪，刻苦训练，使部队战斗力大大提高，后冯升至陆军检阅使，仍兼师长。后来吴佩孚的失败，原因很多，但是冯玉祥对他的反抗，却是导致他直接失败的关键原因。直系数十万大军中，如果吴、冯能够团结一致，兄弟同心，其利断金，其胜利希望大增。但遗憾的是，吴、冯二人却从相助相携，化为相互猜忌的敌手，直系军败，也是早晚之事了。打败直军的并非因为奉军强大，而是因为直军的内斗，这也说明了堡垒最容易从内部攻破的道理。冯玉祥《日记》中对吴佩孚的性格、能力和为人，以及他失败的原因，均有所记载和分析，作为历史资料，颇有参考价值，故摘录若干以附后，并略加

冯玉祥日记

分析以供参考。

冯玉祥(1882~1948),字焕章,族名冯基善,玉祥是他参军后所改之名。安徽巢县人。出身家境清寒,入学不够一年即辍学,干活以补贴家用。从军后,冯氏依靠自学成才,从哨官、管带(相当于营长),升至第十六混成旅长,第十一师师长,成为他起家的资本。1924年第二次直奉战争时,在直军内部反戈一击,发动北京政变,囚禁总统曹锟,并把满清小皇帝溥仪赶出故宫。又将其部队改编为国民军,自任总司令。1926年脱离北洋政府系统,参加国民革命,1927年与北伐军南北夹击,会攻吴佩孚直军,把吴逐出中原,致吴落难四川。冯部原属直系,冯是吴氏下属,吴对冯的能力、抱负或野心,有一定的了解,但因冯非其嫡系,加以猜忌和歧视,无形中已把冯逼到了自己的对立面。最后导致了冯对吴临陈倒戈的"背叛",成了吴佩孚的克星。吴佩孚由于对冯玉祥的轻视、蔑视,被仇恨遮盖了眼睛,犯了两次致命的大错,以致一败再败而不可收拾。第一次是1924年九十月份的第二次直奉战争时,第二次是1926年进攻南口的冯部国民军。1922年第一次直奉战争时,直军大获全胜,冯玉祥以陕督身份,率军进入河南,大破豫督赵倜,从而稳定了直军的大后方,因此功劳而改任河南督军,但吴对冯始终不放心,不想给他地盘,于是把冯的豫督撤去,改任陆军检阅使,调驻北京南苑,有名无实,明升暗降,早已令冯咬牙痛恨。但因自己实力不足以抗吴,机会未到,所以冯氏一直隐忍而不露形色。等到1924年第二次直奉大战时,吴佩孚兵分三路,任冯玉祥为第三路军总司令,但又派王承斌和胡景翼监视冯。这种内部相互监视的特务行为,岂能瞒过冯玉祥?于是冯反过来做非吴嫡系而受其歧视的直军诸将工作,如孙岳(曹锟总统卫队旅旅长)、胡景翼(原陕军第一师师长),甚至是讨逆军副总司令王承斌,也与冯暗通声气,但吴却蒙在鼓里。故冯一倒戈,吴的直军即军心动摇而有崩溃之势。当时吴佩孚正在山海关前线与奉军主力苦战,收到冯叛变的电报,只因仇恨冯玉祥,竟全然不顾前线两军胶着状态急需指挥,反而把指挥权交张福来,自己抽调第三师等锐卒八千,连夜赶回京津,准备一举消灭冯玉祥。吴氏一离山海关前线,张福来岂是张作霖的对手?直军立即全线崩溃;而吴佩孚也小瞧了冯玉祥,反而被早有准备的冯部击败,包围在天津,只能丢兵南逃,成为孤家寡人。在军事上,吴因冯的“背叛”刺伤其神经,被个人仇恨的情绪所蔽,而不顾他人谏言劝阻,做出了一连串违反常识的军事决策,致使直系全军覆灭。这是第一次大错。

第二次大错发生在1926年。当时由于南方军阀孙传芳、赵恒惕、萧耀南等的支持,吴佩孚东山再起,成了十四省讨贼联军总司令,声势复振。其所谓“贼”,原指奉军张作霖。当时冯玉祥国民军,也表示愿与吴佩孚合作讨“贼”,联直攻奉,在冯的运动下,奉军郭松龄率精锐倒戈;直逼奉天,把张作霖已逼到绝境。这时,如果吴、冯联手攻奉,张作霖必败。但在此关键时刻,吴佩孚又是刚愎自用,不顾靳云鹗诸将谏阻,因为个人极端仇恨冯玉祥对自己的背叛,把“贼”突然改为冯氏,又把基本战略改为联奉倒冯之战。如此对待战略战术,儿戏一般,岂能不败!这就让张作霖死里逃生。当时,吴佩孚率主力北上,与奉军会攻国民军重兵把守的南口。双方死伤惨重,吴虽取得一时胜利,但不听参谋长蒋方震(百里)等人良言劝阻,南北两面作战,态势极为不利,而且他把主力北调,南留少数杂牌军,完全轻忽了南方战线北伐军的进展。等到北伐军兵进湖北时,吴佩孚才匆忙率疲惫之军南下阻击,为时已晚,终于在武汉战役中主力被歼,败退河南,又受冯部国民军攻击溃败,只能入川避难。吴佩孚完败于冯玉祥,从此再无翻盘的机会。吴氏以个人感情,不顾众人劝阻,突然改变战略战术及主攻方向,根本违反政治及军事规律,怎能不一败涂地呢?总之,在吴佩孚的一生中,冯玉祥是他的克星,这是历史的事实。从此,吴佩孚终其一生,对冯玉祥不原谅,他不仅把冯玉祥视为拿苏联卢布的“赤党赤军”来讨伐,与垂败求生的奉张联合发动讨赤反冯之战,而且后来又鼓动蒋介石国民党反赤化,除了对付中共外,其中又包括了受苏共与中共支持的冯玉祥。吴对冯的“背叛”自己耿耿于怀,而不自我检讨反省,这就坏了他的根本大事。

而冯之对吴,曾是针锋相对,予以批判反击,但在吴因拒当汉奸而殉国后，冯对其克保晚节，却加以颂扬。冯对吴的认识，从批判到最后肯定的唁电，有其发展过程，读冯氏所著《冯玉祥日记》，自有形象的认识。日记之作，原属个人隐私，并非供人阅读之用，因此大多发自内心，感情比较真实，所叙也多是个人亲身经历，因此较有参考价值。但后来有的名人、要人，写日记成了一种时髦，已隐然准备以后公布于世，供大众阅读，因此在写日记时，有时又会有所选择或隐讳，对己对人，是否有所偏颇，读者当自根据实际加以辨析。

在《日记》中，冯对吴佩孚的治军才能是比较认可的，甚至可说是钦佩而加以学习。如1921年10月24日载："吴佩孚胜安福系之后，在洛阳练兵，早提灯而出，晚提灯而归，每日如此。故此次一举而平川、湘。"又1921年11月13日曰："下午一点，集合两营官长讲话。略谓兵贵精而不贵多，将在谋而不在勇。吴使（按：时吴佩孚任直、鲁、豫巡阅副使）以第十二混成旅一团之众，横行川、湘，兵精而将有谋故也。"对于吴佩孚的刻苦精神、严明练兵，及其重视战略战术研究的"将谋"，多有惺惺相惜而予夸奖学习之意。另外，对吴氏严明军纪以提高部队战斗力的做法，也很赞扬。如1921年11月25日载："对于吴使之军律，若杀降、走火之类，要常常与目兵讲解。吴使在观音堂设有检查所一处，凡军人之来往者，必严加检查，其携有烟土者，即焚之。当告知兵目，对家中来人，回家时慎无令带烟土。"的确，吴佩孚的洛阳练兵，严明军纪，对于当时的北洋军队来说，是一件颇为新鲜的事儿。王希亮《吴佩孚全传》就说："他（按：指吴）在练兵之时，常以岳家军、戚家军'冻死不拆屋，饿死不扰民'的军纪，以寡击众，以少胜多的战术，以及敢打拼、不畏牺牲的精神的范例，生动活泼地讲给官兵们听，受到官兵们的欢迎。"[1]就连吴的死对头奉军首领张作霖，在1923年整军经武以图报复时，他在夏天"观看了上海大陆公司拍摄的吴佩孚洛阳练兵实况，不禁大为震惊。在吴佩孚'冻不拆屋，饿不扰民'的纪律规范下，直军训练有素，士气高涨，其装备也较此前大有提高"[2]。张作霖之言，虽在冯氏《日记》记载之后，但所写同是吴佩孚洛阳练兵纪实，这说明冯为事实所折服，对"吴使"的治军方略有赞扬与表示学习之意，是

[1]第271页。

[2]杨帆《中国军阀的最后结局》，华文出版社，2010年，第280页。

发自内心的佩服。其实,不仅是中国人,即使是当时的外国人,对吴练兵,也是好话不断。如当时苏联总参谋部学院院长格克尔,是个不折不扣的军事行家,他亲到洛阳看过吴的练兵后告诉越飞,越飞即以密电送斯大林,电文曰:“(格克尔)从吴佩孚那里回来了,说从未见过这样完美的军事秩序,操练和训练比赞许的还要好。”[3]但是,中外诸人的一片赞扬声,都落在了冯玉祥之后。可见作为军事家,冯氏真正懂行。

[3]李洁《文武北洋》,广西师大出版社,2004年,第159页。

对于吴佩孚所率第三师的战斗力,《冯玉祥日记》于1922年6月19日载:“五点,集合排长会餐,讲话如下:……五,吴使之师退而复上,其援兵至而尤不用,其沉着之精神似应效之也。六,第三师可贵之处就是散而能复合。”1923年2月22日载:“是知治兵要有恒,要持久,为第一要义。我军出潼关时吴子玉言:先令敌人打两天,然后再打。亦是此意。”表示学习第三师精神之意。1922年7月2日又载:“七点三刻,与吴巡阅使乘汽车赴其公馆谈话。……下午六点,赴三师营长以上官长宴,席间余言如下:一,前在武穴、廊坊、湘西等地各种情况,可谓尚好,然微大帅巡阅使(按:指吴佩孚)维持其中,今尚不知漂落何所。谌家矶之援蒙故事将敝军炮兵一营、机关枪两连提出北赴,为肢解十六旅之初步也,然大帅终将抛入河中之人救出。今者直奉之战,即共和国男儿讨卖国贼也。……三,今又任命余为督军,督军之覆辙如张敬尧、赵倜、陈树藩等,尚不在远,是以吾非常恐惧。四,吾愿大帅以玉祥为十六旅之冯玉祥,勿以吾为河南督军之冯玉祥,则余所受裨益,仍深望于大帅及各位正多。”按:因是在吴氏三师的讲话,故一再提起昔日吴对冯之十六旅的关照、提携及救助之恩。1918年皖段政府令冯率第十六混成旅援闽,冯同情南方孙中山方面,屯军武穴,迁延不进,被段祺瑞免职,经曹锟、吴佩孚转圜说情,劝冯开赴湘西,不仅取消处分,而且被提为湘西镇守使,算是一方小诸侯了。冯在常德,吴在衡阳,又以主和反战,声气相通,桴鼓相应,曾有过一段密切合作的蜜月时期。故冯氏之言,在吴、冯二人矛盾尚未激化之时,虽为即席应酬而发,但也事出有因,确为事实。于此见冯仍希望与吴合作，得到他的帮助，以发展自己。至于说到自己不想当河南督军，则不是真话，而是既定事实后的漂亮话，虚让一通，上峰又岂能真把他已经戴上的督军帽子拿掉？这个河南督军，是冯氏历尽千难万险后得来的，是其梦寐以求的官位，从此有了自己的地盘，岂能轻易让掉？冯说漂亮话，吴心知肚明，当然不会当真。但冯当河南督军后，说自己“非常恐惧”，其心理也有真实的一面，后来被他不幸言中。后来吴冯二人矛盾激化，不久后，吴即以明升暗降之法，把冯玉祥的河南督军官帽拿掉，升为陆军检阅使这个有职无权的位置。冯的实权被夺，能不恨吗？于此又可见吴对冯的能力、野心，早有认识和防范，二人后来矛盾激化，坏了直系大事，也是必然的。但在吴冯二人公开摊牌以前，冯仍说了吴的许多好话。如1922年7月4日《日记》载：“吴巡阅使虽细微，事亦必讲究。”9月13日载：“五点半，集合营长以上官长讲话如下：一、奉天整军经武，宵衣肝(旰)食，……其处心积虑，不过为杀吴佩孚耳。大祸将至，国亡在即，良可惧也。……九，祭关岳前，须对目兵明白讲解，使知如能为国捐躯，后日亦当有人为吾等建像纪念。”可证第一次直奉战争中，冯氏虽对吴渐生意见，多有矛盾，但在大方向上，仍与吴基本保持一致。其中，包括战胜奉军后，直系曹锟急于通过贿选当上大总统事，冯的态度，与吴一样，基本持反对态度。如1922年9月26日载其与吕道尹谈及常师曹旅之事，说：“曹巡阅使犹坐在将燃之车薪上，吾正预备缸水为之施救，彼敢保心腹不为仇敌耶？请转陈曹公，宜居安思危也。”又10月8日载：“选举将来，不可逆料，且曹、吴亦无作总统之能力。”“此次选举，曹、吴不合谋。”1923年5月30日载：“吴佩孚要用武力削平四川、广东，拥曹为总统，恐非易事。余自始即反对之。”6月20日载：“吴巡阅使对选举事亦着急。……大家都言曹巡阅使不好，究竟曹之坏处何在？”10月4日载：“颜惠庆与吾言，徐世昌上台，费八百万，一国元首，竟可用金钱买卖，国家焉得不坏？吴佩孚来电云，十月十日宪法不公布，大选必不成功，届时必有相当办法。”“余言以吾观之，十月十日大选成，而国家之大乱即至矣。”但曹锟作为直系的第一领袖，贿选之意已决，令吴、冯二人亦无可奈何！只能被曹连累，被绑上战车，一道从胜利走向灭亡！但二人反对贿选，各具高见卓识，如冯谓“十月十日大选成，而国家之大乱即至矣”，对生活的辩证法认识很深，一旦贿选成功，曹当总统，则为万众注目，其德其才，又何以堪？这是自己把自己放到火上烤啊。但曹锟偏不安分，自取其咎，却也无可奈何！吴氏反对贿选，曾讲道理反复开导曹锟，偏在这件事上，曹是油盐不进，吴氏因其新忠君论，难以背叛，而只能勉强帮衬修补。曹氏能力不强，又喜敛财，但为人尚称宽厚，吴佩孚因此劝他搞部宪法，帮他请了若干宪政专家，拟定了一部中华民国宪法，想要让曹锟这个总统受到一定的法律制约而不会胡乱行事，吴可谓用心良苦。曹锟虽未曾受过正规教育，学识庸浅，但做人颇具襟怀，恢宏大度，颇有容人之量。所以对于他所不熟悉的宪政修订，能够放心让有关专家去做而不加干涉。贿选成功后，曹锟在中南海怀仁堂宣誓就职的当天，公布了这部1923年版中华民国宪法。虽然人讥这是一部“贿选宪法”，但从法律、法治的发展角度言之，这是一个很大的进步，它是中国历史上第一部参照西方及中国实际而制订出来的较为成熟的宪法。人或评曰：“综合体现了西方近代宪法理论和宪政原则，以及中华民国十年共和历史的政治实践和立法经验。”[4]公布者是曹锟，但背后有力推动者，却是吴佩孚。

[4]杨帆《中国军阀的最后结局》，华文出版社，2010年，第189页。

但随着冯军实力的增大，吴以为是其野心的膨胀，因利益之所在，二人矛盾日渐深刻。吴对冯的猜忌、提防、歧视愈加明显。冯原有倔犟之性，但自熟读《周易》后，采用以退为进的方法来对付吴氏，如其《日记》1924年1月14日载：“下午一点，薛笃弼来，谓之曰：《易》之为书广大，无所不包，卦爻彖象之义备，而天地万物之情见。我未读《易经》前是一冯玉祥，既读《易经》后又是一冯玉祥。读书能变化人之气质，如是吴佩孚拟保吾为库伦督护使，问我意见若何，无论如何吾定服从，不然谗谮之言，必乘隙而入。吾对于吴佩孚、齐燮元，均取服从主义，以前之我是傲人，今日之我是下人，不争权，不夺利，不邀功，不慕名，无时无地不以国家为前提，以救民为己任也。言罢送薛中堂一轴，对联一副，联文为：‘谦卦六爻皆吉，恕字终身可行。’”这是冯氏变换策略来对付自己那傲慢的上司吴军头。对于外蒙将独立之事，冯曾多次提醒了吴佩孚，并具体献策，如 1924 年 6 月 25 日载：“现在外蒙古青年党竭力步新俄党后，已具脱离中国决心，北鄙恐将自此多事。依余愚见，吴可派三人往俄，三人往蒙，实地调查两地情况，以便确定对付办法。此事影响国务大局綦钜，甚望告吴特别注意。俄国近年以来国基已固，秩序渐复，进步实在不小。吴当下既不彻底改革内政，又不详确调查外情，徒从酒酣耳热之际发狂言壮语，以为收复外蒙之资，未免易视天下事也。”可见直到 1924 年的上半年，冯对吴的不满与怨恨渐生渐浓，但对吴主政治军，仍抱治病救人的态度，为其积极进言献策。如冯所言苏联控制外蒙事，颇有识见，但可惜吴氏不纳。吴自第一次直奉战争胜利后，到 1924 年登上主政主军巅峰之位，态度大变，实际上居安不思危，已在其直系内部潜伏了难以克服的危机。吴、冯二人的矛盾在 1924 年的下半年，迅速激化，并彼此兵戎相见，你死我活。实际这一矛盾的发展由来已久，是由量变到质变的。

1922 年 10 月 27 日《日记》载：“七点，李旅长鸣钟、蒋参谋长鸿遇来，与言曾子至孝，曾母知之亦深。一日有人言曾参杀人，其母不信；又有人言，仍不信；及第三人言之，曾母则越墙而去。吴佩孚纵知吾，亦不如曾母之知曾子，而谣言则多于三人不知几百倍，吴安得不疑耶？”按：北京政府于 1922 年 5 月 10 日免去赵倜河南督军职，特任冯玉祥为河南督军，宝德全帮办河南军务，实际上是吴佩孚派冯的死对头做他的副手，也是别有用心，为便于分化和监视。这说明吴对冯虽给他戴上督军大帽，但仍不放心而处处加以防范。冯也不含糊，他于 5 月 15 日到开封就职的当天下午 2 时 20 分，就命李向寅带 30 人将宝德全枪毙了事，然后致电北京政府，托称“豫军第二师师长宝德全竟敢公然抗命，率队迎头向我军射击，我军……将宝逆德全当场击毙”[5]。八月，又将查没赵倜家产，“向汉阳兵工厂购买大量军火，背着吴佩孚招募了三个混成旅的军队”[6]。这种事怎能瞒过吴大帅呢？其实，军阀扩大实力，大家如此，昔日吴的第三师，也由一万余人，迅速招兵买马，发展至近十万

[5] 冯玉祥《致大总统国务院等急电》，见《冯玉祥选集》中卷，人民出版社，1985 年，第 165 页。

[6] 见蒋铁生《冯玉祥年谱》，齐鲁书社，2003 年，第 58 页。

人，终于可与皖系段祺瑞对抗。吴、冯二人的相互猜忌，彼此提防，也是事出自然，因为冯军虽然能战，但非吴氏嫡系，所以尤加提防与歧视。这样，利益分配不均，必然矛盾加深，直至激化为“武器的批判”。冯对吴的疑忌，反攻过去，在《日记》中指责吴，1923 年 5 月 6 日载：“去年吴巡阅使之主意不叫郑州驻兵，恐赵倜疑，然忽发生意外，死伤我们这些将士，能不令人生悲么！”这指赵倜弟赵杰率二十营围攻冯部于郑州，冯军以寡敌众，艰苦奋战，终于转败为胜，一举击溃赵师，并乘胜攻下河南首府开封一事。冯对吴的反责，也有事实根据。1923 年 9 月 30 日载，冯请钱秉鉴转告吴：“余所部军队，乃巡阅使辖下之一部，倘一旦有事，独吾一部无饷无弹，实在可怕，请向吴使说项。”按：直到冯军开拔，吴仍不发或少发给冯部饷弹。冯玉祥人非木头，能不动怒而另想他法吗？把冯玉祥一步步逼到敌对的立场，这正是吴佩孚领导无方的愚蠢表现。冯玉祥在 1923 年 8 月 18 日的《日记》中，直斥曹、吴曰：“现在曹、吴有权救国而不实行，真乃可恨。”1923 年 11 月 18 日，他回忆说：“我在河南时原拟令李鸣钟在豫东，靳云鹏（按：应为靳云鹗之讹）在豫南，吾兄（按：指岳维峻）在豫北，痛剿各匪，绝其根株。其如吴佩孚不欲何！”可见吴氏处处对冯掣肘。但冯既是军阀，又是政治家，时机未到，不能翻脸，因此在吴佩孚五十一岁生日，据冯氏《日记》1924 年 4 月 2 日载：“与吴佩孚写寿匾一幅，文为‘嵩山岳降’。又寿联一副，文为：‘吉甫淮南，乐天长庆；中原坛坫，大将旌麾。’”以贺寿对联的颂语来与吴氏应酬，以免过早露出敌意。但内心早就对吴有严重的批判，并预见其失败的结局。如 1924 年 5 月 16《日记》载：“下午四点，李景曦司令来谈，与谈如下：一，吴佩孚作事太刚，盛气凌人，非驭众之道。二，几有四足，失其三则孤。倘遇风吹，谁其持之？今总统几并此一足而失之，其危孰甚。”分析吴氏必败原因，颇富预见性。这一想法，他其实早在 1920 年就已萌芽，当年 12 月 30 日《日记》曰：“予见《子玉文集》及其谈论，骄傲自满，大非持盈保泰之道，恐将来必败也。”于此可见，冯虽非士人出身，而是自学成才，但其见识深远，早已超越世俗而洞见未来。1924 年 5 月 1 日《日记》，记与颜惠庆交谈，说道："总统（曹锟）又谓，吴佩孚干政过勤。如中俄交涉方有端绪，彼竟通电反对，甚至海军亦问，萧珩珊亦问。库伦则拟保都护使，西蒙则拟保屯垦专使，京畿卫戍总司令方欲更动，渠即来电保奖张子衡、王孝伯、萧珩珊之遗缺。所升师长，模棱无能，弃贤才而卑尸位，将来何所依持！"冯氏又直评吴曰："吴佩孚之主义不公，无事则已，有事必致溃裂。"5 月 4 日又载："王孝伯之辞职，因其部下王维城蛊惑吴佩孚，撤其师长。"冯、吴矛盾已日渐披露，批判的嗓门也日渐升温提高。6 月 25 日载其回忆往事曰："宝德全一面作战，一面至开封与吴通电，自称居于调停地位，吾因其狡诈，捕而毙之（按：冯在事发时致总统急电称是在战场上击毙，与此'捕毙'不同。应以后之'捕毙'为是），不幸吴竟因此发生误会，殊可惜也。"按：当冯玉祥在陕西督军任上时，宝德全曾与冯长期作战，是其战场上的凶狠敌人。此次所谓"捕毙"宝德全，实是宝德全作为冯的副手身份主动出来迎接，但冯二话不讲，立即推出枪毙了事，全不顾及其上司吴佩孚的感受，宝德全受吴招抚，成为吴监视冯的一只狗。但冯杀狗不看主人，六亲不认，不顾军令政令，说干就干，敢作敢当，其大胆与魄力，超越凡俗，令人咋舌。这就令人联想两年后，冯玉祥根本不顾段祺瑞执政的感受，公然令张之江师长在廊房车站把北洋上将徐树铮从专车中拖下，立即枪毙，为的仅仅是为其内舅父陆建章报仇（按：陆为徐杀）。干脆果断，敢为人之不敢为，其魄力令吴佩孚震惊，怎能不对冯氏猜忌提防呢？但吴的犯错，不在忌猜防范，而在于疑人重用。在第二次直奉大战中，兵分三路，任命冯为第三路军总司令，寄予包抄奉军后路的重要使命。如果冯能严格执行吴的战略计划，则奉张失败的可能性大大增加。但是，冯玉祥真是潜在吴身边的"疑人"，他为自救，敢说敢干，而不怕背上"背叛"的恶名，与奉张联系，化敌为友，而擅自撤退回师北京发动政变，对直系政府反戈一击，立中要害，吴佩孚彻底溃败。

在第二次直奉大战前夕，据其《日记》1924 年 9 月 10 日载："八点一刻，大名镇守使孙岳来中，宴之。十点半，同到义地参观劝忠祠，并至草亭秘谈。余指坟墓谓孙曰：'阵亡官兵虽说为国捐躯，然能落得一忠字，已足千秋矣。你孙二哥死以后，人将何以谥汝耶？孙云：'一般革命党人，当然以军阀走狗之头衔相赠也。'余云：'你镇守一方，统兵数千，为何甘作人之走狗？'孙云：'岂仅我带兵数千之人为然，不犹有带兵三四万之人甘心为人做走狗耶？'余问：'其人为谁？'孙云：'即你冯焕章是也。'余云：'现今曹、吴专政，国乱民愁，余本早下决心为国除害，只以势孤力薄，迄未敢下手耳。'孙云：'胡笠僧（按：胡景翼）早不满于吴，可引为臂助，共图大事。'余云：'闻胡已被吴收买，安肯反吴？'孙云：'胡为人豪侠，且与吾善，可前往说以大义，使与我辈联合也。'"按：冯后曾言及："胡师同我出陕西时，饷项、衣服、枪械，三者均极缺乏，吴佩孚但令往京，沿途之上，毫无补充，胡每言之，辄为痛哭。"（见1924年10月20日《日记》）这就是近现代史上有名的草亭秘谈，终于在直军内部，建立了以冯为首的与胡景翼、孙岳的反吴三角同盟，另外如王承斌等曾受吴挤压的直系老将，以后也陆续参与反曹吴的政变之事。但是这一切，是在暗中进行，吴佩孚这个讨逆军总司令还蒙在鼓里，正兴高采烈地在上面指手画脚呢！不知己又不知彼，焉能不败呢？战争爆发，冯部开往前线，前去向总司令要粮饷弹药，这是正常的，但吴氏却勃然作色，说是没粮饷就不打仗了？1924年9月25日《日记》载："自郑州战役后，余即料对奉不免有二次战，所以在河南招五团兵准备，不意竟因此遭人忌视。"按：忌之者吴佩孚也。兵发前线之后，"昨天接吴总司令来电云，沿途所用粮秣柴草，均归地方筹办，将来作正开销，诸位当照办"。也就是说，总司令部不发冯部粮饷，让他自行解决。10月14日载："我军三万四千余人，马匹车夫尚不在内，出发时一钱未与，何以作战？……大军出发行将一月，而粮秣迄未领出，现在兵士尚穿单衣，而政府仅发给每旅一千二百套，其将何以分配耶？"冯军所走是出古北口的热河线，全是贫困之区，何处筹措如此巨大的军饷呢？可谓异想天开。至于副总司令王承斌部的命运，也好不了多少，《日记》1924年10月7日载："王总司令亲自督战。……下午四点半，同米将军、贾将军、丁谘议谈曰：'自古未有权奸在内而大将能立动于外者。'此次王总司令之军队，置之绝地，无人问及，如抛弃然，真是可怜。吾等在京要钱，再三再四，尚难到手，将来开抵热境，孤军远悬，仅凭一纸电报乞怜，尚有谁睬耶？言之真令人不寒而栗。”王承斌地位在冯之上，是监视冯部的，王部尚且如此困窘，何况是被他监视的冯部呢？后来王与冯合作，联合反吴，也在意料之中，只是吴想不到而已。冯所指的“权奸”，即吴佩孚也，于此可见冯已向人逐渐透露其不满及反叛属于正当自救之理。又如10月12日《日记》载：“同张旅长、贾将军、田雄飞谈大局糜烂，拟请段艺泉（祺瑞）、张敬舆（绍曾）诸位重出，维持大局。特请贾将军、田雄飞回京，往天津疏通（按：段时住天津租界）。”已在做曹吴失败后的大局布置设想，请段祺瑞重新出山执政。其倒直之意甚明，其反吴之信心及其深谋远虑，可见一斑。

以上反直大计，尚处于酝酿筹措的计划阶段，到1924年10月16日，则将计划直接付诸实施了。10月16日《日记》载：“丁谘议博霄来谈。丁言如下：一，此次直奉作战，除涂炭生民，争权夺利外，别无他意。……二，联合后进各要人，凡现在各要人不是救国者，均及时铲除之。三，现先回京，以拥曹为名，发号施令，征求各要人及各省意见，谓此次作战，全系吴佩孚一人挑拨者，当宣布罪状，救此贫苦无告，终日吃树皮草根而不饱之百姓，即不成功而致身死，亦轰轰烈烈，不愧作一场人。余曰：“此事吾已筹之熟矣，非此不足以救国也。”按：丁为冯之设计筹划，冯曰“筹之熟矣”，全然接受，并思付之行动。10月19日《日记》又载：“二三年间，财权、政权、兵权均操于吴佩孚一人之手，竟毫无预备。如此半年以来，航空赵督办上书二十五次，吴竟一次不听，其刚愎自是如此，焉得不失败耶？”

10月20日《日记》载冯对部下言，“二三年来吴佩孚大权独揽，然张作霖购有飞机百余架，而直方一无所有，可见吴毫无预备，只命官兵为报私仇，实在死有不值也”。从此，冯命其二十一旅，连夜回撤，班师北京，于21日发动著名的北京倒直政变。10月23日《日记》载：“余数吴佩孚之罪状如下：此次作战全为吴佩孚报私仇，……此次班师回京，完全为国民请命，绝无私意，捕李彦青，以其侵吞公款也。”10月29日载：“吴佩孚违抗命令，既不停战，亦不交职。吴于败后犹尚主战，是不以民命为重，彰彰明甚。吾此次班师，乃为民请命，非报私仇也。……吴氏为此，不过以国家人民供其孤注之掷，以侥幸于一逞耳，何益之有？”10月31日《日记》载：“大丈夫作事，自作自当（按：此冯之一贯作风）。总统就任以来，除祸国殃民外，无可述者，今又为吴佩孚号召之资，已成将来乱源，是为人民与国家计，非将曹氏推倒不足救国也。”“一，吴佩孚好施反间计，然均遭破坏。二，曹氏不去，吴终拥之以号召各省。”按：冯囚曹倒之，实对吴釜底抽薪，根基动摇矣。11月2日《日记》载：“曹总统在位一年有余，未作一件有益于民之事，余再三相劝终不听改，此次回京实无法也。二，吴佩孚命我到开鲁，前进不得，后退不能，岂非置我数万士卒于死地？故决然回京，死中求生。三，吴之带兵均于酒后，一骂即完，岂有如此之治兵者？且吴与奉张完全是私仇，二人尽可袒臂相角，以决雌雄，为何以数十万官兵作爪牙，使为其作死斗耶？”11月3日《日记》载：“下午半点，会美使代表裴克，与言曹吴擅权专政，穷兵好乱，故班师回京，力主和平。”“吴子玉已逃，当急请段芝泉来京维持大局。”“此后对张雨亭，余将拒提胡字，为要共同救国。”11月4日《日记》载：“刘汝贤来，余与之言：吾与吴佩孚私交甚好，惟不佩服其政治之主张，其夫人在六国饭店居住，已派张副官长同张敬纯赍送洋二千元及百元之食品，以表微意，以后甚望吾兄不必客气，……至救国救民之志愿，非达到不可，尤望吾兄多多指教。”按：厚待战败者之家属，似是北洋军阀中的一个传统，这比起杀人全家斩草除根以防报仇的老办法，从人权意识方面看，的确有所进步。

后来，冯玉祥再次总结了吴佩孚失败的经验教训。1924年10月10日《日记》载：“同黄总理（按指黄郛）谈吴佩孚自杀（按：非真自杀，而是指吴氏自取败亡之道）之原因为：一，以毒攻毒。二，不爱百姓。三，不结股肱。”按：所言有一定道理，吴在直皖之战前的五四运动中，以发通电声讨卖国贼著称于世，从而获得“爱国将军”的称号。全国舆论民情，多有倾向于吴。但当吴在第一次直奉战争中大获全胜后，开府洛阳，骄矜之气毕露，刚愎自用之性已逞，在其胜利顶峰，已潜藏致败的危险，但吴一味主张用兵好战，加以为曹锟贿选总统所累，虽执政权之柄，但早已丧失民心舆论，其败如冯所言，主要失民心“不爱百姓”故也，民心向背，岂可忽之哉！

综观《冯玉祥日记》所载，从吴、冯二人相互合作提携开始，又因其利益分配的问题，矛盾日渐发展，加以二人都是强人，各不相让，矛盾日趋激化，直至兵戎相见，在战场上决其生死高低。冯玉祥棋高一筹，以在直军内部阵前倒戈的“背叛”吴大帅的方式，发动北京政变，给吴以致命一击，成了吴佩孚的克星。种种历史事实，都留下清楚的痕迹，颇有历史的参考价值。吴氏直到死，都不曾原谅这个“背叛”自己的冯玉祥。就是在1931年“九一八”事变和1937年卢沟桥事变抗战爆发后，二人都共同为抗日之事奔忙，本有条件再度携手合作抗战。但因冯玉祥思想较为激进，接受苏联援助，其西北军中又多有中共所派的人员，被吴氏视为赤化赤军而加以敌视，这与吴的反共反苏立场有关。而冯玉祥对吴呢？1939年12月4日，吴佩孚在日伪包围的困境中，因克保晚节、拒当汉奸而遇害，消息传来，冯发唁电加以深切悼念，其1939年12月9日《日记》载：“北平吴子玉先生家属礼鉴：子玉先生以微疾逝世，不胜痛悼。先生身居北平，坚拒敌伪诱迫，正气凛然，足垂矜式，特电奉唁，至希节哀。冯玉祥青印。”对于吴佩孚坚持民族大节的爱国精神，给予了很高的历史评价。大敌当前，正义所在，这就为吴、冯二人那错综复杂关系，画上了圆满的句号。

又按：中国第二历史档案馆编《冯玉祥日记》，收入民国名人日记丛书中，江苏古籍出版社1992年出版。其编例称：“本书系根据冯玉祥将军的日记手稿编成。为保持日记原貌，均原文照录。”应是一部比较可靠的日记著作。

“丘八”诗体小议

——冯玉祥的白话新诗创作

白话新诗世界中有一种新类型，即“丘八”诗。“丘八”者，人们对于当兵人的蔑称也。新中国成立前当兵者多为贫穷出身，为了解决吃饭问题而混籍兵营，有的甚至是被军阀强拉去当兵的。民国年间，中国兵源之丰富，世界少有，这不仅因为中国地大人多，更因为当时中国的贫穷几乎居世界之最。穷人缺乏受教育的条件，甚至受教育的权利也被剥夺，因此，当兵者大多数是目不识丁，没有文化，或是文化水平很低。没有文化或文化水平低，又怎么会写诗呢？不过也有例外，有的人从最底层的“丘八”当起，或因战功，或是因缘际会，从士兵升到将军，成为上层兵头，他们通过后来的努力自学，有了文化，或为表示身份的改变，或是附庸上流社会的风雅，或是为了抒发那久已郁积心中的理想抱负，这些新型的上层“丘八”也会想法做诗，以吸人眼球，引起社会轰动。但是，这些冉冉上升的“丘八”新星，各种各样，其为人修养素质也各不相同，因此，他们所做的“丘八”诗，也就各有自己的面貌了。

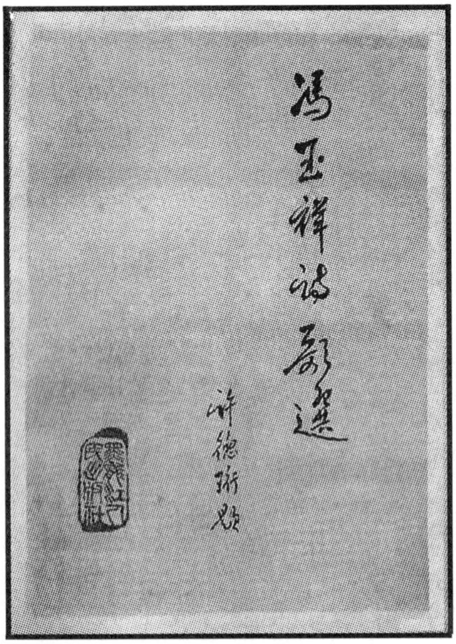

《冯玉祥诗歌选》

一般说来，“丘八”诗共有的特点是：所用语言是大白话；低劣者纯是打油诗，高明一点的则有些幽默与风趣，更高一层的，则直抒胸臆，是理想抱负的表达，真情实感的迸发。可说是因人而异，面貌和价值各不相同。

比如民国初年著名的“狗肉将军”张宗昌，经过一番打打杀杀之后，终于从流氓无赖，变为身挎指挥刀的北洋将军，并于1925年成了山东督军，扩军一二十万，人称“效帅”。张宗昌（1882～1932），字效坤，山东省掖县人。在他发迹主政山东时期，为了表现自己重视文化而“求贤若渴”，就花重金聘请满清末代状元王寿彭出山做了山东教育厅长。同时，为了附庸风雅，又“虚心”拜王为师，让状元公教他做诗。果然，名师出高徒，经过王寿彭的调教，这个斗大的字不识几个的“效帅”，居然也很快写出了一本《效坤诗钞》印行分赠亲友。一读张宗昌诗，犹如《红楼梦》中薛蟠体的打油诗，不过薛诗内容是以调戏妓女、戏子为乐，而“效帅”之诗则是大将军“偃武修文”的霸王诗。《效坤诗钞》我未见，但据张鸣《历史的坏脾气——晚近中国的另类观察》，记载了“效帅”的几首“丘八”诗，现过录如下以供参考：

笑刘邦

听说项羽力拔山，吓得刘邦就要窜。
不是俺家小张良，奶奶早已回沛县。

（笔者注：奶奶应读作奶奶的，以骂娘的话入诗，真是狗肉将军本色。）

俺也写个大风歌

大炮开兮轰他娘，威加海内兮回家乡。
数英雄兮张宗昌，安得巨鲸吞扶桑。

（笔者注：起句妙，足以流传后世。末句开始拽文，估计是经过王状元的修改，“吞扶桑”实际上是一句当时流行的空话。）

游泰山

远看泰山黑糊糊，上头细来下头粗。

如把泰山倒过来，下头细来上头粗。

（笔者注：此诗最合古人张打油风格，但有抄袭之嫌。）

《天上闪电》

忽见天上一火链，好像玉皇要抽烟。

如果玉皇不抽烟，为何又是一火链。

（笔者注：只有烟鬼，才有如此想象力。）[1]

[1] 张鸣《历史的坏脾气》，中国档案出版社，2005 年，第 28 页。

关于张宗昌白话“丘八”诗的艺术“功力”，张鸣先生的按语分析入微，话虽不多，但一语中的。这种“丘八”诗，当然也能看出“效帅”的性格心理及其德性为人，或许多少有点参考认识价值，一个迷恋武力万岁的军阀，动不动就要“大炮开兮轰他娘”，大开杀戒，又何来的“偃武修文”呢？这类“丘八”诗，毫无艺术可言，比昔日张打油还要张打油，只能茶余酒后闲话时供喷饭捧腹之用了。不过它还另一作用，可用来和民初年间西北军领军人物冯玉祥的白话“丘八”诗作一鲜明的形象对比，这也可说是化废为宝、无用之用了。

冯玉祥（1882～1948），字焕章。其生平参见本书《〈冯玉祥日记〉中的吴佩孚》一文。他出身贫苦农家，从小干活，后来随父入营当兵混饭吃。仅受过一年零三个月的书塾教育，可说是半文盲，原来文化水平很低，但后来通过勤奋刻苦的自学，终于成才，完成了从奴隶到将军、从军阀到革命家的人生飞跃。据不完全统计，冯玉祥一生写诗约一千四百余首，即使侧身古今诗人之列，也不算少。现存最早的诗，据其《冯玉祥日记》1920 年 12 月 12 日载，应该是路见一小儿扫地，问之，才六岁，因口占一诗：“六岁儿童扫地尘，愈勤愈壮愈精神。小时吃得苦中苦，长大方能人上人。”所谓“口占”者，即略一思索即冲口而出，可见冯氏对于诗歌创作，早有锻炼，因此，1920 年以前或有诗作，事属推测之可能，如其《养父》诗：“肥肉二两买回家，手自炖熟奉吾父。家贫得肉良非易，老父食之儿蹈舞。”冯父死于光绪三十一年（1905），此诗为追忆之作，应属早期之作。他的最后一首诗，是在1948年8月8日搭乘苏联波必达号轮返国途经大西洋时所作的《小燕》长诗，见其同年8月12日致李济深信函。他自称所作之诗为纯是白话民歌体的“丘八”诗。1937年12月4日，其《日记》载其抗战时语，说自己一是为抗战而死，一是“作歪诗”。“歪诗”者，丘八诗也。他曾为自己1940年的诗集写了一首《自序诗》，自称是“丘八小诗，大众贡献”。又1941年5月5日纪念屈原忌辰二千二百二十周年，冯作《诗人节》诗加以悼念，云：“伟大爱国者，谁人可占先？五月初五日，他死这一天。定为诗人节，忠烈更表现。我作丘八诗，也作小贡献。还望近诗人，为国益贞坚。”因此，时人称他的诗为“丘八”诗，他也是认账的，1938年4月9日，还在汉口刻了“三户”和“丘八”两方图章，可见他并不以“丘八”为耻，对于某些士夫政要的嘲讽，他不以为然，反而是以之为荣，此其所谓小诗而有“大众贡献”也。

冯玉祥作“丘八”诗，是有自己的想法的，如果用高雅的学术话语来说，就是有其自觉的理论主张的。早在1914年，冯已升任警卫军左翼第一旅旅长，兼第一团团长。他的部队进驻陕州，因山洪暴发而黄河猛涨，许多涉水过河的百姓被河水冲走，生命危急。冯旅长急对全体士兵说：“谁捞上一个人来，赏洋三十元。”以救人为第一要务。这时，几个会水的士兵跳了下去，其中，一个叫展得功的士兵水性了得，一来一回，救回了三人，于是冯玉祥“想拟一个嘉奖传单”。当时一位谷参议自告奋勇拟传单，随军谘议邱岘章也一起推敲。据冯玉祥自传《我的生活》载：“那文从头至尾都写的是四六骈体，辞藻浮华，言之无物，最可笑的是提到展得功的名字时，因为怎么也凑不上四个字来，累得他满头是汗，没有办法，竟把展得功字拆开来，添上一个‘奇’字，凑成‘展得奇功’。”这就不成其人名了，冯问他为什么这样吗？谷先生窘迫的回答：“若不加上一个字，怎么能成四六句呢？”冯听后不禁大笑了起来，对于文章的“妙文”挖苦了几句：“原来他们这类人之所谓文章，所注意的只是对仗工稳，用词典雅，意思和内容则可以不管。拟传单做文章，写信也要做文章，甚至贴张禁止小便的告条也要做文章。我觉得我们的国家所以如此落伍，说句天理良心的话，所谓文章也者，实不能辞其应得之咎。……我们大多数的劳苦同胞，整天愁的是柴来油盐，做的是奴隶牛马，住的是猪棚狗窝，穿的是悬鹑百结，圣人的门墙，压根儿那里进得来？退一万步来说，即使勉强进了学房，念了两天子曰诗云，试问对那种离奇古怪奥妙莫测的所谓文章，又能了解什么？如此一来，只可'使由之'的愚民，就永远没有求得知识的可能；而一般所谓士子，也就在文章里打着圈儿，永远没有求知的余暇了。就这样把我们的国家社会弄成了泰山顶上的无字碑，……无论星移物换也罢，改元正号也罢，与它都丝毫不相干。我常常想，若要我们的国家社会进步，必须打倒这种腐败无用的文章滥调，否则将永远没有翻身的日子。但这意思，始终是闷在肚里，到后来五四时代，新文化运动起来，中国一部分先觉者大声疾呼地提倡白话文，这时我的一口郁气才得稍稍宣泄。不过我还觉得不满足。因为这仍是少数知识分子所享有的文字，要他真正成为工农大众的文化工具，还须一番大大地努力的。"[2]

冯玉祥的这一想法，萌发于五四运动前五年，比起胡适写白话新诗《尝试集》的 1916 年还早二年。而且，在这里，冯氏不仅提倡明白易懂的诗文，同时还强调要言之有物，有内容，这已比当时若干浅薄空洞的白话新诗要厚实了，而且比一般文人诗人更深入一层，即提倡白话诗文的大众化，写诗作文是为了让工农兵易于掌握和运用。冯氏这长长的一段话，已从观念上悄悄奏响了五四白话新文学的前奏曲了。为现实生活中的苦难民众代言，大声疾呼，喊出百姓心底的呼声，这就是冯玉祥"丘八"诗终生坚持的立场和原则。投入火热的现实生活，为工农兵服务，为抗战而呐喊，为批判和扫荡黑暗的社会而战斗，努力建立自由平等的光明新社会，是其"丘八"诗追求的最终目标。

冯玉祥的白话"丘八"诗，题材覆盖面很广，不仅刺、颂皆备，而且其神经触角甚至伸到了现实生活的方方面面，可说是无

[2] 冯玉祥《我的生活》，岳麓书社，1999 年，第 151 ~ 152 页。

所不能入诗也。现录若干首以资参考，阅读欣赏。

一，提倡人类自由平等，同情人民苦难。

人类贵贱本无分

人类贵贱本无分，
谁又是高等？
谁又是贱民？
如果真要分，
农人和工人——
才是高等人。
无论衣食住，
都由他们造，
都由他们成。
但是他们都只有饥饿，只有贫穷。
什么时候方有人，
助他们把公理伸！[3]

按：冯出身于农村下层，了解民间生活疾苦，“人的贵贱本无分”，是其追求社会平等、人人自由的美好理想。但现实生活是，农民和工人，虽是社会财富的创造者，但留给他们的却是“只有饥饿，只有贫穷”，这是人间的大不公！因此，诗人盼望有人出来，帮助人民“把公理伸”。从这首诗可以看出，当时诗人的思想水平，具有恩赐的观念，仍然处在同情人民，并力求成为民众的代言人，甚至是人民救星的境地。这是冯氏从军阀向革命家转变的漫长路程中一个必要的过渡阶段。

莱花黄

菜花黄，菜花黄，
大众肚子饿得慌。
菜叶青，菜叶青，
同胞身上冻得疼。
又无食，又无衣，

[3] 弗伐、洪志编《冯玉祥诗歌选》，黑龙江人民出版社，1982年，第30页。下称《诗歌选》。

哀号啼哭无已时。
小菜秧，二寸高，
大家温饱方算好。[4]

[4] 见《诗歌选》第39页。

按：这是学习民歌民谣而类似于顺口溜的小诗，三句一小节，一转韵，读来易记易学，朗朗上口，便于民间传播，以增其影响和感染力。说明了冯氏“丘八”诗已和民歌民谣及民间疾苦结下了不解之缘。

割谷（题赵望云画）

坡下山地二农夫，
弯腰低头正割谷。
裤筒高卷上膝盖，
两腿黑皮裹筋骨。
镰刀挥不住，
热汗满身出。
自朝至暮不稍歇，
所收不过十数斛。
除去拿租税，
不足熬稀粥。
粒米何止半斗汗，
劳苦所得难饱腹。
富家一门笑，
贫农千家哭。
生活如此不平等，
大众哪里有幸福！[5]

[5] 见《诗歌选》第61页。

按：诗画相配，也是冯氏“丘八”诗的一大特点。诗一旦与画配合默契，则是联璧生辉，百姓爱读爱看，便于大众传播。这也是一种为民众鼓与呼的绝妙艺术形式。赵望云（1906～1977）河北省束鹿县人，著名国画家。五四运动后，他走上社会，用国画反映劳动人民的苦难生活。冯玉祥看到赵望云的画，极感兴趣，遂邀其做美术教师，并为其画配诗。两人合著有《泰山社会写生集》及《农村写生集》等[6]。据《冯玉祥日记》1934 年 10 月 18 日载，“已把长城写生诗昨夜写完，正在誊清。凡事不可不努力也。”又 19 日载：“本日为赵先生的画题诗，很下力的办了一起。”可见冯诗配赵画，至晚在 1934 年 10 月已经开始合作了。同年 12 月 2 日《日记》载：“读《大公报》赠我的五百本赵望云先生的《长城写生集》我题的九十九首小诗，更觉文字的重要，不可不努力学习。”又据蒋铁生《冯玉祥年谱》1934 年 10 月 19 日所加按语云：“后来冯玉祥从他与赵望云合作的诗配画中，精选了 48 帧，派人刻成诗画碑，立在位于小王庄的科学馆内，后被日军炸坏。20 世纪 80 年代，泰山管委会根据岱庙所存拓片，复制石碑 48 方，立于泰山普照寺内。2001 年 7 月，在原科学馆旧址，现山东泰山疗养院的二病房的房基上，蒋铁生发现诗画碑残片 7 块。”这说明冯诗赵画长期的成功合作，扩大了冯氏“丘八”诗的影响力。此诗“富家一门笑，贫农千家哭”，学杜甫诗，形象反差鲜明，感情色彩强烈，见其忧国忧民的艺术概括力。

[6] 见《诗歌选》中《小食贩》诗编者注，第 25 页。

老人谈话（节录）

傍晚行村外，古庙门半开。
……
见有一老人，面瘦骨如柴。
满脸尽皱纹，含泪三徘徊。
衣服难蔽体，足穿露趾鞋。
两手粗且黑，言时痰壅塞。
我问这老人，在此何所赖？
他言：“逃难者，庙里作香卖。
……
此种小经业，年摊五十块。
糠秕填肚内，春日仗野菜。

董宝玉《冯玉祥年谱》

人生到此境，不如早活埋！”

……

此后应如何，始能不受害？

老者吸口气，两肩又一抬。

“我辈受压迫，生活是悲哀。

日日忍饥寒，累杀说活该。

抽税有人催，收税官负责。

无衣与无食，谁也不来睬。”

私有不打破，如何脱此灾！

问答方到此，叫饿两小孩。

一子并一孙，褴褛颜不开。

本想再问话，落泪口发呆。

对之一磨首（按：北方土话，意即转过头来），两袖拭面回。[7]

[7] 见《诗歌选》第 16 ~ 19 页。

按：这是“丘八”诗中的一首长篇叙事诗，全诗共 76 句，380 字。诗学唐朝白居易老妪能解的《秦中吟》之类讽谕诗，运用生动的一问一答的对话形式，来刻画人物形象及其内在心理，细致而生动，生活气息浓郁，令人如亲历其境，听其悲诉，还是颇富艺术魅力的。另外，诗人深切同情人民的激情，随时并发，“落泪口发呆”，真是不知该说什么好了；“两袖拭面回”，悲痛之情，跃然纸上。

卖大碗茶者（题赵望云画）

柏树老，枝槎桠，

三间茅屋住人家。

家中无钱亦无地，

且煮涧水为生涯。

“大碗茶！大碗茶！”

小孙女，无爹妈，

勤劳耐苦实可夸，

洗了碗盏汲了水，
当炉独把风箱拉。
“大碗茶！大碗茶！”
老爷爷，披破褂，
头发胡子皆花白，
趺坐门前大声叫，
一把蒲扇手中拿。
“大碗茶！大碗茶！”
望门前，眼巴巴，
今日买卖何不佳？
只缘天热过客少，
枉自高呼嗓音哑。
“大碗茶！大碗茶！”[8]

[8] 见《诗歌选》，第86~87页。

按：这是配画的叙事诗。诗中通过卖大碗茶的祖孙二代的苦难生活，“望门前，眼巴巴”，“枉自高呼嗓音哑”，一碗茶也未曾卖出去，生活没有着落，形象刻画了民国年间的民间苦难。诗中并未批评或是谴责任何人，但当时的政府在干什么呢？这无声的批判比直接的斥骂更有力量。诗中的卖茶老爷爷及其当炉孙女，形象鲜明如画。“大碗茶！大碗茶！”的次次呼喊，犹如大钟鸣鼓叩击心胸，动人心弦。最后一声“大碗茶”，实在令人心酸，含蓄无尽而颇见神韵。

二，揭露黑暗现实，指斥当政贪腐，呼吁革社会。

陕西武功县人市

陕西大旱，
连年饿死的人成千累万，
任凭人民怎么呼吁，
他们当做不相干。
革命政府应否这样干？

武功县的人市，
买卖男女好像猪肉摊，
这是何等惨相！
可哭！
可叹！
大多数民众，
忍受着这般灾难。
他们在特别花车内正吃大餐。
建设外人行馆，
不惜巨万；
修筑迎榇大道，
耗民血汗；
拨款赈济，
反延宕不办，
他们有无人的心肝！？
民众生命有什么安全？
卖了人口才能完纳政府的杂税苛捐，
只有一死，
只有可怜！
真正革命一日不实现，
怎能解除民众水深火热的倒悬！[9]

[9] 见《诗歌选》第23～24页。

按：大灾连年，在武功人市上，“买卖男女好像猪肉摊”，如果不是穷到没吃没穿，活不下去，谁会去卖儿卖女度日如年呢？但在如此惨象之下，政府不仅不去赈灾，反而是逼着灾民卖了人口来交纳政府的杂税苛捐，这是什么样的“政府”呢？号称“革命”，实是喝民血吃民膏的反革命。诗人通过灾年之中，“特别花车中正吃大餐”的“革命”政府的老爷，形成了贫富两极强烈的形象反差，生动而深刻地揭露了旧社会的万恶与黑暗。以此，作者发出了“真正革命”的怒吼，其激情如火山迸发一般。

人民哪得有安康（题赵望云画）

农村已破产，
土匪到处抢，
归根说起来，
都因政治坏。
人民筑起防匪台，
免得土匪攻进来。
不过只能防私匪，
官匪来了人民还得去接差。
土匪掠，官匪刮，
人民哪得有安康！[10]

[10] 见《诗歌选》第33页。

按：民国年间，官比匪还要坏，老乡都是这么说的。听我父母说，民国一二十年代，我们家乡土匪如毛，因此家乡成立民团，建了土碉堡防匪。但民国团碉堡只能防土匪，却无法阻挡官军。官军一来，说是保护人民，实际却向百姓收取大量捐税及保护费用，一次一个村就要收五十斤红底大钞，这样的搜刮，比遭到土匪抢掠还可怕。冯诗所称“官匪来了人民还得去接差”，确是实情，写出了百姓的痛苦与无奈！这样的“革命政府”怎能不倒台？

较场口

胡豆花开紫薇薇，红梅开过开绿梅。
开个庆祝会，本来是很对。
会竟没开成，民众被打退。
对着主席团，居然大发威。
有的破口骂，有的砖石飞。
章乃器被打，李公朴被毁，
郭沫若受伤，施复亮挨捶。
有些挨打者，打伤两条臂。
还有受伤者，打坏一条腿。

拳打和脚踢，施君伤为最。
这种坏方法，始作俑者段芝贵[11]。
“革命”政府地，这种行为太不对。
定是被人哄，自己不知罪。
任意打伤人，外人皆落泪。
人家不讥笑，国家名誉毁？
如何站得住，四强之一位？
丢脸太丢脸，自抹一鼻灰！
气坏有识者，志士落血泪。
治安负责者，应快去认罪。
军警管何事？难免无法推。
食民之脂膏，不能装着睡！
真理是真理，是非是是非，
不可手遮天，胆大胡妄为！
还望从今后，人人大觉悔。
法西德、日、意，从根被摧毁；
再去仿傚他，实在自找罪。
东西法西犯，无处可逃避。
快醒快快醒，做人最可贵。[12]

按：这是一首饱含激情而夹叙夹议的政治叙事诗。前半叙事，后半则在议论中直抒胸臆，整首诗叙事、议论、抒情三者自然熔于一炉，构成了思潮澎湃的形象刻画。所写是一个完整的事件，即在抗战胜利以后的1946年2月10日的陪都重庆，各界人民在较场口举行庆祝政治协商会议的大会，遭到国民党特务的暴力镇压和破坏，李公朴、郭沫若、章乃器等民主人士六十余人被打伤，史称较场口事件。是日，大会执行主席李德全（冯玉祥夫人）回家愤述此事，冯玉祥听了极为愤怒而诵此长诗。诗中具体描绘，都是血染的风采，堪称实录，可作诗史来读。

总之，对于现实的暗无天日，国民党的独裁统治，诗人满怀一腔怒火，喷薄而出，盼望把万恶的旧世界一把火烧个干净。这

[11] 段芝贵（1869～1925），字香岩，安徽合肥人。皖系军阀段祺瑞的心腹，上将军衔。五四运动后，曾帮助段祺瑞北洋政府镇压学生运动。直皖战争以后，寓居天津租界，1925年病死。

[12] 见《诗歌选》，第193～195页。

时，诗人虽然也曾学过一些马克思主义，受过共党的思想影响，但在其思想深处，基本上仍是个洋溢着民族主义人文关怀的爱国进步民士，如其《牵骆驼》诗所说："同是人类，不是禽兽，怎能有这般不公？我是贫家子，念此愤填胸，为何不解开这索链，把人道的光芒放射到人们的生命中？"[13]

三，发扬爱国主义精神，坚持民族大节，呼吁全民抗战，抗击日本侵略，誓死捍卫祖国。

悼儿

儿在河北，父在河南。
抗日救国，责任一般。
谁先死了，谁先心安！
牺牲小我，求民族之大全。
只有这样，才能对起国家，才能对得起祖先。[14]

按：据编者注："1937 年 7 月 29 日，日军轰炸北平南苑，二十九军副军长佟麟阁、一三二师长赵登禹等千余官兵陈亡，日寇谎称冯玉祥子洪国同时罹难。听到这个消息，冯先生写了这首诗。"虽然冯洪国并没死，但当时冯玉祥一下子难辨谎言，悲愤之情，喷涌而出，成此《悼儿》名篇，成为号召全国团结抗日的铮铮誓言。洪国是其长男，他的生命对于父亲来说极其宝贵，但为了国家与民族的尊严，他是强忍悲痛，大义凛然，说："牺牲小我，求民族之大全。"表示了前仆后继而继续战斗直到胜利的决心，这就给了全民抗战的中国人民以鼓舞和力量，也是对于残暴日寇最有力的回答。不久，得知洪国未曾牺牲的真实情况后，他在 1937 年 8 月 5 日又给正在前线打仗的儿子写一首《给吾儿洪国》的诗，成了上述《悼儿》的姐妹篇，诗曰："儿在河北，父在江南。抗日救国，责任一般。恢复失地，保我主权。谁先战死，谁先心安。牺牲小我，求民族之大权；奋勇杀敌，方是中国好儿男。天职所在，不可让人占先。父要慈，子要孝，都须为国把身捐！"[15]在七七事变以后，面对日寇的悍然进攻，冯玉祥发表

[13] 见《诗歌选》第 10 页。

[14] 见《诗歌选》第 100 页。

[15] 见于舟编《冯玉祥诗选》，四川人民出版社，1982 年，第 78～79 页。以下简称《诗选》。

《对卢沟桥事变谈话》，号召“全国人民应团结一致，为民族生存，为国家复兴而坚决奋斗”。7月28日，又赋《献身》诗以明志，诗曰：“献身给国家，不怕刀枪砍和杀！献身给民族，情愿粉身与碎骨！民族生存，我方生存，我身虽死，换得民族永存。国家自由，我方自由，我身虽死，换得国家自由。”[16]虽是以议论为诗，但热情激扬于字里行间，成为爱国志士的民族楷模。他在1937年8月15日到前线视察，临行前给家人预先留下遗嘱，关照在同日本侵略者打仗时，“不论到什么时候，我的子孙不能同鬼子妥协”[17]，铮铮誓言，掷地有声，怎能不感天动地呢！抗日战争成为冯玉祥将军人生中最为辉煌的乐章。顶天立地的爱国者，这是其光辉形象的自我写照。

[16] 见《诗选》，第77页。

[17] 见蒋铁生《冯玉祥年谱》，齐鲁书社，2003年，第165页。

廖宝财

一兵名叫廖宝财，粗眉大眼高身材。
只会憨笑少说话，神情举止似傻呆。
手拿一杆旧式枪，机关笨钝托已坏。
请求班长另换掉，班长一笑不理睬。
一日拂晓敌进攻，且看宝财显神通。
端起破枪发一弹，为首敌兵命告终。
跟着来了第二个，手持刺刀直捌胸。
宝财将身一偏闪，一把挟抱到怀中。
第三第四欲开枪，投鼠忌器不敢放。
宝财只手抡刺刀，大喊一声向前撞。
一个踏死在脚下，一个刀上把命丧。
腋下一个亦窒死，抛出身外一二丈！
最后一敌最顽强，手挺刺刀攻上前。
宝财刺刀已打落，扔开破枪空手干。
奋身一扑不顾死，双双交抱齐滚翻。
倭兵咽喉忽被咬，连摇三摇气即断。
廖宝财，打完战，残余敌兵都逃光。

夺获步枪共四杆，外有一挺机关枪。
手提肩负归队来，同伴欢呼喜欲狂。
师长亲为摄一影，并且升级还给奖。
第二天，战又起，伙伴举枪毙一敌。
宝财看见大鼓掌，忽中一弹倒在地！
临死口中还嚷道："誓死和敌不两立！
如今倭寇未杀尽，我死眼也不能闭！"[18]

[18] 见《诗歌选》，第127～129页。

按：对于英勇抗战的英雄，冯玉祥不仅颂扬如佟麟阁、赵登禹这些为国牺牲的高级将领，如其《吊佟赵》诗，称二人"如今同为抗敌阵亡"，"二人是一样的忠，一样的勇"[19]。佟、赵都是冯的老部下，彼此感情深厚，这是发自内心的怒吼。但冯诗更多地着眼于广大的下层爱国士兵和民众，除《廖宝财》外，还有《段云清》、《小英雄》、《杭州勇士》、《可爱的伤兵》、《铜陵烈士吴荣保》诸诗，无不轰轰烈烈，"不愧是救国的英雄"，"不怕大炮打，不怕飞机轰，为国守土肯牺牲，方算真光荣"[20]。以《廖宝财》诗为例，描绘战场的叙事语言，明白流畅，朗朗上口而又层次分明，战场上短兵相接白刃搏杀紧张气氛，逼人而来，一个接着一个，历历如在眼前，就像亲上战场一般，诗人真不愧是久经沙场的老将，所写的英雄杀敌细节，出神入化，形象栩栩如生。烈士虽然光荣殉国，但却一个倒下，千万个站起来，继承先烈遗志，直到把侵略鬼子全部赶出中国为止。前仆后继，争先恐后，这是怎样的悲壮场面啊！诗人之笔，与枪一样，具有无比伟大的力量，敌人其奈我何！

[19] 见《诗歌选》，第101页。

[20] 《可爱的伤兵》，见《诗歌选》第107～108页。

蜀道菜花黄（节录）

时当二九天，蜀道菜花黄。
灿灿真悦目，风来阵阵香。
此花有傲骨，胆敢战风霜。
前方正抗敌，汪贼竟投降！
平素空谈论，离奇又狂妄。

"岳飞是军阀，秦桧是忠良。"
有人对我说，此话出于汪。
此为其哲学，"有奶便是娘！"
……
领袖欲太重，汉奸也愿当。
行年已半百，晚节末路忘。
只知富与贵，不替民族想。
国家与朋友，尽弃投敌那。
千年万世后，精卫恶名长！
认贼作了父，甘心拜天皇！
……
日华满合作，主人倭冠当。
三国成一家，日寇是父皇。
……
卖国贼三字，头衔最适当！
孙凤鸣壮士，一击连三枪。
早晚铸铜像，佩他有眼光。
决心过荆轲，锄贼优张良。
韩国李完用[21]，不孤今有双！
……
我们为民族，小败心不慌。
我们能持久，一定打胜战。
我们为民主，天皇定灭亡。
……
四五千年史，此战最芬芳！
成功与成仁，必耀青史上。
呜呼！汪精卫！
心肝尽丧亡！
呜呼！汪精卫！
不如菜花黄！！[22]

[21] 李完用（1858～1926），朝鲜人，曾任内阁总理大臣。1910年主张日韩合并，先后与日本签订《日韩新约》、《日韩合并条约》，出卖朝鲜国家主权，致使朝鲜亡国。

[22] 见《诗歌选》，第149～154页。

按：这是一首集叙事、议论、抒情于一炉的长篇叙事抒情诗，全诗共118句590字。与讴歌抗日英雄的正面形象相比较，诗人又从反面刻画了汉奸卖国贼无耻的丑陋嘴脸，作为反面形象的典型，与正面的抗日英雄形象形成了鲜明而强烈的反差，给人以极其深刻的印象。汪精卫作为国民党的副总裁，于1938年底叛离陪都重庆，逃到越南河内，等待日本侵略者的接待，并且给重庆中央政府发来艳电。1939年1月1日，据《冯玉祥日记》载："上午九时，开最高国防会议，宣读汪精卫来电。蒋先生（介石）问大家有什么意见？我提了两件事：一，汪精卫发这样的电报，我们应当请医生去给他看，因他明明的是得了神经病；二，我们要为孙凤鸣筑铜像，因为孙在前三年即有先见之明，就知道汪是卖国贼，打了他三枪。"当时冯氏主张明令通缉汪逆，但"蒋介石发言，劝冯对汪勿做过分举动，他说：'要慎重一点，不可太过了，不要逼他作了李完用。情面不可不讲，……他是副总裁。'会上只决议开除汪的党籍，撤销其一切职务，并未通缉。"[23]看来，蒋介石对汪逆仍在一定幻想，但冯则看透汪逆卖国的汉奸本质，故有明令通缉的建议。又，董宝玉《冯玉祥年谱》1939年1月3日载："3日，冯由重庆出发，督练新兵，约老舍（按：即作家老舍，原名舒庆春）同往，东抵清水关，他和老舍下车吃烤地瓜，吃完登上汽车，就和老舍商量如何写骂汪精卫出走的诗。老舍让冯自己出题，自己作。冯说，就以烤地瓜为题作诗吧。老舍立即幽默地说：'呜呼汪精卫，不如地瓜香。'冯极为赞赏。途径隆昌时，又看到满地是黄花菜，老舍就建议改以莱花黄为题写诗，诗的结尾写成：'呜呼汪兆铭，不如莱花黄。'冯遂赋诗曰……"[24]这首诗学习民间歌谣体，在幽默调侃中见其辛辣的讽刺，批判矛头直抉汉奸卖国贼的心肝。年轻时，汪精卫曾追随孙中山革命，清末因刺杀摄政王载沣被捕，自料必死，贱诗言志，狱中作《被逮口占》四首，之三有云："慷慨歌燕市，从容作楚囚。引刀成一快，不负少年头。"因此名动天下。但人是复杂的变化的，曾几何时，为了争权夺利，竟然卖国求荣，成为秦

[23] 见董宝玉《冯玉祥年谱》下册（油印本，未正式出版），1939年1月1日载第399页。

[24] 同前，第400页。

桧式的人物，无怪乎他要大发“岳飞是军阀，秦桧是忠良”的谬论。冯先生此诗，刻画汉奸的内在心理，鞭辟入里，在精神上判其死刑，早已把汗奸卖国贼钉在历史的耻辱柱上。在此，诗人爱憎分明，绝不含糊，而见其爱国的民族立场。

四，赋诗言志，塑造自我，一个伟大爱国者的高大形象，成为中华民族的楷模。

我

平民生，平民活。
不讲美，不要阔。
只求为民，只求为国。
奋斗不懈，守诚守拙。
此志不移，誓死抗倭。
尽心尽力，我写我说。
咬紧牙关，我便是我。
努力努力，一点不错。[25]

按：据冯玉祥子女弗伐、洪志编《诗歌选》，此诗作于1940年5月1日。而据董宝玉《冯玉祥年谱》、蒋铁生《冯玉祥年谱》，则作于4月30日，时间相差仅一天。冯氏子女编其《诗歌选》，以其开篇，明显具有自叙诗性质。不仅是其诗序，而且是其一生之序。《我》诗是冯先生的座右铭，一生贯彻始终而不动摇。诗很简短，但其理想、抱负，所作所为，无不历历在目而令人敬仰。

败不怕

败不怕，
所怕的是变卦。
若能坚持到底，
一倒能起，再倒再起。
胜不喜，
务要检讨自己。
可喜的不是矜夸，

[25] 见《诗歌选》，第1页。

坚强自己，调整步伐。[26]

按：冯氏一生，从奴隶到将军，从军头到革命家，经历了大小百余战，遭遇了多少挫折与失败。因此，《败不怕》是其人生的总结，胜不骄，败不馁，这一宝贵的人生经验，是从血的教训中得来的。个人如此，国家与民族又何不然呢？他在《蜀道莱花黄》中曾说："我们为民族，小败心不慌。我们能持久，一定打胜仗。我们为民主，天皇定灭亡。我们有信心，始终不摇晃。信念最坚决，至死不投降！"这样才能迎来民族的胜利和国家的新生。

六十岁的小伙子

我们的主人，
是全国的老百姓。
他们是筚路蓝褛，
真正的贫穷；
他们无论怎样痛苦，
还是供给我们的衣食住。
饮水要思源，
自己要问问自己的良心。
方才是六十岁的小伙子，
怎能说是寿?!
应当赶快努力，
去报答主人们。
使他们有了好的吃穿住用，
那方算尽了抗日公仆的本分。[27]

按：这首诗写于1941年11月14日。作为抗日公仆，报答全国的老百姓，解除他们的民生疾苦，是自己一生为之奋斗不懈的目标。《冯玉祥日记》1931年5月25日，诗人有这段的一段话："我与旧的世界、旧的社会宣战，不怕骂，不怕打，不怕受穷，不怕受困，向来即是奋斗以求真理。今年已五十，更不衰弱。将五十年的

[26] 见《诗歌选》，第82页。

[27] 见《诗歌选》，第178页。

阅历经验，与此混账社会拼命流血，非实现人类平等、经济平等不可。我应时刻勉励自己，继续不断的努力于此事也。”十年之后，又作《六十岁的小伙子》，以诗明志，表明了自己的实践与努力。誓言，既是鞭策，又是鼓舞的力量。老骥伏枥，壮心不已，此之谓也。以下《想》诗就是冯先生心目中老百姓理想的生活。

想

人人都是身心快，
衣的是绸缎绫罗，
食的是海味珍馐，
住的是楼台殿阁，
用的是玲珑家伙，
饮的是露汁鲜果，
行的是空陆皆可，
盖的是丝棉毛驼，
作的是四小时活。
农家是五风十雨，
工人是电力活跃，
商号是消费合作，
学生是平民生活，
当兵是大家轮着，
畜类是生机活泼，
水利更是三里一道小河普遍全国。
鲜花四季开——公园是五里一座，
到处摆的是舒适的精美椅桌，
各种衣服与各样食物分类存搁；
用时只须把机关一拨，
好似自来水一样流过，
亦好似电力随意用少用多，
更多似现在的“嘎斯”自来火。

音乐里，
度生活，
欢天喜地，
人人个个，
每人的岁数至少八百多。
你看这个世界快活不快活？
我想着，
我为全人类盼望着！
实在可能，
并非造魔造魔，北方土话，意即不实之语！[28]

[28] 诗选自《诗歌选》第20～21页。

按：据《冯玉祥日记》，此诗写于1931年5月24日，但题目作《我想》，似更加准确。诗中所写，似梦非梦，如人生仙境，美丽绚烂，令人无限遐思。这说明诗人不仅重现实之战斗，同样重视美丽理想之追求，富有积极浪漫之气息。冯先生做的虽是高官，但与当时贪污腐败的官场相反，他为了人民的解放，一贯生活俭朴，以苦为乐。但是，个人生活之苦，正是为了追求大众生活之美且乐也。于此可见诗人包容整个世界的无私念想与宽广心胸。

小儿女

叫小达，
叫颖达，
快快过来亲爸爸！
叫小达，
叫洪达，
快快过来亲妈妈！
爱小儿，
不会爬，
小理达，
八岁了，
能跳能舞会说话！

坐小凳，
赛谁美，
孩子叫妈梳头发。
评一评，
论一论，
真正美的是理达。
颖达粗且胖，
小达瘦中娇，
真是不愧“小辣椒”。
评论方完毕，
上杭折跟斗。
小达能折多半个，
爬得起来大声吼。
颖达折得快，
谁要看见也喜欢。
理达折过去，
忽然又折回，
这样体操真有味。
大的笑，
小的笑，
爸也笑，
妈也笑。
忽然小达脑袋垫了颖达腰，
颖达不知并未怪，
小达碰了头脑哭且叫，
放大刁，
哄不笑，
妈妈赶向怀中抱。
比美完了，
体操完了，

真正是一群活宝宝。
安得家家皆如我，
男女老幼乐陶陶。[29]

[29] 见董宝玉《冯玉祥年谱》下册（油印本），第319～322页。

按：冯先自注："小达系第六女，颖达系第五女。洪达系第三男，理达系第四女。此四姐弟皆李德全所生，而以理达为长。"此诗写于1933年7月长城抗战之中，当时他身为抗日同盟军总司令，军务繁忙，戎马倥偬，7月13日又在张家口上堡体育场举行收复多伦的军民庆祝大会。但当时的抗日同盟军，处势不利，受到日寇及国民党正规军两面夹击（按：蒋介石与汪精卫怀疑冯玉祥被赤化），作为总司令冯玉祥，仍是从容镇定，忙里偷闲，写了《小儿女》一诗。诗中自有天伦之乐，全家老小其乐陶陶，生活气氛逼真，快乐心绪浓郁，诗中无论是小女调皮或大人的哄乐，均极其形象，让人捧腹解颐。心理刻画也很细腻入微，颇富天真烂漫的生活情趣，同时也可见老诗人那一颗永不服老的童真赤子之心。冯玉祥这个"丘八"并非只是打打杀杀的一介武夫，而是和常人一样有血有肉，是一位侠骨柔肠的英雄。于此可见其为人的全貌，冯玉祥是活生生的人。

于此可见，冯玉祥的"丘八"诗，涵盖了现实生活的方方面面，内容丰富多彩，以上所述，挂一漏万。控诉北洋军阀张作霖屠杀革命志士罪行的《吊李钊等二十位同志》；批判蒋介石在抗日烽火中"攘外必先安内"错误立场的《剿共》；歌颂助我抗战的国际主义精神的《悼白求恩大夫》；最后是1948年8月，冯先生乘苏联轮船波必达号遇难前在大西洋上所写的绝笔《小燕》长诗，更是佳作，值得大写一笔。全诗共182句950字，控诉蒋介石国民党独裁政权在抗战胜利后的贪腐与倒行逆施，大开内战，奉劝美国等西方帝国，不要助蒋介石打内战。诗歌夹叙夹议，热情潮涌，真诚祈求世界和平，盼望中华民族从此能站立世界之林。诗人满怀激情，描绘精细，形象生动，堪称诗史。但本文限于篇幅而未加选录。总之，冯氏"丘八"诗。精彩纷呈，难以尽述。但是，有人拿冯“丘八”诗与胡适《尝试集》作比较，断言胡是开拓新诗世界的老祖宗，而冯先生的“丘八”诗则不是诗。这种结论，要么是没有细读冯先生的白话新诗，要么就是被政治偏见蒙蔽了眼睛，看不到事实和真理。冯先生的“丘八”诗，多数贴近现实政治生活；而胡适《尝试集》则少问政治，多是平时生活的集锦。两者之间从内容到艺术，都有特点而风格迥异，可说各有其审美价值。有关胡适《尝试集》及其新诗的开拓贡献，前有论述，此不赘言。但因胡而贬冯，耻笑冯先生的“丘八”诗，就明显是偏见、误解或无知。“胡适之体”的白话新诗，也不像某些人想象的那么精彩，如周策纵回复唐德刚的长信《论胡适的诗》，就对胡适新诗多有批评，如“他（按：指胡适）很欣赏打油诗，甚至有些歪诗，……他早期新诗的试作，往往脱不了浅显绝句、歌行、小令，苏、辛所喜用的中调，以至于打油诗等气氛，不为无故也。”周氏又曾批评说：“胡适没有宗教信仰的虔诚，……也没有个人对宇宙‘深挚’的神秘感和默契。因此，他的诗不够幽深”。“胡适诗最大的缺点——这与他个性也有关——是欠缺热情或挚情。……我在他的‘新诗’里几乎找不到一首真正热情挚情的诗来。”[30]也就是说，太理性而缺乏感情，是“胡适之体”新诗的一大缺点，这与冯玉祥“丘八”诗的热情洋溢、真心直吐的抒发议论，风格是很不同的。周策纵先生对胡适诗批评，虽非全面，但的确点到了要害。“新诗的老祖宗”并非首首皆是佳作；而冯氏“丘八”诗，在民国抗战烽火这一特殊年代，诗以言志，特别注重反映当时火热的斗争生活，政治敏感性很强，这不仅不是缺点，而且使自己的“丘八”诗成为时代精神的风向标和全民战斗以抗击日寇侵略的时代号角。在这里，我不是否定“胡适之体”白话新诗的开拓之功，而是说政治也是生活中的热点，只要不是把政治当做唯一，全面压制其他，那么诗歌言志也罢，载道也罢，只要其所言之政治是进步的，从黑暗走向光明，那么诗中有政治热情，也会激发其艺术光彩，有什么不好呢？对冯氏“丘八”诗，在理念观念上，应作如是观。总体言

[30] 见唐德刚《胡适杂忆》附录，广西师范大学出版社，2005年，第222～223页。

之，冯氏“丘八”诗在艺术上的倾泻直露，含蓄韵味有所见缺，但不可否认，它也自有其艺术风貌及审美价值。董宝玉在《冯玉祥年谱》中曾有评价，说：“冯玉祥的丘八诗，反映了他非凡的生活阅历和政治抱负，在艺术风格上继承了中国民歌的传统，语言朴实，形象逼真，具有浓郁的生活气息，在中国现代诗坛上独树一帜。”[31]最后，让我们借用周恩来在祝贺冯玉祥的贺文《寿冯焕章先生六十大庆》中的话来加以总结：“先生好读书，不仅在泰山隐居是如此，即在治军作战之时，亦多手不释卷，在现在，更是好学不倦，永值得我们效法。丘八诗体为先生所倡，兴会所至，嬉笑怒骂，都成文章。”[32]这一评价，合乎历史事实，还是很公允的。

[31] 见董宝玉《冯玉祥年谱》下册（油印本），第429～430页。

[32] 见重庆《新华日报》1941年11月14日。

读章札记四则

一 “疯子”与楷模

最近，因给研究生讲授“近现代学术大师治学方法比较研究”课程，重读《近代稗海》等清末民初笔记及《章太炎全集》、《章太炎评传》、《章太炎学术年谱》[1]诸书，浮想联翩，成《读章札记》短文若干，芹献一得，以飨读者。

近现代公认的国学大师章太炎先生，很有个性，以致不容俗世，人讥为“章疯子”。面对诋毁咒骂，先生毫不退缩，他对敌人所赐“神经病”或“疯子”之号，有自己全新的解释。光绪三十二年（1906）他东渡扶桑，在留日学生及民党的欢迎会上，即席演讲，情绪激昂而针锋相对地说：“大凡非常之议论，不是神经病的人断不能想，就能想亦不敢说。遇着艰难困苦的时候，不是精神病的人断不能百折不回，孤行己意。所以古来有大学问成大事业的，必得有神经病，才能做到。……不怕有神经病，只怕富贵利禄当面现前的时候，那神经病立刻好了，这才是要不得呢！”[2]。这是一篇刻画入木三分的绝妙好辞，不给敌人留下丝毫的反攻余地。对于不正常社会中的黑暗势力而言，争取光明的健康力量，就被视为当然的“疯子”或“神经病”。被敌人恶骂，不是耻辱，而是光荣。在这一意义上，太炎先生公开宣称：“为这缘故，兄弟承认自己有神经病，也愿诸位同志人人个个都有一

[1] 《近代稗海》，荣孟源，素伯峰主编，四川人民出版社，1985～1988年。《章太炎全集》，上海人民出版社，1985年。《章太炎评传》，姜义华著，百花洲文艺出版社，1995年。《章太炎学术年谱》姚奠中、董国炎著，山西古籍出版社，1996年。

[2] 徐一士《一士类稿·谈章炳麟》称引，载《近代稗海》第2辑，四川人民出版社，1985年，第73页。

两分的神经病。”先生自量其“疯”如此，真是可人隽语，石破天惊而传之不朽。试想，在袁世凯窃国独裁之时，敢以袁氏所授大勋章作扇坠，亲自打上总统府大门，在众目睽睽之下，公然戟指痛骂袁世凯包藏祸心，世上没有第二个人。如此言行及为人，在权势者或趋炎者看来，敢以自己的身家性命相扑，非“疯”而何？但在太炎先生眼里，被敌人赐以“章疯子”的雅号，却是难得的荣誉，何惧之有？

但是，有糊涂人因太炎先生有“疯子”之号，就以为他必然是心胸褊狭躁狂，缺乏容人雅量。其实，这是大谬不然。被不正常社会中的黑暗势力称为“疯子”或“神经病”，正体现了被骂者那无私无畏的革命精神及其特立独行的学术良心之所在。“疯子”之矛头，是对敌人而指；而对学界同仁，太炎先生宅心仁厚，如春风化雨，沾溉世人。1913 年 12 月，先生在北京开讲国学，眼前书籍欠缺，因而便倾泻腹笥，滔滔汩汩，给听众以精神享受，当时北大的预科生傅斯年、顾颉刚等诸人，都感受到了极大的人生影响，并以之为学术的引路人。据当日吴宗慈《癸丙之间言行轶录》载：“讲授时源源本本，如数家珍，贯串经史，融和新旧，阐明义理，剖析精要，多独到创见之处。讲学上绝无政治上感情，不惟专诚学子听之忘倦，即袁氏之私人无不心服，忘其来意矣。”[3]你看，连来监视他的袁党文化特务，也忘其来意而“无不心服”，连敌人都感动，于此可见其学术心胸之宽广雅量。现再举二例以资佐证。

[3] 见姚奠中、董国炎《章太炎学术年谱》民国二年记载，山西古籍出版社，1996 年，第 204 页。

一，力救刘师培。刘师培字申叔，笔名光汉。章刘二人，原为朋友。但申叔后在政治上依靠清朝大僚两江总督端方，于是产生种种诋毁太炎先生的错误言行。太炎先生从发展学术出发，于 1908 年恳请老师孙诒让劝说其改邪归正，其《与孙仲容书》云：“仪征刘生，江淮之令，素治古文《春秋》，与麟同术，情好无间。独苦年少气盛，喜爱浸润之谗。自今岁三月后，谗人交构，莫能自立，时吐谣诼，弃好从仇。”以历史眼光视之，申叔破坏二人友谊，投入清朝怀抱，的确是不合时宜的政治错误。以太炎先生之“疯”劲，应加猛烈抨击才是。但事实不然，太炎先生并不把刘师培当做政治对手看待，而是抱着治病救人的目的，求老师孙诒让劝解。辛亥革命时，申叔随端方率军入川镇压革命，失败后，申叔在资州被捕，民军曾想把他处死。太炎先生风闻其讯，急忙和蔡元培联名在民国元年1月11日《大共和日报》发表《求刘申叔通信》一文，予以申救，云：“刘申叔学问渊深，通知古今，前为宵人所误，陷入樊笼。今者，民国维新，所望国学深湛之士提倡素风，任持绝学，而申叔消息杳然，生死难测。如身在地方，渴望先一通信于国粹学报馆，以慰同人眷念。章炳麟、蔡元培同白。”另外，太炎先生又发表宣言云：“今者文化陵迟，宿学凋丧，一二通博之材，如刘光汉辈虽负小疵，不应深论。若拘执党见，思复前仇，杀一人无益中国，而文学自此扫地，使禹域沦为夷裔者，谁之责耶?”（见《章太炎学术年谱》）对于申叔政治之误入歧途，一则以为“宵人所误，陷入樊笼”，轻描淡写；一则以为“虽负小疵，不应深论”，直接为之开脱。后来，因章、蔡诸名士积极援救，刘师培不仅保存了生命，而且不久又加盟北京大学，成为名教授而继续发挥其学术栋梁的作用。太炎先生不计前嫌，其心胸雅量何如哉！

章太炎像

二，申救叶德辉。叶德辉，字焕彬，号郎园，湖南湘潭人。光绪十八年（1892）进士，授吏部主事，后返乡从事著述。戊戌维新时，他在湖南带头反对巡抚陈宝箴所推行的新政，为顽固派首领之一。民国初年，袁世凯觊觎帝位，他在湖南组织筹安会分会，请愿劝进。其政治观点，与革命家太炎先生大相径庭。但叶氏同时又是一个大学问家，家富藏书而又精于经史小学，旁及碑版及占筮星命之学。太炎先生曾作文批评叶氏的文化保守主义，但对其学术的总体评价，却有人才难得之叹。所以辛亥革命后，力主保存叶氏性命，以便裨益学术之承传。1915 年 5 月 16 日《时报》刊载《章太炎近况记闻》述及此事，云："湘潭叶焕彬极精版本训诂之学，倾服太炎甚至。太炎亦亟称焕彬。辛亥之役，长沙为革命军占领，老辈尽逃死山谷。太炎语人云：'民军若杀叶焕彬，则湖南读书种子将绝矣。'焕彬因是于太炎有知己之感。"（同上）章叶二人，因相互的学术倾慕而成为朋友，增其友谊。袁世凯拘囚章氏时，叶氏曾赴北京探望，并曾切磋学问，探讨修清史体例诸事。于此可见，太炎先生对于学术的重视，他并不因政治歧见，更不会因个人恩怨而损学术之根本。在太炎先生眼里，学术的复兴，实系民族精神生死之大事，同样是精神救国的根本大计。

综上所述，可见太炎先生的宽广胸怀及其学术雅量，非常人所能及，不仅不是褊狭的"疯子"，而且应当成为古今学人之楷模。今之学界，成绩斐然，但是问题不少，心胸狭隘而落井下石甚至对簿公堂者有之；遍地"大师"而文过饰非者有之；专攻名家而自我炒作者有之；学风浮躁而求速成者有之；因种种原因，拉帮结派，把持坛站，相互吹捧，大唱颂歌，所望茫茫一片黄茅白苇者有之……不一而足。真能像太炎先生那样出以诚挚之公心，为学术之独立、精神之自由、人格之尊严而作出真正的批评与贡献者，能有几人？抚今思昔，能无叹乎？愿和学界同仁共勉而深省之。

二 "复古"与现代反思

辛亥革命和五四运动前后，随着革命运动的高涨，自然引发一场声势浩大的文学革命和白话文运动。在这个时代斗争中，以鲁迅、陈独秀以及胡适等为首的文学革命先锋和白话文运动旗手为一方；以鲁迅所称的"桐城谬种"和"选学妖孽"等所谓顽固保守派为另一方。至于章太炎先生，则集革命家和国学大师于一身，以其坚定的革命立场，本该站在新文化新文学的一边；但在全国一片“打倒孔家店”的口号声中，他却同时坚持国粹传统，尊崇孔子，提倡读经有益于国家民族之论。其潜意识的深处，已将发扬传统文化作为自己的学术天职。1903 年 5 月。章太炎和邹容在上海租界被捕，拘囚狱中，太炎先生作《狱中日记》云：“上天以国粹付余，自炳麟之初生，迄今于兹，三十有六岁，凤鸟不至，河不出图，……怀未得遂，累于国仇，惟金火相革欤？则犹有继述者。至于支那闳硕壮美之学，而遂斩其统绪，国故民纪，绝于余手，是则余之罪也！”保存国粹学术，发扬民族传统，以便开拓反清革命之精神通途，成为先生高尚职责。这一学术道路，太炎先生从 1913 年担任国学会会长，到晚年苏州开设的章氏国学讲习会，无不身体力行，一以贯之。1935 年，曾在天津《大公报》6 月 15 日、16 日连载其《论读经有利而无弊》的宏文，针对论争中的激烈问题，作出了明确的回答。以此，有人以为太炎先在学术上属尊孔读经的复古派，并且是其精神领袖。其理由大致有三：一是因为太炎先生强调国学的经史文化是体现民族精神的国本，如其《论读经有利而无弊》之论，是精神上的复古；二是章氏著述，文字古奥，佶屈聱牙，令人望之生畏，难以卒读，这是形式上的复古；三是在清末民初的新文化运动中，站在白话运动的对立面。如其《自定年谱》于 18 岁（1885 年）条下明言：“自是壹意治经，文必法古。”于 35 岁条下又云：“初为文辞，刻意追蹑秦汉。”说明其文字之艰深，是有理论的实践。

上述见解，不能没有一点复古痕迹，章氏学术及其影响，也的确存在某些好古过甚的缺点；但总体看来，有关复古保守的指责，大多是缺乏知人论世之明的不实之词，遥望其表而无视其内在实质，所以应当予以辨析，以便澄清是非，正其视听。试想，集革命家与学术大师于一身的太炎先生，如果思想学术上真是复古保守派甚至是顽固派的话，但其坚决果敢、不怕牺牲的大无畏的革命性，又是千真万确的历史事实，这一矛盾的怪现象，又将作何解释？可说绝无此理。章氏的革命行动及其学术实践，充分证明了他在学术上的良苦用心。

那么，少年章太炎的著述为什么又“文必法古”呢？我想，这一少年心性，与其所处的清末时期的家学渊源及其师承关系有关。据其《先曾祖训导君先祖国子君先考知县君事略》披露：章氏“家多藏书”，祖父鉴“知百家学术，有奇羡辄以购书，蓄宋元明旧椠至五千卷，日课子弟讲诵”。后来，少年章太炎在父浚兄篯的严课下，发愤攻读，“闻先人余论，读书欲光复汉绩”，所学虽为传统国粹之书，但却在心中种下了民族革命的种子。后来又师从俞樾、孙诒让等晚清朴学大师，治古文经学，通文字、训诂、音韵之小学，受老师影响颇深。故其《自述学术次第》云：“余少已好文辞。本治小学，故慕退之（韩愈）造词之则，为文奥衍不驯。非为慕古，亦欲使雅言故训，复用于常文耳。……三十四岁以后，欲以清和流美自化，读三国、两晋文辞，以为至美，由是体裁初变。……中岁所作，既异少年之体，而清远本之吴魏，风骨兼存周汉。”可见太炎先生文章的语言风格，早晚有变，不仅有奥衍不驯、艰深难懂的一面，同时也有清和流美的另一面。而且，在文言文与白话文激烈斗争的时代背景下，1921 年由泰东图书馆铅印出版了《章太炎的白话》一书，该书收录七篇，除末篇《中国文字略说》出自学生钱玄同之手外，其余六篇是先生有关的演讲记录。其中知《中国文化的根源和近代学问的发达》、《论教育的根本要自国自心发出来》、《常识与教育》诸文，不也是通俗明白、晓畅流利的白话文吗？他何尝一味反对白话文呢？因此，以偏概全的说法是不妥当的。另外，中国古代学术著作既然运用文言写作，那么在研究古代文献时，保存文言写作，也是一种学术需要。试问，如果不明古文语言之本质，又将如何去认识和理解古代学术著作呢？少年章太炎之文辞虽古奥，但意在使古代“雅言故训，复用于常文耳”，唐代韩愈诸人，常有此意，非专门为古而古。究太炎先生之用心，亦在于现代学术之用，目的为今，非为复古，此与当时抱残守缺的复古派，表面形式相似，而论其实质则大异旨趣。这是一。

其次，后来太炎先生运用古代僻字，以形成奥衍不驯的古雅之风，也有当时政治形势逼迫的原因。比如他流亡海外之时，于1899年刊行《訄书》，一方面，众所周知，学术上的太炎先生属坚定的经古文学派，为与康（有为）梁（启超）的经今文学派划清界限，故意运用若干古代僻字奥词以标其异。另一方面，更有为了批判清廷的政治原因。《说文》曰："訄，迫也。"段玉裁注云："今俗谓逼迫人有所为曰訄。"于此可见，章氏《訄书》之作，是受时代鼓荡和环境压迫，犹如骨鲠在喉，不吐不快，此《訄书》之名的由来。后来他又在百忙之中，不断修改，以纠正因时间紧促和环境逼迫所造成的学术幼稚和漏洞，以增强为革命服务之理论功效用，并在1914年修订为《检论》。《释名·释书契》曰："检，禁也，禁闭诸物使不得开露也。"当时他因公开反对袁世凯的独裁，被袁氏囚禁，为避免特务机关检查的麻烦，更吓退专事检查的文化特务，使其不明就里，从而获得外传之一线生机。如果把《訄书》、《检论》安放到当日形势及整个中国学术史上考察，则可见太炎先生企望通过学术探讨来为中华民族指明前进的方向。古奥之风，明显具有古为今用的深刻现代反思，这岂是复古主义者之所为？又如1915～1916年由吴承仕记录的《菿汉微信》，菿（dào到），通"倬"，大也。菿汉，即大汉，大汉即大中华也。因而这是一部深刻剖析诸多古代文化思想的力作。当时太炎先生仍被袁世凯拘系于北京。囚禁之中，故意以其奥衍不驯的古雅之风，以避袁氏之鹰犬耳目，其文字晦涩者以此，其政治形势逼迫的原因显然可见。此又可为佐证也。但是"訄书"、"菿汉"之类词汇，艰深古奥，是特殊个例。在一般情况下，太炎先生更多的是运用纯熟老到而又畅达的文言写作。

第三，五四时期胡适曾提倡全盘西化，鲁迅主张打倒一切河图洛书，百宋千元，一时影响青年甚巨。在新、旧文化矛盾冲突猛烈撞击的形势下，矫枉过正，也属必要。但时过境迁，思想懒汉之辈，以此为不学的口实，那就将把青年引入歧途。所以后来胡适对自己"全盘西化"的言论已有所反省并作了修正。鲁迅对传统文化也加强研究，成就很大。针对当时全盘西化不良学风的流行，民族虚无主义势力的抬头，以及一些青年学子读书治学的浮浅平庸之弊，太炎先生同样也是矫枉过正，有为而发，响亮地提出了《论读经有利而无弊》之论，他说："读经之利有二：一修己，二治人。治人之道，虽有取舍，而保持国性实为最要。"又举例说："是以辛亥之役，振臂一呼，全国响应，此非收效于内诸夏外夷狄之说而何？方今天方荐瘥，载胥及溺，诸夏阽危，不知胡底。设或经学不废，国性不亡，万一不幸，蹈宋明之覆辙，而民心未死，终有祀夏配天之一日。……如我学人，废经不习，忘民族之大闲，则必沦胥以尽，终为奴虏而已。有志之士，安得不长思哉！"所谓"国性"，即国民精神之所在。所论虽非全面，但深刻而警省，启人至深，其耿耿忧国爱民之心，跃然纸上。从本质上说，太炎先生希望青年在国难当头之际，重视经史学习，重在不要忘记国本和发扬民族气节，以免沦为亡国奴，甚至是在亡国之后，积累国家复兴的思想资本。于此可见，他所提倡的读经学史，并非以古书来衡量今之是非，更不是什么复古主义，而是为今而发，以便为现代的国家民族发展，提供理论思考和借鉴。比如《检论》中《思葛》、《伸桓》诸篇，由诸葛亮、桓温的数次北伐，进一步想到现代为统一中国而进行的北伐战争，具有深刻反思的现代意识。又如其《与人论朴学报书》云："《毛诗》、《春秋》、《论语》、荀卿之录，经纪人伦，平章百姓，训辞深厚，宜为典常。然人事百端，变易未艾，或非或韪，积久渐明，岂可定一尊于先圣？《春秋》三统三世之说，无虑陈其概略，天倪定分，固不周知。岂有百世之前，发凡起例，以待后人遵其格令者？故知通经致用，特汉儒所以干禄，过崇前圣，推为万能，则适为桎梏矣。"他同时又指出："说经者所以存在，非以是适今也。"从上面的话中我们体会到，太炎先生明确否定了盲目迷信古人而高倡"定一尊于先圣"的错误言论，指出如此读书治学，则化思想利器为人间桎梏。批判一针见血，又岂是复古主义者之所能为？

另外，对当日西学东渐的学术新潮，太炎先生并非熟视无睹，对西方哲学，他同样加以学习，以便作为研究传统文化的参考与比较。如其《说新文化与旧文化》云："原来我国的诸子学，就是现在的西洋所谓哲学。中国哲学，有特别的根本。外国哲学，是从物质发生的，譬如古代希腊、印度的哲学，都以地火风为万物的原始。外国哲学，注重物质，所以很精的。中国哲学，是从人事发生的。……人事原是变幻不定的，中国哲学从人事出发，所以有应变的长处，但是短处却在不甚确实。这是中外不同的地方。"以此推断，中外学术互有优劣长短，应该加强交流学习，相互促进，而非彼此排拒。因此，对于当时传入的"远西"（即今之西方）之学，如声、光、化、电之类，主张学而用之，以适应现实应用的需求。1899 年他在《清议报》上发表了《儒术真论》中说："今既提摭拾诸子，旁采远西，用相研究，以明微旨，其诸君子亦有乐乎此欤?"又如写于 1891～1893 年的《膏兰室札记》，曾广泛涉及西学。"卷三《淮南子》、《管子》及《历物疏证》诸条多见。论及光学、化学、天文地理颇多。东半球、西半球理论运用自如。引证西方学者和书籍有李提摩太、韦廉臣《格物探源》、雷侠儿《地学浅释》、赫士译《天文揭要》等"[4]。于此可见，太炎先生早年，即已学习汲取西学之长，积极融入现代社会思潮之中，而非泥古不化之人。

[4] 姚奠中、董国炎《章太炎学术年谱》，光绪十八年记载，山西古籍出版社，1996 年，第 35 页。

还有，太炎先生虽未提倡白话文写作，并曾表示反对文章的语录体、报刊体，此与胡适、梁启超有异。但从另一角度来看，过多过滥的语录体和报刊体的渗入，的确也在一定程度上损害了白话文写作机体的健康和纯洁，甚至是在创作上为肤浅不学之辈开了绿灯。文学是语言的艺术。实际上，太炎先生对于方言、白话研究有素。他在《新方言序》中曾说声音是"文字之本柢"。人的语言受时间、地域、种族诸多条件变化影响，因而人的语言变化万千，声气之微有自然之节限。因而云书依声托事，假借相禅，其用至博而操之至约，所以应该是疑于义者以声求之，疑于声者以义正之，声义互证，则实无所遁。1908 年五月，他又在

《民报》上刊登《博征海内方言告白》一文，明确提出："果欲文言合一，当先博考方言，寻其语根，得其本字，然后编为典语，旁行通国，斯为得之。"其有关语言音韵之学的研究，学术眼光深远，着眼点仍然是在"文言合一"的大目标上。

1912 年，太炎先生被选为浙江教育会会长，赴杭州即席演讲，其中谈到语文一致之见：一是主张统一语言，将古语今语统一；一是以语言代替文字。此与白话文运动有相通之处。故其弟子钱玄同说："我对于白话文的主张，实在植根于那个时候，大都受章先生的影响。""我得了这古今一体、言文一致之说，便绝不敢轻视现在的白话，从此便种下了后来提倡白话文之根。"[5]胡适曾提出，中国古代的文言文学，是言文相乖的贵族文学，郭绍虞先生称为文字型文学；而白话文学是言、文合一的平民文学，郭绍虞先生称为语言型文学。实际上，太炎先生的研究，为新文学的白话文运动的发展和进步，提供了语言前进的方向和理论基础。若要提倡"文言合一 "的新文学，又必须进行汉语言文字的改革。1908 年，当时在法国巴黎的一些激进留学生思想上崇拜无政府主义，因而全面否定汉语，提出了中国改行世界语的激进主张。在这一问题上，太炎先生从我国的语言实际出发，写了《驳中国用万国新语说》一文，批判了这一民族虚无主义的不良倾向。但他同时注意到汉语言文字的缺点，因而对汉语的文字改革加以关注，并进行研究，提出了自己的积极改革方案，文长不录，概括起来，要点有三：一为审音正音，犹如今之推广普通话。二为推行注音字母，既可识字，又利正音。三为推行标准草书，可视为简化汉字的一个途径[6]。据此，他主张废除古代的反切注音方法，推行新的注音字母，具体制订了"纽文（声母）三十六，韵文（韵母）二十二"的新方案。后来，他又支持学生钱玄同搞语言文字改革和注音字母。1918 年 11 月，民国政府教育部正式公布的注音字母，就是在太炎先生研究的基础上，略加增删而成，于是注音字母在全国正式推行。这一语文改革，为"言文合一"即语言型文学的创作提供契机，实是为新文学的白话文

[5] 熊梦飞《记录玄同先生关于语文问题的谈话》，见姚奠中、董国炎《章太炎学术年谱》民国元年载，山西古籍出版社，1996 年，第 195 页。

[6] 章民国学讲习会编《太炎文录初编·别录》卷二，上海书店，1992 年，民国丛书第 3 编第 83 册。

运动注入了一股具有蓬勃活力的新鲜血液。在此，太炎先生功不可没。

总之，太炎先生虽然尊崇孔子，但并不以为所说是句句真理，更不会以古代孔子的是非来代替今人的是非。所以 1913 年，他作《驳建立孔教之议》明确提出“孔子于中国，为保民开化之宗，不为教主。世无孔子，则宪章不传，学术不起，国沦夷狄而不复”。他认孔子是学术大师，而不是定于一尊的圣人。他提倡读经史有益之论，不是为了发思古之幽情，一切向古人看齐，而是为了发扬优秀传统文化中所保持的国性精神和民族气节，目标是为了救当日中国之危亡。他在少年时作文，曾是“文必法古”，艰深其文，但中年后文风有变。1922 年应江苏省教育会之请，于上海主讲国学，云：“文章之妙，不过应用，白话体可用也。发之于言，笔之为文，更美丽之则用韵语，如诗赋者，文之美丽者也。”[7]1929 年他在《答吴检斋书》中，曾谆谆告诫学生说：“再《王制疏证序》文辞宜稍令平易，不必慕为醇古，方令习者易了。”可见他在晚年，已注意追求文辞的平易畅达，并非故意艰深其文。另外，他在语言文字改革及注音字母的创设中，曾暗中为白话文运动的“言文合一”推波助澜，这是着眼于现代思考，而非复古之所为，读者当能明辨。

[7]《章太炎学术年谱》P329 称引，民国 11 年载，第 329 页。

三　读活佛经为我用

辛亥革命前后，在佛坛寂静已久的法相宗唯识论之学，一度抬头，在知识界颇为热门。当时带头读佛的领袖人物就是太炎先生。不过，后来先生也因此而受到了严厉的批判。今人有谓：“那时的法相唯识之学曾热闹过一阵，正是当时复古主义用烦琐的唯心主义对抗新思潮而出现的一股逆流。”[8]这是不点名的批判。但是，如果把太炎先生阅读佛经的来龙去脉及其良苦用心，安放在当时历史大背景中，则这一批判是不合时宜的。

[8] 任健愈《汉唐佛教思想论集》，人民出版社，1973 年，第 239 页。

太炎先生是国学大师，精熟儒学经典。儒主入世，而佛遁空门，二者不同道。但先生却同时精于释典，在他身上，儒佛并行不悖。著名佛学大师黄宗仰（乌目山僧）曾主持中国佛教学会，民国元年（1912），先生作《与宗仰上人书》云："绛（按：先生别名）居东国五岁，数从彼土沙门宴游。标宗谈理，殊胜故乡。"又说："尝与商榷，将小乘论及外道译出，为之润文，是亦参考之书矣。"能为中外佛家名僧指点释藏，标宗谈理，以为法相宗之"理极不可更改，而应机说法，于今尤适"[9]。其为海内外沙门说法，无不令人厌心。1918 年 12 月 1 日，应太虚法师之约，在上海觉社尚贤堂开讲佛学，听者共相叹美，云："太炎谈理，精辟绝伦，洵不愧为海内硕儒。"（见于《曾琦日记》）于此可见先生虽然以儒典为主，但其精于释典佛理，学识修养之深厚，非同一般。

[9]《章太炎先生自述学术次第》章氏国学讲习会。

先生年轻时，独治经史《通典》诸学，旁及政书，而无意于释典。三十岁后，经友人宋平子劝说，始读佛经，《涅槃》、《维摩诘》、《华严》、《法华》诸经，渐及玄门而未所专精。1903 年，因《苏报》拘囚上海，第二年，狱中获准读书，据其《自定年谱》，"始余尝观《因明入正理论》，在日本购得《瑜珈师地论》，烦忧未卒读，羁时友人来致；及是，并致金陵所刻《成唯识论》。役毕，晨夜研诵，乃悟大乘法义。威丹（邹容字，时同在囚）不能读，年少剽急，卒以致病。"事实说明，如能正确阅读佛经，思考人生，就能达到修身养性、平和心理、排遣孤寂苦闷的作用，大有益

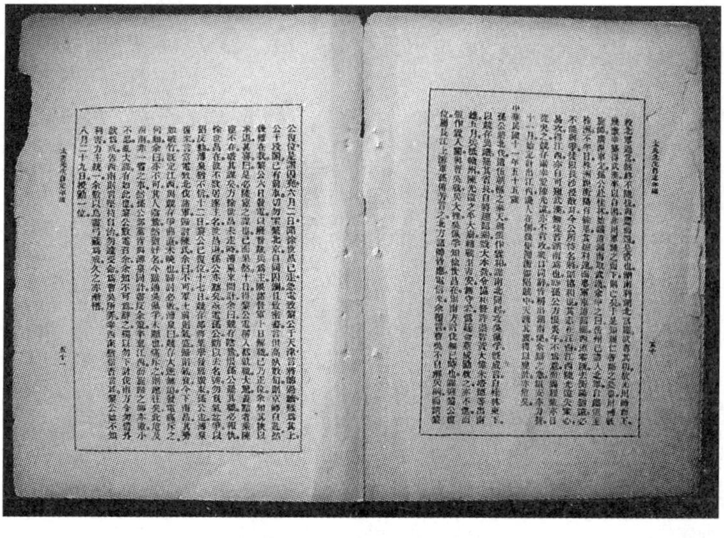

章太炎《自定年谱》内页

于身体健康。而邹容则不然，他是年少气盛，无法静心阅读佛经，其愤懑郁积日增，终致病死狱中。虽然这只是其死的浅表层的现象，但也说明佛典有时具有治疾疗心之效，而非只是一味“毒药”，关键还在于正确对待。章在狱中所读，主要是玄奘及窥基所创法相宗唯识论著作，这对其一生的思想转变及思辨之精严，起了良好的促进作用；同时，又对其严于气节的道德观念及积极有为的人生思考，产生了深刻的影响。如其《菿汉微言》所称：“及囚系上海，……专修慈氏世亲之书。此一术也，以分析名相始，以排遣名相终，从入之途，与平生朴学相似，易于契机。解此以还，乃达大乘深趣。私谓释迦玄言，出过晚周诸子不可计数，程朱以下，尤不足论。”明白揭示了佛经隐在思想深处的理论价值。这似乎与佛教遁于空门以解脱烦恼的旨趣有异，但先生却能披沙拣金，发现佛典所蕴藏的积极人生意义。其只眼卓识，与其读书活用的新方法新阐释有关。先生曾尖锐指责世俗学佛恶习，说：“又像一班人，先听见宋儒谤佛，后听见汉学人谤佛，最后又听见基督人也谤佛，就说佛学不好；近来听见日本人信佛，又听见欧洲人也颇有许多信佛，就说佛学好，也不论佛学是好是坏。”对于缺乏自主意识的跟风陋习，极尽嘲讽。接着他又指明出路，说：“胡乱跟人，非但无益，并且有害。……佛经本和周孔子的经典不同：周孔的经典是历史，不是谈理的，所以真经典就是，伪经典就不是；佛经是谈理时，不是历史，只要问理的高下，何必问经是谁人所说？……佛经不过夹杂几分宗教，理的是非，要以自己思量为准，不必以释迦牟尼所说为准。……现在人爱学佛，也只该凭自己的心去学，又何必借重日本、欧洲呢？”所论言简意赅，极其精彩。太炎先生活读佛经，概括起来，有以下几个特点：

首先，阅读中以我为主，绝不盲目跟风，随人炒作，所问者理之是非，而不以菩萨圣人的是非为是非。很明显，其谈佛典，已具有以我为主的强烈的现代意识。

其次，排斥宗教迷信之妄，以见其哲学的理性光彩。先生学佛，并不像世俗那样重在宗教迷信以惑国人，他谆谆告诫云："余以佛法不事天神，不当命为宗教。"清楚地表明了自己对佛学的态度和立场。他又引用人言，说明法相经论"语必征实，说必尽理"，其性质与科学之法相似。所论见其《自述学术次第》。在一次有关佛学演说中，他说佛法是"哲学中兼存宗教，并不是宗教中含有哲学。……佛法只与哲学家同聚，不与宗教家同聚"[10]。在先生眼中，佛经中的哲学是主要方面，宗教则是附属的次要方面。他视佛经是思想哲学，是学术和科学，而非鬼神迷信的宗教。

[10] 转引自，《章太炎学术年谱》第180页。

又次，兼容并包、取精用宏的开放精神。先生治国学，倡实事求是之风，这与其提倡法相佛典并行不悖而相得益彰。其《再与人论国学书》云："学名国粹，当研精覃思，钩发沉伏，字字征实，不蹈空言，语语心得，不因成说，斯乃形名相称。"这与法相唯识佛典"语必征实，说必尽理"、"依自不依他"的学术精神，相符若契。这对改良学风，大有助益。其《大乘佛教缘起说》又云："佛教本平民宗教，……所至说法，自必用其方俗。"因此，佛教并不排斥"外道""魔教"诸说。"综观佛在世时，有佛与外道上首对谈者，有外道上首为佛弟子说法者。……夫外道经中之佛语，亦犹庄周、韩非之记孔说也。……达者则知孔老一原，与佛初出家时，尝访阿罗、逻郁、陀罗诸仙同例。佛与外道，互有通途，孔与庄韩，亦非隔绝。故录在彼书者，转可信为胜义。通儒大乘所见，亦相符矣。"[11]以平等的态度，倡开放性的学术交流，阅读佛经时，多方交流参照必有更大的收获，从而促进了学术研究的深入发展。

[11] 转引自《章太炎学术年谱》。

第四，汲取释典中那活跃的思辨精神及其超前意识，以推动科学精神的发展。1905年，他写《致黄宗仰论佛学书》，取中西哲学诸书以校释典而读之，发现了"彼此熔合无少相异"之妙，他说："自佛家观之，色心不二，则识中自有物，而凡人之思想所及者，即不得谓其物之无有。此非以主观武断也。今之所见，不过地球。华严世界，本所未窥，故科学所可定者，不能遽认为定见，况世间常识耶?”活读佛经而引导人们勇于探索那广阔无垠的未知世界。这不是否定科学，恰恰相反，是站在哲学之道的根基上，为人类的科学未来指点新的方向。

第五，先生谈佛经，有所简择，而不盲从。主要是学以致用，以增进国民精神，阐释其自立、自尊、自由以及平等待人的民主精神，这对当时的革命运动是一种精神支撑。1907 年1 月25 日《民报》第11 号载章氏《人无我论》云：“所以提倡佛学者，则自有说：民德衰颓，于今为甚。姬孔遗言，无复挽回之力，即理学亦不足持世。……自非法相之理，华严之行，必不能制恶而清污俗。……拳拳此心，独在此耳。”[12]他在《答铁铮》一文中又说：“日本维新，亦由王（阳明）学为其先导。王学岂有他长?亦曰‘自尊无畏’而已。其义理高远者，大抵本之佛乘，而普国教人，则不过斩截数语，此即禅宗之长技也。仆于佛学，岂无简择？盖以支那德教，虽名殊途，而根原所在，悉归于一，曰‘依自不依他’耳。”推其本原，在以法相唯识为根核。1906 年，先生出狱东渡日本，在《东京留学生欢迎会上演说辞》中又说了两件要做的大事：“第一，是用宗教发起信心，增进国民的道德；第二，是用国粹激动种性，增进爱国的热情。”他认为当时佛教，已“有许多杂质，……必须设法改良，才可用得”，那些烧纸、拜忏、扶箕一类的迷信活动，实在是“可笑可丑”之事，这原是“内典所没说的”，都在扫除之列。他提出：“我们今日要用华严、法相二宗改良宗法。这华严宗所说，要在普度众生，头目脑髓，都可施舍与人，在道德上最为有益。这法相宗所说，就是万法唯心，……要有这种信仰，才得勇猛无畏，众志成城，方可干得事来。”不仅是为增进社会道德，同时也为增进革命军的理想信念起见，太炎先生“总望诸君同发大愿，勇猛无畏，我们所最热心的事，就可以干得起来”。其演说中的铮铮誓言，获得了向往革命的莘莘学子的热烈掌声。

综上所述，太炎先生当时提倡活读佛经，用之鼓吹革命，具有现代意识，其良苦用心，诚挚而无可怀疑。后人所谓对抗新潮

[12] 见《太炎文录初编》别录卷三。

流的复古逆流之讥，并不符合历史实际。

四　影响减弱为哪端？

辛亥革命至五四运动前后，与迅猛发展的革命浪潮同步，学术界也掀起了一场大变革，因而涌现了一大批不可替代的大师级的学术人物，如章太炎、王国维、梁启超、鲁迅、胡适、陈寅恪之出类拔萃，实是世罕其匹。这些学术大师，在当时中西文化的激烈冲突碰撞中，无不发出耀眼的光辉，作了巨大的贡献。就民国前后的学术界而言，太炎先生最为老师，实是学界领军人物。许多著名的学者文人，如黄侃、钱玄同、吴承仕、鲁迅、周作人，皆出自章氏门下；即使博学渊深之天才刘师培，在1903年与先生订交之后，同样受其影响，在切磋经史小学中汲取了诸多有益的学术琼浆。甚至在政治立场和经学今古文之争中与先生立场对立的一代才子梁启超，在1907年著《国文语原解》一书，曾作《致蒋观云（智由）先生书》云："国学萎微之今日，……益以荒落。东中士夫其粹于此者，惟章太炎，然以政见歧殊，久不闻问，先生能居间以就正于彼（若太炎肯为序，亦学问上一美谈），尤所愿望。政见与学问固绝不相蒙，太炎若有见于是，必能匡我不逮，而无吝也。"于此可见，当日学界，无论识与不识，无不奉太炎先生为学界宗师而加以仰望，其影响之大，可见一斑。

时至今日，先生论著的学术分量之重，依然客观存在，谁也无法否认。但是，时世推移变化，随着时光的流逝，依稀冲淡了其文章光彩，他在青年中的影响日渐减弱。和现在学术研究中的王国维热、陈寅恪热、胡适热、钱钟书热相比较，青年学子对于太炎先生的热情似乎逊色得多。这是为什么？

我个人分析推测，从客观形势上讲，或与时代要求的变化直接相关，甚至和某些传媒为了某种需要而热炒有关。太炎先生之于学术，态度极其严肃，几乎达到忘我的程度。如其《与钟亚楙论学书》所说："学在求是，不以致用，用在亲民，不以干禄。"其治学之严谨，岂今日某些学风浮躁、急功近利者之所需？投入时日太长，而利益产出甚微，不合商业市场要求，读之何用？而从先生著述的主观方面找原因，也同样值得我们检讨和深思。

第一，先生治学，主要根基于传统朴学，重在拉车，而无须寻径。因而习惯成自然，在治学新方法新途径方面的开拓精神，其主动与热情似乎比不上稍后学生辈的胡适和鲁迅诸人。作为一位学者，太炎先生的国学根基的深厚，众所公认。对他来说，在学术征途中，他是驾轻车而就熟路，经史子集，文献小学，无不精通，何须另外寻径探路？但若作为学术领袖来说，则必须面对基础薄弱的青年学子的现代需要，对年轻人来说，企盼在治学上有所造诣，首先考虑的常是方法途径的突破问题。五四学者的成功，在很大程度上仰仗新方法的出现和运用。传统治学之法，发展到清代朴学，已达顶峰，若要前行攀登，则有难以为继之虞。面对这一现状，对新方法新途径的热衷探求，就成为时代的热点。聪明的胡适、鲁迅诸人，早就看准了这一点。胡适在《我的歧路》一文中明白地说："我这几年的言论文字，……唯一的目的是要提倡一种新的思想方法，要提倡一种重事实、服从证验的思想方法。"他的《白话文学史》、《红楼梦考证》诸作，无不围着新方法新观念打转。若论国学根底之深厚，胡适不及太炎先生多矣；但论其开拓疑古新风，则胡适的学术影响更大，这也是不争的事实。

其次，对于新出土的地下文物，特别是金文甲骨文，先生重视程度，远不如王国维、郭沫若诸人，甚至有时是抱着怀疑和不信任的态度。太炎先生的老师俞樾，治小学不喜用商周钟鼎铭文一类新材料，而只重地上保存之历史文献，这一片面倾向，对先生的研究影响甚巨。1922 年，先生作《论散氏盘书与寅郙》一文，同易培基讨论彝器铭文之学术价值，云："向来于彝器古文，但视为小学参考书。所以然者，字体谲觚不可臆度。自宋以来为彝器款识作释文者，皆取之胸怀，既非师授，亦无显证。"断为不可信。1931年作《与吴承仕书》云：“闻足下治《三礼》，学子或言须有古器质验，斯语甚谬。”“后之作钟鼎释文者，绝无传授，以臆释为何字，此所谓不知而作者矣。”在1935年的晚年，作《与金祖同论甲骨文书》四封，其第三书云：“龟甲且勿论真伪，即是真物，所著占繇不过晴雨弋获诸杂事，何足以补商史？且如周代彝器存者数百，其可以补周史者甚少也。君子于其所不知，盖阙如也。”取信于甲骨钟鼎这类地下考古新发现，态度较为消极保守，甚至讥“其谬与马头长，人持十无异”（《黄季刚先生遗著专号·序》）。这一态度，足以令其丧失许多新发现的先机。而王国维等态度相反，积极捕捉考古新发现之先机，从而作出了全新的学术贡献。刘鹗《铁云藏龟》是研究甲骨文的先锋，对王国维等影响很大。王国维等急起直追，造诣很高，其《殷卜辞中所见先公先王考》、《续考》及《殷周制度论》诸文，取地下文物，以与地上保存之历史文献相印证相补充，从而填补了历史空白，因而功在学林（详参陈寅恪《王静安先生遗书序》）。取地下文物以与地上文献参证的二重证据法，在王国维身上获得了巨大的成功。相形之下，太炎先生那偏于保守的态度，则是拱手将学术先机让与他人，从而减少了自己的学术影响。

第三，在经学的今古文之争中，站在古文学派的立场，对于今文学派痛加抨击，其态度之坚定、原则之一贯，很少有人可比。在学术争论中不作墙头草随风摆，当然是榜样。但过分执著而流于褊狭，又是其弱项。他曾痛诋皮锡瑞、康有为、梁启超的今文新经学。在辛亥革命前后有其针对性，意义不可否定。但形势变化，今文经学家的梁启超辈，也常是以今日之我与昔日之我作斗争，从而与时俱化，进入了新的学术阵地，具有新的价值和意义，这是不可一笔抹杀的。但对这一流动的历史发展态势，太炎先生似乎估计不足，仍是持一批到底而全面否定的立场。如在1911年的《诛政党》中，斥康梁辈为“天下之至猥贱”的“政客”。如批康有为云：“治《公羊》学，不逮戴望甚远，延其绪说，以成新学伪经之论，……身窜绝域之表，心在魏阙之下。”

批梁启超云："若夫学未及其师，而变诈过之，……文不足以自华，乃以帖括之声音节凑，参合倭人文体，而以文界革命自豪。"这一有失公允的态度，不知不觉地减少了自己的读者与听众。

第四，文字过分古奥典雅，青年学生读来有艰涩难懂之感，令人视为畏途，从而影响其学术传播，无形中缩小了自己的影响力。近年来论学之时，多谈王国维、陈寅恪等，较少谈论、研究章太炎，与其论著之语言文风的艰深典重，不无关系。如《訄书》之"訄"，《检论》之"检"，其有为而发之深意，非一般读者所能理解。如《民报》第七号载《国学讲习会序》云："章氏之《訄书》，其价值与顾氏之书（按：指《日知录》），可俟定论，而徒以其文艰深，骤难通晓，且大远于应世俗学，故庚子此书出世以后，即海内通识之士，又或表同情于章氏者，且艰于一读。"[13]连他的学生鲁迅也说："回忆三十余年之前，木板的《訄书》已经出版了，我读不断，当然也看不懂，恐怕那里的青年，这样的多得很。"[14]你看，连传统国学根基深厚的鲁迅，他年轻时读《訄书》也说"读不断"、"看不懂"，更不用说是一般水平的广大读者了。在读太炎先生著作之时，让我颇有感触：一个大学问家，若要扩大自己的学术影响，不仅要有科学的治学方法、动人的正确内容及其新发现，同时还必须力求语言文风的深入浅出、通俗明白。

以上所言，纯属个人推论，其当与否，望广大读者不吝赐教。

[13] 汤志钧《章太炎年谱长编》，中华书局，1979年，第216页。

[14] 《关于太炎先生二三事》，见鲁迅《且介亭杂文末编》。

章太炎反“赤化”考辨

在20世纪初的翻天覆地年代，章太炎先生曾被国人誉为当然的革命英雄。1911年10月10日武昌起义爆发后，章太炎迅速作出反应，于11月15日由日本返沪。当时社会舆论为之欢呼：“章太炎，中国近代之大文豪，而亦革命之巨子。……惟望我同胞奉之为新中国之卢骚。”[1]一时，章太炎成为辛亥革命的元老功臣及启蒙思想家。但是，历史却会嘲弄人。曾几何时，在五四运动以后的二三十年代，章太炎很快就被当时新文化运动的主将视为顽固的复古保守派的代表人物，差一点就戴上“反革命”的帽子。陈独秀在当上了中国共产党总书记后不久，即痛斥章太炎是“贪昏叛国之小人”[2]。就连他在日本讲学时的登门弟子鲁迅先生，也在20年代后半期，写了《趋时与复古》一类辛辣的杂文，嘲讽昔日的老师是“拉车屁股向后”的复古保守的可笑落伍者。同一章太炎，其声名前后落差如此巨大，实在令人瞠目，却也值得深思。究其原因确实复杂，但他公然反对赤党赤化，也是极其重要的因素之一。今日有的学者，甚至因此而斥章太炎是“充当了军阀们反苏、反共的炮手”[3]。这顶帽子又高又大，很是吓人，但章太炎戴上它是否完全合适？章太炎的确有反赤党赤化的言行，但其矛头是否专指中国共产党呢？还是除中共外，另有更重的目标呢？值得进一步思考。

首先，毋庸讳言，章太炎反赤党赤化，顾名思义，当然针对了当时刚诞生不久的中国共产党。如1925年10月31日，章太炎

[1]《欢迎鼓吹革命之文豪》，见《民立报》1911年11月16日。

[2] 陈独秀《章炳麟与民国》，见《向导周报》第39期。

[3] 见姜义华《章太炎评传》，百花洲文艺出版社1995年，第333页。

在上海国民大学作《我们最后的责任》的讲演，公开宣称："我们现在所要反对的，就是要反对共产党。共产是否适合我们的国情，还在其次；现在的共产党，并非共产党，我们可以直接称他'俄党'。他们不过借着'共产主义'的名目，做他们活动之旗帜，什么'共产'、'不共产'，那简直是笑话，直是俄属政府——借着俄人的势力，压迫我们中华民族，这是一件很可耻辱的事。我们应当反对借俄人势力压迫中华民族的共产党。最后，凡是借外人势力来压迫中华民族的，我们应当反对他，这便是我们最后的责任。"[4]又如1926年4月14日，章太炎任"反赤救国大联合"组织的主席，第一次干事会讨论的宣言草案有云："自莫斯科第三国际产生以来，过激主义者，假共产革命之名，行对外侵略之策，倾其全力，冀图一逞，乃既见屏于欧，复不容于美，遂悉其凶焰，转而东向。我国适当其冲，勾结野心之军阀，煽惑无识之青年，授以利器，济以金钱，……患遂中于心腹。故居今之世，反对赤化，实为救国之要图。夫赤化之为害，非专就共产言也，共产主义之弊，为另一问题。赤俄以对内试验共产失败，改用新经济政府（策），而对外仍利用共产之名，借资号召，以遂其鲸吞蛇噬之图。"[5]

[4]《醒狮周报》第58号。

[5]《申报》1926年4月16日《本埠新闻》。

读上述两段文字，可知章太炎作为资产阶级旧民主主义革命家，其思想认识远不如孙中山。1924年1月，孙中山改组国民党，在国民党第一次全国代表大会上决定了联苏、联共、扶助农工的三大政策。但章太炎对此并不理解，所以他不赞成当时中共的纲领，也在预料中。不过，当时中共刚诞生不久，力量薄弱，所以必须依附国民党来推动革命。因此，章太炎反赤化反中共是实，但并不以中共及其纲领为主要批判对象。其矛头所指，直接指向"俄党"，也即当时的苏联共产党所领导的国家与政府，及其所操纵控制下的国际工人运动组织——第三共产国际。因为在章太炎眼中，中共在娘胎里，就和苏共即"俄党"结下了不解之缘。在中共诞生后，许多行动又受到苏共控制下的共产国际的直接影响。章太炎并未明确区分旧沙俄与新苏联的性质区别，这一认识当然有误。但斯大林领导的苏共，并未全面贯彻真正的马克思主义，而滋生了大国沙文主义，在第三共产国际中，一贯以老子党自居而发号施令，这也并非捕风捉影，已为历史所证实。因而，章太炎的担心与忧虑，也是有其历史原因，现实中的种种迹象，启人疑窦丛生。据施建伟《多面间谍李士群真面目》[6]称，刺丁（默邨）案的亲历者温启民回忆1931年6月发生的“牛兰案件”时说：“切勿低估苏谍不择手段的工作效率，为了苏联利益，苏谍在中国无所不用其报。”“苏联的三大特务系统（按：指国家政治保卫总局、苏军总参谋部情报总局、共产国际联络局）的触角覆盖了整个神州大地，渗透到中国社会每一个他们认为需要渗透的角落。上至国家最高层，下至普罗大众，到处都有苏谍的踪迹，真是无处不在。十月革命后，最早派到中国的那些代表、顾问几乎都有特工背景，就是这些人创建了中共，同时又帮助国民党改组。苏联始终在国共双方同时下注。抗日战争时期，苏联公开援华，同时又秘密与日本签订条约，承认满洲国，背叛中国，在中日双方同时下注。”说中共是苏共一手创建，言过其实；但当时中共受共产国际指导，接受其资金，则为事实。苏共指导并支援中国革命的根本目的何在？从沙俄到苏联，历史教训记忆犹新。1903年4月，沙俄违约拒不从占领我国东北领土上撤兵，并提出了撤兵的七项新条款，强迫中国满清政府接受。八国联军统帅瓦德西曾说：“中国与列强之关系，则余相信俄罗斯一国将被中国视作最为危险之敌人。虽李鸿章个人似乎曾受俄国之贿，常以中俄两国合作为言，但此间人士之对俄态度，却正在变化之中。满洲占领一事，在一般具有远识之华人看来，皆认为将来不免渐由占领变成合并。”[7]瓦德西又说：“余从可靠方面闻得俄国占领满洲一事，曾遇不少困难。该地居民本来即不驯静，远较其他纯粹汉人居民为通迈，更因俄人之暴虐残忍行动达于极点，以致该地居民深受刺激极为不安，常有武装完备之骑兵数百成群袭击俄军，使其坐卧不宁。”[8]于此可见，清末民初年间俄国侵略者对中国的严重威胁以及中国人民对俄国的痛恨。为此，我国人民义愤

[6] 见《文汇读书周报》2012年10月12日第15版。

[7] 瓦德西《奉乱笔记》，载《中国野史集粹》第五册，巴蜀书社，2000年，第159页。

[8] 同上，第161页。

填膺，4 月 27 日，上海各界因东三省丧权辱国事通电全国和世界："闻俄人强敝国立满洲退兵新约数款，逼我签允，现我全国人民为之震愤。即使政府承允，我全国国民万不承认。倘从此民心激变，遍国之中，无论何地再见仇洋之事，皆系俄国所致，与我国无涉。"其时，东京留日学生还组织了拒俄义勇队，准备武装抗击沙俄侵略者。上海又出版了杂志《俄事警闻》，后改名《警钟》，其发行旨趣有云："庚辛以来，俄人驻兵不撤，残虐无艺，我国人之稍稍有知识者，虑无不深恶痛疾于俄人。"[9]这些事件，章太炎亲历，记忆犹新，故对俄国侵略印象特坏，这一仇俄情绪，甚至延续到苏联时代。十月革命后，沙俄变为苏联，列宁领导苏共，也曾宣布要归还沙俄所占领中国的领土，但仅为口头言说，未见付诸实行，而且列宁很快去世，此后一直到斯大林、赫鲁晓夫、勃列日涅夫，直到戈尔巴乔夫时代，也未见把侵占中国领土的一寸一分归还中国，甚至在 20 世纪六七十年代，还曾经发生了严重的中苏边境冲突。虽然很多事情是发生在章太炎去世以后，但可能是一种本能潜在的超前预感，使章太炎早在 1926 年 4 月 28 日，致信当时苏联驻中国大使加拉罕云："自贵使莅华以来，阻挠中俄会议，侵害中东铁路，已属妨害两国邦交，且使敝国与国际间之关系，发生无穷之障碍。敝国人民，群情愤激，应请贵使电请贵国政府，即日辞职回国，以全邦交，而免辱命。"这是章太炎代表当日"反苏救国大联合"起草的电信，发表于《申报》1926 年 5 月 2 日[10]。章太炎以为，苏共及其政府"宣传赤化"，干涉中国内政，损害中国主权，是我国的大敌。十月革命之后，虽然沙俄变为苏联，国家政权性质改变，但章太炎鉴于历史教训太过深刻，而有此模糊也可说是超前的认识，不足为怪。章太炎的"反赤化"，表面是反中共，但骨子里是御外侮，主要指向"俄党"——即反对苏共并强调反对一切外来侵略，从而维护中华主权与民族尊严。这一思想认识，有情绪化的一面，具有一定的偏激性与片面性，但论其本心，却在于维护中国——即使这是一种狭隘的民族主义的认识。而且，在 1924 年 1 月列宁

[9] 以上两则文字，见万国仕编《刘师培年谱》称引，广陵书社，2003 年，第 20、44 页。

[10] 马勇《章太炎书信》，河北人民出版社，2003 年，第 870 页。

逝世后，斯大林领导下的苏共政权，未必没有扩张的野心。比如第二次世界大战前夕，与希特勒德国签订条约，共同进攻并瓜分波兰领土，这是历史事实。对西方的欧洲尚且如此，对东方的中国难道就会怜悯或礼让吗？据最近报端披露，不久前解密的苏联对华关系档案，苏共政府曾企图给我国北洋军阀吴佩孚大量军援与经援，以此换取在华利益，并进一步控制中国局势，但被吴佩孚拒绝。于是苏共视野同时转向了国民军冯玉祥将军，其目的是否纯正，抑暗藏祸心？可加考察，而不要简单化处理。事实说明，苏共与中共之间，并非永远是同志加兄弟的真诚关系，而是仍然存在着控制与反控制的利益斗争一面。20世纪60年代中苏的大辩论及中共"九评"文章姑且勿论，即在延安艰苦时代的抗日烽火中，通过共产国际，斯大林从未放松控制中共而为其所用的目标。这就引起了以毛泽东为领导核心的中共领导人的反感甚至是抗拒。据苏共中央派驻延安的塔斯社记者彼得·弗拉基米洛夫的《延安日记》记载："1942年7月29日。中共中央主席以轻蔑态度来谈苏联领导人。例如，他在说到约·维·斯大林时，就毫不掩饰他的轻蔑。他说：'他不了解，也不可能了解中国，但他还什么事情都要管。他对我国革命的那些所谓论点，纯属无稽之谈。共产国际的那些人也在胡诌这一套。'"[11] "1942年10月30日。（中共批判了'王明和博古教条主义宗派集团'）王明是中共中央驻共产国际的代表，是共产国际执行主席团的成员。公开攻击他就意味着蔑视共产国际的路线。这种棘手的局面使毛泽东很恼火。"[12]你看，斯大林及苏共对中国革命"什么事情都要管"，这话出自中共领袖毛泽东之口，应该是历史的事实吧。这些内幕，章太炎即使活着，也不会知晓。但对于沙俄及苏共政府的对华政策及其深藏不露的战略目标，章太炎的本能反应，可能会有错误，但是否也有某些认识仍有人所不及之处呢？也就是说，在章太炎的忧患意识中，他隐约感到了从沙俄到苏联所形成的一种长期潜在的侵略威胁；这一心中隐痛，使他如骨鲠在喉，不吐不快，因而常会口无遮拦，大骂"赤化"。

[11] ［苏］彼得·弗拉基米洛夫《延安日记》，吕文镜等译，东方出版社，2004年，第44页。

[12] 同上，第78页。

但是，随着时间的发展，中共也从幼稚逐渐走向发展与成熟，章太炎对中共的态度，也随着国内外形势变化而改变，于是渐渐从严拒转为宽容，甚至彼此相通，合作抗日。1927年“四一二”事变，蒋介石把血淋淋的屠刀砍向共产党人，于是中共发动“八一”南昌起义，走上井冈山，不久又建立江西中央苏区红色根据地，开始走上了武装斗争的道路。1933年10月10日，章太炎致信冯玉祥称：“自察事结束后。华北形势，愈走愈歧，主军政者虽一意媚日，而日又不尽受彼之媚。南方则赤军炽盛，当之辄败，料彼固无自存之理，然继之者亦甚棘手矣。”[13]此处“赤军”，指江西苏区的红军。虽仍不赞成，但“南方赤军炽盛，当之辄败”，则属中性的客观叙事，而非恶意中伤。事实上，对于蒋介石攘外必先安内的围剿红军政策路线，章太炎颇表不满。1933年1月29日，他在致冯玉祥信中说：“外患方亟，而彼（按：指蒋介石）又托名剿共，只身西上。似此情况，恐有如前清西太后所言‘宁送朋友，不送家奴。’”[14]在抵抗日本侵略作为国家首要大事的认识下，章太炎批判了国民党蒋介石政权消极抗日而积极剿共政策，这一思想转变，当与其抵御外侮而反对侵略的民族大义密切相关。所以，在1935年的“一二·九”运动中，北平（北京）学生示威游行，形成抗日救亡的高潮，章太炎坚决反对镇压爱国的学生运动。他在1935年12月21日致宋哲元将军信中明确地说：“学生请愿，事出公诚。纵有加入共党者，但问今之主张何如，何论其平素？执事清名未替，人犹有望，对此务宜坦怀。”[15]1936年，在日军企图侵占华北的危急形势下，章太炎致信蒋介石，云：“枢府虽以剿匪诸师进驻晋南（按：时陕北红军宣言东征抗日，蒋派大军入晋加以阻断而伺机消灭），阴为犄角，一旦有急，则未知河北之意，果愿其入境否也？……为今日保全华北计，唯有如此。……惟领土未亡者，则不可不加意顾全。北平既急，纵令勉力支持，察省必难兼顾。盖非常之时，必以非常之事应之。今共党之在晋北者，其意不过欲北据河套，与苏俄通声势耳。此辈虽多狙诈，然其对于日军，必不肯俯首驯伏明甚。若能顺其所

[13] 马勇《章太炎书信集》，河北人民出版社，2003年，第840页。

[14] 同上，第838页。

[15] 同上，第927页。

欲，驱使出塞，即以绥远一区处之，其能受我委任则上也；不能，亦姑以民军视之。如此，察省介在日、共之间，渐可成缓冲之势，……与其使察、绥二省，同为日有，不如以一省付之共产党之为害轻也。”[16]虽非为中共谋，也没有公开赞扬中共主张，但对于陕北中共中央及红军的团结抗日主张，章太炎的思想言行，却实际与中共颇多相合之处。于此可见，章太炎对中共的认识，在不同时间不同环境中，由敌视逐渐转为宽容，对中共的团结抗日以御外侮的主张，甚至抱有几分理解与同情的态度。对章太炎的反共反赤化认识的发展变化，也应有实事求是的清醒认识。

其次，章太炎反“赤化”矛头同时又指向了冯玉祥将军。从特定视角言之，当是其内心深处反苏俄情结的自然延伸。1923年6月，当时的陆军检阅使冯玉祥与总理张裕曾等协助直系军阀曹锟，拥兵逼迫总统黎元洪下台。在当时的政治家中，黎氏为章太炎所称道，为此，于当月14日通电孙中山，谓“黄陂（按：指黎元洪）于元日被冯玉祥迫走，北京无主”[17]。次日，又致函《申报》，查询徐谦（季龙）与冯玉祥的关系，云：“此次北京政变，由冯玉祥附和督军团叛魁曹锟，为其效力，称兵作乱，罪在当诛。……查徐谦与冯玉祥关系最深，此次发起大会，是否暗受冯玉祥主使，希图逛惑观听，愿真正爱国者注意。”[18]于此可见，章太炎对冯玉祥将军，乃以普通军阀视之，谓其反复小人，故声罪讨。这在当时政界、军界及社会传媒方面，对冯氏多有讥诋，不足深议。查冯乃袁世凯旧部，后友吴佩孚，成直系将领。1923年附和直系曹（锟）、吴（佩孚），在拥黎（元洪）后又倒黎，1924年又与胡景翼合作，在第二次直奉大战中倒戈反吴，发动北京政变。当时江浙五省通电，斥其为“反复佥壬，贪残败类”[19]，湖北督军肖耀南骂得更凶：“冯玉祥作乱反噬，乃其天性，狠若吕布，凶逾朱温。”[20]当时政敌，相互斥骂，不足为怪。章太炎承袭一般舆论，为友人黎元洪申张，故斥之“称兵作乱，罪在当诛”，这只是一般指责其善于“倒戈”的人格缺陷而已，尚未视之为“赤化”的罪魁祸首。直至1925年末，方才以“赤化”罪责冯玉

[16] 汤志钧《章太炎政论选集》下册《答某书》，中华书局，1977年，第873页。

[17]《章太炎请各省严诛未来奸伪》，见《申报》1923年6月15日。

[18] 《章太炎书信集》，第757页。

[19] 无聊子《北京政变记》，见荣孟源、章伯锋《近代稗海》第五辑，四川人民出版社，1985年，第423页。

[20] 同上，第424页。

祥国民军。1925年末，章太炎处络绎不绝，密议“拥黎出山，以正法统”，但又因“冯玉祥尚拟拉拢段氏（祺瑞）”，北京政坛混乱。当年11月27日，章太炎致书李根源称：“转瞬冯氏势盛，长江一带必为赤化所包围。吾辈当坐视成败而已。黎公若为冯所拥，既已厚颜，日为赤化所包围，亦其不取。”[21]12月6日，再致信李根源，云：“冯虽去，而赤化如故。……至黎公恐非彼辈所愿，就令勉强拥戴，亦与拘囚无异。且彼辈借其命令，更便从事。则俄国顺民之名，将累及长者矣。鄙意总以杜门拒绝为要。勿谓冯贼已去，可以高枕无忧也。……段、吴引去，不如废置中央，暂各分立。夷狄有君，不如诸夏之无，此在赤化时代，正为相应。不知达者以为何如?”[22]所谓“夷狄有君”云者，暗指国民军冯玉祥受控于苏联，有同年12月18日章太炎《外交政策之通电》可为旁证，云：“张（作霖）之势力，既退伏于辽左矣，冯玉祥乘其谲胜，与俄通款”，并斥冯为“叛国之罪既彰，外患之罪斯立”，认为北洋段祺瑞政府卖国，“而冯之延致外患又过之。……总之中国主权，重在法统之上；苏俄侵轶，实居关东之前。”[23]12月17日，章太炎致电张之江、鹿钟麟等冯部将领，云：“诸君即逼迫焕章（按：冯玉祥）下野者也，……诸君果为悔过之心，即应将冯俄密约从速取消，其赤俄所派军人党人前来参与军事宣传主义者，立即驱遣，庶足以幹旧蛊而消隐忧，勿结浮辞致辩为也。”[24]12月22日，致信罗运炎，云：“来书谓冯俄密约，见诸报纸，未可引为确据，以鄙人啸电为武断。从来两方密约，断无公示他人之理。……仆于冯玉祥，本无私怨，即此密约，亦岂亲见载书，然果于下此判断者，亦由彼此参伍而后信之。冯玉祥左右任使之人，素多濡染赤化，而军实大半运之俄国。俄人势力集于中央，与他国商人贩枪者异，自非主义相同者，又岂肯以军实输之？又自广东来者，皆明言冯与汪（精卫）、蒋（介石）相契至深。……此次北京骚动，共产党手执红旗，鹿钟麟统师在京，佯为不观。最近在北京观战者，且谓冯军内部，现有苏俄。以此数者参会，故对于冯俄密约信以为真。……革命

[21] 马勇编《章太炎书信集》，河北人民出版社，2003年，第700页。

[22] 同上，第700页。

[23] 汤志钧《章太炎年谱长编》，中华书局，1979年，第836~837页，以下简称《长编》。

[24] 《章太炎书信集》，第863页。

者以汉族排摈异类，赤化者以异类宰制中华。……要之，赤化不除，大之则中土悉归他人管领。……仆于今日，亦骨鲠在喉，不得不吐之势也。”[25]此信刊登于12月23日《申报》，引起讨论，《申报》于27日刊登新闻《嵇翥青与章太炎论赤化》，嵇氏虽持反共反赤立场，但以为“不能国人与俄人有所往来即谓为之赤化”，对冯俄密约有所怀疑。于是章太炎于12月25日，致信嵇翥青，刊登于《申报》当月28日，加以辩驳，云：“冯玉祥通款强俄，肆其簧鼓，化平民为顺民，而曰主张平民政治；以新帝国主义代替旧帝国主义，而曰打倒帝国主义。……（嵇氏信谓冯军实有俄人任训练）冯军之有俄人，实已进训练而及指挥，……今冯玉祥之用俄国军官，与李鸿章之用戈登无异也，……招致外患，为罪至深，即有小惠结民，岂足相抵！”[26]甚至恶言斥冯如吴三桂、石敬瑭辈，意谓其为“汉奸”，为苏俄立足中国张目。章太炎指冯玉祥为“赤化”，实际是项庄舞剑，意在沛公，其矛头所向，仍然是“苏俄”——即当时斯大林领导的苏联。冯俄密约是否存在，这由历史学家去讨论，但冯玉祥亲苏亲共，则应该是事实。毛以亨《俄蒙回忆录》中曾指出，冯玉祥在苏期间，苏联中山大学学生中既有共产党，也有国民党，“我注意到那些来看望冯（玉祥）的都是共产党学生，而国民党的学生从未来看过我们”[27]。不过，冯氏在1933年后组织抗日同盟军，任总司令，与中共长期合作，团结抗日，枪口一致对外。对此，章太炎对冯的态度有很大的转变。1933年1月29日，章太炎致信冯玉祥，云：“定五来，交到手书，悲痛之情，彼此如一。自榆关陷后，弟私念今日可与敌人一决雌雄者，唯兄一人。……及定五来，始知汉卿（张学良）于兄已有接洽，而宋、庞、孙三部亦已愿受指挥，一线光明，令人有望。唯当局是何意见，恐难测度。……（兄）但求立功救国，何论名位高卑乎。外患方亟，……兄为国干城，出于真性。凡在野流辈，平日有怀疑于兄者，至今似已释然，盖明知兄与溥仪势不两立也。”[28]同年5月31日，又电奉“张家口民众抗日同盟军总司令焕章先生勋鉴”，再三称颂冯氏抗日之决心，云：

[25] 同上，第858页。

[26] 同上，第861页。

[27] ［美］国盛岳《莫斯科中山大学和中国革命》，东方出版社，2004年，第101页。

[28] 《章太炎书信集》，第837～838页。

“执事之心，足以代表全国有血气者之心：执事之言，足以代表全有血气者之言；执事之行，必能彻底领导全国有血气者之行。某等虽在暮年，一息尚存，必随全国民众为执事后盾。惟秉义直前，毋稍瞻顾。”[29]在抗日民族统一战线的大旗之下，章太炎与冯玉祥尽释前嫌而同仇敌忾。所谓“赤化”之讥，早已抛弃，其颂冯之语，出自肺腑，真情跃动于字里行间，读后令人感动。

[29] 同上，第839页。

第三，经过几番攻击试探，章太炎的反“赤”目标，终于把矛头重点锁定了以蒋（介石）、汪（精卫）为代表的20世纪二三十年代的国民党新军阀及其政权。考察其内在心理，仍然是其反“苏俄”情结的自然延续。章太炎与孙中山同是资产阶级革命家，但理想与路线有所异同，二人时有分歧与争论，也属正常。但论私谊，则二人至死不渝。直到孙中山去世，章太炎对他仍保持相当的尊敬。孙中山于1924年11月赴北京，11月17日至22日在沪，然后转经天津到北京。在沪在京期间，据但焘《章先生别传》云：“孙公过沪入宛平，先生入谒为别。及孙公在宛平不预，先生手疏医方，属余致之左右。”[30]按，章太炎因家学渊源，精于中医理论及医术，为中医界所推重，故敢为孙中山开方。虽然中山先生于1925年3月12日去世，但章太炎救孙之心，天日可表。孙中山逝世后，章太炎发表讲话以纪念，认为“孙公功业，昭人耳目，载之国史，生荣死哀”，给予了高度评价；但对孙氏“三民主义”，则发表了自己的独立见解，云：“三民主义为先生所首创，惟民族主义因有凭借，故先生能集其大成以达目的；至民权二字，照国内现状观之，尚能求完全做到；至于民生二字，一切实施，则更幼稚。总之，先生做事，抱定奋斗精神，坚苦卓绝，确为吾党健者。深愿大家竟先生未竟之功，努力救国，则追悼先生始有价值也。”[31]孙中山于1924年1月在广州召开国民党第一次全国代表大会，确立了“联俄、联共、扶助农工”三大政策。章太炎因其坚定的民族主义立场，对此并不赞成。但此时并未直接公开反“赤化”。直到中山先生逝世的1925年后，一方面由于章太炎认为“赤化”干将冯玉祥倾向于广东的国民党政府，另一

[30]《制言》第25期。

[31]《章太炎年谱长编》，卷五，中华书局，1979年，第799页。

方面，更重要的是，自1925年8月20日国民党要人廖仲恺被刺身亡，于是蒋介石、汪精卫在国民党内部大肆进行阴谋活动，逐渐控制了国民党及其政权，并从根本上动摇了孙中山的革命路线。为了扩大自己的实力，又与苏联打得火热。1925年12月18日章太炎发表啸电，以为："民党同志，多在塞上，国民二、三两军，亦未与冯玉祥决绝。夫向日所以应和冯玉祥者，谓其有倒曹之功耳。初不料其倒行逆施至于此极也。……然既知段祺瑞为卖国．而冯之延致外患又过之；既知广东汪、蒋为赤化，冯之于汪、蒋，实为北方关主，何得随此浊流，羁縻不绝。……总之中国主权，重在法统之上；苏俄侵轶，害居关东之前。邦人君子，谁无爱国真诚，但恐虑祸夫深，相与玩忽，故特详论利害，唯明者采而行之。"[32]直接以"赤化"罪魁归之于汪蒋，冯玉祥只是其"北方关主"——即在北方的"赤化"代理人而已。其实，早在1925年7月3日，章太炎致信于弟子吴承仕，讨论黄侃离开武大赴广东大学任教事，已谓广东为"赤化中坚"之地，虽未指名道姓，但反"赤"矛头实已暗中指向了蒋、汪及国民党政府。[33]章太炎与蒋、汪二人，早有夙怨。1908年，章太炎被迫交出《民报》之后，第二十五号起由汪精卫主编，据1909年12月18日在巴黎出版的《新世纪》杂志第116号之广告云："《民报》第二十五号已竟告成，由汪君精卫一手所编辑，……章太炎氏因未经参与，忽发简欢之牢骚，妄肆诋諆，骂为伪《民报》，东方党人皆不直章君之所为，群起攻之。"汪氏攻击章太炎，不留余地，由来有自。章、汪二人，早已结怨在先。而1912年1月1日，孙中山在南京就任中华民国临时大总统。当时，陶成章（焕卿）是光复会的副会长，光复军的司令。而光复会会长是章太炎。据章太炎《自定年谱》，他曾告诫陶成章云："江南军事已罢，招募为无名。丈夫当有远志，不宜与人争权于蜗角间。武昌方亟，君当就蛰仙乞千余人上援，大义所在，蛰仙不能却也。如此既以避逼，且可有功。恋此不去，必危其身。"陶不能听，因此，同年1月14日，陈其美派蒋介石设计打探陶成章住地，而后刺杀于广

[32]《章太炎对时局通电》载《申报》1925年12月20日。

[33]吴承仕《章炳麟论学集》，北京师范大学出版社，1982年，第449页。

慈医院中。陶在光复会中，名为章太炎副手，但却实权在握，因而为其他革命派别所忌，章太炎不幸言中。从此，作为光复会长的章太炎，实力大消，已成光杆司令，无力与兴中会争，故章太炎对于蒋介石，早已深结仇怨种子。种种因缘夙怨，致使章太炎对于蒋、汪二人，时时“关心”。特别是在孙中山去世后，蒋、汪二人大要手段，日渐控制了国民党的党权、军权与政权。对于孙中山的“联俄、联共、扶助农工”三大政策，因其羽翼未丰，必须借苏联经援、军援以自肥自大，所以佯为热烈拥护推行，以苏联派粤的鲍罗廷将军作顾问。章太炎以此讥骂“汪、蒋奉鲍罗廷以为主”，如石敬瑭、吴三桂之类汉奸的“招致外患，为罪至深”[34]。并据此给汪、蒋二人戴上了“赤化”罪魁的大帽。1926年4月28日，章太炎、冯自由等参加的“反赤救国大联合”发表成立宣言，云：“对于赤党，其据地称兵者，则由军人张其挞伐”，希望排除“一切侵略，一切诱惑，一切强权。”[35]中共红军武装，是1927年8月1日南昌起义以后之事，当然不在章太炎声讨挞伐之列。在1926年，章太炎所谓“赤党”之“据地称兵”者，实指蒋、汪广东国民党政府及北方国民军的冯玉祥。1926年9月，冯玉祥自苏回国后，于17日誓师五原，宣布加入国民党。以此，章太炎直视蒋、汪与冯为“赤化”之联合，忧心于苏俄外患之将至。章太炎是性情中人，常是率性以行，放言高论，因而虽然时有偏激之言，人视为“疯”为“狂”，但其过人之处，是观人察事，时具超前意识而言人之不敢言。如对蒋介石的为人处世，刻绘入木三分。蒋在1927年发动“四一二”政变屠杀革命党人以后，章太炎于1928年11月21日，在上海招商局轮船公司股东代表招待新闻界会上，对以蒋、汪为代表的国民党政权，令“今日中国之民不堪命”的倒行逆施，愤怒抨击，虽因蒋、汪篡改三民主义而骂及孙中山为“祸首”，这是城门失火，殃及池鱼也，并非意在故人。论其实际，矛头所向，直指蒋、汪，则明确无误。其讲话云：“他们现在说以党治国，也不是以党义治国，乃是以党员治国，攫取国民政权，而对外仍以中华民国名

[34] 见《章太炎书信集》中《与嵇甍青》，第861页。

[35] 见《申报》1926年5月2日本埠新闻。

义。……袁世凯个人要做皇帝，他们是一个党要做皇帝。这就是叛国，叛国者国民应起而讨伐之。故吾谓革命尚未成功，国民仍须努力。”对于蒋、汪借以党治国之名而行个人专制独裁之实，公开挞伐。国民党因此封章太炎为“学阀”，加以通缉[36]。

但自1931年“九一八”事变后，日本侵略中国的野心暴露无遗，在日本飞机大炮的进逼下，章太炎认为祸我中华的首要敌人是日本而非苏俄，在团结抗日、抵御外侮的大目标下，他的反“赤”之声渐息，代之而起的是抗日救国声震屋瓦，其慷慨气节于此可见一斑。在这一新的形势背景下，他对主持国民党军政大权的蒋介石，态度变化，而处于极度矛盾犹豫之中。1931年10月5日，有《与孙至诚（思昉）》之书，云：“东事之起（按：指“九一八”事变），仆无一言，以为有此总司令（按：指蒋介石）、此副司令（按：指张学良），欲奉、吉之不失，不能也。东人（按：指日本）睥睨辽东三十余年，经无数曲折，始下毒手，彼岂不欲骤得之哉，因伺衅而动耳！欲使此畏葸怠玩者，起而与东人争，虽敝舌瘏口，焉能见听，所以默无一言也。……若夫调停宁、粤，此乃适召汉奸，断绝国交，而不能从事防御，则彼得随处侵轶，其祸又不止关东矣。”[37]12月7日，又致信马宗霍，深入一层加以讨论，说：“东事起后，当局已不能禁人言论，而老子终无一言者，盖拥蒋非本心所愿，倒蒋非事势所宜，促蒋出兵，必不见听，是以默尔而息也。逮今拟划锦州为中立区域，则放弃东三省之志已决。学生群呼打倒卖国政府，亦奚足怪?”按：太炎曾与熊希龄、马相伯等联名通电国民政府主席林森等，称国民党政府如果不能实行抗战以收复失地，“则党已显然破产，亦应即日归政全民，召集国民会议，产生救国政府，俾全民共同奋斗”，[38]“但闻北来诸生，复垂意于粤人夫已氏者，斯可谓暗甚也。陈友仁之东行，所谈何事，见诸东国报纸，无可掩饰。然则校论宁、粤两方，宁方（指蒋介石）则秦桧之，粤方（汪精卫）则石敬瑭也。秦固屈伏于敌，石则创意卖国者，去秦求石，其愚谬亦太甚矣。今日之势，使我辈处之，唯有一战，明知必败，然败亦不过

[36]《三区党部呈请通缉章太炎》，载《申报》1928年11月22日。

[37]《章太炎书信集》，第892页。

[38]同上，第903页。

失东三省耳。战败而失之，与拱手而授之，有人格与无人格既异，则国家根本之兴废亦异也。为当局自身计，亦唯有一战。战而败，败而死，亦足赎往日罪矣。然逆计其人，爱国家不如爱自身，爱自身之人格不如爱自身之性命，复何言哉！乃知四维（按：礼义廉耻）不张，国乃灭亡，非虚言也。”[39]与友人书，谈及时事，发自肺腑，声泪俱下，爱国激情跃然纸上。二害相较取其轻，蒋严命张学良东北军不抵抗而放弃东北，为消极抗日；至于在广东另组国民政府的汪精卫等，则亲日媚敌，章太炎直斥之为石敬瑭，其人格更是等而下之。粤方汪精卫派其“外交部长”陈友仁东渡日本事，章太炎书致孙至诚解释云：“陈友仁前奉粤中使命，见日本币原外相，口称孙总理本愿放弃东三省，无如蒋中正不肯履行，若日本助我革命，定可履行云云，载《东京日日新闻》。此粤方卖国铁证。”[40]据此，章太炎于宁、粤双方如老吏断狱般下判语，云：“张学良始则失地，今幸固守锦州，亡羊补牢，可称晚悟。粤派必欲惩办张学良，此乃不顾锦州而为日本驱除，其心殊不可测。……宁、粤两方，貌似和合，而恶气迎人，甚于戈矛。以今日外患之发端言之，蒋固有罪，究非如粤方之创意卖国者。譬之蒋为秦桧，粤则石敬瑭也。吾之于人，心无适莫，平日恶蒋殊甚，及外患猝起，则谓蒋之视粤，情罪犹有轻重，惜乎阎（锡山）、冯（玉祥）不得闻吾言也。”[41]对于汪精卫等亲日派投降卖国的无耻行径，认识深刻，故深恶痛绝之。而对蒋介石集团，则在批判其“攘外必先安内”的错误政策之时，仍然希望能逼他走上抗日之路。对待蒋、汪，态度性质有所区别，读者自当明辨。1933年3月3日，日军陷承德后，章太炎发表《呼吁抗日电》，批判蒋介石“勇于私斗，怯于公战。前此沈阳之变，不加抵抗”，上海抗战事罢，“乃主持军事者，……反以‘剿匪’名义，自图卸责”，致使“热河衅起，才及旬余，十五万军同时溃退”，国家危急至此，希望当轴者整兵治戎，“督促前进，自谋靖献”，如不积极抗日，则是“自绝于国人，甘心于奴隶矣！”[42]声泪控诉之中，仍存逼蒋抗日之望。

[39] 同上，第897页。

[40] 同上，第893页。

[41] 同上，第893页。

[42] 《章太炎年谱长编》卷五，中华书局，1979年，第929页。

第四，章太炎反“赤”矛头，又顺势扫荡了国民党中名流吴稚晖（1865～1953）。吴稚晖江苏武进人，前清举人。曾参加《苏报》阵笔，与章太炎共事。“苏报案”发后，远走欧洲。1905年参加同盟会，与张人杰、李石曾等在巴黎成立世界社，办《新世纪》杂志，提倡无政府主义，和刘师培夫妇主办《天义报》、《衡报》隔两大洋东西呼应，而与章太炎主笔的《民报》相抗衡。1924年后，在国民党政府中任中央监察委员、中央研究院院士等职。章太炎于1925年7月3日致信吴承仕，云：“季刚（指黄侃）与石瑛不合，石延吴稚晖以拒之。当时刘禺生来，谓稚晖如到武昌，已能力抗，故鄙意亦谓季刚宜少待。乃稚晖到鄂，禺生毫不能拒，则外强中干之故也。乃来书言，王正延辈亦力拒季刚，案王本与季刚无怨，恐他人异议，王亦不得不从尔。闻广东大学延请季刚，季刚亦愿往教。彼学乃赤化中坚。季刚不得于王正延辈，而反得于赤化，为赤化之吴稚晖所拒，而又为赤化之广东大学所取，是诚不可知其故矣。”[43]1928年5月27日，他曾致信李根源云：“今之拔去五色旗，宣言以党治国者，皆背叛民国之贼也。……愿守身如玉，除五色国旗下之中华民国，更无可与。若民国一线未亡，出处可以自便。若民国澌灭以尽，即当为幼安、渊明之徒，庶不诒南董以话言欤。”[44]黎元洪去世后，又作一挽联，云：“继大明太祖而兴，王步未更，佞寇岂能干正统；与五色国旗俱尽，鼎湖一去，谯周从此是元勋。”署名是“中华民国遗民章炳麟哀挽”[45]。可见在20年代，对于广东、南京的国民党政府，章太炎一直拒不承认其符合中华民国法统。鉴于当时改组后的国民党广东政府，实行“联俄、联共、扶助农工”的三大政策，接受苏联的大量军援、经援及革命思想路线指导，故章太炎责之为“赤化中坚”，并不承认其政府的合法性。而吴稚晖自1924年后，在国民党政府中奔走任职，在致信章太炎时，自鸣得意，故章太炎斥之为“赤化”分子，也在理中。在章太炎看来，“赤化”罪名很重。吴稚晖并非国民党中掌控军政大权的领袖要人，为什么也和蒋、汪一样戴上这顶大帽子呢？究其缘由，章太

[43] 见吴承仕藏《章炳麟论学集》，北京师范大学出版社，1982年，第449页。

[44] 见《书信集》，第709页。

[45] 见《书信集》，第711页。

炎与吴，并非仅是个人之间的心存芥蒂，而是夙怨很深。这应从20世纪初的“苏报案”说起。原来，在1906年章太炎来日主政《民报》以后，与康、梁等保皇主义展开大辩论，据章太炎《自定年谱》，“国内学子以得《民报》为幸，京师禁之，转益珍重，化及全域”。但这时吴稚晖等在巴黎《新世纪》杂志上，连续发表宣扬无政府主义文章，攻击《民报》的反清宣传为捕风捉影的造谣生事，破坏了同盟会中的团结，妨害了反满民族革命斗争的开展。为此，章太炎拍案而起，作《邹容传》，刊载《革命评论》第10号，揭露并批判了吴氏在“苏报案”中所扮演的两面角色。吴复信反控章太炎造谣，于是彼此笔战，一来一往，打得不可开交。1908年1月31日，章太炎有《与吴稚晖》书，云：“昨得手书，以《革命评论》所述足下与俞明震交涉事，来相诘问。案仆入狱数日，足下来视，自述见俞明震屈膝请安及赐面事，又述俞明震语，谓‘奉上官条教，来捕足下，但吾辈办事不可野蛮，有释足下意，愿足下善为谋’。时慰丹在旁，问曰：‘何以有我与章先生?’足下即面色青黄，嗫嚅不语，须臾引去。此非独仆与足下知之，同系者尚有□□□、□□□辈（按：即钱葆仁、程吉甫），可复问也。仆出狱后（按：太炎于1906年6月29日出狱），见□君□□，□□（按：指汪德渊）曰：‘前与俞明震赌骨牌为戏，微及“苏报案”事，明震亦于邑有自悔状。仆是日亦往东京，不复多语。至足下献策事，则□□□（按：指张鲁望）言之。□□语不知得自传闻，抑亲闻诸俞明震者。但仆参以足下之屈膝请安，与闻慰丹语而面色青黄，及□□（按：德渊）所谓明震自悔者，有以知□□之言实也。足下既作此鬼蜮事，自问素心，应亦惶惭无地，计穷词屈，乃复效讼棍行径，以为造膝密谈，非人所晓，汹汹然驰书诘问，……适扬之使愈彰明耳！……仆于康、梁诸立宪党，诋諆未尝过甚。今于无政府党如足下者，摘发奸回，如彼其至。盖主义之是非，与心术之是非，两者不可同论。且以败群之羊，不可不摈，普天同志，犹未分明，故不得不明著表旗以示天下，岂以个人之私怨而诬足下哉！’”[46]“苏报案”事，清廷震

[46] 朱维铮、姜义华注，《章太炎选集》，上海人民出版社，1981年，第442页。

动，责两江总督魏光焘严办。魏即派候补道官员俞明震查办。据吴稚晖《回忆蒋竹庄先生之回忆》，谓俞明震曾向他出示过魏光焘密令，上有“吴敬恒倡说革命，……即行就地正法”字样，俞氏连说：“笑话！笑话！”临别，命吴化名通信。三日后，上海租界捕房即发拘票，捕章太炎与邹容入狱，而无吴名。故朱维铮、姜义华在有关此信的“说明”中说：“不过据吴稚晖应蒋介石要求而写的‘苏报案’回忆来看，只能给人以‘此地无银三百两’的印象。”[47]章、吴之矛盾，已涉及革命是非之大义。对于无政府主义者的干扰、妨害民族革命，章太炎深恶痛绝。从激进主义到拥戴专制，矛盾看似相反，但在无政府主义者身上，实有相通之例。如刘师培之投靠清廷，成为端方幕僚，即是一例。1903 年，自然生（张继）撰《无政府主义》，燕客为之序，云：“现欲行大破坏，当专以破坏为脑。”又公开号召：“吾愿杀尽满洲人，杀尽亚洲特产之君王，杀尽政府官吏，杀尽财产家，杀尽资本家，杀尽孔孟之徒，杀尽结婚者。”[48]杀尽孔孟之徒，就是杀尽当时的知识分子；杀尽结婚者，则无辜百姓将无一幸免。当日无政府主义理论，何其恐怖！依其主张，必然吓退广大民众，辛亥革命岂有成功之日！章太炎当日之批吴稚晖，目的在于维护民族革命大义，坚持民族主义的立场。无政府主义者提倡“共产”，受俄国巴枯宁和克鲁泡特金的影响，虽与马克思主义的共产主义性质不同，但其名称相混，致人疑惑。故章太炎斥吴为“赤化”分子，在 20 年代之时，给他戴上了一顶与蒋、汪等人相当的大帽子，并不奇怪。但是，时过境迁，在 30 年代时，日本发动了“九一八”事变，亡我中华的侵略野心毕现，这是当时中国的主要矛盾，对于章太炎等爱国人士来说，反“赤化”已退居其次，而团结抗日、抵御外侮已成首要之责。因此，当吴稚晖在抗日问题有所表示时，章太炎不依个人恩怨为转移，而是对他有所肯定。1932 年 12 月 28 日，致信孙至诚（思昉），评议当时国民党内宁（蒋介石）、粤（汪精卫）二府之争时说：“东方事，鄙人仍守前议，以为辽西、热河必不可弃，弃则河北皆危。张学良始则失地（按：

[47] 同上，第 441 页。

[48] 见王元化《九十年代反思录》称引，上海古籍出版社，2000 年，第 11 页。

在蒋电令不抵抗后撤退），今幸固守锦州，亡羊补牢，可称晚悟。粤派必欲惩办张学良，此乃不顾锦州而为日本驱除，其心殊不可测。吴稚晖以卖国奴叱之，可谓直道。此公平日甚多荒谬，今能作此惊人之鸣，不可以人废言也。”[49]对吴氏爱国抗日的立场，直斥粤方汪精卫等为“卖国奴”，誉之为“直道”。而对汪精卫等亲日卖国的汉奸嘴脸，也早有敏锐的预感，可说具有一定的超前意识。其与吴氏争论之文，章太炎编文集时，已删除不收，表现了资产阶级革命家的宽广胸怀。但比较而言，吴稚晖似乎缺乏雅量，直到章太炎在世的最后日子里，他仍对章耿耿于怀，不忘“苏报案”旧怨，1936年1月1日，吴稚晖在《东方杂志》第三十三卷第一期上发表《回忆蒋竹庄先生之回忆》，诋毁章太炎，云：“从十三年（1924）到今，我是在党里（按：指国民党）走动，人家看了好像得意；他不愿意投青天白日的旗帜下，好像失意。……今后他也鼎鼎大名的在苏州讲学了，党里的报纸也盛赞他的读经主张了。说不定他也要投青天白日旗的下面来，做什么国史馆总裁了。”[50]语气相当刻薄，见其报复逞快的狭隘心理，连一个垂垂老人也不放过。鲁迅先生后来写《因章太炎先生而想起的二三事》一文，断此公案，说：“这笔战愈来愈凶，终至夹着毒詈，今年吴先生讥刺章太炎先生受国民政府优遇时，还提起这件事，这是三十余年前的旧账，至今不忘，可见怨毒之深了。但先生手定的《章氏丛书》内，却都不收录这些攻战的文章。先生力排清虏，而服膺于几个清儒，殆将希踪古贤，故不欲以此等文字自秽其著述——但由我看来，其实是吃亏，上当的，此种醇风，正使物能遁形，贻患千古。”[51]两相比较，是非自有公论。

[49]《书信集》，第893页。

[50] 汤志钧《章太炎年谱长编》，中华书局，1979年，第968页称引。

[51] 鲁迅《且介亭杂文末编》。

最后，让我们稍加回顾总结一下。

一，在上世纪20年代后半期，章太炎反对“赤化”，有其历史原因。当时的中国，处在军阀割据和混战之中，实行社会主义革命的条件并不成熟。在20世纪初流亡日本时期，章太炎也曾潜心研讨无政府主义和马克思主义，但不久以后，由于无政府主义者的干扰与破坏，同盟会革命营垒中分裂扩大，出于资产阶级革命家民族主义立场，章太炎很快加以抛弃。由于无政府主义者提倡“共产”，而马克思主义也提倡“共产主义”，章太炎很难分清二者的性质区别，因此一概加以否定和反对。后来，受到俄国“十月革命”成功的影响，中国共产党在1921年诞生。这样，在章太炎眼里，“赤化”就从国外，具体地说是从俄国传染到了中国。由于第三共产国际及中共的革命纲领，与其坚定的民族主义立场相悖，章太炎就提出了反对“赤化”的激烈主张。

二，章太炎反“赤”，当然会以中共为靶子，但并非主要目标。一是因为当时中共刚成立不久，势单力薄，影响不大，不得不依附当时的国民党来暗中发展自己的力量，并施加影响。打击中共，并不能解决“赤党”、“赤军”及“赤化”问题。二是“四一二”反革命政变后，蒋、汪背叛革命，大肆屠杀共产党人及工农革命群众，中共被迫发动起义，武装反抗，对此，章太炎并没有为蒋、汪暴行拍手叫好；相反，他自己和中共一样，也成了国民党所通缉的对象，国民党上海三区党部呈请通缉章太炎的报告云：“章逆既为知识阶级，复有历史上反革命之铁证，今复于宴会席上，狂放厥词，显图危害政府，捣乱本党，应请钧会转呈中央党部，按照中央颁布之惩戒反革命条例办理，即日训令军警机关通缉，实为党便。”[52]章太炎与中共，皆在蒋、汪国民党政府的打击之列。因此，1927年“四一二”政变后，章太炎痛骂蒋、汪“暴肆”，不在旧日军阀之下，斥其“以党治国，……以党员治国，……这就是叛国，叛国者国民应起而讨伐之”[53]。公开反“赤”反共的立场已悄悄地发生变化，针对共同敌人，谴责蒋、汪“暴肆”，是对革命的背叛。虽然章太炎并未与中共合作，但其声讨蒋、汪国民党的言辞激烈，口吻声调，又有与中共暗合者，昔日的政敌，而今暗中联手，历史是如此奇妙。三是章太炎反“赤”，时间不长，进入30年代，日本疯狂侵略中国，因而团结抗日，是章太炎的首要目标，这又与中共方针、路线有暗合者。四是章太炎反“赤”，目标有五：中共、苏俄及第三共产国际、冯玉祥、蒋汪国民党政权、吴稚晖。即使不分主次，而纯以

[52] 见《申报》1928年11月22日“本埠新闻”。

[53] 同上。

量化统计，中共也仅占五分之一，并非主要对象。

三，章太炎反“赤”，表面对内，实质对外，可说是项庄舞剑，意在沛公。不管是反中共、反冯玉祥、反国民党之蒋、汪，或是反对吴稚晖等无政府主义者，因无政府主义者受到俄国克鲁泡特金影响，所以无不与当时的“苏俄”——苏联和共产国际相联系，虽然认识模糊，甚至有误，但论其本心，在于反对外国干涉中国内政，反对“外患”和一切外国侵略。他是站在资产阶级革命家的坚定民族立场，为维护中华民族利益说话。

四，章太炎反“赤”，是个历史概念，时间不长，主要发生在上世纪的20年代下半期几年时间里。一进入30年代，形势遽变，日本相继发动了“九一八”、“一·二八”事变，侵略中国、亡我中华的狼子野心咄咄逼人，早已构成中国的主要矛盾。这时，在章太炎脑海里，“赤化”问题早已退居其次，而团结抗日、抵御侵略的口号，成了章太炎的首选。对于蒋介石国民党消极抗日、积极“剿匪”反共的方针路线，章太炎坚决反对。而对于汪精卫等，更直斥之为“卖国贼”。此时，章太炎反“赤”声音由弱渐至淡出。其反“赤化”有其特定的历史进程，并非一以贯之。在团结抗日、一致对外的民族大义前，章太炎与中共多有暗合之处。

五，章太炎反“赤”，在国内矛头主要指向掌控政府实权的以蒋、汪为代表的国民党，批判他们“以党员治国”的独裁统治。在“四一二”政变之前，章太炎对蒋介石的政治野心早有揭露。如其《章炳麟通电》，发表于1926年8月15日《申报》，云：“详其一生行事，倡义有功者，务于摧残至尽；凡口言国家主义者，谓之反革命。是其所谓革命者，非革他人之命，而革中华民国之命也。……且其天性阴鸷，反颜最速，非若孙中山可以辞解，岑（春煊）陆（荣廷）诸公之可以义结也。权利所在，虽蚁伏叩头以求解免，必不可得。幸而为彼容纳，则奴隶之下更生阶级，地权兵柄，悉被把持。”对蒋之政治面貌及心理，刻画得惟妙惟肖，可说具有超前意识。又如在1931年5月，汪精卫、孙科、林森等在广东另组国民政府，以与南京的蒋介石国民政府相抗。在“九一八”事变后，汪派人赴日谈判、寻求支持，并声言严惩守卫锦州的张学良。对此，章太炎在国民党内的宁、粤对立中，直斥汪为居心叵测的“卖国贼”。最近，美国斯坦福大学胡佛研究所正式开放蒋介石 1917 ~ 1931 年日记，据看过日记的杨天石先生披露，蒋连孙科也骂，斥之为“总理的不肖子孙”，是“卖党”、“卖国”行径[54]。因此，章太炎对蒋态度有所变化，在团结抗日基础上，对蒋尚有希冀而逼其抗日。可见章太炎反对蒋、汪“赤化”，随着时间推移，具体内容也发生变化。

按：论文涉及诸多民国人物，取历史主义立场，仅就事论事，而非作全面的政治评价，特此声明。

[54] 见《报刊文摘》2006 年 4 月 24 日第 2 版报道。

章太炎与刘师培学术道路比较

现在是学术大师满天飞的时代，这种炒作出来的“大师”没有意义。在学术同仁眼中，近现代真正意义的国学大师，最有资格进入前十名者，章太炎（下称太炎）和刘师培（下称申叔）是当然的人选。但由于章、刘二人晚期政治的“保守”甚或“反动”的倾向，现代研究者或从政治出发，不是故意遗忘，就是轻描淡写，直至淡出为止。比如一部《章太炎全集》，从1980年开始，历经二三十年，至今尚未出齐。这一研究现状，与其学术地位很不相称。从事学术活动，政治当然是重要参考，但并非唯一因素。已经成为历史的中国20世纪，是天翻地覆的动荡年代，“创新”与“保守”、“革命”与“反革命”之间，斗争激烈。在一般世俗者视之，“创新”是走向进步、通向革命的向善，而“保守”则是开历史倒车的万恶之源。这一犹如剖西瓜一分为二的简单方法，常违背历史，脱离实际，不利于学术的健康发展。今日西方对于“保守”与“创新”另有见解，可以参考。学术创新固然很好，但保守传统学术精华也很有必要。没有继承与发展，又怎么能创新呢？西方政党有自称“保

刘师培

守”者，并不是骂自己是反动派。而且，政治虽然影响每一个人，但并非人人都乐意当政治家。评价学术，不能仅从政治着眼。退一步说，即从政治角度评判，人也很复杂，人所创造的文化学术更复杂。章太炎早年从事创立民国的民族革命活动，其思想言行被誉为当代启蒙之“卢骚”，是公认的革命思想家；但在20世纪20年代，他拒不承认国民党政权在民国历史发展中的合法性，并曾和北洋政府中某些要人（如黎元洪、吴佩孚）有所联系，因此被时人讥为拉车屁股向后的保守者、顽固派。同一章太炎，集革命与保守于一身。即使是后来投靠清廷和袁世凯的刘师培，早年曾激烈宣传革命，产生了不小的思想震撼，同样是一个矛盾的政治的统一体。政治如此，学术何独不然？辛亥革命后，申叔随端方率军入川，被民军逮捕，命如危卵。为保守国学种子，当时身为革命领袖的章太炎和蔡元培力加申救。袁世凯死后，申叔生活困顿，穷途末路，当时北京大学校长蔡元培聘他为教授，与激进的革命派陈独秀共事一校。于此可见，章、蔡等人超越政治的学术宽容精神，非常人能及。学术研究，应有一定的宽容和同情之理解作支撑点。章、刘学术，博大精深，难以尽述，现仅从治学道路与方法略加比较，以供参考。

一　家学渊源及学术环境

晚清民初时代，汉学与宋学、经今文与古文学、新文化与旧传统争讼纷纭。章、刘二人，各自秉承家学，给予创造性的发展，从而在继承传统的基础上，超越了汉学与宋学、今文与古文的狭隘局限，发展传统之学而自成一家新说，从而为中国学术的近代化交响乐奉献了雄浑辉煌的新的一章。

章太炎（1868～1936），名炳麟，字枚叔，后慕顾炎武，改名绛，号太炎。浙江余杭人。出身于教育世家的书香门第。曾祖均，字安博，海监县学训导，曾斥巨资建苕南书院。祖鉴，字聿昭，自署晓湖，国子监生，博学好思，曾“蓄宋、元、明旧椠本至五千卷，日课子弟讲诵”。父濬，字轮香，举人，援例授知县，不仕。他通于诗文，勤于学术，亲课子弟于家中。据章太炎回忆：“先考时举藏书目录及平生师友学行以记，诸子由是发愤为学。”[1]又言：“幼时闻先人余论，读书欲光复汉绩，先人亦不禁也。尝从容言：‘吾家入清已七八世。殁皆用深衣殓。吾虽得职事官，未尝诣吏部。吾即死，不敢讳家教，无加清时章服。’炳麟闻之，尤感动。”[2]章濬立《家训》遗子孙，云：“妄自卑贱，足恭谄笑，为人类中最佣下者。吾自受业亲教师外，未尝拜谒他人门墙。汝曹当知之。”“精研经训，博通史书，学有成就，乃称名士。徒工词章，尚不足数，况书画之末乎？然果专心一艺，亦足自立。若脱易为之，以眩俗子，斯即斗方名士，慎勿坠入。”“曲园（按：俞樾）设教诂经精舍，吾时充鉴院，相处数岁，今闻其茹蔬念佛。贤士晚节，往往至此。”[3]优良家风，为子弟指明了学术通途。章太炎后拜俞樾为师，走清儒朴学之路又加以超越，即与父训密切相关。章太炎童年，又受教于外祖朱有虔，“尝授以《春秋》大义，谓夷夏之辨，严于君臣，服膺片言，以至没齿”[4]。章太炎后来说：“余之革命思想伏根于此。依外祖之言观之，可见种族革命思想原在汉人心中，惟隐而不显耳。”[5]从外祖“夷夏之辨”，到父亲《家训》，早在年轻的章太炎心中，播下了学术革命的种子。章太炎年轻时的学习情况，据诸耿祖《记本师章公自述治学之功夫及志尚》载其回忆云：“年十四五，循俗为场屋之文，非所好也。喜为高论，谓《史》《汉》易及，揣摩入八比，终不似。年十六，当应县试，病未往，任意浏览《史》《汉》。既卒业，知不明诂训，不能治《史》《汉》，乃取《说文解字段注》读之。适《尔雅》郝氏《义疏》初刊成，求得之。二书既通，年十八岁。”[6]在良好家风熏陶下，章太炎早已注重小学、文献目录学等扎实学术根基的锻造，后又经俞樾等一批名师精心培养，终于打下了全面而坚实的传统学术基础。

章太炎拜师主要有德清俞樾（字荫甫）、仁和高学治（字宰平）、瑞安孙诒让（字仲容）、定海黄以周（字元同）以及仁和谭献

[1] 章太炎《先曾祖训导君先祖国子君先考知县君事略》，见《章太炎文录续编》卷四，第19页。

[2] 同上。

[3] 见汤志钧编《章太炎年谱长编》（以下简称《年谱长编》）卷一，上海人民出版社，1979年，第3页。

[4] 汪东《余杭章先生墓志铭》，见《年谱长编》第6页。

[5] 朱希祖《本师章太炎先生口授少年事迹笔记》，见姚奠中、董国炎撰《章太炎学术年谱》，山西古籍出版社，1996年，第15页。以下简称《学术年谱》。

[6] 见《学术年谱》第19页。

（字仲修）。光绪十六年（1890）父亲去世，章太炎遵父嘱师从俞樾，就读于杭州诂经精舍，受到了严格经史教育及朴学训练。俞樾号曲园，翰林出身，晚清朴学大师。其学术与顾炎武、戴震、王念孙等一脉相承，著《古书疑义举例》、《群经平议》、《诸子平议》等，审音定义，校正经典，治学谨严。诂经精舍课艺特点，如俞樾所称："其以场屋应举诗文课士者，则有敷文、崇文、紫阳三书院在。至诂经精舍，则专主经义。即旁及词赋，亦多收古体，不涉时趋。"[7]这对年轻章太炎产生了深刻影响，专心治学，心无旁骛。俞樾虽治古文经学，但又曾师治今文经学的宋翔风。章太炎《俞先生传》称其"治《春秋》，颇右公羊氏，盖得之翔风云。为学无常师，左右采获，深疾守家法违实录者"[8]。受俞樾教诲，后来章太炎虽以古文经学为主，但又能"学无常师，左右采获"，视野开阔，思维灵动，喜欢独立思考而"深疾守家法、违实录者"。高学治亦从事朴学，"治三礼及四家诗，旁罗金石，亦好宋明儒书"，学术兴趣广泛，早已超越汉宋之界。他曾教诲章太炎说："惠（栋）戴（震）以降，朴学之士炳炳有行列矣，然行义无卓绝可称者。"[9]鼓励学生坚守学术的"行义"操守。孙诒让，晚清朴学大师。章太炎因宋恕平介绍而向孙氏求教。孙氏著《墨子间诂》、《周礼正义》、《札迻》、《经迻》等。据章太炎《瑞安孙先生伤辞》云："当是时，吴越间学者，有先师德清俞君，及定海黄以周元同，与先生三，皆治朴学，承休宁戴氏之术，为白衣宗。先生名最隐，言故训，审慎过二师。……会南海康有为作《新学伪经考》，诋古文为刘歆伪书。……请于先生，先生曰：'是当哗世三数年，荀卿有言，狂生者不胥而时落，安用辩难？其自薰劳也。'"[10]章太炎所受影响可见一斑。黄以周，精于三礼，主教南菁书院十五年，董振汉学，江南高材，多出其门。章太炎《黄先生传》赞曰："余少时……数谒先生。先师（按：俞樾）任自然，而先生严重经术，亦各从其性也。"又说黄氏"为学不拘牵汉宋门户，《诗》、《书》、《春秋》皆条贯大义，说《易》综举辞变，象占不偏主郑王，尤邃三礼"。其超越

[7] 同上，第37页。

[8] 见《章太炎文录初编》卷二。

[9] 章太炎《高先生传》，见《章太炎文录初编》卷二。

[10] 《章太炎文录初编》卷二。

门户的广阔学术视野，对章太炎颇生影响。以上四师，大体倾向于古文学派，而谭献则倾向于今文学派。谭献《复堂日记续录》屡记章太炎求教问学之事。谭曾主持武昌经心书院，其“治经必求西汉诸儒微言大义，不屑屑章句。读书日有课程。凡所论著，檃括于所为日记。文导源汉魏，诗优柔善入，恻然动人，又工词”[11]。章太炎师谭，主要是“问文辞法度”，多从文学着眼。这同样有利于广开章太炎的学术眼界。钱基博《复堂日记补录序》认为谭献文章具魏晋风格，“于绮丽丰缛之中，存简质清刚之制，取华落实，弗落唐以后窠臼”；其论文“以有用为体，有余为诣，有我为归”[12]。由于谭献影响，章太炎文风由秦汉向宗法魏晋转化。

[11] 《清史稿》卷486《文苑》三《李慈铭》附《谭廷献》。

[12] 见姜义华《章太炎评传》，百花洲文艺出版社，1995年，第5页。以下征引只称书名。

由于师从路宽，学习环境良好，章太炎日后治学根基宽广坚实，很快脱颖而出，自是水到渠成之自然。

刘师培（1884～1919），字申叔，又名光汉，别号左庵。籍贯江苏仪征，实是世居扬州。申叔生于学术世家。曾祖文淇，字孟瞻，以研究《春秋左传》名世，欲著《春秋左氏传旧注疏证》长编数十巨册，对《左传》旧注进行了总结性的研究，但仅成《疏证》一卷，遗志交子毓崧续之。申叔祖父毓崧研究经史，多有著述，有《春秋左氏大义》及《易》、《书》、《毛诗》旧疏考证。但《春秋左氏传旧注疏证》仍未续成。毓崧四子：寿曾、贵曾、富曾、显曾。贵曾即申叔之父。伯父寿曾虽经努力，去世前也仅完成《春秋左氏传旧注疏证》部分，至襄公四年止。贵曾助兄整理《左传》家学，对汉儒经说多有研究，又曾学习天文历算，撰《左传历谱》，又在毓崧广集诸经旧疏的基础上，撰《礼记旧疏考证》一卷。可见从刘文淇开始，仪征刘氏精研《左传》，并以之为核心向经史诸领域扩展，终于形成了集吴（惠栋）皖（戴震）二派朴学特点的刘氏家学传统，世称扬州学派。章太炎《清儒》评朴学中吴皖二派治学特点，云：“吴始惠栋，其学好博而尊闻；皖南始江永、戴震，综形名，任裁断，此其所异也。”[13]吴派长于博学尊闻，广搜资料，以求历史原貌之重现；皖派重因言见义，

[13] 章太炎《检论》卷四，见《章太炎全集》第三册，上海人民出版社，1984年，第473页。以下称引，简称《全集》某册。

条分缕析，上溯古义而断以己之律令，形成综形名而重典制之学。但朴学二派，均肇源清初顾炎武、阎若璩等所开创的实事求是学风，其共同特点是："审名实，一也；重佐证，二也；戒妄牵，三也；守凡例，四也；断感情，五也；汰华辞，六也。六者不具，而能成经师者，天下无有。学者往往崇尊其师，而江、戴之徒，义有未安，弹射纠发，虽师亦无所避。"[14]其研究方法，重实证，以事实说话，给章（太炎）刘（师培）的治学以良好影响。仪征刘氏家学，在时代思潮的激荡下，同时注重通经致用、关注社会现实问题，以便为学术切入人生提供一定的学术准备。这一良好的家学传统和优良的学术环境，为申叔将来的学术开始，作了良好的铺垫，打下了坚牢的基础。后来申叔在家学基础上，面对中西学术交汇冲突之风，积极开拓扬州学派学术，并作出了自己的贡献。

[14] 章太炎《说林下》，见《章太炎文录初编》卷一。

申叔并未进学校拜师学习，而主要是家学教育的言传身教。申叔早孤，母李夫人亲授《毛诗》郑笺、《尔雅》、《说文》诸书。申叔"十行并下，经目不忘"，是个天才神童，"未冠，即耽思著述，服膺汉学，以钻述先业、昌洋扬州学派自任"。[15]又据蔡元培《刘君申叔事略》云："曾祖文淇、祖毓崧、伯父寿曾，均以治《春秋左氏传》有声于时。父贵曾，亦以经述名。君幼慧，年十二，即读毕四子书及五经。初习为试帖诗。一夜，月色皎然。讽诵之顷，恍然有悟，遂喜为诗赋，曾作《水仙花赋》。又穷一二日之功，成《凤仙花诗》一百首。其读他书，勤奋亦如是。博学强记，出语恒惊长老。"[16]

[15] 尹炎武《刘师培外传》，见《刘申叔遗书》，江苏古籍出版社，1997 年，第 17 页。以下简称《遗书》。

[16] 见《遗书》第 18 页。

综上所述，章刘二人学术，一样肇自书香家学，家风熏陶，有助于为日后治学打下坚实的基础。章刘二家之学，同属清儒朴学系统，故对文字、训诂、音韵之类的小学以及文献学、经史、诸子哲学之类，均予重视。这为太炎与申叔日后的学术发展，打下了传统实证的基础功夫。此基础功，对其日后学术成就大有影响。但比较而言，章刘二氏家学，也有不同风格。仪征刘氏扬州学派，专精深刻，四五代人精研《左传》而不稍懈，故能专门名家，世人叹服；而余杭章氏家学，专精虽有不如，但兼及医道，则其广博多思或有过之。这是就其大概而言，并非言刘氏之学不宽，而章氏之学非精。这对日后的太炎和申叔学术，影响之迹宛然可见。1903 年，申叔初到上海，叹服章氏学问，多有请益，受其影响。而太炎亦叹服于刘氏家学，曾致信申叔请教，云："仁君家世旧传贾、服之学，亦有雅言微旨，匡我不逮者乎？孟瞻先生所纂《正义》，秘不称世。鄙人素治兹书，盖尝上溯周汉，得其传人，有所陈义，则以孙卿、贾傅为本，次即子骏父子。……第次学术，万端不如说经之乐。"[17]章刘二人，甫一定交，即有反复切磋学术之乐。但比较而言，申叔重家学而未曾外出求学，可称天才而自学成材；而太炎则早就走向社会，广泛求学，转益多师，故其兴趣之广泛，学问之广博，又非申叔所及。又章氏医学传家，治病救人于水火，故章太炎称"吾家三世皆知医"，并曾受教于兄箴。据其《伯兄教谕君事略》载，章箴"尤习水利"、经济之学，又"治勾股三角法"之数学。本来，古代中医，医、《易》相通，兼及阴阳五行、天人之学；再加以水利、经济及数学自然科学的熏陶，章太炎眼界之开拓，自不待言。刘氏精深，章氏广博，二家交流互补，正促进学术的健康发展。

[17] 章太炎《与刘师培》，见马勇编《章太炎书信集》，河北人民出版社，2003 年，第 71 页。以下只称书名。

二　视学术为生命的自觉追求

人类生活分为物质与精神两大方面。在保证了物质生活的基本条件后，相比较而言，精神生活更能说明人类之所以异于动物的本质。而读书治学，就是指导文明发展的重要精神生活。据此，视学术为生命，是章刘二人共同的自觉追求。孔子云："知之者不如好之者，好之者不如乐之者。"（《论语・雍也》）学术的进步与成就，就必须具有"乐之"的学术自觉。读书治学虽苦，却是乐在其中，从而化为推动学术进步的动力。读书治学已成为章刘二人激活自己生命的一种重要生存形式。

章太炎曾说："学术万端，不如说经之乐。心所系着，已成染相，不得不为君子道之。"[18]以此自觉精神与学术同仁互勉。章太炎弟子黄侃回忆乃师流亡日本时的讲学情状，有生动的描绘："寓庐至数月不举火，日以百钱市麦饼以自度，衣服三年不浣。困厄如此，而德操弥厉。其授人国学也，以谓国不幸衰亡，学术不绝，民犹有所观感，庶几收硕果之效，有复阳之望。故勤勤恳恳，不惮其劳，弟子至数百人。"[19]许寿裳也有类似的描述："在一间陋室之内，师、弟席地而坐，环一小几。先师讲段氏《说文解字注》、郝氏《尔雅义疏》等，精力过人，逐字讲解. 滔滔不绝。或阐明语原，或推见本字，或则旁证以各处方言，以故新义创见，层出不穷。即有时随便谈天，亦复诙谐间作，妙语解颐。自八时至正午，历四小时毫无休息，真所谓'默而识之，学而不厌，诲人不倦'。其《新方言》及《小学答问》二书，皆于此时著成。即其体大思精之《文始》，初稿亦权舆于此。"[20]又据1911年9月日文杂志《日本及日本人》所刊《访章太炎》一文所载，其废寝忘食，潜心学术，与章太炎弟子回忆相似：斗室之中，到处是书，章太炎蓬头乱发，同时思考着几个学术领域的重要问题，畅谈经学、史学的源流发展、佛家学说与西方哲学的比较等等。[21]《章太炎全集》第一册《膏兰室札记》后附沈延国《校点后记》也说："卷一手稿亡佚，……卷二、卷三手稿，蝇头小楷，已涂满书，兼施朱墨，读书精勤，晨夕无间，跃然纸上。"章太炎治学的自觉精神及其亢奋状态，已达忘我的最高境界。学术就是他的生命闪光。申叔之于学术亦然。冯自由《刘光汉事略补述》记载，1903年《苏报》案后，申叔表示"佩仰太炎学术"而具民族思想。二人切磋学术，增其友谊，相互影响，其治学亢奋之态，略与太炎相似。汪东《同盟会和〈民报〉片断回忆》说：申叔病肺，却不顾咳嗽病痛，"终日埋头著作"[22]，是个嗜学如命的典型学者。汪东又在《刘师培传》中具体描述："劬学，每至夜分不辍，精气疲苶。"[23]焦菊隐结合其晚年生活细节，更做生动的描绘："刘为人不修边幅，蓬首垢面，衣履不整，看上去

[18] 同上。

[19] 黄侃《章太炎先生行事记》，载于《学术年谱》第132页。

[20] 许寿裳《纪念先师章太炎先生》，见《学术年谱》第133页。

[21]见《学术年谱》第178页。

[22] 见万国仕编《刘师培年谱》称引，广陵书社，2003年，第151页。

[23] 见陈引驰编《刘师培中古文学论集》，中国社会科学出版社，1997年，第277页。

活像一个疯子。他住在北京白庙胡同大同公寓。一天，教育部高等司长易克臬来访，见他一边看书，一边咬馒头。他面前摆着一碟酱油，却因专心看书，把馒头错蘸到墨盒里，送到嘴里去吃，把嘴和脸都涂得漆黑一片，看上去又活像一个活鬼。”[24]申叔对于学术的热爱同于章太炎，已达如醉如痴的程度。

章刘二人为何有此自觉的学术追求呢？这与其对学术本质的认识有关。在社会动荡的变革年代，他们努力读书治学，志在救国，故努力促进学术与革命的相结合。章太炎早年有上李鸿章书，云：“年十七，浏览周秦汉氏之书，于深山乔木间，冥志覃思……会天下多故，四裔之侵，慨然念生民之凋敝，而思以古之道术振之。”[25]他想通过学术来挽狂澜于既倒，为振兴中华寻找新路。1903年，章太炎作《癸卯狱中自记》，云：“上天以国粹付余，自炳麟之初生，迄今于兹，三十有六岁。凤鸟不至，河不出图，惟余亦不任宅其位，繄素王素臣之迹是践，岂直抱残守阙而已，又将官其财物，恢明而光大之！怀未得遂，累于仇国，惟金火相革欤？则犹有继述者。至于支那闳硕壮美之学，而遂斩其统绪，故民纪绝于余手，是则余之罪也！”[26]其经天纬地的理想与抱负，和盘托出。论其精神实质，实是对于传统之学“通经致用”精神的近代化改造；其目光关注现实变革，而非纯然复古的抱残守阙。清末民初的革命派学者，提倡“研究国学，保存国粹”[27]，与严于夷夏之辨的民族革命相联系。太炎如此，早年的申叔亦然。他那近乎疯狂的勤奋治学，其动力来自于时代形势的推动与内在精神的自觉追求。1903年3月10日，他在《苏报》发表《留别扬州人士书》云：“仆闻文明诸国之盛也，人无不学，学无不成。……近者诸志士耻为亡国之民，知非学无以立国。……今处优胜劣败之世，竟无一人焉具超群之识，而与世界学术争一日之长，可耻孰甚焉！”[28]他希望创设师范学会，宗旨在于“掖青年于学界，以养其爱国之心”[29]。读书治学，直接关乎国运兴衰。申叔又在《论中国宜建藏书楼》中明白宣示：“嗟乎！欧振兴之基，肇于古学复兴之世；倭人革新之端，启于尊王攘夷之沦。此

[24] 焦菊隐《六君子传》，见《刘师培年谱》第254页。

[25] 章太炎《与李鸿章》，见《章太炎书信集》第19页。

[26] 见《章太炎文录初编》卷一。

[27]《国学保存会简章》，见《国粹学报》1905年1期。

[28] 见《刘师培年谱》卷一，第18页。

[29] 同上，第26页。

非拘于古昔称先王之说也。盖国政浩繁，惟睹往轨者，斯知来辙；非鉴于成宪，明其利弊之所在，无由试改革之端。且一国之立，必有特异之才，丰功伟烈，懿行嘉言，载籍浩博，班班可考。若能诵诗说书，知人论世，抒怀旧之蓄念，发思古之幽情，爱国之心既萌，保土之念斯切。国学保存，收效甚远。”[30]他以西方文艺复兴作譬，正见其学术“复古”重在现实变革之实质。

[30]《遗书》第1612～1613页。

章刘的学术自觉，激发了生命热情。他们对待学术，态度认真，热情洋溢，富有强烈的学术个性。如章太炎《驳康有为论革命书》，从批判清朝专制统治入手，对于改良派的谬论予以痛击，从而论证了民族革命的必要。文章气盛言宜，震撼中外，起了振聋发聩的启发作用。又如申叔《黄帝纪年论》云：“民族者，国民特立之性质也。……呜呼！北敌蹈隙，入我中华。……欲保汉族之生存，必以尊黄帝为急。黄帝者，汉族之黄帝也。以之纪年，可以发汉民族之感觉。伟哉，黄帝之功；美哉，汉族之民！”[31]当时钱玄同誉之为“民国开国史上之重要文献”[32]。

[31]《遗书》第1662页。

[32]钱玄同《黄帝纪年说》按语，见《遗书》第1663页。

但在学术发展过程中，章刘又渐呈差异。太炎学术激情，不管风吹浪打，永远勇往直前，热情从不稍懈，为保存国学火种而点燃生命之烛，蜡炬化灰也心甘情愿。而申叔则在革命途中，频经挫折而兴人生蹉跎之叹。作为扬州学派传人，如张岂之《刘师培评传序》所评：“刘师培的一生反映了扬州学派探索政治革命和学术革命的失败。”[33]辛亥革命及袁世凯称帝，从政治上打乱了他的正常学术心态。因此，在政治失败后，他试图重新扮演不问政治的纯粹乾嘉朴学式的国学大师角色，远离了生活现实，似乎与历史发展无关。其学术生涯虽然并未结束，仍有一定贡献，如《中国中古文学史》等著作被鲁迅誉为优秀之作，但总的说来，与章太炎学术的健康发展相比较——章太炎以乾嘉朴学作为学术出发点，越过无数的高山流水，永远奔腾向前，并日渐向学术近代化的道路进发；而申叔则在其晚期，背离了早年所走近代化学术的尝试，渐生颓唐，眼光总是回顾

[33]方光华《刘师培评传》，百花洲文艺出版社，1996年。

往昔，重新又回归清儒乾嘉朴学的学术原点，令蔡元培为之叹息："向使君委身学术，不为外缘所扰，以康强之身，而尽瘁于著述，其所成就宁可限量？惜哉！"[34]章刘二人学术的同中之异，于此可见一斑。

[34] 蔡元培《刘君申叔事略》，见《中国中古文学论集》，第276页。

三 语言文字之学为治学必备工具

著作必须通过语言文字来表达。在这一方面，章刘二氏与乾嘉学人一样，非常重视古代的"小学"——即文字、训诂与音韵之学，但不同的是，章刘受近代思潮影响，在"小学"基础上扩展而研究具有近代意义的语言学。章太炎《自定年谱》称其外祖朱有虔教他读书，"时虽童稚，而授音必审，粗为讲解。课读四年，稍知经训"。年十四五，"知不明训诂，不能治《史》、《汉》，乃取《说文解字段注》读之。适《尔雅》郝氏《义疏》初刊成，求得之。二书既遍，已十八岁"[35]。作为必备的工具，在语言文字方面，早已打下牢固的基础并形成学习自觉。其《自述学术次第》云："余少已好文辞，本治小学，……亦欲使雅言故训，复用于常文耳。""余治小学，不欲为王菉友辈，滞于形体，将流为《字学举隅》之陋也。顾、江、戴、段、王、孔音韵之学，好之甚深，终以戴、孔为主。明本字，辨双声，则取诸钱晓征。……古字至少，而后孳乳为九千，唐宋以来，字至二三万矣，自非域外之语（如仇、法、僧、塔等字，皆因域外语言声音而造），字虽转繁，其语必有所根本。盖义相引申者，则其近似之声，转成一语，转造一字，此语言文字自然之则也。于是始作《文始》，分部为编，则孳乳浸多之理自见；亦使人知中夏语言，不可贸然变革。又编次《新方言》，以见古今语言，虽递相嬗代，未有不归其宗，故今语犹古语也。凡在心在物之学，体自周圆，无间方国。独于言文历史，其体则方，自以己国为典型，而不能取之域外。"[36]读书治学，首先必须掌握语言文字这一重要工具，通过审音、辨字，进一步以明义，故其《小学略说》云："文字之学，宜该形、声、

[35]诸耿祖《记本师章公自述治学之功夫及志向》，见《学术年谱》第440页。

[36] 章太炎《自述学术次第》，见傅杰编《章太炎学术论集》，中国社会科学出版社，1997年，第395页。

义三者。专讲《说文》，尚嫌取形遗声。……盖文字之赖以传者，全在于形。论其根本，实先有义，后有声，然后有形，缘吾人先有意想，后有语言，最后乃有笔画也（文字为语言代表，语言为意想之代表）。故不求声义而专讲字形，以资篆刻则可，谓通小学则不可。三者兼明，庶得谓之通小学耳。《说文》以形为主，《尔雅》、《方言》以义为主，《广韵》之类以声为主。今人与唐宋人读者不同，又不得不分别古今。……形为字之官体，声义为字之精神，必三者具而文字之学始具。"[37]古人研究语言，大多形、音、义分开研究，这是从无声的文字性的书面语言出发，并不完全符合语言的历史发展实际。而章太炎则从现实生活中活着的语言实际出发，要求形、音、义三者辩证统一；三者缺一，则其语言理解及文字表达必有缺陷。这一语言思想，从纯粹"工具"论上前进了一大步。不仅要明其然，而且要求明其所以然，进而明其现在所当然，这就逐步向具有近现代意义的语言学方面靠拢。以此故，他对马建忠受到西方语法学启发，并结合汉语历史实际而新编《马氏文通》，颇多赞扬之辞，云："自从王氏做《经传释词》，近来马建忠分为八品，做了一部《文通》，原是用法文比拟，却并没有牵强，大体虽不全备——中国的词，分起来总有十几品——颇还与古人辞气相合。在中国文法里边，也算铮铮佼佼了！"[38]从中西文化交流的新视角看问题，虽然认为《马氏文通》"不全备"，但是瑕不掩瑜，总体来说，是符合汉语特点和中国语言的历史发展实际的。很明显，这是对中国语法修辞之学近代化转型的肯定。

[37] 章太炎《国学讲演录》，华东师大出版社，1995 年，第 5 页。

[38] 章太炎《教育的根本要从自国自心发出来》，见《章太炎白话文》，辽宁教育出版社，2003 年，第 45 页。

至于刘师培，因家学影响，他从小就受到严格的"小学"训练，这和章氏如出一辙。1907 年太炎作《新方言》，申叔曾为之序以扬其说，云："夫言以足志，言通则情达，情达则志同。异日统一民言，以具群众，必将有取于斯编也。"[39]在语言思想方面，章刘二氏相互交流促进。对于古代言、文分途的机械割裂，从有助于将来言、文统一的前景出发，申叔和太炎一样，在乾嘉学者成果的基础上，提出了"字义起于声音"之

[39] 刘师培《新方言序》，见《左庵集》卷四，《遗书》第 1242 页。

说，发挥了“古字通用，存乎声音”之义[40]，声称“同声之字，古人皆可通用也”[41]。他具体加以阐释：“夫论事物之起源，既有此形，乃有此义；既有此义，然后象其形义而立名，是义由形生，声又由形义而生也。论文字之起源，则先有此名，然后援字音以造字；既有此字，乃有注释之文；是字形后于字音，而字义又起于字形既造之后也。光汉治小学，粗具撰述，近复探求中国文字之起源，作《正名隅论》一编，先考字音，继考字形，继考字义，凡若干条，以心得为主，虽或与旧说相戾，然剿说雷同之失，庶几免矣。”[42]探溯源流，考镜得失，强调独立思考之“自得”，而不为古先成说所束缚。

可贵的是，章刘之治“小学”，非仅就字论字，而是进一步深入探讨了语言文字背后之语义及其社会意义，这就与近代西方的语义学、语言文化学略有相通之处。如申叔《字诠自序》云：“师培幼治许书，援斯例以溯字源，觉政俗体制诸端，其寓于字形、字义中者恒见，昭然若揭。”[43]他因此断言，“文字繁简，足窥治化之浅深，而中土之文，以形为纲，察其偏旁，而往古群民之状况，昭然毕呈。故治小学者必与社会学相证明”，“故欲社会学之昌明，必以中土之论为左验”[44]。这与太炎的语言思考方向一致。1908 年，围绕着汉语言文字的改革问题，章太炎同巴黎中国留法学生所办《新世纪》编辑展开了一场大辩论。这批留法学生，其中不乏极端的无政府主义者，他们抱民族虚无主义态度，全面否定汉语汉字，提倡废汉语而用万国新语（指世界语）。章太炎则从民族革命立场出发，撰《驳中国用万国新语说》，斥其食洋不化，根本违背了汉语特性，不符合中国语言发展的历史实际。现实证明了章太炎的论断是正确的。为了促进汉语走言文一致的道路，章太炎主张去旧的反切注音之法，代之以新式注音字母，以便推行。因而，他“定纽文为三十六，韵文为二十二，皆取古文篆籀径省之形，以代旧谱”[45]，为推动汉语现代化作了必要的铺垫。后来，民国政府教育部在 1918 公布的注音字母表，就是章太炎弟子马裕藻、许寿裳、朱希祖、鲁迅等在章太炎所创

[40] 刘师培《正名隅论》，见《左庵外集》卷六，《遗书》第 1424 页。

[41] 刘师培《小学发微补》，见《遗书》第 431 页。

[42] 刘师培《正名隅论》，见《遗书》第 1418 页。

[43] 见《左庵集》卷四，《遗书》第 1239 页。

[44] 刘师培《论中土文字有益世界》，见《左庵外集》卷六，《遗书》第 1439 页。

[45] 章太炎《驳中国用万国新语说》，见《章太炎文录初编别录》卷二。

注音字母的基础上形成的。这是现代汉语拼音出现的先声。不仅如此，章太炎又进一步强调语言文字的民族特性及其社会意义，云："清末妄人，欲以罗马字易汉字，谓为易从。不知文字亡而种性失，暴者乘之，举族胥奴虏而不复也。夫国于天地，必有所立，所不与他国同者，历史也，语言文字也。二者国之特性，不可失坠也。昔余讲学，未斤斤及此。今则外患孔亟，非专力于此不可。……尊信国史，保全中国语言文字，此余之志也。弟辈能承余志，斯无愧矣。"[46]由语言文字作为交流工具，进一步深挖隐藏其后的社会意义，对于发扬民族优良传统，具有重要的现代参考价值。今日台独分子在台湾大搞去中国化，想要以台湾话代替国语，这实是狂人妄想。台湾话来自福建闽南话，是汉语中的一种地区方言，其语言仍属汉语范围；加以文字是汉字，认祖归根，又岂能脱离汉语而独立？汉语文化的"书同文"，促进了中国的统一。

章太炎的语言思想，前后一贯，对于言文一致的汉语方向，持渐进发展的态度。1908 年 5 月，他在《民报》刊登《博征海内方言告白》云："果欲文言合一，当先考方言，寻其语根，得其本字，然后编为典语，旁行通国，斯为得之。"[47]其弟子钱玄同是 20 世纪初白话文运动的先锋人物，他说得很明白："我对于白话文的主张，实在植根于那个时候，大家都受章先生的影响。""我得了这古今一体、言文一致之说，便绝不敢轻视现在的白话，从此便种下了后来提倡白话文之根。"[48]所以，有人称章太炎反对白话文运动，实是一大冤案。因为问题较复杂，在此不作深入的讨论。至于申叔，晚期因经受不了革命潮流的冲击，昏昏然走上了颓唐之路，眼光向后转，推翻了自己在前期许多研究成果，否定了自己提出的汉字源于义象的音义制。他在 1913 年回答四川学生的问题时说："承询音近义通之说。乾嘉之际，斯义肇兴，以为古昔韧文，即音寓义，声同音近，义即相通，右声两符，是曰同声。古韵部同，是曰音近。往在髫丱，乐是奇侅，眼习无斁，冀弘轨字。逮及曩春，方知乖牾。"[49]"逮及曩春，方知乖

[46] 诸耿祖《记本师章公自述治学之功夫及志向》，见《学术年谱》第 444 页。

[47] 见《年谱编》第 266 页。

[48] 熊梦飞《记录玄同先生关于语文问题的谈话》，见《学术年谱》第 195 页。

[49] 刘师培《答四川国学校诸生问〈说文〉书》，见《左庵外集》卷十六，《遗书》第 1732 页。

悟”一句，把乾嘉先贤及现代成果，一笔勾销。这是辛亥革命后的事。他无视汉语所具音义特性，其语言观念大大后退。这与章太炎有异。

四　实事求是新实证方法

实事求是与严密考证，原是清代乾嘉学派的基本治学方法，章刘学术也以此为出发点。他们不仅发展了清儒朴学的传统实证方法，重事实，重证据，而反对主观妄断。更重要的是他们特别推崇其批评与自我批评精神，如前引章太炎《说林下》所称："义有未安，弹射纠发，虽师无所避。"但可贵的是，他们重朴学，而又不惟朴学是从。他们在经历世界风云之时，站在时代前沿，接受西方科学方法，受到了西方重科学、重实验、重逻辑实证精神的影响，汇合中西，广加开拓，形成了更加接近现实并符合历史发展实际的治学之路，从而超越清儒，把实事求是的治学方法推向了学术近代化的进程，并各有自己的贡献。

章太炎《自定年谱》云："初读唐人九经义疏。时闻说经门径于伯兄篯，乃求顾氏《音学五书》、王氏《经义述闻》、郝氏《尔雅义疏》读之，即有悟。……逾年又得《学海堂经解》，以两岁细览卒业。"年轻时的读书学习，循家学走清儒朴学之路。在拜俞樾诸名师后，"学无常师，左右采获"，方法的启悟导致了学术的丰收。在清末民初时期的中国学界，汉学与宋学、今文与古文经学、传统旧学与西方新学，相互斗争，又彼此交汇，可说是我中有你而又你中有我。俞樾是晚清的朴学大师，但他治学并不迂执，治学方法开放灵活。章太炎《俞先生传》说，他虽治古文经，但"治《春秋》颇右公羊，盖得之翔凤云。为学无常师，左右采获，深疾守家法、违实录者。……至博览典籍，下至稗官歌谣，以笔札泛爱人。"[50]章太炎深受乃师影响，治学广开思路，以传统实证功夫为基础，重古文不废今文，重实证兼精思辨，兼收并蓄，广泛汲取古今中外一切有效方法、有益养料，从而自创一

[50] 见《章太炎文录初编》卷二。

家，另辟新途。其治学严谨如师，但方法之灵动，思理之精深，则过于乃师；不盲目迷信权威，包括老师在内，更显其学术胆识与科学精神。章太炎于1900年割辫明志，作《解辫发》文，示与清绝，成为号召民族革命的檄文。俞樾对此颇表不满。1901年，章太炎赴苏州谒俞氏，“时俞先生笃老，……督敕甚厉。对曰：‘弟子以治经学侍先生。今之经学，渊源在顾宁人。顾公为此，正欲使人推寻国性，识汉、虏之别耳，岂以刘殷、崔浩期后生也?’遂退。”（《自定年谱》）此举表现了我爱我师、我更爱真理的精神。其学术理想、目标锁定在追求真理。受时代思潮激荡，章太炎“虽不好与儒先立异”，但“亦不欲为苟同”[51]。学术只论事实之所在与真理之是非，而不管是何人何言。这一实事求是的科学精神，在中西学术碰撞的年代里，激发了他的学术灵性，因而他在坚持传统的民族特性的同时，又努力开拓，放眼全球，勇于汲取西方一切有益的学术养料，来壮大自己的民族肌体，从而呈现了不同于往昔乾嘉的全新学术面貌。其实，不仅是论敌，对学术同仁，对老师，即使是对于自己以前的研究成果，章太炎同样要把它放到学术天平上重加称量、考察，以真理之是非为准的，不断进行自我检讨和自我否定，不断修改而精益求精。须知，学术的进步是无止境的。如其《訄书》出版后，影响很大，但章太炎并不满足，因而后来有重订本《訄书》，继而又修订《检论》，一改再改，不断进行自我否定的学术工作。今上海图书馆藏作者自校《訄书》初刻本，于《客帝》篇未有眉识一段，乃章太炎手迹，云：“辛丑后二百四十年（1901）章炳麟曰：余自戊、已违难，与尊清者游，而作《客帝》。弃本崇教，其流使人相食。终寐而颖，著之以自劾录，当弃市。”[52]自律之严如此，令人敬服。勇于批判的精神，严于律己的自我否定，开拓了旧有“持之有故”方法的全新视野，体现了实事求是治学精神的新本质。这是其治学道路走向科学化、近代化的新尝试和新进步。他曾称引桂伯华之言：“汉学考证，则科学之先驱；科学又法相（按：指佛学法相宗之唯识论）之先驱也。盖其语必证实，说必尽理，

[51] 章太炎《自述学术次第》，见《章太炎学术史论集》，第391页。

[52] 章太炎《訄书》重订本《客帝匡谬》朱维铮编校附记称引，见《章太炎全集》第三册，上海人民出版社，1984年，第120页。

性质相同尔。”章太炎认为“斯言可谓知学术之流势者”[53]。又如他对张之洞“国学渊微，三百年发明已备，后生但当蒙业，不须更事高深”之言，非常反感，认为是守旧之论，并明确指出：“近世学术未备”，“食货之学，非独关于租赋，而权度之大小，钱币之少多，垦田之盈诎，金银粟米之贵贱，皆与民生日用相系。此不可不论列者，又未见近代有治此者也。……此皆实事求是之学，不能以空言淆乱者，既尚考证，而置此弗道乎？其他学术，虽辩证已精，要未可谓达其玄极。夫学术不在大小，要能精审，则可以成天下之亹亹”。[54]其《再与人论国学书》云：“学名国粹，当研精覃思，钩发沈伏，字字征实，不蹈空言，语语心得，不因成说，斯乃形名相称。若徒摭旧语，或张大其说以自文，盈辞满幅，又何贵哉！实事求是之学，非可卒办。”（《太炎文录别录》卷二）据此，他以乾嘉前贤擅长的“小学”为例加以批评：“故近世小学，似若至精，然推其本则未究语言之原，明其用又未综方言之要”[55]，明显有待改进。为此，他在乾嘉“小学”成果的基础上，又作广泛的社会调查，深入语言实际，又得刘师培、黄侃、汪东诸人帮助，作《文始》及《新方言》诸著，申叔为作《新方言序》加以鼓吹。这就不仅是传统旧有“小学”，同时促进了中国语言学、语义学、语言文化学等边缘学科的发展与进步，为中国语言研究的近现代化作了良好的开拓和铺垫。其所成就，早已超越乾嘉诸贤。

至于刘师培，学术天才，世上罕见，惜天不假年，又为政治困扰而限其成就。其学问之深与博，令人惊叹。连章太炎所不喜的戏曲、小说之类，申叔读来也有滋有味。据其外甥梅铽《青溪旧屋仪征刘氏五世小记》云：“张侯舅氏（按：申叔伯兄师苍字张侯）……博记群书，常喜在吃饭时候，将《儒林外史》摊在桌上消遣。申叔舅氏小时候也好看小说词曲，见到《儒林外史》，自然爱不忍释了。两人常谈熟人中，某人像书中何人，以为笑乐。哪晓得被张侯舅氏的岳太胡镜塘（文渊）先生知道了，大不以为然，做了一篇文章，痛斥‘此书少年子弟决不宜看，

[53] 章太炎《自述学术次第》，见《章太炎学术史论集》第392页。

[54] 同上，第401～402页。

[55] 同上，第402页。

足以坏人心术。’……胡是甘泉人，中进士，……自命道学，性情迂拘。……申舅不喜亲近他，但常与父执朱葵生孝廉（凤仪）论学。朱先生是个论议通明的老宿，看见胡的文章，大为不平，写了一封嬉笑怒骂的信与胡先生，两老从此绝交。申舅把此事填了几折传奇，还有几段回目。记得有一回句子是‘笑骂二进士跷须，讲潘三乡绅变脸’，皆是当时实事，颇为有趣。”[56]申叔文学兴趣之广，章太炎偶有不及。正因他从小爱好文学，后来才能写出《中国中古文学史讲义》，被鲁迅誉为当时同类文学史著作中的优秀之作，不仅当时北大学生受惠，而且沾溉后世，影响深远。

[56] 梅鋐《青溪旧屋仪征刘氏五世小记》，见万国仕《刘师培年谱》卷一，广陵书社，2003年，第15页。

刘申叔虽遵家教而重汉学，具古文学派倾向，但他反对食古不化，因而能根据时代变化，吸收了今文学派的有益成分，又能结合当时新兴西学加以综合考察研究。如其《包慎伯〈说储〉跋》云：“吾观此书精义，大抵在于重官权、达民情二端。其说多出于昆山顾氏，行之于今，颇与泰西宪政之制相会。当嘉道之世，中国之局方守其老洫不化，而先生已先见及此，仁和龚氏之外，一人而已。”[57]批评了清儒学术复古的“老洫不化”。而龚自珍是今文经学派的领袖人物，刘申叔却对他推崇备至，并能结合新兴的“泰西之学”，加以综合研究，进行学术创新，颇富现实精神。刘申叔与章太炎于世纪初订交，二人相互启迪。章太炎曾向刘申叔请教仪征刘氏《左传》家学，并把自己的《左传》研究进一步与民族革命相结合。受章太炎启发，刘申叔扩大了学术眼界，他把发扬刘氏家学与促进民族革命化作自己的学术使命。其学术之路以汉学为主，但却能站在时代前沿，打破汉、宋界限，超越经学今、古文的局限，又能在时代洪流中，汇合中西，兼容并蓄，以自成一家系统。因申叔传统朴学根基深厚，所以即使是运用西学如进化论或社会主义理论来考察中国学术，他都能做到“持之有故，言之成理”。在申叔看来，学习西方，目的是为了弘扬中国优秀的民族传统和学术精华，这与当时某些全盘西化论者的机械吞剥异其旨趣。申叔强调：“民族思想者，国民独立之性

[57] 见《左庵外集》卷十七，《遗书》第1779页。

质也，得之则存，失之则亡。”[58]在当时中西学术碰撞之时，申叔同于太炎，具“经世致用”的淑世精神，但其立场，却是牢固地立脚于民族传统之根而加以改造，强调中西互补，相互映发。申叔在《中国历史教科书凡例》中指出：“今日治史不专赖中国典籍，西人作国史者，译述太古事迹，颇足补中史之遗。今所编各课，于征引中国典籍外，复参考西籍，兼及宗教、社会之书，庶人群进化之界可以稍明。”[59]不过，章刘二氏在强调学习西学之际，同时反对简单庸俗的中西比附。章太炎《与人论朴学报书》云：“今徒远引泰西以证经说，宁异宋人之以禅学说经耶？夫实验则西长而中短，冥极理要释迦是孔父非矣。九流诸子，自名其家，无妨随义抑扬，以意取舍。乃者以苫籥笺注六艺，局在规矱，而强相皮傅，以为调人，则祇形其穿凿耳。”[60]申叔引为同调并有所发挥。他认为“考古不能知今，则为无用之学”[61]。总之，学术必须符合国情实际，具有现代借鉴意义，而不以空言比附西学为高。

[58] 刘师培《中国民族志》第十三章《五代宋异族入侵》，见《遗书》第622页。

[59] 见《遗书》第2177页。

[60] 见《章太炎文录初编》卷二。

[61] 刘师培《尔雅虫名今释》，见《遗书》第446页。

不过，章刘学术所称经世致用之学，在经历长期发展之后，又从有用回复到“无用之用”之学，这是深入学术本质的深刻揭示，是“用”与“无用”的辩证统一。章太炎《与王鹤鸣书》说：“经术致用，不如法吏明矣。……仆谓学者将以实事求是，有用与否，固不暇计求。六艺者，究其一端，足以尽形寿，兼则信是，泛博以为用，此谓九能之士，不可言学。……康有为善傅会，张以据乱之说，又外窃颜、李为名高，海内彬彬向风，其实自欺。诚欲致用，不如椽史识形名者多矣。学在辨名实，知情伪，虽致用不足尚，虽无用不足卑。……仆谓学者宜以自省。”[62]刘申叔受其影响，故观念相似，其《国粹学报三周年祝辞》云：“昔虞卿弃相，穷愁著书，子云卓玄，寂莫自守，不以学术为适时之具，斯能自成一家之言。盖舍禄言学，其业斯精；以学殉时，于道乃绌。”[63]学术主要是一种精神生产，而不以直接的功名利禄为鹄的；应该坚持学术的纯洁性，犹如庄周的“无用之用”，是一种很高的人生境界。

[62] 见《章太炎书信集》第163～164页。

[64] 见《遗书》，第2198页。

章刘二人，时人目为“二叔”（太炎字枚叔，师培字申叔），学术途径多有相似之处，概括地说，主要有以下几方面：

（一）坚持清儒朴学实事求是的治学之路，力求学术“持之有故，言之成理”。但这只是章刘二人的出发点。在后来长期的学术实践中，他们体悟到学术的灵性，要求治学的独立思考和适时通变，所以善于坚守原则立场，却不立门户，不随声附影，但也不强人同己。其学术能超越汉学与宋学、经今文学与古文学的界限，虽以朴学为主，但又广开思路，不拘一格，善于融合各家之长，以自成一家之言。

（二）在中西学术的碰撞交流中，重视传统，坚持本土民族文化为主体，又积极投身时代潮流，视野开阔，努力学习外来的一切有益著作，广泛汲取西方学术养料，以构成自己的新的学术肌体。旧学与新知，中西并蓄，眼光开放，促进了创新思维的发展，直接导致了对于传统学术的超越。

（三）从早年“经世致用”的学术观念，提倡学术救国的现实精神，到后期逐渐加强了历史主义的态度和认识，批判和否定了简单庸俗的功利主义，提倡耐得住寂寞的潜心研究，反对以学术捞取功名利禄，坚持学术的高尚品格和纯洁性。在这貌似前后自相矛盾的动态发展过程中，反映了章刘二氏对于学术本质及其精髓的认识不断深化，是进步，不是倒退。这一认识，今天仍具借鉴的理论价值。

（四）在发扬传统精神之时，他们都信奉儒家，推尊孔子。但他们都把孔子当做历史学家和学术大师，批评了对孔子的盲目迷信，有力地批评了保皇派康有为创立孔教会的复古言行。章太炎《驳建立孔教之议》明确指出：“孔子之在周末，与夷惠等耳。”“孔子之于中国，为保民开化之宗，不为教主。世无孔子，则宪章不传，学术不起，国沦夷狄而不复。”[65]这是以历史主义的科学态度来研究传统，给后世以有益启迪。

[65]《太炎文录初编》卷二，第39～40页。

（五）视野开阔，别开生面，拓宽了自己的学术领域。不仅是传统的经学、小学、文献学、史学及诸子哲学，还有当时刚从西方传入的民族学、民俗学、社会学、语义学、语言文化学等，甚至是关乎声光化电自然科学方面的进化论、天演论等，无不在其视野，尽入彀中，成为他们共同的研究范围。其基础之广博，利于学术的新发展。

不过，由于二人生活道路不同，在各自的学术发展过程中，又呈现某些不同的特点。比如对于戏曲小说等文学样式，章太炎视为不登大雅之堂的小道，不予重视；刘申叔则从小喜好，而无此偏见。又如对于金石、骨刻等考古文物，章太炎多持怀疑态度，未能及时利用，以致在以地下出土文物印证世上现存文献资料的研究方面，大大落后于王国维、郭沫若等。在这方面，刘申叔虽然对出土文物、考古工作重视不够，不以此名家，但对金石鼎彝款识方面，仍是多方汲取，加以研究。如其《中国历史教科书》第一册就谈到了“商人金石，有商鼎、商彝、商爵、父乙鼎、父丁鼎、祖戊彝、祖乙彝、商兄癸彝、丁父鬲……咸有款识，觇其文字，不越指事象形二体，又咸为独体之文。商宗洪崖石刻亦然”。[66]这些方面，似乎申叔学术为优，而章太炎则具保守之态。

[66] 见《遗书》第274页。

但在学术总体上看，则应以章为优。比如申叔因政治失败，干扰了正常的学术心态，其学术曲折甚至是倒退，也在意料中。比如章刘二人晚期，都对自己早期学术进行了自我批判甚至是自我否定，都一样意在实现由学术“经世”功利向超功利纯学术的转化，不以直接的功利为学术目的。但在转化动因、过程及其实际效果方面，显然二人态度有所不同，因而性质有别。章氏属于自觉转化的自我批判；而申叔则属于形势所迫的被动转换——他的政治颓唐，直接导致了学术自我批判精神的扭曲和变质，是一种学术的倒退。申叔早期，因受无政府主义影响，学术曾具急功近利的极端之态。如1904年在《中国白话报》上发表《论激烈的好处》，以为“中国的事情没有一桩不该破坏”，在当时虽有一定道理，但因方法趋于极端，说得太绝对化，容易导致片面性。后来，他积极提倡无政府主义，严重干扰了民族革命。其学术极端倾向，不绝如缕，以致在晚期复发。从早期学术的极端功利，发展到晚期否定一切学术功利，貌似矛盾，实是由其极端思想与情绪作主导，有其必然存在的理由。章太炎则学术成熟而无此偏激，思维方法较为辩证，在提出学术创见时，能较全面地进行综合考察。他在早期，重“经世致用”，把传统学术导向时代与现实的目标，力求学术与革命相结合，在当时具先进性。但其晚期，经历了长期学术风雨考验，章太炎又深刻意识到作为精神生产的学术研究，自有其发展规律，而不能简单地与政治直接相比附。据此，他提出了超功利的“无用”之说，认为“虽致用不足尚，虽无用不足卑”(《与王鹤鸣书》)，提倡学术的纯洁性。其无用之用，其实就是学术的“大用”，是精神性的生命激扬，在生活中无所不在。在学术的革命性与科学性相结合的根本问题上，在学术的“存古”与“创新”的矛盾关系中，章太炎力图作出自己全新的阐释，虽然尚未真正解决学术近代化的问题，但操斧伐柯，取则不远，明显有借鉴意义。而在1908年后，申叔开始了学术转向，“以学术为适时之具”，投靠清廷，复辟洪宪，言不由衷，学术坠入日暮途穷之境。他政治的失意，促使了学术的衰退，从而回复到乾嘉朴学的学术原点，重新审视过去的一切，终于完成了学术的自我否定。据其弟子陈钟凡《周礼古注集疏跋》，申叔晚年曾面告之曰：“余平生述造，无虑数百卷。清末旅沪，为《国学粹报》撰稿，率意为文，说多未莹。民元以还，西入成都，北届北平，所至任教国学，纂辑讲稿外，精力所萃，实在三礼。既广征西汉经师之说，成《礼经旧说考略》四卷，又援据《五经异义》所引古《周礼》说、古《左氏春秋》说及先郑、杜子春诸家之注，为《周礼古注集疏》四十卷，堪称信心之作。”[67]申叔早期为《国学粹报》撰稿，影响很大，但他在晚年 [67]
却认为是“率意为文，说多未莹”，作了彻底的自我否定。这就基本上否定了年轻时投身学术革命的热情之作，重新钻进故纸堆中，又回复到乾嘉朴学的学术原点之上。申叔晚期的信心之作，如《周礼古注集疏》及诸子研究诸作，有一定学术价值。但从学术近现代化的进程方面看，其晚年的自我否定，对学术本质的认识是肤浅的，是一种学术颓唐、落伍的表现。这与章太炎那不断精益求精的自我学术批判性质有异。据此，章刘实事求是的新实证方法，也是同中见异而各有优劣、是非。

综上所述，章刘二人的总体学术倾向，提倡实事求是的新实证方法，虽然尚未完全解决学术近现代化的问题，但却努力为传统学术开辟出一条通往科学化的新路，终于成为传统旧学向近代新学过渡的一座重要的学术桥梁。

文武兼备蒋百里

——现代军学泰斗的悲剧人生及其贡献

引 言

在民国将领中，最具悲壮人生色彩的是蒋百里（名方震）。他满肚子古今中外的学问，其兴趣之广泛，探索中的思考，似其亦师亦友的梁任公（启超）。但在兵书战策、军事谋略方面，则百里专门名家，任公多次倚重，是近现代公认的军事理论家，人称“军事泰斗”。连蒋介石在1929年欢迎他到南京时，也打出了“欢迎军界泰斗蒋百里先生”的大幅标语。在排除了政治宗派偏见之后，人们都承认百里先生是近现代提倡建设国防、抗击外侮以推动中国军事现代化的军学权威。但遗憾的是，他从未取得当政者的真正信任，手中并无一兵一卒，因而一生命运多蹇，疆场无功。他有许多预见精准的军事设想，因为当局作耳边风，结果是在失败的事后才想起了这位悲剧将军，可谓悔之晚矣。在军事学方面，百里先生是十八般武艺件件皆精，可是当局者迷，几乎不给他出手的机会，因而空怀理想而抱负东流，能无惜乎！在抗战以前的对外战争中，中国几乎每战必败，这是

蒋方震

令人扼腕悲痛之事，但这不是因为中国缺乏人才和能人，而是时代与制度的局限扼杀，造成了许许多多的人才。怀才不遇，几乎是社会通病，当局需要的是为之驱遣奔走的奴才，而非天才。但百里先生偏是一个一心救国的天才，而不是卑躬屈膝的奴才。这就解释了他的悲剧人生之所以发生的社会原因。其实，不仅在军事方面，即使在文、史、哲综合的文化素质方面，百里先生也是一个不可多得的人才，称之为文武兼备，当之无愧。

命运坎坷的人生

蒋百里（1882～1938），名方震，以字行，号澹宁，发表文章著作有时用飞生的笔名。浙江省海宁硖石人。早年入杭州求是学堂（按：浙江大学的前身）学习，后留学日本，第三期陆军士官学校毕业夺魁，获天皇亲赐指挥刀，日人以为耻辱。1906年赴德国学习军事，继续深造，为兴登堡元帅及伯卢麦将军所赏识。回国历任禁卫军管带（按：相当于今之营长），东三省督练公所总参议。民国后，历任北洋政府保定陆军军官学校校长（少将衔），因改革军校计划受阻于军阀，愤而自戕明志以震醒国人，虽自杀未遂，但全国舆论一片哗然，纷纷指责袁世凯北洋当局。在辞去军校校长后，任公府军事处参议等职，有名无实的虚衔。袁世凯称帝时，与蔡锷秘密南下反袁，参加护国战争。袁死后，又回北京任中将衔总统府顾问。在无所事事之际，百里参加了梁启超组织的一些政治文化活动，专心治学学习，在与梁启超一起游欧考察归来后，写有《德国战败之诸因》、《欧洲文艺复兴史》诸作。五四运动前后，百里先生也积极参加了这一新文化运动。游欧时，在巴黎积极为中国巴黎和会代表团提供资料及参考意见，回国后又积极参加梁启超在北京建立的三个推进新文化运动的机构，一是“读书俱乐部”，二是“共学社”，三是“讲学社”，百里是该三机构的主持人或核心骨干，又主编《改造》杂志，影响很大。在南北军事对峙中，为了反对军阀统治，推动国防建设和军事现代化，他又曾写《裁兵计划书》、《新思潮之来源与背景》、《中国之新生命——军国主义与立宪政治之衰亡》、《代军阀而兴者谁》等著作文章，可称为五四新文化运动的健将。在上世纪百里先生参加反袁护国后回到北京任公府顾问前，百里与其挚友蔡锷，积极推动国家军事现代化的国防建设，理想宏伟，热情洋溢，这是其青壮年时期充满理想与激情而想要大展身手的人生第一阶段。但在清末民初，特别是在北洋军中，理想破灭，进入蒋介石国民党时代，又因非蒋嫡系，造成矛盾，曾被捕入狱，这是其政治失败、生活极其坎坷的人生第二阶段。在政治失败，军事无功，却成就他潜心读书学习，反省深思各种学术问题，因而无论文、史、哲诸多方面，都有自己的独特见解与思考。自然的辩证法证明，老天是公平的，这边不足，就在另一边给予补足，以取平衡。这就为其人生第三阶段的积极实践其军事理想作了良好的准备与铺垫。其第三人生阶段，“九一八”事变发生“八一三”淞沪抗战军兴，他出狱后为抗战之事大声疾呼，具体谋划，献策当局。为抗战形势所推动，蒋介石在 1935 年、1937 年两度派百里以军事委员会顾问、特使身分再次赴欧进行密秘外交活动和军事考察，回国后著有《总动员纲要》、《国防论》诸作，奠定其军事思想的理论基础，认为抗战是全国全民族总动员的全民战争，要求寓兵于民、军民合一，国防与经济合一，并以空间换时间，打长期的持久战，拖垮敌人。这一军事战略设想及其理论，如钱学森所说，是“第二次世界大战中，中国军队（按：其中当然包括了中共的八路军和新四军及其他游击队）的战略指导依据”[1]。为了抗战需要，蒋介石重新起用百里，于 1938 年任命为陆军大学代理校

蒋百里《欧洲文艺复兴史》

[1] 蒋百里《国防论》封底称引，岳麓书社，2010 年。

长，中将衔。百里并非蒋的黄埔嫡系，但资格老，以此蒋介石对他实际是尊而不亲，他仍然是既无兵又无将毫无实权的将军。但为抗战，他仍然积极为抗战培养具有现代化军事科学知识的军事人才而奋斗。惜哉天不假年，上任不到两个月，即因过度劳累，猝然病逝于广西宜山。一代军事天才将星陨落，举国同悲，就是日本的盟友德国人——一个德国教官，也来吊唁，对百里的女儿蒋英说："我见过你的父亲，他的思想、天才和风度，都跟德国的勒孙劳将军类似。我记起拿破仑的一句话：'若干年后，东方将产生一位天才军事家。'此言应当应验在你父亲的身上。"[2] 著作有《蒋百里先生全集》六册，台北传记文学出版社 1971 年版。《全集》刊其主要著作，只能说是基本完备，尚有若干作品有待搜集登录。

[2] 陶菊隐《蒋百里传》，中华书局，1985 年，第 176 页。

艰难成长小神童

蒋百里是清末民初海宁硖石镇人，但他却出生在邻县海盐，直到父亲去世，少年时期的百里尊母命返回硖石生活。硖石镇的蒋氏家族，是个大家族，祖父光煦（生沐），是当地有名的藏书家文化人，好与名士交往，刊印了《别下斋丛书》、《涉闻梓旧》等书，又著有《雨当轩诗集》。照理说，蒋百里出生于书香门第，应是生活条件优越，学习环境很好。其实不然。原来，他祖父生有许多孩子，其父学烺，字泽久，一生下就有一只手臂天生残失，因而不被祖父所喜，少年时即送入海盐县一寺庙中当和尚，后虽还俗，但却脱离了家族依傍而独立在海盐行医自活，并娶了当地寒门杨氏女为妻，生下百里。其父身残志不残，行医救人，是其志向。这一向善之心，在小百里心中早已种下了爱的种子。其父天资聪明，虽然所受教育不多，但却自学成才，手有残失，却能吹笛，还能随口编写唱词，是个开朗的乐天派，颇有文艺天分，可惜因生活条件过分艰苦，伤身早逝。其父逝世后，丢下孤儿寡母，难以为生，无奈少年百里奉母命回到硖石向蒋氏宗亲求助，经家族叔伯公议，拨田若干，披屋二间，供其母子衣食[3]。因家境清寒，无法上学受教育。正好家族中有书塾，小百里常溜到书塾中去旁听。当时书塾先生是仉勤叔，很喜欢小百里的聪慧与刻苦，就主动收他为学生，而不收其学费。这样，小百里正式入学受教，学习诗文。又，仉勤叔写得一手清秀的《灵飞经》小楷，百里就跟仉师学习临摹《灵飞经》，从此对书法练习兴趣渐浓而终生不辍。后来他秀婉精妙的小楷，就在这幼童时期打下了基础。

中日甲午战争后，订立了丧权辱国的《马关条约》，百里虽小，但一样在其幼小心灵深受刺激而义愤填膺。当时附近的双山书院购进了许多图书，除经、史、子、集四部之外，还有时务、策论、算学、格致等新书。于是小百里天天和同学张宗祥一道去看书，真是达到废寝忘食的程度，他们首先读的是《普天忠愤录》、《日本国志》等书，以求了解形势，以后为国雪耻。这是爱国精神的自然萌芽。在这段求学时期，小百里除了读史、地、科技类著作外，又读了大量的文学书籍，为以后的文章写作打下了坚实的基础。百里后来虽成了军事家，但他在北洋将军中当属另类，他是文武兼备，富有丰厚的文史哲综合知识，就是在少年时代读书时打下的基础。

母亲杨氏，名镇和，略识文字，在百里小时，亲授汉字，又给他讲《西游记》《封神榜》之类流行故事，这引起了孩子的兴趣。他有时会爬到茶馆桌上，给茶客讲故事，说得眉飞色舞，有声有色，把大人都逗乐了。他还喜欢“打仗”的游戏，把小同伴分为敌、我二队，厮杀对阵，他似乎成了指挥千军万马的将军，可以看出小百里的军事天分。

1898 年，百里十七岁即考中秀才，但为维持家计，他无法继续读书考举人。他很快在伊桥镇孙姓家中当了书塾先生。一次，他到桐乡县，看到了县令方雨亭所出考学生的“观风卷”题目，就依照要求，认真写好文章。方县令看后，大为赏识，以为是“中国之宝”，录为超等第一名，破例奖给膏火银三十元，并且当

[3] 张宗祥《蒋方震小传》，见《蒋百里先生墨迹》下册，上海人民美术出版社，2008 年线装版。

[4] 陶菊隐《蒋百里传》，中华书局，1985年，第4页。

面劝百里说："天才不可埋没，应求实学以成大器。"[4]这事很快在地方上传开，百里因此得到"神童"美名。此后，百里由方雨亭向杭州知府林迪臣推荐，进入杭州的求是书院学习，很受监院陈仲恕的赏识。方、林、陈三人，都是当时思想较为开明的进步人士，他们洞明形势，劝青年放弃科举，走实业救国之路。方县令还具体资助百里上学费用，经常在公务之暇，到杭州去看他，并会随时送他一些书籍文具等学习用品。后来，唐才常因成立"自立军"在湖北遇害，百里写诗悼念，表现了同情革命的思想倾向，求是书院总理陆懋勋准备把他除名，经陈仲恕救援，商诣林知府，由方、林资助他到日本留学深造。由于甲午战败、庚子八国联军攻陷北京诸事的刺激，百里决定留日学习军事，准备将来为雪国耻而战。留学外国，接触世界，开阔眼界，这样，在适当的气候土壤中，天才的种子终于破土萌芽，艰难成长了起来。

1901年，蒋百里进入日本东京初级武学的成城学校。1904年升入日本陆军士官学校步兵科第三期。该军校以严格著称。前后届同学，后来成为名流者甚多，可称为龙虎榜：中国同学如蔡锷、蒋尊簋、张孝准、李烈钧、许崇智、徐孝刚（按：四川军界前辈）、张澜（按：解放后任国家副主席）、良弼（满清贵族后任禁卫军练兵大臣）等，日本同学有冈村宁次（按：侵华日军总司令）、荒木贞夫（太平洋战争日军主将）、小矶国昭等，都是后来军政要人之选。1905年，蒋百里在士官学校第三期毕业，并且脱颖而出，在学业上夺得冠军，第二名是蔡锷，在毕业典礼上，日本天皇亲赐指挥刀，这就引起日人嫉妒。因此，从第四期起，改了规章，中、日学生分开上课，中国学生再优秀，也无从获得天皇赐刀的机会了。日本军界气量狭隘，于此可见一斑。在日本士官学校中，百里与蔡锷、张孝准因成绩出类拔萃，人称"中国三杰"。蒋尊簋（百器）学骑兵，同样成绩优秀夺得骑兵科桂冠，后来成了著名的民主革命家，当时百里、百器二人齐名，被章太炎誉为"浙之二蒋，倾国倾城"[5]。其实，二蒋知友，经常相互交流心得，切磋学业，因此百里对于骑兵也能深入了解，百里曾称真正的优秀骑

[5] 范银飞、胡初胡《蒋方震》，见王成斌等主编《民国高级将领列传》第三集，解放军出版社，1989年，第470页。

兵，必须做到“马上无人，胯下无马，人马浑然一体，才可以言骑”[6]。所论精到，令骑兵科同学叹服。对业外骑兵了解如此真切，更何况是自己专攻的步兵科呢？在日本士官学校夺冠，百里虽让日人嫉妒，但对其优秀，也不得不叹服，如心高气傲的冈村宁次，他就公开承认百里的军事学研究，确是优秀、到家，令人不得不佩服[7]就这样，蒋百里这个海宁神童，在异国他乡，历尽甘辛，终于在外国人的偏见、歧视与嫉妒中[8]，崭露了头角。

年轻的蒋百里在军事学方面的初步成功，并非偶然，其原因大致有四：一是因从小生活很难，靠人帮助救济，在苦难中成长，上学时的“膏火”费生活费，都是来自师友资助，他因此心怀感激，懂得珍惜，能在天资聪颖的基础上，倍加努力地刻苦学习，以优异的成绩来向关心自己的恩人（如方雨亭、林迪臣、陈仲恕等）师友汇报；二是他在国内书塾及书院学习时期，就得老师的赏识与鼓励，放弃科举八股之路，重在学习实业，他曾经阅读了大量文史哲方面的人文图书，以及有关策论时事、科技历算方面书籍，具有较为丰富的知识积累，以及较为宽广的人文综合素质，知识结构更为合理，这就和一般单纯就军事学军事者和认识、体会自然不同，具有了综合性的全局眼光来思考军事学的问题；三是他在学习中，善于结合实际来思考，其学习思维更具开拓精神，更具创新意识，其学习自然令人感到新鲜，敢想人之未想，敢言人之未言；四是他在异国他乡留学，处处有傲慢与偏见的目光笼罩，这激起其心理反弹，他在苦难中形成的刚毅性格，是个性情中人，不达目的，决不罢休，即使环境再恶劣，也要一步一个脚印地走出一条属于自己的路来，通向那成功神殿之门。这种顽强的学习心理，同样有助于他的成就。

在苦难深重的中华大地中，一粒军事天才的种子，正在艰难地顶破重压在自己头上的地壳，破土而出，生根发芽，但能否成为参天大树，成为一代军事天才，还要看以后的环境、条件和个人的努力。

[6] 关相湘《民国人物列传·中国现代兵学开山祖蒋方震》称引，中国大百科全书出版社，2009年，上册第392页。

[7] 高拜石《疆场无功的军事家——军学权威蒋百里》，见《新编古春风楼琐记》第三册，作家出版社，2003年，第84页。

[8] 在日本明治维新以后，特别是中日甲午战争以后，日本从学习、尊敬中国，陡然转变为极其卑视中国的态度，更有甚者，日人视中国为劣等民族，蔑称中国为支那。因此，日本军校中国学生夺桂，夺得天皇赐刀，被日人视为耻辱。在为此民族歧视的环境氛围中，蒋百里等中国优秀学生，必须克服严重的心理障碍，才能进入正常的学业轨道，这就必须要比日本学生耗费更多的心血与代价。

至情至性忠职守

人是有感情的动物。百里探索欧洲文艺复兴，重要的是发现了人，强调人的个性和感情。是否有感情，具有怎样的感情，作为人的面貌是大不一样的。

在北洋和民国将军中，蒋百里和大老粗的“丘八”将军大相径庭，他是读书人出身，感情丰富而体贴入微，同时又重然诺忠职守，为事业理想、为国家民族，可以殉身尽职而毫不犹豫，比如他和妻子左梅，二人关系就颇具传奇色彩。

人或有言，蒋百里家中，不止一个女人。这是事实。他不到十岁时，父母即为他订下查家女孩的婚事。但查女并非他之所爱。他留学日本时，百里之母杨夫人就怕耽误查家女儿，提出退婚，但未得查家同意。因此，1906 年百里回国后，即奉命结婚，与不识字、老观念的乡下媳妇在一起生活，双方无论思想、兴趣爱好、生活习惯都不同，因此很难有共同语言，并非他之所爱。但逼于母命，又不好离婚，因此，蒋百里与一直生活在故乡硖石的查夫人，婚姻名存实亡，彼此都很痛苦。后来，与左梅结婚后，又因未生儿子，母亲又以“不孝有三，无后为大”为由，强迫他纳一妾，但同样非其所爱，她和查夫人基本上是在故乡生活，侍奉其母杨夫人。旧社会，并非一夫一妻制，这不足为百里病。但当百里在左梅身上，发现了自己的真爱，于是就疯狂也地追，去爱，从此相互携手，白头偕老，终生不渝。

民国二年（1913）6 月 18 日，保定陆军军官学校校长——青年少将蒋百里，因改革军校使之趋于现代的计划受阻，于是集合全体师生训话，当众举枪击胸自杀，幸亏抢救及时，活了下来。当时，日本女护士佐藤屋子小姐不仅细心照料一切，而且给这个自杀未遂的青年军人校长以亲切的关怀，她批评说：“忍是大勇者之所为，自杀不是勇敢，而是逃避人生责任。人生责任应以大无畏的精神，冲破一切难关，以实现其伟大理想。如果不能忍耐，将来如何能成大功立大业？如果有热血、有志气的好男儿轻言牺牲，国事尚有何人承担，如何对得起国家和培养人才的老前辈？”说者无心，是一种关爱生命的自然流露，但听者有意，句句流入肺腑，很是感动。当时百里真诚地回答，说：“我依你的话不再轻生了。可是，以后遇到生死关头，没有像你这样的人在我的身边提醒我，谁来鼓励我的勇气呢？”[9]其实，平日细心的护理和彼此真诚的交谈，二人情愫已通，只是尚未直接说出而已。但是，横亘在这对青年男女之间，有一道难以跨越的国家隔阂和民族深沟。在明治维新之前，日本一贯以学习、效仿汉风唐音为荣，对中国抱有敬仰之心；但在明治维新之后，日本逐渐强大，特别是在经过日俄战争、日中战争之后，日本大获全胜，日本军国主义急性无限膨胀，引发了日人视中华民族为劣等民族，并蔑称中国为支那。在当日，高人一等的日本贵族妇女，要嫁给中国人，那是很困难的。佐藤小姐回国征求父母意见，其父母开始坚决反对，认为日本也有许多好青年，为什么要嫁给一个身带暗伤的中国人呢？逼于父母的压力，佐藤小姐只好给百里写信表白：“我说假话是说不来，现在不妨以真情相告。日本女子嫁给中国人有很多困难，而我必得父母之命，因此难上加难。……看来事已无望，你就死了这条心吧！”[10]但是，热恋中的百里，从不灰心，他继续不断给她写情书。这里有个疑问，如果佐藤小姐对百里毫无感情的话，她又为什么要把日本家中的地址告诉他呢？在给佐藤小姐最后一封信上，百里声言：“我因你而生，你现在又想置我于死地，好，我马上就到日本来，要死也死在你家里。”这样寻死觅活，貌似要泼撒刁，但实是青年至情至性的一种特殊表现，英雄大丈夫也有自己的至爱。百里这一突然袭击，让早萌情愫的小女人心理防线全面崩溃了。她把百里给她的情书，全部上交父母阅读。读完以后，爸爸一声不吭，还是妈妈发了话：“一个人呱呱坠地时，就把一生的命运带来，你救过他一次，就再救他一次吧！爱情是无国界的，我料他终身不会亏待你，你若舍他而嫁别人，此生必耿耿于怀，这对你也是很不利的。”[11]这

[9] 陶菊隐《蒋百里传》，中华书局，1985 年，第 31 ~ 32 页。

[10] 同上，第 34 页。

[11] 同上，第 34 ~ 35 页。

样，蒋百里在其充满理想的青壮时期，虽然政治上遭受巨创，悲愤自戕未遂，但却在意料不到的情场中，用其至情至性的真爱，满面春风地抱得美人归。这说明老天是公平的。佐藤出嫁后，百里为她改名为左梅，因为“佐”同音“左”，而百里酷爱梅花，因而有“左梅”爱称的发明，这一名字，永远活在百里心中，她是凛冽严冬的芬芳，温暖春天的希望。二人无论顺境困境，终生携手相扶将，幸福到白首。直到百里57岁猝死之后，左梅仍然按照丈夫遗愿，带着几个女儿艰难地生活、成长，她并没有回到日本，而是和女儿住在一起，直到1978年逝世于北京。百里被国民党关入监狱期间，夫人左梅带着小女儿经常到狱中陪伴，是家庭人性的至爱，给了百里这个牢中囚犯以无限的关爱，成了他能活着的精神食粮。爱的力量给百里的生命浇灌了无限的活力。对左梅来说，抗日战争期间，丈夫那受苦受难的祖国，就是自己的家园。自从七七事变以后，她就断绝了与日本娘家的一切书信往来。为了抗战，在家庭经济拮据的情况下，她变卖家财，买来棉衣棉被、纱布绷带，送往抗日前线。她的心，与丈夫的至息息相通。作为一个中国妻子，抗战后她从未回到日本，她和女儿们，都自觉坚守在不同的抗日前线和后方，永不退缩，因为坚决抗击日本侵略直到夺取最后胜利，是丈夫的事业、理想和遗愿。

对于家中的女儿，百里的父爱是伟大的，并具体落实到每一个女儿身上。政治上的艰难困苦和理想抱负无法施展的苦闷，之所以不能击垮他，那是因为百里胸中永远充满了伟大的爱——爱祖国，爱人民，爱亲友，爱妻子，爱女儿，他是一个充满了爱心的现代军人。其知友陶菊隐曾以亲眼所见，记录了他对女儿的爱：“百里对儿女的教育，精神教育重于课本教育，不使一切坏风俗、坏习惯接触到儿女之身。……他一生从无疾言厉色，有时女儿们看见他哭过，却从未见他发过怒。……在一门雍穆之中，女儿们觉得父慈而母严，无不奉父亲如神明。我见到千千万万的家庭，儿女信仰父亲如此之深，几乎具有宗教精神的，始终没有碰到过第二家。……百里的父爱超过一般家庭的母爱，可是他把

三、五两女抛在人地生疏的欧洲，这是理智克服感情的一个标志。”“每天晚餐后，一家人坐在小客厅里，女儿们包围着他，提出了许多问题，从世界大势到中国的时局，从都市之美到乡村田园之乐，她们随口问到，百里一一作答。”[12]

[12] 同上，第90～91页。

其实，不仅是对于家中亲人，就是社会上的朋友，他一样充满了仁义之爱和诚挚真情。比如他和诗人徐志摩，是同乡，曾共同组织新月社。在徐因恋爱昏头昏脑而经济拮据之时，“蒋把在京寓所交其出售，以度难关。1930年百里入狱，徐志摩竟携行李到南京，陪蒋百里坐牢，天下哗然，新月社的名流纷纷效仿南下，一时‘随百里先生坐牢’成了时髦的事。”[13]如果没有深厚真情，能够卖房济友吗？友人又怎肯冒极大政治风险陪他坐牢呢？又如他与蔡锷是留日士官学校的同学挚友，通过蔡锷，认识了梁启超，梁氏成了他亦师亦友的长者。蒋、蔡二人之所以弃文就武，学习军事，就是为振兴中华的共同理想走到一起了，建设国防，推动中国军事现代化是当时拯救灾难深重的祖国的重中之重。共同的精神支柱，使蒋、蔡二人成为生死与共的挚友。在民国初年，二人回国后，都被总统袁世凯所罗致，蔡想改造北洋军为能够保家卫国、抗击外侮的现代国防军，蒋则成为北洋军中保定陆军军官学校的校长，改造现代军校，培养现代化的军官，是推动国防建设的重要方面。但当袁世凯背叛革命，复辟帝制之时，蒋、蔡二人毫不犹豫地发动反袁护国活动，他们与梁启超一起，秘商南下，发动护国战争以挽救共和国。在此期间，蒋与蔡唱双簧，袁世凯曾派蒋到天津监视蔡锷，不准南下，蒋则见蔡后再度完善规划，让蔡先行南下，随后自己也摆脱袁氏拘缚，南下护国，讨伐袁世凯。高拜石明白指出：“护法之役，任公（梁启超）和松坡（蔡锷）事前一切秘密计划，百里均参与其事，以后任公谈起，颇归功于他，他却若无其

[13] 杨潜《北洋将军轶事》，山东画报出版社，2011年，第147页。

蔡锷

事，绝无一点得意之色。……这就是他真性情之所在，不是抛去个性、舍人成已虚伪政客可比。”[14]袁死后，恢复共和国，蔡锷任四川都都督，电百里入川相助，百里见电即行。但入川后，蔡已病入膏肓。蔡最亲最信任的是百里，即荐其代理川督兼省长。在正常情况下，这正是百里大展宏图之时。但百里却辞去一切名利地位，只以总参议虚衔，亲陪挚友赴日本福冈医院治疗，他认为挽救朋友的生命，高于一切，直到名医束手，死神光顾蔡锷。百里悲恸万分，万里扶榇，远涉重洋风波，归葬蔡氏于湖南长沙岳麓山下。以后，只要是到湖南，百里必到蔡锷坟前祭吊亡友。当蔡锷病危时，最后对百里说：“我早晚就要和你们分手了。我们建设国防尚未着手，而现代战争已由平面而转向立体，我国又不知道落后了多少年！我不死于对外作战，死有余憾。”[15]随后，口授百里代写遗嘱，言讫溘然长逝，年仅三十五。是时，百里无限悲痛，挥泪在遗嘱电文上附加按语曰：“一年以来，公恶衣菲食以戕其身，早作夜息以伤其神，临终之际，犹未能裹尸为憾，然蔡公虽未死于疆场，实与阵亡者一例也。”北京政府电悉后，明令追赠蔡锷为陆军上将，予以国葬。[16]百里对葬锷的深沉之爱，刻骨铭心，发自五内，至情至性，无以复加。与天长地久的蒋、蔡情谊相较，社会上随处可见的见利忘义之徒，落井下石之辈，能无愧乎！

百里先生是个激情满怀的真君子，爱憎分明，敢爱敢恨，但他同时是个洋溢着智慧理性的学人。他们的激情，不仅有亲友的情谊真爱，同时还有公忠体国、严于职守、勇于负责的大义至爱。“天下兴亡，匹夫有责”，古贤明训，百里是牢记心中，终身履践。如高拜石所载，七七抗战开始，他在上海，正和友人闲谈，得到消息，他兴奋得把茶杯掷得老远，热泪盈眶地说：“中国给日本欺负了半世纪了，我自幼便想有这么一天，现在可以拼我的老命了。战，战，战到最后一个人吧！”[17]这一爱国激情，义薄云天，无私奉献，是何等伟大！民国六年（1917），百里译美国斯迈尔《职分论》，交商务印书馆出版。此书虽然是译，但遇有

[14] 高拜石《疆场无功的军事家——军学权威蒋百里》，见《新编古春风楼琐记》第三册，作家出版社，2003年版，第87页。

[15] 陶菊隐《蒋百里传》，中华书局，1985年版，第44页。

[16] 范银飞、胡初葫《蒋方震》，见王成斌等主编《民国高级将领列传》第三集，解放军出版社，1989年版，第478页。

[17] 高拜石《疆场无功的军事家——军学权威蒋百里》，见《新编古春风楼琐记》第三册，作家出版社，2003年版，第90页。

与中、日两国之事相合处，特加附注，详加说明，可说是译中有创，是一种特殊方式的自我表述。《职分论》有曰：“至高至善之人，则决不以区区一生之幸福名誉，为其一生之目的。彼之生也，固别有其至强之动力，即导源于众善所归之事业也。”百里特加附注曰：“我尽我之职，以求其仰不愧，俯不怍，则必以发达天赋之良知为第一事。良知者何？则辨别善恶邪正之知识是也。”“凡尽职分守义务之观念，见之于军人之生活尤著。”《职分论》又曰：“个人之生涯，与社会全体之生涯有密切之关系。人各有所职，各有所业，有一人不尽其职，不仅此一人受其苦痛，即他人亦不免受其妨害。”百里注曰：“此职分论之精髓也。”[18]于此可见，百里先生已把自己的至情至性，继续加以无限扩大，直到化为国家民族之大公至爱，这就是其丰富感情的精神升华，激励中华儿女向前。1936年，他在欧洲考察时，曾带了女儿参观柏林动物园，看到一只母狮带了四只幼狮，其三女蒋英、五女蒋和，各抱一只小狮子拍照，百里先生在女儿玉照上题辞曰：

垂老雄心犹未歇，将来付与四狮儿！[19]

他那公私兼备的至情至性，已放大为人类普遍的至善大爱，薪尽火传，流芳万世。

军学泰斗命数奇

民国年间，蒋百里是公认的一代军学权威，他努力推动国防建设，提倡中国军事现代化。但在现实生活中，他这个军事权威，只是理论上、思想上的，手中无兵无将。因此，在真实人生的军事生涯中，他成了一个既无权更无威的有名无实的将军，人或称之为“疆场无功的军事家”[20]。这话是褒？是贬？是讥讽？是控诉？只能任人评说。所称“疆场无功”，是生活的事实，蒋百里从无调兵遣将之权，也没有具体指挥过任何一个战役，最后赍志以殁。但埋没有这样的一个军事天才，是谁之过？是其命蹇

[18] 关相湘《民国人物列传·中国现代兵学开山祖蒋方震》称引，中国大百科全书出版社，2009年，第395～396页。

[19] 曹聚仁《蒋百里评传》，东方出版社，2010年，第78页。

[20] 高拜石《疆场无功的军事家——军学权威蒋百里》，见《新编古春风楼琐记》第三册，作家出版社，2003年，第82页。

数奇？抑或时代黑暗造成的社会悲剧？值得国人反省深思。

说到命运，蒋百里和《史记》、《汉书》中的飞将军李广似乎有几分相像。在抗击匈奴的卫国战争中，李广大小数十百战，身上伤痕累累，战功无数，手下偏裨将校以击胡军功取封侯者数十人，而他这个主将，却一生不封侯拜印，李广曾发浩叹，曰："岂吾相不当侯耶？且固命也？"司马迁对李广的怀才不遇，深表同情，但对时代悲剧，也只能徒呼奈何。古时如此，今何不然？蒋百里留日夺魁，留德受军事家称赏，归国时人或争相罗致，职位高低任其选择，正是他颇为春风得意之时。但是，据高拜石《新编古春风楼琐记》所记载，有一次他因探亲路过上海四马路，见一善观骨骼的相命术士张铁口，为他看相断命，张铁口相了半天，沉吟批曰：

神清音雅，雪彩春融，文名千载，而疆场无功。[21]

[21] 高拜石《疆场无功的军事家——军学权威蒋百里》，载《新编古春风楼琐记》，第三册，作家出版社，2005年，第85页。

百里听后，呵呵大笑，岂会相信这种江湖术士的话？然而在现实生活中，相者胡诌之言，却不幸言中。是否命该如此呢？现在来看看蒋百里与一此当权派的交游及关系。

1. 晚清盛京将军东三省总督赵尔巽

百里于1906年从日本留学归来，正好昔日浙江杭州求是书院的恩师陈仲恕在赵尔巽当幕宾，就向赵推荐百里，赵任命他为督练公所总参议之职，负责新军的建设和训练，准备用以取代旧军，如绿营、八旗兵及收编"胡子"（土匪）出身的张作霖巡防营。但是，当时新、旧二军是水火不相容，赵手下的淮军翼长张勋、巡防营统领张作霖，千方百计暗害蒋百里。陈仲恕先得消息，立即向赵建议，派百里赴德国实习军事，继续深造，以此避开了一场灾难。在德期间，百里在德第七军任上尉见习连长，军长马金山上将，统帅是兴登堡，都是一代名将。百里曾去拜访著名军事家伯卢麦将军（按：《战略论》作者），交谈中，百里结合实际，谈了自己的许多独特体会，伯卢麦很欣赏，拍了他的肩膀说："好为之矣，愿子之诚有所贯彻也，抑吾闻之，拿破仑有言：

‘百年后，东方将有兵略家出，以继承其古昔教训之原则，为欧人之大敌也。’子好为之矣！”[22]所谓“古昔教训”，指的是《孙子兵法》。蒋百里曾著有《孙子浅释》、《孙子新释》。当时德国军界的舆论，认为蒋百里是“东方人杰”[23]。

1910年蒋百里留德归来，他在日本士官学校的同学，时任清朝禁卫军训练大臣的良弼，坚邀百里任禁卫军标统（按：相当于后之团长），但百里认为他在日本任少尉排长，在德国任上尉连长，应从军事基层工作一步步做起，因此坚辞标统之任，而改任管带（按：相当于后之营长）。他认为军队营的编制，是实际作战的关键基层单位，湘军就是以营为基础而战败太平军的。百里人在北京，但心内惦念的是东北的国防。他认为当时对中国威胁最大、最具侵野心的是日本和俄罗斯。日、俄二国最先争夺的是东北三省，正是东三省总督赵尔巽的辖区。赵也思军事上有所准备，他对百里印象颇佳，加以陈仲恕的力荐，赵尔巽慧眼识英雄，破格任命蒋百里为二品顶戴的督练公所总参议，负责东北新军编练事宜。为了在东北布置抗击日俄侵略的国防第一线，百里欣然接受任命。百里对于建军人才，重在学历与科学，力求推行军事现代化，胡子出身的张作霖、冯德麟辈，百里当然瞧不起。这样，百里作为东北新军的方向标，被张作霖等旧军视为眼中钉肉中刺，必致之死命而后已。正巧，百里回东北策动奉天（沈阳）独立，响应南方革命，赵尔巽在革命威胁下，为保大清，急调张作霖巡防营来省城。此时，新军多数奉调入关参加秋操，新、旧二军实力变化，旧军绝对优势，百里生命危急。作为清王朝封疆大吏，受传统旧道德的影响，赵尔巽自然不会赞同百里的革命立场；但作为微妙形势下的聪明人，赵是个爱才之人，他也不想把事做绝，因此在关键时刻暗中放百里逃生。百里老师陈仲恕走漏消息，对百里直言：“此时此地，旧军占有绝对优势，应该是你离开东北的时候了。”百里立即登车南行，因急于如厕，侍者因而通融，在车开时违例放他入厕，并顺手锁闭车厢厕门。这时，张作霖率兵风风火火赶来，问火车另一侍者，曰：“蒋总参议在哪

[22] 蒋方震（百里）《孙子新释·缘起》，见吴德健、邵德法主编《蒋百里先生墨迹》，上海人民美术出版社，2008年，线装，下册第1页。

[23]《蒋百里年谱》，见曹聚仁《蒋百里评传》附录二，东方出版社，2010年，第254页。

里？”答以未见，适火车汽笛大鸣，即将启轮，张没抓到要犯，只能悻悻而归。[24]

[24] 陶菊隐《蒋百里传》，中华书局，1985 年，第 22 页。

应该说，在清王朝中，赵尔巽还算清醒，蒋百里建设东北国防以抵御日、俄侵略的战略设想，他是同意的，所以才会慧眼识英雄，把作为中下级军官（管带）的蒋百里，破格提拔为二品顶戴的高级将领（总参议），在给朝廷的推荐报告中，去其管带职名，代以留德学生蒋方震的名称，可谓用心良苦。但谁知形势突变，天下大乱，百里不尽其用，赵也无可奈何。东北之行，百里小试牛刀而受挫。

2. 民初总统袁世凯

百里留日夺魁，留德时又备受洋人称美，名声大噪，因此，袁世凯也罗致以为己用。当百里准备应云南都督蔡锷之邀赴昆明任云南民政长（按：相当省长）时，陆军部长段祺瑞给他透漏一个消息，即袁世凯总统准备任命他为保定陆军军官学校校长，请他整顿军校，为国家培养军事人才，该校直辖于政府陆军部。得此信息，百里认为这是一件有关国家建军大计的的要事，立即表示同意而辞云南之行。民国元年（1912）12 月 15 日，百里以陆军少将保定军官学校校长正式上任。当时，他骑一匹高头大马，着黄呢军服，外罩红缎里子的披风，腰挂长指挥刀，足登乌亮马靴，骑一片高头骏马，严肃、整齐、英俊、神气，接受学生的列队欢迎。第一次对全校师生训话，百里谈了自己留日留德经验，以他山之石攻玉，学习外国先进的军事科学，用以指导中国国防建设。最后说：“你们在辛亥革命军中，……辞了军职来到校中当学生，这种精神，可望‘凌欧驾日’。今后一切事情，方震率先躬行。如果我作好了榜样，你们不跟着来，当以严厉制裁。如果方震不尽职责，办不好学校，当以自戕以明责任。”[25] 铮铮誓言，激动人心。百里对北洋军校的坏作风坏习惯坏规矩开刀下猛药，校风丕变。百里改革军校的有效措施，犹如一股清新空气，校风为之一新。

[25] 范银飞、胡初葫《蒋方震》，见王成斌等主编《民国高级将领列传》第三集，解放军出版社，1989 年，第 473 页。

但是，段祺瑞掌控下的陆军部，如军学司长魏宗瀚等段氏亲信，对百里百般压制、倾轧，破坏他的改革军校的计划。要枪要炮，没有；要汽车、辎重、马匹，没有；要人，不给；要钱，还是驳回不给。也就是说，百里的改革中国军校的宏伟计划，处处受牵制置障碍，形成了一道道难以逾越的鸿沟，就这样被一群唯利是图的小人所毁。这让百里非愤、失望，理想事业付之东流，犹如生命之火行将熄灭。百里在亲自上京交涉无果后，沏底绝望了。为了实践自己第一次训话的诺言，他于民国二年（1913）6月18日再次给全校师生作最后训话，一方面劝告学生要“鼓起勇气来担当中国未来的大任”，一方面表明自己没有办好军校，“对不起你们”，当众拔枪当胸一枪自戕，以实践自己第一次训话的然诺之言。辜亏抢救及时，活了下来。自杀时，曾留下遗书给教育长张耀庭（承礼），曰：“仆之殉职，为国家故。虽轻若鸿毛，而与军人风气有关。乞告老母不可悲伤。总长处，请告以军事非至善之目的不能成功，徒以彼善于此之言，聊以自慰，则军事永无振兴之日。”[26]百里遗书发表后，全国舆论大哗，军校群情激愤，蔡锷、熊希龄等名流，通电全国，要求彻查。这给袁世凯极大压力。但当时段祺瑞以陆军部的调查，向袁世凯塞责，说是百里自杀，非关学校之事，而是另有原因，用来为自己辩解开脱。这时，袁沉下脸冷冷地产：“你陆军部莫管这件事。你莫听手下人的话。”段是袁身边第一心腹大将，但在这件事上，袁大总统对段颇多责备。百里自杀未遂消息传来，袁世凯采取几条紧急措施：一是会交通总长曹汝霖紧急商请日本使馆派最好的医生护士来全力抢救、挽救生命；二是一切医疗及今后疗养费用，由公府开支；三是组织以公府侍从武官长荫昌（字午楼）、公府军事处处长朱庆澜为首的调查组赵保定调查真相；四是令保定军校教育长张承礼暂代校长。袁对关心百里的陈仲恕（时任总统府秘书）说：“荫午楼也是百里的老师，他一定办得很公平，你放心去睡吧。”[27]后来又派参谋部次长陈宧携药物食品诸物到保定慰问百里。在百里伤愈辞去校长职务时，调任公府军事处参议闲职，因该处负责人是段祺瑞，特准百里不必到处办公，以免蒋与段氏见

[26] 范银飞、胡初萌《蒋方震》，见王成斌等主编《民国高级将领列传》第三集，解放军出版社，1989年，第16页。

[27] 陶菊隐《蒋百里传》中华书局，1985年，第29页。

面。这也表现了袁世凯对百里的关心之意。应该说，在私情方面，袁对蒋还是不错的，这点百里也明白。但当袁氏推翻共和国而复辟洪宪帝制之时，百里不以私情蒙住眼睛，立即与蔡锷、梁启超等联合，先后南下发动反袁护国之役。这对袁责以大义，这是公忠体国之心，值得肯定。袁世凯原准备用蔡锷为陆军总长，以百里长保定军校，培养现代军事人才，建立现代化的模范团，这样双管齐下，来发展自己的军事力量。而蔡、蒋二人，也想打进北洋军的核心，把作为争权夺利工具的北洋军，改造为捍卫国家领土主权的现代化国防军。这就超越袁世凯的范围，直接威胁到袁氏北洋集团的根本利益。因此，袁氏最终弃蔡、蒋而不顾。蒋百里不属袁世凯小站练兵出身的北洋嫡系，人向袁世凯进谗言，说是南人训练北洋军，祸心莫测。这话袁世凯听进去了。因此，在百里辞去军校校长之位后，袁氏的关心只是表面的，实际上从未加以重用，从不给以实权。因蒋、蔡二人，不想成为袁氏私人的工具，更不想去打内战镇压革命。袁与蒋、蔡的军事思路，大相径庭，因此，百里在袁手下，不做听话供驱遣的奴才，就只能命数奇而毫无出路。

3. 直系副帅吴佩孚、直系五省联军总司令孙传芳

在20世纪20年代的南北政权军事对峙中，蒋百里虽然同情南方两广的国民党革命政府，但他并没有直接投向南方。大概南方国民党的军政要人，认为蒋百里无兵无将，只是个“空头”的军事家，而不是有地盘有实力的军阀，所以并无重视甚或重用的表示。其实，蒋百里早想促进中国早日完成统一大业。但是南方政府暂时势单力薄，即使发动北伐，也是困难重重；而北洋政府虽然军队很多，势力很大，但内部矛盾复杂，有直系、皖系、奉系的内部争斗，彼此牵制，相互抵消。先是直军击败皖系人马，段祺瑞下台，然后发生了第一次、第二次直奉大战，直军先胜后败，奉系张作霖入关，雄踞北京中央政府，直系总统曹锟下台，直军吴佩孚率余部南下，在长江中下游一带重新集结，吴佩孚自称为十四省联军总司令，把矛头直指奉军张作霖。其实，这时北

方还有一支颇具实力的冯玉祥国民军，吴佩孚如果联冯击奉，则战略成功，有助于国家的统一。在北洋军中，吴佩孚素以练兵严格出名，在直皖、第一次直奉战争中，也是指挥得当、勇猛善战而获常胜将军美誉。1924 年，吴佩孚五十大寿之时，当时吴是志得意满，各方祝寿者络绎奔赴洛阳，形成了“八方风雨会中州”的空前盛况。连美国《时代周刊》，也把吴佩孚戎装照片作为封面，外国人（包括苏联人）也认为吴氏最有可能成为统一中国的人物。但是，骄兵必败。曾几何时，在第二次直奉战争中，因内部第三路攻奉军的冯玉祥等部倒戈回京，吴佩孚直军全面崩溃。据陶菊隐《蒋百里传》记载，在第二次直奉大战前夕，吴佩孚在四照堂点将挥师时，想到了曾在东北任职、熟悉东北情并与张作霖直接有仇的蒋百里。其实，在此之前，吴对百里早已说了许多“久仰”的话。但当吴氏找百里出山讨奉时，百里因为自己无党无派，不愿在军阀混战中打内战，而是主张建设国防，枪口对外。这与吴佩孚想法对不上路。因此，百里婉转拒绝了吴佩孚的邀请，说：“我离开那边多年，今昔情况大不同，未便妄参末议。”吴接着又说：“我打奉天有充分的把握。我不放心的是西南，想派两师军队请您指挥，开到湖南，防止他们乘虚北伐，我想您是不会推辞的了。”百里因不愿打内战，当然也就不会出山帮吴了。但他因此事而对吴佩孚颇有好感，吴对一个局外人，却愿寄以腹心之任，的确有点义气。[28]这是蒋百里和吴佩孚在其鼎盛时期的一段真实的对话。不过，百里对于冯玉祥，同样关系不错。冯氏南苑练兵之时，经常请百里去作报告开讲座，冯玉祥亲自听课。冯玉祥离开北京兵发喜峰口时，百里也曾蒋去送行。冯对百里的确有相当的认识和尊重，在发给军官们每人一册的古今名将治军格言时，把“蒋方震曰”与“岳飞曰”、“曾国藩曰”等名人并列。他曾想请百里任冯部参谋长，但百里婉转拒绝。关键还在他不愿枪口向内，不愿军人以暴力干涉政治，而应走欧美“民主”国家建设现代国防军之路。1923 年 6 月 13 日北京军警“逼宫”赶走总统黎元洪时，冯部也参与发动此事，当时蒋百里

[28] 陶菊隐《蒋百里传》中华书局，1985 年，第 57 页。

正好到南苑冯部演讲，无意中得到这一消息，冯手下的张之江旅长曾问百里意见，百里明白地说："总统好不好是另一回事，总之应求政治解决，军人不应有此动作。"说完后，自觉交浅言深，便不再到冯部演讲了。[29]百里对于吴与冯这两个死对头，都有联系和交情，但因不主张打内战，因此只能都保持一定的距离而远离实际的战场了。

[29] 范银飞、胡初葫《蒋方震》，见王成斌等主编《民国高级将领列传》第三集，解放军出版社，1989年，第481页。

1924年10月23日，在北京的百里发现大街上到处张贴了"陆军检阅使冯"的告示，就知道冯已发动倒直的军事行动。当时吴佩孚在山海关前线，他就对其侄蒋复璁说："子玉（吴佩孚字）是完了，当他危困的时候，我得前去看他一趟。"他连夜赶到秦皇岛见关，帮他分析形势，四面树敌，南北开战，战略失误，兵家大忌，失败已成定局，应就承认现实，及早处理，以免彻底失败。但吴佩孚一贯夜郎自大，刚愎自用，不听百里忠告，在百里离开后，仍然率部分精兵回京击，冯部国民军，结果是大败亏输，残兵败将所剩无几，狼狈南逃。于此可见，百里并不赞成吴打内战争权益，但他对朋友还是讲义气的，不会见死不救，但因吴不听其言，只能自作自受，受失败惩罚了。

1925年，吴佩孚在长江中下游的武汉重新集结直系各省军事力量，以图东山再起，自称十四省联军总司令，准备北伐奉张。这与百里北伐奉张以推动国家统一的大计不谋而合。所以，当吴再次邀他赴汉口司令部任参谋长时，百里答应一试。他很快为吴设计总的战略决策：北方联合冯玉祥国民军，南方联合南方国民党政权，然后尽量团结协调直系内部各军力量，形成一个强大军事联盟，直击奉张，则将战无不胜。百里曾再三告诫吴佩孚，应该汲取上次失败的教训，千万不可四面树敌，两面作战而顾此失彼，特别是不可过问湖南之事。他与湖南唐生智将军商量好，派人联络南方政府。但吴佩孚是个典型的旧军人，相信传统三纲五常忠孝节义以治军施政，而不知现代战争战略战术，他在出兵北上之时，瞒着蒋百里，临时改变战略目标，把联冯联合南方国民党以北伐奉张的战略设计，突然掉转枪口，化为北合奉张以击冯，并继续与南方国共合作的北伐军为敌，终于陷入了四面树敌而两面作战的困境。因为他认为冯玉祥是以下犯上的背叛，是不忠不义，应先铲除。这就犯了兵家大忌而自找绝路了。百里见吴自以为是，野心勃勃，为一己私人恩怨而蒙住了战略眼光，以为冯玉祥国民军不堪一击，在胜冯后再击张扫南，无下无敌，然后由其一人完成统一中国之大业。违背百里战略，简直是痴人说梦。百里与吴佩孚战略目标相背，思想路线极不一改，因而请假回沪，并发明电辞职，实是通告天下而与吴无法合作而分手。

这里还应提一下直系将军孙传芳。孙传芳（1855～1935），字馨远，山东泰安人。日本陆军士官学校毕业，是百里以后几期的前后届同学。曾占据我国东南几省，自称五省（皖、赣、苏、闽、浙）联军总司令。后被北伐军击败，退居津门租界，在1935年被仇家之女施剑翘刺杀。他原是直系曹、吴手下一个偏裨将领，后因借势得力，实力壮大。当吴佩孚与国共北伐军决战贺胜桥、汀泗桥时，孙见死不救，企望取吴自代，也是一个自作聪明而野心勃勃的一方军阀。在百里辞吴离开时，孙立即聘百里为自己的参谋长。因蒋、孙都是士官学校先后同学，百里想联络直系各军内部力量，以便减少革命阻力，配合南方北伐军北伐，从而统一中国。因此，百里也答应了，并为孙设计了联络南方革命政府以合作推翻北方奉张北洋政府的战略。孙在表面上，完全同意百里的战略设计，确定要配合南方国民党政权，北方联络冯玉祥国民军。实现共同讨伐奉张的战略、政略目标。但在开战前夕，孙传芳突变卦，变为联合奉张、投降奉张以对抗革命的战略，表面上不可思议，但实是孙传芳封建军阀的野心和本质所决定的，惧怕革命，是当时南北军阀的通病。这样，百里在孙传芳处的战略策划，同样落空了。后来百里与人谈及孙传芳的卑劣降奉，还斥之为“竖子不足与谋”。当时，有人问及吴佩孚与孙传芳成败时，百里先生不以个人恩怨而加以客观透沏的剖析，说：“吴子玉（佩孚）曾是举人（按：此误记，吴实为秀才），但读书不化，刚愎天成。

他之一意想描摹关、岳，就是读书不化而强求其解的缘故。但亦正固有此，所以在旧式军人中能够以坚贞著称，其实是勉强的。不过这种勉强的功夫，常人殊难学到，仍觉可贵。其败，在自信过甚，总以为人谋皆出己下，所以一蹶不振之后，不易再振。孙馨远（传芳）天资有余，惜少读书。然而礼贤下士，自谓兄弟一介武夫，但习军旅，不谙政治，还请诸位帮忙。这种小心眼的地方，较吴子玉的常拿关壮谬岳武穆的面孔对人，高明得多。其败，在自作聪明，好弄玄虚。且待人不诚，阴险可虑，所以不得善终。但这两个人在位的时候，毕竟都想做一番事业，纵使大权在握，尚不敢故为非分。这是一部民国军阀史中，对吴、孙二人最适当的评语，不能以我曾参其幕而歧视之。”[30] 百里对历史人物，不因人废言，所叙实事求是。

[30] 黄萍荪《与蒋百里先生一席谈》，见黄萍荪、张禾草《蒋百里抗战论集》，新阵地图书社，民国廿八年4月初版，《附录》第50页。

总之，封建军阀不可能真正重用具有有开明思想和民主意识的现代军人蒋百里，因为百里先生主张中国统一的北伐，反对的是军阀之间争权夺利膨胀野心的内战。这与直系军阀吴佩孚、孙传芳背道而驰，因此，又再次有命运数奇的挫折了。

4. 国民党军事委员会委员长、国民政府主席蒋介石

在清末留日习武学生中，蒋介石（名中正，字介石，以字行）入振武学堂，是百里的晚辈。蒋介石一生，虽有挫折，但自投靠孙中山后，在国民党中的地位，在反对声浪中日渐上升至政坛军界的天下第一，直到抗战胜利后，退守孤悬海上的台湾一隅，最后死于台湾。

蒋介石在上世纪20年代中，任北伐军总司令，他对百里声名，早已知晓，但似乎并无热情，因百里无地盘无实力，多一个不算多，少一个不算少，所以态度模糊。而百里任吴佩孚及孙传芳参谋长，在蒋介石看来，就是站在对立面上，是敌手，而非朋友。直到蒋百里通过唐生智，派学生刘文岛等到广州联络国民党政府，总司令蒋介石才稍加改变，发话说：“百里先生如肯参加革命，对革命事业的进展必然大有帮助：他是老成持重的稳健派，稳健派参加革命，能使国人更加认识革命的重要性，具有提

高士气和转移国际观感的双重作用。”当时南方政府军政两界，都有呼声请百里出山担任北伐军参谋长以协助蒋总司令指挥，但百里本人，出于狷介人生的道德，认为自己刚刚卸任吴佩孚的参谋长，如果立即主动投怀送抱任蒋介石的参谋长，转变太快，可能被人误解为丧失忠义气节，加以蒋总司令也没有任何直接的表示，因此他不肯南下广东谋职。这与是否参革命与北伐无关，其关键在于其个人的道德观念与气节品格所致。其实，1927 年前后的蒋总司令，是否就是象征革命的化身呢？问题值得思考。1927 年蒋介石发动“四一二”事变，残酷屠杀共产党人及工人阶级，不正说明了他对革命的背叛吗？

1927 年后，国民党宁、汉政府合作反共，国民政府迁往南京。蒋介石派人到到上海欢迎蒋百里来南京叙谈，这当然会有请益之意。因为百里并非心腹，因而所谈并非军事问题，而多是涉及国际的外交问题，特别紧急的是中日矛盾问题。当时百里劝蒋介石，在打倒军阀、统一中国以前，对日本宜取缓兵之计，以便减少统一道路上的阻力。等到全国统一之后，国防建设走上正轨，国家实力增加之时，再和富于侵略野心的日本清算不迟。这是二蒋的初步合作，但双方都在试探对方诚意。百里所谈，主要仍然是从枪口对外、抵御外侮方面入手。

1929 年，接连发生了蒋、桂战争，蒋、冯战争。蒋介石的权威地位受到了挑战和威胁。在此困难时刻，蒋介石又想到百里。因为湖南唐生智被蒋介石解除兵权，软禁南京。但若要发动蒋桂战争，又需要唐生智出来收拾原有人马以反桂军。不过，蒋介石对唐生智并不信任，于是征求百里意见，因为唐生智是百里在保定军校的学生，会听百里的劝告。于是由百里作保人，放唐生智出京任第五路军总司令，接收了白崇禧的唐山驻军（原为唐氏湘军旧部），斩断了桂军蛇头，桂军未战先败。

但在年底又爆发了蒋、冯大战。蒋介石对唐生智始终不放心，这时，他又想请百里救驾。1929 年 8 月，欢迎蒋百里来南京，打出了“欢迎军界泰斗蒋百里先生”的横幅大标语。但蒋对百里，尊而不亲，这点百里明白，不是黄埔嫡系，怎会受蒋重用呢？蒋对百里谈起了唐生智及其率领的第五路军，希望百里以师尊代唐领兵，讨伐冯玉祥西北军的反抗。百里以浙人领湘军不合时宜为由加以推辞，实际上是他的内心深处，主要是不愿涉足军阀派系之间的内战漩涡。同时，也为学生唐生智的前途着想。因此在蒋介石面前，力保唐生智继续领兵。不料，唐生智击溃冯玉祥西北军后，却瞒着师尊，瞒着师尊，不听百里劝告，订下“挫冯倒蒋”的计划，于 12 月 5 日领衔通电逼蒋下台。但百里早预料唐生智的野心是很大的军事冒险，他手下的杂牌军也不愿听他指挥，因此很快全军覆没。蒋百里因此作为唐生智的保人受牵累，在他所住上海富国门路家中进行搜查，搜到百里致唐电文有“东不如西”之言。原电意思是劝唐西进新疆，作个左宗棠一样的“北方大将，西域奇才”，避免内战，又可建设新疆国防以抵抗苏俄入侵。这是对唐氏前途最好的设计。但唐的野心早已膨胀，怎么能理解老师的良苦用心呢？同时，蒋介石也望文生义，以为“东不如西”，就是讥讽我蒋中正不如唐生智，这是鼓动唐氏造反。事情发生后，张宗祥等挚友曾劝百里先离家避开一下，以免不测。但百里认为自己清白，南京政府中又有熟人，何惧之有？因此不走，直等到他被蒋介石逮捕投入了监狱，关了二十个月。后被陈铭枢、吴稚晖等在蒋介石面前说情，方才因抗战需要人才而予释放。这是二蒋矛盾加深、互不信任的时期。蒋介石号称“革命”，但实质上仍是旧军阀的变种，是在特殊环境中形成的最大的新军阀。外侮在前，他一再妥协、退让，其重心仍在“裁兵”打内战，一方面剿共，计划消灭红军，一方面打击“占山为五”的不同派系的军阀，准备消灭异己。如此战略国策，和百里那重在建设国防以抗击侵略的理想设计相距甚远。因此，百里不可能真心为蒋介石保驾护航，二人难以真心合作。在上世纪20 年代下半期，不愿为处上升阶段的蒋介石所驱遣，百里命运坎坷可知。

但政治上的敌友，没有绝对固定的立场。时代跨进了 30 年代，风云突变。随着“九一八”中国东北沦陷日本关东军之手，

“一·二八”淞沪抗战军兴，日本帝国主义亡我中国的侵略野心咄咄逼人。蒋介石虽想妥协也不可能，要求国联主持公道的美梦正在破灭，这就把蒋介石逼到了退无可退的死角上：要么甘心堕落而卖国做汉奸傀儡，苟全偷生，但这正超越了蒋介石作为中华儿女的道德底线，他不想如秦桧一般受人万世唾骂；要么坚决抗击日寇侵略，虽然征途艰难困苦，危险重重，但中华民族当有求生的一线希望，自己的领袖地位或许还可保全。经过长时间的犹豫动摇，妥协谈判，蒋介石终于明白，日本亡我之心不死，除了奋起抗战外，别无出路，形势终于让二蒋化敌为友，握手言欢。这时，蒋介石又再次想起了请百里出山来保驾护航。他对百里，口称“发生”是一种尊重，“九一八”事变发生时，百里犹在狱中，虽然痛心疾首，但却无可奈何，谁会来听一个囚犯的意见呢？但“一·二八”淞沪杭战前夕，百里已经出狱，但正赋闲在上海家中，愿为国尽忠尽力。在新形势下，要发动全民抗战，就不能再打内战，而是全国不分党派地方，形成一个权威领袖来统一领导抗战，为蒋介石服务，就是为抗战出力。领袖与国家，在百里看来，这时已是合二为一，他绝不以一已之私人恩怨，来蒙蔽自己的理性思考，全力配合和协助蒋介石，推动全国的国防建设，以增加抗战的实力。“八一三”后上海失陷，百里正在欧洲考察，他即席演讲，说：“今日中国，只有团结，才能抗战，也只有信赖委员长，方能团结抗战。”“中国有委员长，中国必有办法，……不是委员长叫我们服从，而是我们为过去祖先的光荣……所驱使，所鞭策。”[31]他又其《国防论》第二篇《最近世界之国防趋势》中，分析了“九一八”后的中国形势，说：“我们中国在‘九一八’以前，国内党派很多，彼此意见不能一致，但自‘九一八’以后一直到现在，全国民众对于中央政府及蒋委员长一致竭诚拥戴爱护。这就是国民走上自动纪律道路上的证据。……现在我们整个国家不能统一，民族意志不能一致，上帝的刑罚就要加到我们头上来，……它可以使你亡国灭种，几代不得翻身。”（第27页）全国团结如一人，全民奋起抗战，坚持打倒

[31] 薛光前《国民外交的一段史料——回忆蒋百里先生》，见《蒋百里先生全集》，（台北）传记文学出版社，1971年，第六辑，第238～239页。

日本帝国主义，直到夺取最后的胜利，这就是百里的最大意愿。在这一段，他向蒋介石提了许多汇报和建议，目标只有一个：坚持抗战到底，夺取最后胜利。当然，具体内容很多，以下将要叙述，但他发言议、做报告、写文章，重在劝蒋不要犹豫不决，失掉抗战的信心，这也是他要告诉国人的一句话。他写在其《国防论》的扉页上：“万语千言，只是告诉大家一句话：‘中国是有办法的！’”这是对投降派的重重一击，决不投降，持久应战，领袖坚定，民众奋起，抗日战争必胜。因此，在二蒋重新合作的阶段，在抗日战争的初起时刻，是百里在其晚年的七八年间，努力实践和完善其国防论的最为忙碌也最有光彩的人生阶段。但蒋介石对百里的态度，并不像百里那样诚恳。与前阶段不同，他的确起用了百里，但也只是国府军事委员会的高级顾问而已，他两度派百里赴欧考察军事，搜集有关二战前的相关情报与动态，并作为蒋的特使，访问德、意诸国，离间德、意、日三国轴心的合作，这是艰巨的外交任务。百里都能尽心尽责地努力完成任务。回国后，又奉派奔波全国各地巡视防务，实地调查国防建设及地理防线、要塞诸问题，可说是马不停蹄地辛苦工作。同时，又抽空写文著书，鼓动抗战舆论民情，发动全民抗战。这几年的工作，可谓废寝忘食，日以继夜，即使劳动神伤身而不顾。为抗战而献身，再辛劳也无所谓，蒋百里后来之所以才活了 57 岁，当然与此有关。但蒋介石只给“先生”以顾问、参议等有名无实的虚衔，而对其黄埔嫡系，则破格提拔而实权在握。一直等到百里即将谢世的1938 年9 月；蒋介石才提议百里代理陆军大学校长职务，中将军衔。其实，早在二十年前的北洋政府时期，百里早为中将。但他对此任命仍然非常兴奋，以为可为抗战培养许多现代军事人才，提高抗战的军事效率。为此，他给陆军大学作两次演讲，题为《参谋官之品格》、《知与能》。正当他准备有所作为与实践时，却在11 月4 日夜，因劳累过度突发心脏病，猝死于广西宜山僻县，享年仅57 岁。可说是为国为民，“鞠躬尽瘁，死而后已”。于此可见，在抗战火热生活中，百里视蒋是代表国家尊严的领袖，真心拥护他出来领导抗战，并为此而努力奋斗，终于在工作中献出了自己的宝贵生命。与百里的真诚态度相比较，蒋介石对百里是实用主义的利用，因百里非其黄埔嫡系，同时他的学生遍天下，一旦重用，可能势力急剧上升，一呼百应而尾大不掉。因此，明明尊百里为“先生”，知道在军事学方面，他是现代的当然权威，是不可多得的人才，但却犹豫，不敢放手重用，所以只能用为毫无实权的顾问、参谋一类的官。不过经历西安事变后，二蒋共同患难，增进了解，蒋对百里似乎近了一些，不过态度仍是尊而不亲，直到百里向蒋提出自己愿意到西北军中服务时，蒋经过长久沉思，才在9月15日正式任命百里为陆军大学代理校长。这一任命，不管蒋是否出于诚意，但为时已晚，因为百里作为代理校长，只忙碌了五十天就溘然长逝。蒋介石就是后悔，也已晚矣！蒋百里，遇则不终，时乎，命乎？虽然后来抗日战争的发展，基本上按照百里的战略预想和设计进行，但百里却没有看到日本投降的最后胜利，赍志以殁，是谁之过？人或讥百里一生不得志，百里自解曰：“我之不得志，无待人言，自己也明白，不但一时，恐将终世。然而，……与其谓蒋百里不得志，毋宁谓用蒋百里者不得时。所谓‘苟有用我者，期月而已，三年有成。’但我为什么不能得人之用呢？夸大些说，亦如子贡所云‘夫子之道至大也，故天下莫能容’。盖老朽所遇，每有‘良农能稼而不能为穑，良工能巧而不能为顺，君子能修其道，纲而纪之，统而理之，而不能容……’。所以颜回说得好：‘夫道之不修也，是吾丑也；夫道既已大修而不用，是有国之丑也，不容何病！’但我并不如仲尼一样，临河而叹，曰‘美哉水，洋洋乎，丘之济也，命也夫！’我虽不得志，不因此而颓唐。你想，韩非为李斯所害，在缧绁中尚能作《孤愤》、《五蠹》、《内外储》、《说难》五十五篇，时至今日，学者犹诵其文而忆其人。可见‘志’不一定在‘得’，要紧的还是在‘传’。……你瞧我谈笑自如，有半点不乐意的地方透露人前吗？”[32]这段话毫无自怨自艾的酸气，说出了光明磊落的心胸与抱负。百里运命数奇，非关天

[32] 黄萍荪《与蒋百里先生一席谈》，见黄萍荪、张禾草编《蒋百里抗战论集》，民国二十八年，新阵地图书社版，《附录》，第49页。

命，而是人与社会局限造成的。一个天才的现代军人，在当时的历史舞台上，不想打内战争地盘，只想建设国防、枪口对外以共御外侮，这与新、旧军阀的政治军谋，背道而驰，能不运交华盖吗？

军事思想及贡献

现代著名军事学家蒋百里，虽然其运命数奇，一生未绾兵符，疆场无功，一生任职，以军事教育的校长（保定军校）始，以校长（陆军大学）终，但真正做校长的时间，加起来还不足八个月。他是个真正的军学权威，连能征善战的老将冯玉祥，入室听课，执弟子之礼甚恭。百里殁后，冯氏写悼念之文《我与蒋百里先生》回忆说："远在逊清光绪三十年（按：时间可能略有出入，当时百里尚未在日本士官学校毕业），我在天津就买到一本百里先生的著作，那本书便立刻变成我很好的朋友，每天都抽出工夫来读段。民国十二三年，在南苑练兵的时候，我特敦请百里先生来对营长以上的官长讲战略战术，百里先生直接间接的对我帮助很不少。""今年在武汉，常常从报上读到百里先生的文章，总有很多卓越的意见，说明抗战必终胜利之理，让我读了，更加增强胜利信心，并从而晓得很多争取胜利的方法。"[33]可见蒋百里军事思想影响之一斑。的确，蒋百里自从挚友蔡锷、师友梁启超去世后，心理冲击极大，加以看到军阀混战，国家满目疮夷，所以很少参加政治，自号澹宁，以澹泊明志自励，并以读书自学为乐。当然，他所读之书，文、史、哲、天文、地理、古今中外，无所不读，无不有一探究竟的兴趣，但其重点，始终是围绕着军事科学核心打转。如其晚年所著《日本人——一个外国人的研究》，说它是寓言，是纪实美文，当然不错，但其文笔优美老练而寓意精深的思想，最后指向的仍是中日不免决一死战的军事思想，百里在读书的结束语，向中华儿女大声疾呼："胜也罢，败也罢，就是不要同他讲和！"运用持久战略，拖垮击败日本侵略者，夺取

[33] 蒋百里《国防论》，武汉出版社，2011 年，第 27 页。

抗战的最后胜利。当时不仅是国民党军事家白崇禧、冯玉祥、薛岳、蒋介石受其战略指导，就是共产党方面的毛泽东《论持久战》，同样受其有形或无形的熏陶与影响。蒋百里的军事理论著作，不仅是八年抗日战争的战略指导依据，同时也奠定了中国现代的国防观。他的主要军事著作主要有：《国防论》、《裁兵计划书》、《新兵制与新兵法》、《军事常识》、《孙子浅说》、《孙子新释》、《日本人——一个外国人的研究》等。《军事常识》之完本今未见，但部分内容已收入其《国防论》中。论文主要有：《代军阀而兴者谁》、《德国战败之诸因》、《如何是义务民兵制》、《五十年来军事大纲表》、《从“国防经济学”观察中国“人”的问题》、《新式游击战术纲要》、《速决与持久》、《营官二百两长夫一百八十人》、《欧洲大陆英雄之覆辙》、《抗战的基本观念》、《抗战一年之前因与后果》、《参谋官之品格问题》、《“知”与“能”》、《蔡松坡“军事计画”跋》等，大多已收入《蒋百里先生全集》，另有黄萍荪、张禾草编《蒋百里抗战论集》、国防学会辑印白崇禧校阅《蒋百里先生文选》可参阅。但诸多著论中，影响最大的当推其《国防论》及《日本人——一个外国人的研究》，前者激励国人在抗战中正面奋斗，后者从反面击敌之软肋要害，可谓双管齐下，确立了我之不可胜及敌之必然败的正确观念，激励中华儿女在战场上自觉流血流汗，战到最后胜利之时刻。复兴中华民族生机的国防建设及军事现代化进程，在艰苦战争中展现了新的一线曙光与希望。现略加提玄钩要，以资读者参考。

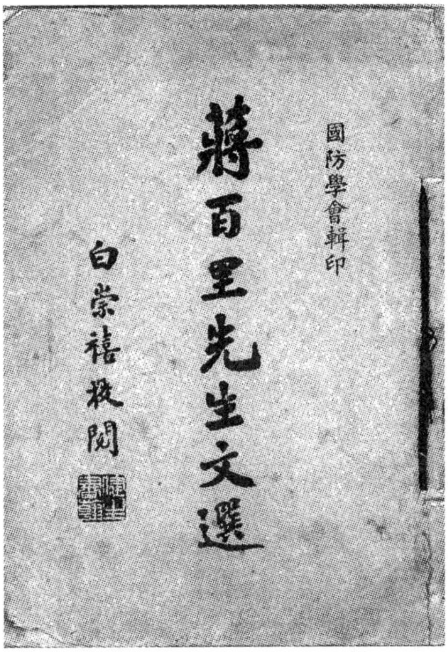

蒋百里先生文选（含《国防论》）

《国防论》是作者在1935年欧洲考察归国后，对第一次世界大战欧美强国的政治经济文化特别是军事，进行总结、吸收、改造，以事实来阐述自己的建设国防的主张，其假想敌主要是日本帝国主义。百里先生军事著作的重头戏。本书共分七篇，各篇写作时间并不一样，从上世纪十年代到三十年代，延续了二十余年，实是其军事论文精选的结集之作。但又自成体系。今大陆有武汉出版社版《国防论》单行本，便于阅读。其封底提要介绍云："本书是蒋百里的军事论文集，最早于1937年《大公报》出版（按：应是连载），共分为七篇，约十万字。从倡议建立全新的国防制度，说明政略与军略、国力、武力、兵力的关系，到介绍西方全新的军事理论，作者均作了详尽的阐释和描述。作为一本军事著作，本书内容可概括如下：第一，用空间换时间；第二，不畏鲸吞，只怕蚕食，全面抗战；第三，开战上海，利用辽阔地理条件，减弱日军攻势，形成长期战场。最终结论是：抗日，必须以国民为本，打持久战。《国防论》是蒋百里一生研究军事科学的扛鼎之作。问世之初，即引起轰动。'万语千言，只是告诉大家一句话，中国是有办法的！'此为原书扉页题词，亦喊出了中华四万万同胞的心声。"所论简明扼要。现就《国防论》（以下称引本书皆见武汉出版社，不一一注明）中精彩闪光之论，略加推荐以与读者共飨。

首先，根据古今中外治军以建设国防的经验教训，力图在中国提倡并推行国防经济学的建设。他认为国防经济学成立的基础在以下两条，一是"生活条件与战斗条件之一致"，这是国防经济学的本体；一是"经济是一件流转能动的事实，所以从事实上求当前解方法，是治国防经济学的方法。"（第8页）他以第一次世界大战中德军在战场上屡战屡胜，但最后却因国内经济崩溃，百姓不满而告败的事实，来说明不能治军只言战而忽略国计民生的根本。战争胜负不仅讲兵力，更要注意民心向背和经济的实力。但他认为世界上最早发明国防经学原则的还是我们中国的老祖宗。他说："我于民族之兴衰，自世界有史以来迄今日，发现一根本原则，曰'生活条件与战斗条件一致则强，相离则弱，相反则亡。'生活与战斗本是一件东西从两方面看。"（第44页）他以中国三千年前周公所实行的封建井田制的发展史来加以说明，它的真精神就在于生活条件与战斗条件的一致。周人井田制的封建不是割据，而是打破割据的的工具。“封就是殖民，建就是生活（经济）战斗（国防）一致的建设。井田不是讲均产，是一种又可种田吃饭又可出兵打仗（在当时就是全国总动员）的国防制度。”（第45页）井田制把田亩用灌溉沟渠及防水堤坝划分为一块块田地，既利耕作，同是又可用来阻挡当时游牧民族骑兵、战车的入侵。井田就是周朝的基本生活社区和战斗单位。因生活条件与战斗条件相一致，周朝成功地延续了八百年的历史。

其次，强调新军事的主流是“全体性战争”，所以全民总动员制度就是重要的国防建设。其主要内容是：“在后方非战斗的劳力与生产，恐怕比前线的士兵有加重的责任与危险，而一切新设备（按：主要指新式武器装备）之发源，在于国民新经济法的成立：‘战争所需要，还是在三个钱字。’”（第20页）“未来的战争不是‘军队打仗’，而是‘国民拼命’，不是短时间内的彼此冲突，而是长时间永久的彼此竞走。”（第41页）他认为据此原则，如果是全力发展军队来打未来战争，则时间持久而经济有崩溃之虞，失败将接踵而致。只有保持生活条件与战斗条件一致的寓兵于农、寓兵于工而全民皆兵的制度，才最符合国防经济学最经济最有效的原则，兵多将广而长备无患。他以为可以向欧洲内陆小国瑞士的民兵制学习。人人学军事，一旦祖国需要，立即拿起武器奔赴战场。这种中国古训“天下兴亡，匹夫有责”的精神是一致的。

第三，应认清国本、政略与战略的关系。他说：“国于世界，必有所的自存之道，是曰国本。国本者，根诸民族历史地理之特性而成，本是国本。而应之于内外周围之形势，以策其自存者，是为国是。国是者，政略之所从出也。战争者，政略冲突之结果也。军队者，战争之具，所以实行其政略者也，所以贯彻其国是者也，所用以维持其国之生存者也，故政略定而战略生焉，战略定而军队生焉。军者国之华，而未有不培养其根本，而能华而结实者也。”“政略之相持，非一朝夕之故也。其端绪，可先时而预测，故其准德可先事事而预筹，夫而后可以练兵焉。”“政者，战之原；政者，兵之母也，故治兵云者，以必战之志，而策必胜之道者也。”（第57页）军事家战略的制订，应服从政略和国是的根本利益。

第四，认为建设国防、练兵御侮，必须要有忧患意识，提前预断，所以他说“无敌国外患者国恒亡”（第57页）。这话很辩证，与古人所谓生于忧患、死于安逸者义同，也与唐朝大文学家柳宗元《敌戒》所论精神吻合。所以他说：“迄于古昔，则凡治兵于四面楚歌之地，欲突起以成功者，其事较难，而成功者多；制兵于天下升平之日，欲维持于不敝者，其事较易，而成功者乃绝无也。盖惟忧勤惕后积于中，斯蹈励发扬之致极于外。”战争的中功伟绩大多来自于忧勤与奋斗。以近代战史为例，欧洲如法国拿破仑于法国大革命纷乱破坏之后，勤奋崛起，推奥残普而横扫欧洲大陆；中国如湘、淮二军，在太平军兴盛环攻的四面之地组练民兵，屡败屡战，终于成为平定洪杨太平天国的主力，史实俱在，有说服力。进一步说，就是组军练兵之时，一定要心中有其假想敌作为战斗目标，心中有敌，才能时时警惕而自励。所以作者又说：“无兵而求战，是为至危，不求战而治兵，其祸尤为不可收拾也。练兵将以求战也，故先求敌而后练兵者，其兵强；先练兵而后求敌者，其兵弱。征之以中外古今之事，而可信者焉。”（第56页）实际上，蒋百里自清末至民国之抗战时期，数十年来，一直以日本侵略者作为其办国防大练兵的主要假想敌，如曰：“从中国现状言，吾侪所最感危险者，即邻近富于侵略性的国家。”（第96页）

第五，强调军队自由与纪律的辩证关系。作为军队，是准备上战场的，当要必须具有严明的纪律，才好指挥打仗。而军纪带有一定的强制性，这点人所皆知，作者当然清楚。但他并不仅仅停留在纪律方面，而是在严明军纪之上，深入一步思考自觉执行纪律的自由问题。他认为军队维持纪律，一般有两种方法：一是依靠严刑酷法来维持，或是依赖彼此感情（如亲情、乡情与友情）来维持纪律，这是“外打进”的办法，无法持久，因为执行纪律的人是被动的，被有形或无形的锁链捆绑着，心理不痛快，一旦情况有变，纪律立即可能土崩瓦解；一是依靠“里向外”的办法，强调军人思想意识的自觉，一个自觉的爱国者，在祖国危险的时候，他拿起枪奔上战场，勇敢战斗，纯是一种下意识的自由选择，这时，思想无形的纪律自觉，就是一种战争中最高的自由。他以宋朝抗金爱国名将岳飞所说的“运用之妙，存乎一心”这两句话来加以阐述发挥，说：“这是岳武穆（按：岳飞死后之谥号）由于经验得来的一句兵学革命的名言，同时即是现代实战的方法。但是过去一般不懂军事的人却解释错了。他们断章取义把‘存乎一心’误解为存乎主帅一人的心——就是看重一个‘心’字，而把这个‘一’字看轻了。原来这个‘一’字应当作动词解，不应当作‘心’字的形容词解。书上明明说着岳武穆好散战，宗泽戒之，武穆答曰：‘阵而后战，兵法之常。运用之妙，存乎一心。’‘阵’字用现代兵语讲，就是‘队形’，队形的作用，就是使多数人能够一致动作。……‘阵’就是德国腓列德式的横队战术。‘散战’，即是‘人自为战’，即是拿破仑的散兵战。岳武穆是发明中国散兵战的人。”……队伍成了散兵线之后利用地形，故队伍不必求其整齐，放枪也不要求一起，各人各利用地形，各人各瞄准。这一种自由的纪律，比规定的死板的纪律要强得多。……有纪律的人自为战，在形式上差一点，是无关紧要的，最要紧的是精神上的一致，倘精神纪律能够一致，一定可以打胜仗。”（第 24 页）作者把军纪的改变和进步，从严刑酷法以维持纪律，进化到自觉遵行的自由纪律，认为是事关战斗力和战场胜负的一场兵学革命，这在军事理论上是一种深刻思考和重大创新。很现实的是，在抗日战争中，中国要战胜强敌，就必须在无形精神方面的“存乎一心上作大文章，人人爱国，自觉为抗日流血流汗，这样中华民族才有战胜的可能，才能自立于世界民族之林而生存和发展”。

第六，认为推行义务征兵制是一项建国强兵的重要国防措施作者说：“兵在精，不在多，……既欲其精，又欲其多，而国家之军费，则又有一定之范围不可逾，于是义务兵役之制起。是故纯粹自军事上之目的言，则征兵制者，以少数之经费，得多数之军队，而又能不失其精度是已。”（第 64 页）关键在于“征之来矣，尤贵乎教”（第 69 页）。而在其退伍以后，则又“教而能归，归而能安，则有涉于国计民生之大本”（第 70 页）。这样就把义务征兵制，自然纳入了生活条件与战斗条件相一致而国富兵强的国防经济体系的轨道中。以此，《国防论》第四篇专设《军事教育之要旨》一章，可参阅。

第七，观念的现代更新和方法论的开拓给现代军事学指点迷津。民国初建，国人急于练兵强军，但因缺乏方法论的指导，一会学古人，一会又照搬西方兵家著作，结果是新军没练好而处处碰壁受挫。蒋百里分析其原因，说：“中国数十年来创造新式军队，事事只知请教外人，结果只学得外人皮毛（因为外人有外人的传统精神，不是中国人所能学的），不能深入国民的心性，适应民族的传统，以至节节失败，原因有一部就在于历史没有研究好。”（第 3 页）这是批评照搬洋教条而脱离本国实际的错误。在军事上，理论脱离实际是很危险的，这是关系国家及千万人生命的大事。所以，他严厉批评了知识分子“知识与行为的分离，读书的人一味空谈，不适事实”的弊病，而从正面提倡“学理与事实密切沟通”（第 4 页）的新途径。这是其一。其二，不能照搬洋八股，同样不能照抄传统来复古。他明确指出“一切既往的研究，如果不切于现在及将来的事实，是没有用的”（第 21 页）。“要想解决中国当前的国难问题，复古也不行，学新也不行，还是从新古两者中间再辟一条路”（第 10 页），也就是说，必须在民族传统的基础上，在积极汲取西方新潮的同时，结合当前的形势和实际，勇于开辟出一条新路来。其三，在军事科学研究上，蒋百里认为“全体比局部重要，细目在大局里，得到他的位置”（第 21 页）。不仅战略研究，就是战役、战术问题，同样必须先看大局而后具体行事。比如当在日军的疯狂进攻下，东北、平津、上海、南京先后失陷，增长了某种悲观的失败论调出现，这是只看眼前、局部。而蒋百里则从长远的全国、全世界大局出发，认为“中国是有办法的”，中国持久战必将夺取最后的胜利。这一观全体、看大局、洞深远的战略眼光，具超前的预见性，后来中日战争的胜负双方，果然一一不出先生预料。1945 年日本的投降，说明作者大局观的正确，可惜他却没看到这伟大的胜利，其四，是一切从实际出发的灵活而深刻之辩证眼光。那种无视现实变化而死背昔日传统公式的老眼光旧脑筋，注定要栽筋斗的。他明白指出：“英雄的遗产，是不容易继承的。可是不能怨英雄，只能怨自己习惯老是引头脑走旧路，而忽略了当前事实的改变。”（第 6 页）千变万化、日新月异的现实，是生活辩证法的生命活力之所在。他在《“知”与“能”——在陆军大学第二次训话》这篇文章中曾说：“骨虽然要硬，脑却要柔软，……在军事上用，就是说这个人能够适应环境。世界上最柔软的是水，盛到方的里面就变方，盛到圆的里面就变圆。水在大路流不通，可以走小路，小路走不通，可以走地下的路，这便是能改变自己，去适应环境。倘若一个人脑筋硬化，墨守陈法，对于新的不能接受，这就没有求学的资格。”[34]脑筋不能硬化，不可生搬经典教条而执一不化，而应如水一般柔软，适应环境变化而无往不达。这正是生活的辩证法，移之军事战场亦然。他接着具体分析说：“各种地形不同，各种敌人的情况也各不相同，自有历史以来，没有一件事是像演戏一般完全一样的，每次各有新的状况，这全靠我们能虚心，能体验，能适应才行，所以能变，才能打胜仗，不能变，就不能打胜仗，这是讲学问的基础。”[35]所以他在《国防论》中说：“兵法的确定是必要的，兵法的固定是不可的（固定是固守旧习），而不‘不为’与‘迟疑’是兵法之大戒。”（第 32 页）辩证法就是变而通之，以探知矛盾对立双方相互转换的内在本质。比如在抗日战争中，出了汉奸，出了伪政权，从表面看，汉奸们在帮日本侵略者攻打自己的同胞，当然是大大的坏事。但蒋百里和一般人的认识不同，他认为坏事可以变好事。他在《抗战一年之前因与后果》一文中有辩证的分析，说：“可是这次抗战中间，除了考试

[34] 蒋百里《“知”与“能”——在陆军大学第二次训话》，见国防学会辑印《蒋百里先生文选》，白崇禧校阅，1947 年版，第 299 ~ 300 页。

[35] 同前注［33］，第 301 页。

作用以外，还有一种特别的排泄的妙用。大家知道人类有一种病，名曰'癌'，这不是外来的一种微菌，而是自己变坏的细胞，这种细胞如果停顿在身体里面，必定成一种不治之症。一个民族同一个人一样，有了坏细胞没法排泄，是最危险不过的。如今天幸的敌人却送我们一种妙药，替我们分别贤奸，将那种毒细胞尽量吸收去，使我们民族的血液加一层的干净健康。这个妙药，就是南京北平的汉奸团体。我们试一回想，如果没有这抗战，那多么危险？有的曾经受过社会欢迎，是'好人政府'的要角儿，有的竟做到现代政府的高级官吏。就是诸葛公在今日，也未必能事前指出，如果王荆公（按：指王安石）或竟将倚以了事。如今清浊分明，再不容鬼混了，这种现状，一方面可以使中国社会从此可以明白，怎样是汉奸型的人才？应当如何加以卫生的警戒？一方敌人却将那种坏种子吸收进去，自己破坏，自己传染，以为自身将来破灭之准备。"[36]说得何等深刻而辩证，可谓言人之所未言，力争把坏事向好事方向转化，大大鼓舞了抗战中的中华儿女。再举一例，在《日本人——一个外国人的研究》的开篇《绪言》中，百里先生首先揭示一个现实生活中的怪现象，他说："日本陆国的强，是世界少有的；海军的强，也是世界少有的。但是两个强，加在一起，却等于弱。这可以说是不可知的公式；也可以说是性格的反映。"为什么日本有两强，反而变得衰弱了呢？表面上绝无此理，可是生活的辩证法决定了日军的两强合一后必然相互碰接、冲突与相互消耗，从而引出了化强为弱的必然结果。他在《国防论》中分析说："如同日本，名义上当然是皇帝，但是实际办事，陆军参谋总长同海军军令部长，就立于对立的地位，彼此不相下。"（第29页）陆军要多少经费，海军也一样要多少经费，一分也不能少。陆军要战略北进，侵略中国，窥伺苏联远东，但海军战略是南时，要南下太平洋的东亚、澳洲去大战一番，夺取原料与能源等战略物资。因此，日本军阀的侵略世界的战略，实际上是南北游移不定，最后是南北并进，两面受敌，而自立于必败之地。此其所以陆军强，海军也强，但两强相加却变

[36] 同前注［32］，第30页。

为弱的事实根据。百里先生根据辩证法，早已对日本的侵略战略，作出了具有料事如神的战略预判。

至于说到贡献，他最光彩的闪光人生，是在晚年为抗战鞠躬尽瘁的实践，但这是青北年时思想理论的发展成熟和积淀。上世纪30年代初，“九一八”、“一·二八”抗战，百里先生热血沸腾了起来。他表示愿为抗战拼老命，而把生的希望留给青年，以便胜利后重建家园。你看，战事初开，距离抗日战争的全面爆发，还要等到1937年的“七七”事变，但优秀的军事思想家已提前做出了深远的规划。他在留日青年时期，与蔡锷切磋互励，早已感觉到日本军国主义亡我中华野心不死，如黄征夫《怀蒋百里先生》一文所回忆：“留日的同志（按：指蒋百里、蔡锷、蒋百器），当时早就感觉到中日必有决战之一天，而在决战中，西南实为中国抗战国防的生命线，所以蔡松坡一班人，都很注意西南的经营，可惜蔡氏早死，蒋氏继之，西南政策终成泡影。在‘九一八’前他和我谈及此事时，尤备极叹息，认为当前大憾事，实更加证明他早年努力万分正确。”[37]中日早晚必有决战之日，从上世纪初到他晚年的30年代，他是时时刻刻都在提醒国人注意、留心与警惕。张一麐《追述蒋百里先生》文中也提到，梁漱溟知百里病殁，失声长叹，他告诉张说：“五年前在邹平，得百里先生电，云将特地过访，复到即行。漱溟素未识蒋，但闻其名，即复电专诚相晤。百里如期至，乃适值漱溟夫人病亟弥留，无暇招待。百里参观后（按：参观梁氏所办乡村学校），不暇深变。未几，相遇于青岛，百里问曰：‘君知我前至邹平之故乎?’漱曰‘不知也。’乃曰：‘吾知中日之战，势不能免，胜败之分，一在械，一在人，论械则我不如敌，论人则我多于敌七八倍，然今日军事在民众总动员，而将士不过十之三。我国系农业社会，凡农民欲以民族主义动之，不易明了，惟欲破坏其所据之乡村，则彼以生命相搏，故欲君于教育中注重乡村自卫，——此吾所以专访邹平，欲告君之理由也。’”[38]在30年代初，百里甫脱牢狱之灾，并无一官半职，但他不仅再三再四地提醒国人注意中日必有一战的严重危

[37] 同前注［35］，《附录》第31～32页。

[38] 同前注［35］，《附录》第11页。

机，更是为了将来的抗战思筹应对良方，早作准备和安排。其洞中机微的深谋远虑，在当时发为石破天惊之论，以震醒沉睡中的中国雄狮，其贡献如何哉！

至于他那总动员纲领和义务兵役制的合理建议，在抗战中付诸实行，作用很大。中日决战，中国之所以能屡败屡战，坚持到最后的胜利，与“人”与“物”方面的总动员有关，更与其对“人”、“物”的调度管理的组织建议密切相关。但百里先生贡献最大的，是其抗战必胜的信心和决心，大大鼓舞和激励了我国的民心与士气。在《日本人——一个外国人的研究》的结束语中，百里先生大声地对世界喊出了中华儿女的心声：“胜也罢，败也罢，就是不要同他讲和!”就是拖，也要把日本帝国主义拖入万劫不复地狱！这一誓言，中国人做到了，并且笑到了最后，百里先生可以含笑九泉了。百里先生早为中国的抗日战争，设计了持久战的根本战略，并为中国的实行抗战，找到了行之有效的战略战术和具体措施。他在《国防论》一再强调：“呜呼我国今日（按：时在上世纪20年代初），乃日日在威胁中者，非彼侵略性之国家为厉哉？然则彼利急，我利缓，彼利合，我利分，彼以攻，我以守，此自然之形势，而不可逆者也。……物极必反，此其时盖已亟矣。”（第84页）“从中国现状言，吾侪所最感危险者，即邻近富于侵略性的国家（按：暗指日本）。……我侪对敌人制胜之唯一方法，即是事事与之相反。彼利速战，我持之以久，使其疲弊；彼之武力中心，在第一线，我侪则置之第二线，使其一时有力无用处。”（第97页）也就是说，日本的侵略野心很大，急于把中国一口吞下，其岛国地狭而兵强，战争资源有限，难于长久消耗，所以利于急战速胜，日本军方以此提出了三个月灭亡中国的计划。中国则地大人多，但经济落后，不利于速决，而利于持久之战；不利于第一线的阵地决战，而利于在敌后第二线继续开辟战场。因此，配合正规军的第一线兵力不宜太多，达到消耗敌人有生力量后不妨让出阵地而保全有生力量，重要的是在敌后大搞运动战、游击战，处处与敌相反，则必制敌于死命。抗战之初，平、津、上海、南京相继失陷，1938 年底，在武汉会战后又放弃武汉，这时颇生畏敌为虎的悲观论调。但中国军队并不动摇其战斗意志，坚持以空间换时间的持久战略，终于笑到最后而看到日寇投降的下场。军队是国防支柱，“我国民当以全体互助之精神，保卫我祖宗遗传之疆土。是土也，我衣于是，我食于是，我居于是，我祖宗之坟墓在焉，妻子之田园在焉。苟欲夺此土者，则是夺我生也，则牺牲其生命与之宣战。”（《国防论》第 94～95 页）保卫国家领土完整，这是根本原则，不可妥协退让。但在具体战争中，在敌强我弱的不利形势下，战略战术却应随战场态势而灵活变化。在我们辽阔的国土上，不争一城一地，土地战场，用以消耗敌人有生力量以滞敌，就已完成了战略目的。百里在《抗战一年之前因与后果》文章中分析说：“我们是大平原的文化，常地广人稀，我们尽有让他种人发达的雅量，不像欧洲希腊那样的一小块土地，非你死我活拼命不可。”[39]有人觉得武汉失守就切断了我国华南与西北的交通线，认定这是中国的一大危机。但百里不这样看。他说：“这在军事上并不是没有办法的，如武汉失，在战略上就应有改变，这样，我们会处于绝对有利地位。敌人就算占领了武汉，而她也是不易保守的，我们的军队可以从四面进攻，使其首尾不能相应。如太平天国时，武汉就三得三失，由此是见武汉容易四面受敌。”[40]其实，在更早些时的《抗战的基本观念》中，百里针对上海、南京的失守作出了透彻而深刻的分析说：“我们今天退出上海，但我们自信是胜利的。我们今天退出南京，我们也自认是胜利的。这种说法并不抽象，也不空洞，我有正式的科学根据。须知我们是农业国家，并非工业国家，后者全部国力集中几点，一个纽约可抵半个美国，一个大坂可抵半个日本。中国因为是农业国家，国力中心，不在都会。敌人封锁了内地隔绝了上海，只是一个死港，点缀着几所新式房子的南京，只是几所房子而已。他们与中国的抵抗力量，完全没有影响。你们把南京比纽约、伦敦、巴黎、柏林，这就错了。史丹法尼（按：意大利人，中国经济顾问）他倒懂此心理，他说现在中国人人心头

[39] 同前注［32］，第 20 页。

[40] 张禾草《蒋百里随员日记》，同前注［32］，《附录》第 33 页。

[41] 同前注［32］，第6页。

[42] 蒋百里《营官二百两长夫一百八》，同前注［32］，第13页。

[43] 蒋百里《速决与持久》，见前注［32］，第11～12页。

有一个南京，日本空军炸毁了几年新式建筑，并不算一会事。”[41]“长期抵抗，不争一城一地的得失，这一年间，已收了相当的成果。”[42]所以他又说：“在一个持久战区之内，反是用了运动战可以达到持久的目的。简言之，这便是所谓‘以攻为守’。假如拘之于形式上持久的一线死守，是必然不能达到持久之目的。”[43]这就是军事上的“寓死守于运动之中”。实际上也就是以空间换时间的持久战略，这是根据中国具体的情况制订的抗战战略，地大人多的农业国，具有广阔的战略纵深腹地，层层抗抗，步步为营，东边不亮西边亮，敌人其奈我何？同时又消灭了敌人有生力量。中国完全有条件实行。反之，如果是根本没有战略纵深腹地的日本，工业及经济又主要集中于大城市，则重要的一城一地，必然要拼命死争。如失冲绳，则日本四岛不守，所以美军围攻冲绳时，美日战况惨酷，伤亡巨大，但日本一失冲绳，则战略败局已定，投降只是早晚之事。

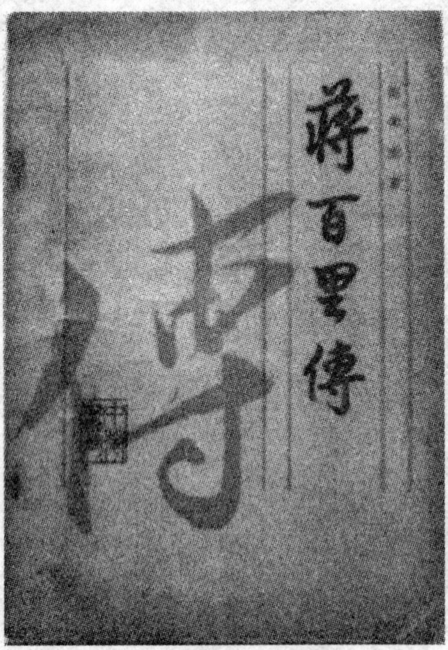

陶菊隐《蒋百里传》

当然，作为一个优秀的军事家，百里先生还有许多具体的战略战术方面的建议，但有的当局未听进去，有的未能及时汲取并采取应对措施，造成了不必要的损失。在东方出版社2010年版曹聚仁《蒋百里评传》封面上是这样介绍的：“第一个提出抗日持久战的民国战略大师。靠报纸精确算出日本侵华日期。靠常识准确预测侵华路线。”对蒋百里的军事才能和重要贡献，加以概括，都是有其事实根据的。第一点从持久战略言之，“第一个提出”，后来在抗战中的中国现代军事家，无不受其沾溉和影响，我想，其中当然地包括国共两党领袖蒋介石和毛泽东。所谓持久战，不仅指时间而且指空间上战场的战略布局。在1923年，他曾与友人多次谈及，中日一战，津浦、京汉路以东地区可能沦陷，故抗战的战略中心，应设在京汉路以西地区为总根据地，以三阳（按：指河南洛阳、湖北襄阳、湖南衡阳）为中心，事先安排应战有序的战略布局。见陶菊隐《蒋百里传》及曹聚仁《蒋百里年谱》记载。他以布衣之身，又关心战时的石油计划、钢铁计划、工业建设及交通运输计划诸问题，特别提出以湖南为中心，认为湖南是中国的乌克兰。他游湖南衡山，重点不在山水，而是暗中在思考国防计划。如薛光前《蒋百里的晚年与军事思想》一书中所称："他认为一旦对外战争爆发，沿海一带首当其冲。工业建设应着眼于山岳地带，为便利防空及军事险要，应以南岳为工业核心地区，而分布于株州至郴州之线。所以我们一到湖南，他特别起劲，……开了好多次会，商量许多计划。事后虽未见实现，但当时战争尚未发生，百里先生的眼光，已注意到战时的大计，不可不谓烛照机先。"[44]蒋复璁《先叔百里公年表》亦称："已知中日战争必将发生，而沿海一带必不能守，遂将其私自拟定以湖南为中心之撤退计划，与友好数度谈论。"[45]"百里的国防计划，中日战事一旦发生，中国的战时大本营宜设于芷江、洪江一带，这地区有森林、矿产，又有沅水流贯其间，是天然的防守地带。空军基地则以昆明为宣。"[46]当时大规模战事尚未爆发，蒋百里又是一介布衣，有人笑他痴人呓语，当局也未尽信。但等到七七抗战全面爆发，战略布置已晚，造成中国一时的被动。天才的预见与提醒被弃置，谁之过？

其天才预见，可从以下小事见其一斑。据曹聚仁《采访外记》（生活·读书·新知三联书店版）中提到曹与友人在"一·二八"爆发后，在咖啡馆见到了蒋百里，谈论战事，当时上海版的《每日新闻》，头条新闻是日本陆相觐见天皇的电讯。百里沉吟一下，对我们说："陆相杉山昨日晋见天皇，这就是报告出兵的意思，依日本的运输能力，以及从长琦到上海的水程，估计七日早晨，可运到一个师团。"果然不出所料，二月七日日本第九师团到了上海，参加作战了。[47]他曾把这一预见告诉当时十九路军的将领，可惜未得重视，失了先机。日军的第一场反攻，正是陆军到达后的二月七日发生的。

[44] 蒋复璁、薛光前注编：《蒋百里先生全集》，第六辑，（台北）传记文学出版社，1971 年版，第 89 页。

[45] 同前，第 47 页。

[46] 同前注②，第 96 页。

[47] 同前注［19］，第 4 页之附注文字。

还有，对于抗战中军人的训练、教育及其文化素质，百里先生都提出了很高的要求。他认为“使军官富于人生之常识，有独断能力，而不成为一褊狭机械之才；……不治文科不足以使人，不治理科不足以使物，民事如是，军事亦如是”[48]。打仗必须由人来打，而军人不能仅仅是大字不识的一介武夫，而应予教育培训，推行军事教育与学校工作的一致化酬功以勋，不任庸人。军官应具有较高的综合人文素质。才能正确执行统帅部的战略战术意图。以此，他对军校教育非常重视，认为是建设现代国防军、推动军事现代化的重要方面。

[48] 《国防论》，武汉出版社，2011 年，第 83 页。

另外，为对应现代立体战争，他还建议蒋介石利用手中有限的战争资源，集中重点建设中国空军，进可作轰炸敌人后方的战略进攻，退可帮助战场上的陆军，也可抗击入侵的敌机。用钱不多，培训较快，可收事半功倍之效，从而打击敌人气焰。详细可参阅其《国防论》中“介绍贝当元帅序杜黑《制空论》之战理”一章，及其《上蒋委员县报告书》。后来中国空军与陈纳德飞虎队合作，在抗战末期重夺空中优势与主动，给敌予重创。百里建议，功不可没。

总之，人或讥百里先生是“疆场无功”的将军，从战役战术的角度看，这是生活事实。但如从战略的全局来看，其军事思想及其战略筹划，却是言人之所未言，想人之所未想，未雨绸缪，有备无患，虽因种种原因，当局未能完全实现其战略意图，但抗战的形势发展，却基本依照百里先生的预料和设计发展。抗战的胜利，日本的投降，百里先生之动，除国共领袖可以勿论外，比起任何现代军人都是当仁不让，何谓“疆场无功”乎？

人文素质焕光华

在中国现代军人中，蒋百里综合人文素之优，应属于佼佼者。在其学生年代，就已广泛阅读大量人文著作。步入社会，更是师友于梁启超辈，在五四前后，成为新文化运动的积极的一员。梁在北京办《庸言报》及主编《大中华杂志》时，凡是有关的军事文章，几乎都出于百里手笔。还常在《晨报》、《时事新报》上发表文章。在自己主编的《改造》杂志上，写了一系列有关新文化运动的短评。成为当时文化界甚至是文学界的著名人物。上世纪20年代初，文学研究会筹备成立，蒋百里不仅是筹备组发起人之一，而且是第一次成立大会的召集人。可见他的文学观与郑振铎、茅盾、叶圣陶等现实主义作家相近。其文章同样热情洋溢，颇富文采。据现代文学史家载，1920年12月4日，在耿济之家中召开第二次筹备会，确定由周作人起草宣言，并经鲁迅过目。"以周作人、朱希祖、耿济之、郑振铎、瞿世英、王统照、沈雁冰、蒋百里、叶绍钧、郭绍虞、孙伏园、许地山等十二人名义发起组织文研会"，"蒋百里是军人出身的社会名流，时年39岁，为研究系的核心人物（按：此说有误，蒋百里从未参加过任何党派，他和梁启起、张东荪诸人以私谊在一起工作，如此而已），主持讲学会及共学社两机构（按：梁启起还办了一个"谈书俱乐部"，以上机构由蒋百里任主持，讲学社则任总总事），对新文学持积极态度（按：文学研究会机关刊物《小说月报》等，就是由蒋百里介绍郑振铎等认识商务印书馆经理张元济等办成的）。……蒋百里还编写过《欧洲文艺复兴史》《东方文化及哲学史》等论著，并担任商务印书馆的馆外特邀编辑，可谓文化界的实力人物。"[49]早在晚清光绪末年蒋百里二十几岁留学德国时，学的是军事，但却同时喜欢文学。据陶菊隐《蒋百里传》所记载，"百里嗜书如命，好学不倦，赵尔巽汇来的款子，大部分用以购书，所购文史方面的书比军事方面的书更多、例如《歌德集》、《莎士比亚全集》（德文版）、《席勒集》、但丁《神曲》等。性又好旅游，曾畅游德国各地名胜，一度到意大利，在佛罗伦萨浏览雕刻及古画，对欧洲文艺复兴时代，不禁悠然神往。回国后译撰《欧洲文艺复兴史》、《近世我之自觉史》等书。"他到小酒馆喝酒时，"没有伴侣，一瓶酒，一盘海味，醉醺醺地看歌德所写的《意大利游记》，此时此景，依稀如在梦中"。据后来德国友人对百里女儿这样描绘结年青的留德学生蒋

[49] 苏行良《文学研究会评论选集·文学研究会述评》，作家出版社，2012年，第3~4页。

百里："树林的两旁直挺挺地躺着两条人行道，在谡谡松风下，有人席地而坐，朗诵德国诗人歌德的作品，依稀如神仙中人。此人就是你们当年的父亲。"[50]百里也很喜欢音乐，1920 年夏天，就在上海买了多张贝多芬及华格纳唱片带回北京，经常欣赏。百里富有古今中外的人文素养，于此可见一斑。他是职业军人，但认为现代化的立体战争，需要的是有文化知识的军官，如前所述，必须既重文科以治兵，又必须重理科以管物，也就是说，优秀的现代军人，不能只是就军事学军事，同时还必须是一个富有人文综合素质的人。他常常对其随员张禾草说："你可以在我的文章去看出我的——感情的浓厚，寄意的深刻，与态度的严肃。"[51]蒋百里的文章，条分缕析，逻辑清楚，叙述明白，议论深刻，再加以激情涌动，跃然纸上，具有很强的鼓动性与感染力，是其文章的写作特点，这一切，与其一丝不苟的严肃态度密切相关。他的一切文章写作，无不严肃认真，有为而发；同时又文采斐然，生动活泼，犹如他的讲话一样，热情洋溢，激励青年，很有影响。比如 1938 年其《日本人——一个外国人的研究》在武汉报刊上连载时，一时洛阳纸贵，传遍千家万户。当时读者就是："是抗战以来第一篇轰动文坛轰动知识界的好文章呢！说得好，骂得好，骂了日本人；但这篇文章，日本人自己看了也要佩服。"[52]当时文章末段署名尚未出现，人人纷纷猜测，可能是大文豪郭沫若写的，也可能是蒋介石的笔杆子陈布雷写的，但都不是，最后署名是蒋方震。本来，百里文章不仅是时评、政论、学术著作，同时是饱含激情富有强烈文学色彩的好文章。在抗战期间，他就大力提倡国防文学，以便对敌展开兴论宣传之战。文学是号召、动员人民坚决抗战的意志表现。他认为七七事变后，抗战文学感情深厚了，他举《战地与麦收》这篇作品为例："快快成熟起来吧！让一粒一粒谷子填实我们前方战士的肚皮，增强他们杀敌的精力……禁不住幻想把两臂张成天罗地网一样，护卫起今年这些绿油油的新稻，不再叫那些野兽掠劫去……"百里先生认为，"要不是真正有深厚的情绪，决写不出那种文字来"。他又

[50] 同前注［2］，第 14 ~ 15 页。

[51] 张禾草《蒋百里先生的一点小事》，同前注［32］，《附录》第 58 页。

[52] 同前注［32］，见张禾草《蒋百里随员日记》，第 9 页。

说："我觉得在一年来的新文学中，最出色的是空军文学。当然从前在亭子间里，现在在天空中，居移气养移体，吐属自是不同，而空军的环境可以说事事都是新奇，都是可以惊异的，所以激荡出来的文字比人家不一样。"[53]给予抗战中的国防文学以热情的肯定和赞扬。

[53] 蒋百里《抗战一年之因与后果》，同前注［32］，第37～38页。

在抗战中，百里先生有的是政治热情，但却毫无政治野心，其感情是纯洁的，美丽动人的。他对人情人性的描绘，颇为精彩，为写徐志摩热恋中的少女林徽音：

> 志摩出国之前在北平见过林徽音，那时的她，虽然年纪小，但已经很动人的了。梁公子（按：指梁启超子思成）送徽音欧游时还是两个小辫子在头上甩了甩。那时，志摩的热情，思想，文学的天才正在欧洲开花。毛头小姑娘大起来是很快的，尤其是海风一吹，欧洲物质文明的环境里一住，看她像春光里的花苞经过一阵和风，经过一阵阳光，经过一阵雨露，开了，开了，天生存的尤物，到世界上来找美的，找情的，恰巧遇到了志摩；好极；好极；今天一封信，明天一封信，志摩回来了，徽音病倒了。[54]

[54] 同前注［51］，第26页。

写情，写爱，写人性的弱点，犹如春天般的鲜活，水晶般的纯洁，想象美丽动人，文辞畅达灿烂。于此可见其文学修养之一斑。对于中国古代小说，百里先生自小就有兴趣，后来，他对《封神榜》《水浒传》《西游记》《三国演义》这些长篇小说，都有自己独特的新解，见其思考之深刻。比如讨论诸葛亮这一智者形象，他从军事科学的角度来加以考察，说赤壁大战中，诸葛亮设祭坛告上苍而借东风，这是天文学；六出祁山时用木牛流马来驮军粮，运用的是机械学，这是利用四川山区凹凸不平的地形发明的，也就是说，是利用下坡的惯性冲力来上坡，要在平原，就一步也走不动了。这一木牛流马，百里先生说自己也会选，可以用实验来加以证明，诸葛亮在长江三峡布下的八阵图，百里先生也有科学的说明。他说："孔明不是神，更不是戏台上的妖道，

[55] 同前注②，第83页。

而是具有科学头脑的军师。”[55]

百里先生熟读古诗，比如对于杜甫诗歌，经常阅读抄写，并常录杜诗为书法立轴以赠友。现代诗人中，则喜欢书写如1937年9月30日在船上写了一首《去国诗》曰：“涕泪辞京国，艰难作远遊。遥赴战场苦，白了少年头。”又陈散原（三玄）先生古诗以赠友。其所书写，多忧国忧世之作，可见其以古鉴今经世致用的文学观，他读古诗的同时，是紧贴现实生活的。他的古诗写作，也颇合规矩，典雅中又饱含悲壮色彩。如其《赠张禾草》诗云：

犹如书生气，空拳张国威。
高歌天未白，长啸日应回。
旧学深沧海，新潮动怒雷。
老来逢我子，心愿未应灰。

他曾带女儿游柏林动物园，二女各抢一只小狮子拍照，他在照片后题了两句诗曰：“垂老雄心犹未歇，将来付与四狮儿！”现实之精神，未来之光芒，喷薄而出。又1937年除夕在巴黎有感作诗曰：“无端急景周年夜，到处低头遇古人。瓶里赤心甘必大，墓前青草史来芬。雄狮伤后威犹在，白马归来意入神。如此人才如此事，回天一梦到新正。”自跋云：“阆孙（张宗祥）要我写字，即录丁丑除夕在巴黎拍照后有感，装些外国古董给他看。”学黄遵宪《人境庐诗草》，也是像模像样，立意格调甚高。以上都是晚年之作。可惜台湾出版的《蒋百里先生全集》未录其诗，是个遗憾，望以后辑录整理加以补入。

百里先生对于佛经和圣经，都有深刻的研究和会心。百里在狱中，就曾以《灵飞经》体的小楷，恭录长幅《心经》赠陈铭枢将军。但他对宗教经典，不仅研究宗教哲学，同时也把它们当做优秀的文学作品来读。比如对于《圣经》，他就常以艺术眼光来欣赏，“以为《圣经》是世界最优美的一部文学，凡研究文学的人不可不读”[56]。

[56] 薛光前《蒋百里的晚年与军事思想》，（台北）传记文学出版社，1982年版，第23页。

蒋百里曾翻译日人朝永三十郎《近世“我”之自觉史——一个新理想哲学及其背景》，表现了他对哲学的兴趣和研究，同时也见出他对人文精神的重视，肯定作为人类个体“我”的个性自由，随着文艺复兴而被发现，被肯定；但同时又通过康德哲学之“大我”，肯定了社会理想的超越个人之“大我”。这对人类的精神进步与超越，是大有助益的。

但除军事论著外，蒋百里最著名的著作，应该是《欧洲文艺复兴史》。该书名为译，实为创，见其人文精神和独特的体会。作于上世纪20年代初随梁启超游欧考察归来后不久。书前有梁启超序，自题作于民国九年（1920）12月31日。当百里求序于梁启超时，梁氏以为：“文艺复兴者，由复古而得解放尔。果尔，吾前清一代，亦庶类之。吾试言吾国之文艺复兴而校其所以不如人之故可乎？百里曰善。余本此之意为序，下笔不能自休，及成，则篇幅与原书埒。天下固无此序体，不得已宣告独立，名曰‘清学概论’，列索百里为余序。”梁氏另写一短序付蒋刊行。梁、蒋二人相互作序之事，已成文坛佳话。梁序称，百里游欧之时，告诉同伴说：“吾此行将求曙光。”所谓“曙光”，是他受欧洲文艺复兴运动启发，不仅是发现个人之光，同时也是发现世界之光，发现人类人性之光，追求自由、解放的理想，推动人类社会走向光华烂漫的未来。梁启超在序中说得明白：“然则此书者，吾不敢径指为百里所得之曙光，然吾有以窥其求曙光所由之路也。百里自言此书根据法人白黎许氏讲演。此讲演吾实与百里同听受，本书不过取材于彼云尔。至于论断，则百里皆自摅其心得。吾证期为极有价值之作，盖述而有创作之精神者也。”[57]蒋百里自己在《欧洲文艺复兴史·导言》中就自己探讨欧洲文艺复兴史的原因与心得，云：“以近世之文化言，则各种事业，皆以文艺复兴为其发祥地。文艺美术为思想之结晶者，无论矣。……自个性之灵，光焰万丈，用之于外延，而国家之形式成焉；用之于内包，而革命之事业生焉；为问此个性之发达于何始？曰始于文艺复兴。其理知之刃，脱颖而出，其方向之趋于自然者，则科学

[57] 梁启超《欧洲文艺复兴史·序》，见《蒋百里先生全集》，第三辑，（台北）传记文学出版社，1971年版，第6~7页。

之基础立焉；其方向之趋于人生者，则哲学之门径辟焉。为问此理知之发展于何始？曰始于文艺复兴。”他认为“以中国今日之地位言，则社会蝉蜕之情状，实与当时欧洲有无数共同之点”。因此，他研究希腊文明，探索基督思潮，二者相反相生之理，并不是发思古之幽情而一味崇拜洋人，而是重在以古鉴今而洋为中用，洞烛精微，着眼现实，而思其未来，用以建设我国的新文化新文明，从而推动整个人类精神文明的持续发展[58]。其所论宗旨密伟，而又处处切于实际，给人以有益的启迪。因此，直至今日，《欧洲文艺复兴史》仍然作为我国中央美术学院的教材。另，阅读其《欧洲文艺复兴史》时，可同时参阅其《现代文化之由来与新人生观之成立》，此文现已收入《国防论》中，它指示了世界人类一条新途径，一种新的人生观，并要人们记住以下，两句名言：“锻炼个性以服务群众；努力现在以开拓将来!”（第147页）作者教我们如何理解欧洲的文艺复兴，如何去读懂古希腊、古罗马、古基督的精神和思潮，历史性和时代性是相踵相接、因而有革的自然发展。

[58] 蒋百里《欧洲文艺复兴史》，同上，第9～10页。

综上所述，蒋百里一生坎坷，清贫如故，一生只做过两任军校校长，保定军校半年，中国陆军大学校长则不足两个月，而且还有个“代”字，其余漫长时日，虽偶有参议、顾问甚或参谋长的头衔，但大多是虚衔，并无任何实权。但他仍孜孜不倦地以一介布衣身份，为国家前途、民族命运而奔波鼓呼。他读书不倦，为解决民族危亡，深刻钻研各种学问，至死不脱书生本色，故其自号“澹宁”，不近名利，非常难得。时人称颂他说：“百里先生不仅为中国唯一的军事学者（按“唯一”难说，但“第一”则当之无愧），还具有矫矫不群的政治天才及文学天才，他浑身都是聪明，都是学问。……大凡绝顶聪明的人，往往对学问不肯下刻苦的工夫，惟独百里先生以绝顶聪明而具无限的求知欲；大凡极聪明的而又极有学问的人，往往恃才傲物，惟独百里先生虚怀若谷，尽管自己学问渊博，对他人有一技之长或一虑之得，都不禁赞叹狂喜，所以奖进之者备至。他的身体原不甚结实，但精神却极饱满，读书孜孜不倦，谈话亦娓娓不倦，往往因读书或谈话耽误了睡眠时间，他简直不知有‘我’。不知‘老’之将至，这也许是他积劳致疾的原因。”[59]又有人评价他说：“一个真正懂得自己民族，同时又真正了解别人国家，这不只是‘知己知彼’‘百战百胜’的战略家，而是‘知人则哲，自知则明’的思想家。百里先生真正知道东方，也正正了解西方；既知今（现代），又知古（古代）；这岂但思想家而已，实是中华民族的‘诚之力，智之光’。”[60]所评虽不免溢美之辞，但操斧伐柯，取则不远，生动描绘了蒋百里的高尚学术良心与品格。蒋百里在中国并没有显赫的声名和威势，但在世界军事界，却成了中国军事学的权威代表人物。如第二次世界大战中的美国名将艾森豪威尔及巴顿将军等，曾多次引用百里的《国防论》来阐述战局。日本人也被他骂得反驳不得，说是“一个蒋百里就两次打败了整个日本陆军”。日军侵华，后来果然攻到湖南后陷入事先安排的泥潭，无法自拔，直到投降。于此，可见百里先生的巨大贡献。[61]

[59] 甘侯《悼蒋百里先生》，同前注［32］，《附录》第22页。

[60] 黄兴中《蒋百里先生的贡献》，同前注［32］，《附录》第25页。

[61] 同前注［19］，见封底介绍。